Birgit Sponheuer

**Employer Branding als Bestandteil
einer ganzheitlichen Markenführung**

D1698325

GABLER RESEARCH

Innovatives Markenmanagement

Herausgegeben von
Professor Dr. Christoph Burmann,
Universität Bremen,
Lehrstuhl für innovatives Markenmanagement (LiM®)

Professor Dr. Manfred Kirchgeorg,
HHL – Leipzig Graduate School of Management,
Lehrstuhl für Marketingmanagement

Marken sind in vielen Unternehmen mittlerweile zu wichtigen Vermögenswerten geworden, die zukünftig immer häufiger auch in der Bilanz erfasst werden können. Insbesondere in reiferen Märkten ist die Marke heute oft das einzig nachhaltige Differenzierungsmerkmal im Wettbewerb. Vor diesem Hintergrund kommt der professionellen Führung von Marken eine sehr hohe Bedeutung für den Unternehmenserfolg zu. Dabei müssen zukünftig innovative Wege beschritten werden. Die Schriftenreihe will durch die Veröffentlichung neuester Forschungserkenntnisse Anstöße für eine solche Neuausrichtung der Markenführung liefern.

Birgit Sponheuer

Employer Branding als Bestandteil einer ganzheitlichen Markenführung

Mit einem Geleitwort von Prof. Dr. Manfred Kirchgeorg

GABLER

RESEARCH

Bibliografische Information der Deutschen Nationalbibliothek
Die Deutsche Nationalbibliothek verzeichnet diese Publikation in der
Deutschen Nationalbibliografie; detaillierte bibliografische Daten sind im Internet über
<http://dnb.d-nb.de> abrufbar.

Dissertation HHL- Leipzig Graduate School of Management, Leipzig, 2009

1. Auflage 2010

Alle Rechte vorbehalten
© Gabler | GWV Fachverlage GmbH, Wiesbaden 2010

Lektorat: Ute Wrasmann | Stefanie Loyal

Gabler ist Teil der Fachverlagsgruppe Springer Science+Business Media.
www.gabler.de

Umschlaggestaltung: KünkelLopka Medienentwicklung, Heidelberg

Printed in Germany

ISBN 978-3-8349-1922-9

Geleitwort

Trotz der weltweiten Finanz- und Wirtschaftskrise haben die Herausforderungen des so genannten „War for Talent" nichts an Relevanz eingebüßt. Der soziodemographische Wandel in den Industrieländern wird in Zukunft dazu führen, dass sich ein Engpass an qualifizierten Mitarbeitern in vielen Branchen abzeichnet. Unternehmen haben erkannt, dass sie ihre Attraktivität gegenüber potenziellen Arbeitnehmern systematisch ausbauen müssen. In diesem Zusammenhang wurde in den letzten Jahren den Ansätzen des Employer Branding sowohl in Wissenschaft als auch Praxis verstärkt Aufmerksamkeit geschenkt. Dabei werden Erkenntnisse der bisher primär auf Absatzmärkten ausgerichteten Markenführungskonzepte im Kontext eines erweiterten Stakeholderumfeldes diskutiert und Implikationen für die Markenprofilierung von Unternehmen als Arbeitgeber abgeleitet.

Vor diesem Hintergrund beschäftigt sich Dr. Birgit Sponheuer in der vorliegenden Schrift mit der Entwicklung eines Bezugsrahmens für die Gestaltung und Führung einer Employer Brand im Rahmen einer ganzheitlichen Markenführung. Dabei wird der Fragestellung des Koordinationsbedarfes zwischen absatz- und arbeitsmarktorientierter Markenführung besondere Beachtung geschenkt. Neben der theoretisch-konzeptionellen Analyse lässt die Verfasserin umfassende Erkenntnisse von Fallstudien zum Employer Branding in die Diskussion einfließen, sodass die Ausführungen für Wissenschaft und Praxis gleichermaßen einen überaus interessanten Erkenntnisbeitrag liefern.

Die vorliegende Dissertation ist der **zwanzigste Band der Buchreihe zum "innovativen Markenmanagement"** des Gabler-Verlags (Deutscher Universitäts-Verlags). Diese Reihe dokumentiert die Forschungsarbeiten am Lehrstuhl für innovatives Markenmanagement (LiM®) an der Universität Bremen und des Lehrstuhls für Marketingmanagement an der privaten Handelshochschule Leipzig (HHL). Gleichzeitig sollen weitere Forschungsbemühungen zum innovativen Markenmanagement motiviert und ein reger Erfahrungsaustausch angestoßen werden. Als Herausgeber freuen Christoph Burmann und ich uns über jede Art von Feedback zu dieser Buchreihe und dem hier vorliegenden Band (burmann@uni-bremen.de oder manfred.kirchgeorg@hhl.de). Es ist geplant, auch zukünftig mindestens drei Dissertationen pro Jahr in dieser Reihe zu veröffentlichen, um in kurzen Abständen immer wieder mit neuen Ideen das wachsende Interesse am Thema "innovatives Markenmanagement" zu beleben.

Abschließend wünsche ich der Arbeit von Dr. Birgit Sponheuer eine weite Verbreitung in Wissenschaft und Praxis.

Univ.-Prof. Dr. Manfred Kirchgeorg

Vorwort

Hinter jedem unternehmerischen Erfolg stehen die Kreativität, die Motivation und die Leistung von Mitarbeitern. Daher verfügen Unternehmen, die in der Lage sind, solche Leistungsträger für sich zu gewinnen, über einen zentralen Wettbewerbsvorteil. Längst hat sich daher in unserer heutigen Wissensgesellschaft der Wettbewerb am Absatzmarkt auch auf den Arbeitsmarkt ausgeweitet. Dabei steht dort der steigenden Nachfrage ein sinkendes Angebot qualifizierter Kräfte gegenüber. Der demographische Wandel, zu wenige Hochschulabsolventen in erfolgskritischen Fachgebieten wie bspw. den Ingenieurswissenschaften sowie eine abnehmende Bindungswilligkeit von Arbeitnehmern sind für diese Situation wesentlich mit verantwortlich. Der Arbeitsmarkt hat sich daher zumindest im höher qualifizierten Bereich längst zu einem Käufermarkt entwickelt.

Unternehmen reagieren auf diese Entwicklung mit einer Intensivierung ihrer HR-Arbeit. Hierbei greifen sie auch auf die bereits etablierten Ansätze des Marketings zurück. Statt der Kunden stehen jedoch vor allem potenzielle und aktuelle Mitarbeiter im Mittelpunkt der Betrachtung. Unter dem Begriff Employer Branding werden seit etwas mehr als 10 Jahre die Mechanismen der Markenführung auf den Arbeitsmarkt übertragen. Arbeits- und absatzmarktgerichtete Markenführung dürfen jedoch nicht isoliert voneinander betrachtet werden, sondern müssen in einen ganzheitlichen Ansatz integriert werden. Diese Arbeit soll sowohl der Wissenschaft als auch der Praxis einen geeigneten Rahmen zur Gestaltung des Employer Branding unter Berücksichtigung der übergreifenden, insbesondere kundengerichteten Markenführung geben. Zukünftige Forscher können auf den Ergebnissen aufbauen und mithelfen, das Management der Employer Brand weiter wissenschaftlich zu fundieren. Für Praktiker dagegen können die Ergebnisse als Handlungsgrundlage für den Aufbau und die Pflege ihrer Employer Brand dienen. Sowohl zukünftigen Wissenschaftlern wie auch den Verantwortlichen in der Praxis wünsche ich dabei viel Erfolg.

Eine Dissertation ist immer ein langer und zuweilen auch schwieriger Prozess, der ohne die Unterstützung vieler Wegbegleiter niemals so bereichernd und spannend gewesen wäre.

An erster Stelle danke ich ganz herzlich meinem Doktorvater Prof. Dr. Manfred Kirchgeorg für die fachliche Unterstützung und die konstruktiven Anregungen während des gesamten Prozesses. Der Lehrstuhl Marketingmanagement an der HHL-Leipzig Graduate School of Management und die Akademische Marketinggesellschaft e.V. sind für mich zu einer wertvollen akademischen Heimat geworden.

Herrn Prof. Dr. Manfred Burmann sowie Herrn Prof. Dr. Torsten Wulf gilt mein herzlicher Dank für die Übernahme der Gutachten meiner Dissertationsschrift sowie gemeinsam mit Herrn Prof. Dr. Wilhelm Althammer für die Teilnahme an Disputation und Rigorosum.

Darüber hinaus bedanke ich mich herzlich bei den Employer Branding Verantwortlichen der betrachteten Unternehmen für ihren wertvollen Beitrag aus der Praxis: Frau Dörthe Melhorn und Herrn Ralf Rudolf von der Deutschen Bank AG, Frau Anette Nimzik von der RWE AG, Frau Marion Perissutti von L'Oréal, Frau Sylvia Reck von der Daimler AG (ehemals DaimlerChrysler AG), Herrn Sven Breipohl von Roland Berger Strategy Consultants sowie Herrn Christoph Thoma von F. Hoffmann-La Roche Ltd.

Die vorliegende Arbeit entstand im Rahmen des Doktorandenprogramms meines Arbeitgebers, Roland Berger Strategy Consultants. Für die Möglichkeit, an diesem Programm teilzunehmen, danke ich ganz herzlich meinem Mentor Prof. Dr. Björn Bloching. Allen Kollegen, vor allem den Mitgliedern des Doktorandenzirkels, gilt mein Dank für ihr konstruktives Feedback und die interessanten Anregungen, insbesondere Herrn Dr. Dirk Weiss für die Unterstützung und gemeinsame Arbeit auch im Rahmen des Doktorandenstudiums an der HHL.

Nicht zuletzt danke ich allen von Herzen, die mich privat seit vielen Jahren begleiten und unterstützen. Jeder hat auf unterschiedliche Weise einen wichtigen Beitrag für diese Arbeit geleistet. Stellvertretend für viele möchte ich Susanne Memar-Baschi, Sandra Wolff und Dr. Katrin Vernau für ihre Freundschaft und Unterstützung im Rahmen dieser Arbeit danken.

Schließlich gilt mein ganz besonders tiefer Dank an dieser Stelle meiner Familie – meinen Eltern Ursula und Dr. Theodor Sponheuer sowie meinem Bruder Stephan mit seiner Frau Birgit Sponheuer. Ihrer Liebe und Unterstützung verdanke ich alles, was ich bin, leisten und erleben darf. Danke für alles.

Birgit Sponheuer

Inhaltsverzeichnis

Abkürzungsverzeichnis

Abb.	Abbildung
Anm.	Anmerkung
B2C	Business-to-Consumer
B2B	Business-to-Business
Bd.	Band
BLK	Bund-Länder-Kommission für Bildungsplanung und Forschungs-förderung
bspw.	beispielsweise
BWL	Betriebswirtschaftslehre
bzw.	beziehungsweise
ca.	circa
CEO	Chief Executive Officer
d.	der
DBW	Die Betriebswirtschaft
d.h.	das heißt
et al.	et alii, et alia, et alteri
etc.	et cetera
e.V.	eingetragener Verein
f., ff.	folgende, fortfolgende
ggf.	gegebenenfalls
HHL	Handelshochschule Leipzig – Graduate School of Management
HR	Human Resources

Hrsg.	Herausgeber
i.A.	in Anlehnung (an)
IAB	Institut für Arbeitsmarkt- und Berufsforschung
inkl.	inklusive
IPO	Initial Public Offering
Jg.	Jahrgang
Jh.	Jahrhundert
Kap.	Kapitel
MA	Massachusetts (Bundesstaat der USA)
M&A	Mergers & Acquisitions
Mio.	Millionen
No.	Number
Nr.	Nummer
o.V.	ohne Verfasser
pot.	potenziell,-e
ROI	Return on Investment
S.	Seite
sog.	sogenannte (n, r, s)
S-O-R-Modell	Stimulus-Organism-Response-Modell
u.a.	unter anderem
USD	US-Dollar
v.a.	vor allem

Vgl.	vergleiche
Vol.	Volume
vs.	versus
z.B.	zum Beispiel
ZfB	Zeitschrift für Betriebswirtschaft
zfo	Zeitschrift Führung und Organisation
ZFP	(Marketing) Zeitschrift für Forschung und Praxis

Symbolverzeichnis

%	Prozent
&	und

Abbildungsverzeichnis

A. Employer Branding im Spannungsfeld stakeholderspezifischer Ausrichtung und übergreifender Markenkonsistenz

1. Employer Branding als neue Herausforderung des Markenmanagements

"Die Mitarbeiterinnen und Mitarbeiter sind die Quelle unseres Erfolgs."[1] Zu solchen oder ähnlichen Aussagen bekennen sich heute fast alle Unternehmen in ihrem Leitbild oder in ihren Unternehmensgrundsätzen.[2] In einem Umfeld, das immer komplexer wird, sehen sie sich wachsenden Herausforderungen von unterschiedlichen Seiten gegenüber. Globalisierung, kürzere Innovations- und Produktlebenszyklen sowie steigende Anforderungen von Konsumenten, Kapitalgebern und Mitarbeitern sind nur einige von vielen Stichpunkten, die in Literatur und Praxis in diesem Zusammenhang intensiv diskutiert werden.[3] Vor diesem Hintergrund gewinnen insbesondere zwei Faktoren an Bedeutung, die Unternehmen einen kaum imitierbaren und damit langfristigen Wettbewerbsvorteil verschaffen: **Marken und Menschen**. Sie gelten als die beiden wertvollsten Elemente des sog. intellektuellen Kapitals[4] eines Unternehmens und machen einen **erheblichen Teil des Unternehmenswertes** aus.[5]

---

[1] Siemens AG, Konzernleitbild, zu finden auf der Unternehmenshomepage im Internet unter http://www.siemens.com/index.jsp?sdc_p=l0o1050364t4umcd1032553n1050364s7fp#, Zugriff am 13.01.2007.

[2] Vergleichbare Aussagen finden sich bspw. auch bei der Lufthansa AG, Strategisches Leitbild, im Internet unter http://konzern.lufthansa.com/de/html/ueber_uns/management/strategie/, bei der E.ON AG, Unternehmenshomepage, Aussagen zur Verantwortung am Arbeitsplatz, im Internet unter http://www.eon.com/en/unternehmen/8621.jsp oder bei The Linde Group, Unternehmenshomepage, Aussagen zur Corporate Responsibility, im Internet unter http://www.linde.com/international/web/linde/like35lindecom.nsf/docbyalias/nav_cr_employee. Alle Zugriffe am 13.01.2007.

[3] Zum Wandel der Rahmenbedingungen für Unternehmen vgl. ausführlich Meffert, H., Giloth, M. (2002): Aktuelle markt- und unternehmensbezogene Herausforderungen an die Markenführung, in: Meffert, et al. (Hrsg.): Markenmanagement - Grundfragen der identitätsorientierten Markenführung, 1. Auflage, Wiesbaden, S. 100 ff. sowie Esch, F.-R., Wicke, A. (2001): Herausforderungen und Aufgaben des Markenmanagements, in: Esch (Hrsg.): Modernes Markenmanagement, 3. Auflage, Wiesbaden, S. 12 ff.

[4] "Intellektuelles Kapital" kann definiert werden als "[...] a combination of human capital – the brains, skills, insights, and potential of those in an organization – and structural capital – things like the capital wrapped up in customers, processes, databases, brands, and IT systems. It is the ability to transform knowledge and intangible assets into wealth creating resources, by multiplying human capital with structural capital." Edvinsson, L. (2002): Corporate Longitude: What you need to know to navigate the knowledge economy, Upper Saddle River, New Jersey, S. 8.

[5] Vgl. Handy, C. (2003): Wofür arbeiten wir?, in: Harvard Business Manager, Nr. 3/2003, S. 101.

Auch wenn ihr Wert nicht exakt monetär quantifizierbar[6] ist, sind beide Aspekte **als wesentliche Handlungsfelder** für die Zukunftssicherung von Unternehmen **erkannt**. Sie werden **jedoch unterschiedlich priorisiert**:

- Dem Human Resource Management[7] kommt in der Praxis noch nicht der – gemessen an der Bedeutung der Mitarbeiter – adäquate Stellenwert in der strategischen und operativen Führung von Unternehmen zu – im Widerspruch zu den eingangs zitierten Bekenntnissen in Leitbild oder Unternehmensgrundsätzen.[8] Simms kommt sogar zu dem Schluss, dass der Satz "Our people are our greatest assets" eine der am meisten strapazierten und gleichzeitig bedeutungslosesten Aussagen ist, die sich in der Unternehmenskommunikation finden lässt.[9] Und Chambers et al. konstatieren in ihrer viel beachteten Studie "The war for talent" aus dem Jahr 1998 "[...] that **executive talent has been the most undermanaged corporate asset for the past two decades.**"[10]

- Die **Markenführung** dagegen hat in den letzten Jahren **erheblich an Bedeutung gewonnen** und steht inzwischen auf der Agenda der Vorstände

---

[6] Immateriellen Vermögensgütern liegt kein abgrenzbarer Einkaufs- oder Produktionspreis zugrunde, so dass sich ihr Wert nicht auf objektiv messbare Größen zurückführen lässt. Entsprechend variiert auch ihre finanzielle Bewertung erheblich in Abhängigkeit von der genutzten Berechnungsmethodik. Finanzexperten schätzen bspw. für Marken, dass der reine Markenwert durchschnittlich über 50% des Unternehmenswertes ausmacht. Vgl. Buchholz, A., Wördemann, W. (2003): Die Köpfe der Kunden erobern, in: Harvard Business Manager, Nr. 3/2003, S. 59 sowie Sattler, H., PWC (2001): Praxis von Markenbewertung und Markenmanagement in deutschen Unternehmen, 2. Auflage, Frankfurt am Main, S. 11. Die finanzielle Bewertung von Humanressourcen unterliegt aufgrund ihres immateriellen Charakters den gleichen Schwierigkeiten wie Marken. Für einen Überblick unterschiedlicher Ansätze zur Messung des intellektuellen Kapitals eines Unternehmens sowie über die damit ver-bundenen Probleme vgl. bspw. Holmen, J. (2005): Intellectual Capital Reporting, in: Management Accounting Quarterly, Vol. 6, Nr. 4, S. 1-9, Johnson, L. D., et al. (2002): Knowledge, innovation and share value, in: International Journal of Management Reviews, Vol. 4, Nr. 2, S. 101-134 oder Edmonds, C. P., Rogow, R. (1986): Should human resources be reflected on the balance sheet?, in: FE: The Magazine for Financial Executives, Vol. 2, Nr. 1, S. 42-44.

[7] Für "Human Resources" als englischer Begriff für Personal wird im weiteren Verlauf der Arbeit auch die übliche Abkürzung "HR" verwendet.

[8] Vgl. Krauss, N. F. (2002): Strategische Perspektiven des Humanressourcen-Managements, Wiesbaden, S. 3 f. Auch die HR-Abteilungen selbst sehen ihre eigene Situation im Unternehmen kritisch: In einer Studie von Kienbaum über deutsche Unternehmen gaben nur 53% der befragten HR-Manager an, dass ihre Abteilung im Unternehmen als wertschöpfende Einheit wahrgenommen wird, und nur 60% gehen davon aus, im Unternehmen überhaupt ein positives Image zu haben, vgl. Kienbaum Management Consultants (2004): Positionierung des HR-Managements in Unternehmen, Berlin, S. 6. Zum Image der Personalarbeit in deutschen Unternehmen vgl. zudem Goerke, S., Wickel-Kirsch, S. (2002): Internes Marketing für Personalarbeit, Neuwied, S. 1 ff.

[9] Vgl. Simms, J. (2003): HR or marketing: who gets staff on side?, in: Marketing, 24.07.2003, S. 23.

[10] Chambers, E. G., et al. (1998): The war for talent, in: McKinsey Quarterly, Nr. 3, S. 48.

weit oben.[11] Doch allein die Breite der Begriffsauffassungen von einer Marke und vor allem die Vielfalt unterschiedlichster methodischer Ansätze für die Gestaltung, Etablierung und Führung einer Marke offenbaren eine erhebliche **"Unsicherheit" in Forschung und Praxis**, wie eine Marke geschaffen, gesteuert und weiterentwickelt werden kann.[12]

Die klassische Markenführung war bisher vor allem auf Konsumenten ausgerichtet mit dem Ziel, dem Unternehmen mit seinen Produkten und Dienstleistungen im Wettbewerb mit anderen Anbietern Vorteile zu verschaffen. In den letzten Jahren hat jedoch die Einschätzung an Bedeutung gewonnen, dass **Marken** nicht nur für Konsumenten, sondern **auch gegenüber anderen Bezugsgruppen des Unternehmens von zentraler Bedeutung sind**. Ein besonderer Fokus der Diskussion liegt dabei auf der Zielgruppe der **Mitarbeiter**. Damit erfolgt eine **Verknüpfung** der beiden strategisch so wichtigen Handlungsfelder **Markenführung und HR-Management**. Die zunehmende Ausrichtung der Markenführung auf die Zielgruppen der aktuellen und potenziellen Mitarbeiter kann insbesondere auf zwei Faktoren zurückgeführt werden:

- **Mitarbeiter orientieren sich selbst an Marken:** Marken wirken nicht nur auf das Konsumentenverhalten, sondern beeinflussen Menschen ebenso bei ihrer Entscheidung für oder gegen ein Unternehmen als Arbeitgeber.[13] So bietet die Marke die Möglichkeit, Mitarbeiter für das Unternehmen zu interessieren und zu gewinnen. Bei aktuellen Mitarbeitern kann eine enge Markenbeziehung zu einer hohen Identifikation führen, die die Mitarbeiter langfristig an das Unternehmen bindet.

---

[11] In einer Studie von Sattler und der Wirtschaftsprüfungsgesellschaft PriceWaterhouseCoopers gaben über 90% der befragten deutschen Unternehmen an, dass wichtige Markenentscheidungen auf Vorstands- bzw. Geschäftsführungsebene getroffen werden, vgl. Sattler, H., PWC (2001): Praxis von Markenbewertung und Markenmanagement in deutschen Unternehmen, 2. Auflage, Frankfurt am Main, S. 13.

[12] Schimansky beziffert die Anzahl unterschiedlicher Verfahren zur Analyse und Gestaltung von Marken allein im deutschsprachigen Raum auf über 30 Ansätze mit unterschiedlich gewichteten finanz- und verhaltensbezogenen Analyseschwerpunkten. Seiner Aussage nach führen bei einer Marke die 30 Verfahren zu 30 unterschiedlichen Ergebnissen, vgl. Schimansky, A. (2003): Schlechte Noten für Markenbewerter, in: marketingjournal, 5/2003, S. 44. Ein umfassendes Verfahren, das idealerweise zuverlässig und genau eine Marke in Bezug auf Markt, Konsumenten, Wettbewerbsumfeld und Unternehmenswert zu analysieren vermag, scheint dagegen nicht in Sicht. Vgl. Schimansky, A. (2004): Der Wert der Marke - Markenbewertungsverfahren für ein erfolgreiches Markenmanagement, München, S. 15.

[13] Vgl. Meffert, H., Bierwirth, A. (2002): Corporate Branding - Führung der Unternehmensmarke im Spannungsfeld unterschiedlicher Zielgruppen, in: Meffert, et al. (Hrsg.): Markenmanagement - Grundfragen der identitätsorientierten Markenführung, 1. Auflage, Wiesbaden, S. 182.

- **Mitarbeiter schaffen Markenorientierung für andere:** In ihrer Interaktion mit Kunden und Bewerbern, aber auch mit Freunden und Bekannten, haben Mitarbeiter erheblichen Einfluss auf die Wahrnehmung des Unternehmens mit seinen Produkten und Dienstleistungen durch Externe. Meffert sieht im Verhalten der Mitarbeiter sogar eine der wichtigsten Quellen der Markenidentität, denn letztlich können alle anderen Identitätsquellen auf die Entscheidungen und das Verhalten der Mitarbeiter zurückgeführt werden.[14] Eine zentrale Herausforderung der Markenführung ist damit die nach innen gerichtete Verankerung des Markenversprechens. Denn um eine Marke nach außen wirksam, konsistent und glaubhaft zu transportieren, müssen die Mitarbeiter das Markenversprechen kennen, verstehen, verinnerlichen und in ihren Handlungen nach innen und außen erkennbar werden lassen.[15]

In dieser doppelten Aufgabenstellung liegt die zentrale Herausforderung einer auf Mitarbeiter ausgerichteten Markenführung: **Mitarbeiter sind nicht nur Zielgruppe, sondern auch Akteure der Markenführung.**[16]

In Literatur und Praxis wird die auf potenzielle, aktuelle und teilweise auch ehemalige Mitarbeiter gerichtete Markenführung unter dem Begriff **"Employer Branding"** diskutiert. Die ursprünglich auf Konsumenten zielenden Bemühungen der Markenführung, ein Unternehmen bzw. seine Produkte und Dienstleistungen als besonders attraktiv und einzigartig zu positionieren und dadurch Nachfrage zu generieren, werden damit auf den Arbeitsmarkt übertragen. Ein **allgemein anerkanntes Verständnis** des Employer Branding **fehlt bisher**: "[...] employer branding is a relatively new field, characterized by immense confusion and lack of structure."[17] Als **Ziel** des Employer Branding wird in Literatur und Praxis immerhin übereinstimmend die **Profilierung** eines Unternehmens **als attraktiver Arbeitgeber** genannt, und zwar für die Zielgruppen, die hinsichtlich ihrer Wertevorstellungen und Anforderungen zum Unternehmen besonders gut passen.[18] Hier-

---

[14] Vgl. Meffert, H., Burmann, C. (2002b): Theoretisches Grundkonzept der identitätsorientierten Markenführung, in: Meffert, et al. (Hrsg.): Markenmanagement - Grundfragen der identitätsorientierten Markenführung, 1. Auflage, Wiesbaden, S. 63.

[15] Vgl. Gotsi, M., Wilson, A. (2001a): Corporate Reputation Management: "living the brand", in: Management Decision, London, Vol. 39, Nr. 2, S. 99 ff.

[16] Vgl.Bruhn, M. (1999): Internes Marketing als Forschungsgebiet der Marketingwissenschaft, in: Bruhn (Hrsg.): Internes Marketing, 2. Auflage, Wiesbaden, S. 36.

[17] Universum Communications (2005): Employer Branding Global Best Practices 2005, Stockholm, S. 12.

[18] Vgl. Universum Communications (2005): Employer Branding Global Best Practices 2005, Stockholm, S. 119.

durch wird eine Reihe von positiven Wirkungen für das Unternehmen erwartet. So wird bspw. generell ein positiver Zusammenhang zwischen einem guten Ruf als Arbeitgeber und einer positiven Unternehmensentwicklung gesehen.[19] Zudem führt Studien zufolge die Übereinstimmung der Wertesysteme zwischen Unternehmen und Mitarbeitern zu einer höheren Identifikation mit dem Unternehmen, durch die wiederum Ziele und Verhaltensweisen der Mitarbeiter verstärkt auf die Ziele des Unternehmens ausgerichtet werden.[20] Nicht zuletzt fördert eine hohe Übereinstimmung der Werte ein markenkonformes Verhalten der Mitarbeiter, d.h. sie "leben" die Marke intuitiv und stärken damit die Markenwahrnehmung der Konsumenten und aller anderen externen Bezugsgruppen.[21]

Das Konzept des **Employer Branding** ist sowohl in der wissenschaftlichen Literatur als auch in der Praxis ein **relativ neuer Ansatz**. Erst seit der verstärkten Diskussion um die Stakeholdervielfalt in der Markenführung und der intensiveren Auseinandersetzung mit Unternehmensmarken Mitte der 1990er lassen sich erste wissenschaftliche Quellen finden. Ambler und Barrow waren 1996 unter den Ersten, die die bis dahin getrennten Disziplinen des HR-Managements und der Markenführung in einem konzeptionellen Rahmen zu einer "Employer Brand" zusammenführten und diese Idee in einer explorativen Studie mit 27 britischen Unternehmen diskutierten.[22] Noch bis heute sind die meisten Veröffentlichungen eher populärwissenschaftlicher Natur, eine intensivere Auseinandersetzung und empirische Fundierung in der Wissenschaft hat gerade erst begonnen.[23] In der

---

[19] In einer Studie konnte bspw. nachgewiesen werden, dass allein eine positive Reputation eines Unternehmens als Arbeitgeber einen positiven Effekt auf den Unternehmenswert hat, vgl. Chauvin, K. W., Guthrie, J. P. (1994): Labor Market Reputation and the Value of the Firm, in: Managerial and Decision Economics, Vol. 15, Nr. 6, S. 543-552.

[20] Zum Zusammenhang zwischen Wertekongruenz, Identifikation und für das Unternehmen vorteilhaftem Mitarbeiterverhalten vgl. bspw. Dutton, J., et al. (1994): Organizational Images and Member Identification, in: Administrative Science Quarterly, Vol. 39, Nr. 2, S. 255 f. Umfassend wird dieser Zusammenhang in Kapitel B.3.3 behandelt, dort finden sich auch Verweise auf weitere Studien zum Thema.

[21] Vgl. de Chernatony, L. (2001): A model for strategically building brands, in: Journal of Brand Management, Vol. 9, Nr. 1, S. 32.

[22] Vgl. Ambler, T., Barrow, S. (1996): The Employer Brand, in: Journal of Brand Management, Vol. 4, Nr. 3, S. 185 ff.

[23] Zur Entwicklung der Idee des Employer Branding vgl. Barrow, S., Mosley, R. (2005): The Employer Brand, Chichester, S. 7 ff. Die Autoren gehen davon aus, dass ihr Buch aus dem Jahr 2005 das erste zum Thema Employer Branding darstellt. Vgl. ebenda, Preface, S. XV. Seit 2001 wird die wissenschaftliche Forschung zum Thema Employer Branding in Deutschland wesentlich vom Lehrstuhl für Marketingmanagement an der HHL – Leipzig Graduate School of Management vorangetrieben. Ein Überblick über die dortige Forschungshistorie findet sich bei Kirchgeorg, M., Günther, E. (2006): Employer Brands zur Unternehmensprofilierung im Personalmarkt, HHL-Arbeitspapier Nr. 74, Leipzig, S. 8 f.

Praxis dagegen beschäftigen sich inzwischen sehr viele Unternehmen mit dem Konzept des Employer Branding. So hat 2005 eine internationale Studie von Universum Communications ergeben, dass alle 238 befragten Unternehmen sich mit Employer Branding befassen, die überwiegende Anzahl jedoch erst seit drei oder vier Jahren.[24]

Für den **Bedeutungszuwachs** des Employer Branding lassen sich insbesondere zwei Ursachen anführen. Zum einen setzt sich in den Unternehmen zunehmend die Erkenntnis durch, dass wirtschaftlicher Erfolg in erheblichem Maße von der Leistungsfähigkeit und dem Commitment der Mitarbeiter abhängt. Zum anderen nimmt die verfügbare Anzahl von Top-Führungs- und Nachwuchskräften kontinu-ierlich ab. Als Folge wird sich der Wettbewerb um diese Mitarbeiter in den nächsten Jahren erheblich verschärfen. Die Unternehmen suchen daher nach Wegen und Instrumenten, um sich für diesen Wettbewerb zu rüsten.

In der Wissenschaft wird die zentrale Bedeutung der Mitarbeiter für das Unter-nehmen mit dem **ressourcenorientierten Ansatz** erklärt. Diesem Ansatz zufolge liegt die primäre Quelle für den langfristigen Erfolg eines Unternehmens in der Qualität der verfügbaren Ressourcen, zu denen auch die Mitarbeiter zählen.[25] Alle wesentlichen erfolgskritischen Fähigkeiten eines Unternehmens wie z.B. Inno-vationsfähigkeit und Kundenorientierung lassen sich direkt oder indirekt auf die Leistungsfähigkeit und Kompetenzen der Mitarbeiter zurückführen. Diese sind da-her ein nachhaltiger Wettbewerbsfaktor mit eindeutig positiven Auswirkungen auf

---

[24] Vgl. Universum Communications (2005): Employer Branding Global Best Practices 2005, Stockholm, S. 8. Zu ähnlichen Ergebnissen kommt auch eine Studie mit 138 US-Unternehmen aus dem Jahr 2001: 40% der Unternehmen nutzten damals bereits das Konzept des Employer Branding, die meisten davon jedoch erst seit 2000, vgl. Ainspan, N., Dell, D. (2001): Engaging your Employees through your brand, The Conference Board, Report No. 1288. In der empirischen Studie von Ambler und Barrow aus dem Jahr 1996 hingegen kannte keines der befragten 27 britischen Unternehmen den Begriff des Employer Branding, auch wenn die grundsätzliche Idee des Konzeptes von einigen Befragten als nicht gänzlich neu eingestuft wurde. Vgl. Ambler, T., Barrow, S. (1996): The Employer Brand, in: Journal of Brand Management, Vol. 4, Nr. 3, S. 197.

[25] Als Begründerin des "resource-based view" gilt Penrose. Im Gegensatz zum "market-based-view", der den Erfolg eines Unternehmens aus einer adäquaten Reaktion auf die Anforderungen des Marktes ableitet, sieht der ressourcenorientierte Ansatz die Unternehmensressourcen als Quelle von Erfolg und Wachstum, vgl. Penrose, E. T. (1997): The theory of the growth of the firm, 3. Auflage, New York. Eine umfassende Fundierung der Akquisition und Bindung von Nachwuchskräften mit dem ressourcenorientierten Ansatz findet sich bspw. bei Höllmüller, M. (2002): Strategische Akquisition hochqualifizierter Nachwuchskräfte, Wiesbaden, S.13-51.

den Unternehmenserfolg.[26] Der Unterschied zwischen Leistungsträgern und durchschnittlichen Mitarbeitern für die Profitabilität des Unternehmens ist als erheblich einzustufen. So schätzten die Befragten in einer Studie mit 410 Arbeitnehmern von 35 US-Unternehmen, dass ein Leistungsträger (in der Studie als "High Performer" bezeichnet) gegenüber einer durchschnittlichen Arbeitskraft in produktionsbezogenen Funktionen 40% mehr Produktivität erreicht, im General Management 49% und in vertriebsorientierten Funktionen sogar 57%.[27]

Der Erfolg eines Unternehmens hängt jedoch nicht nur von den Ressourcen selbst ab, da diese nicht von sich aus produktiv sind. Vielmehr bedarf es einer Koordination und Kontrolle des Einsatzes dieser Ressourcen, um langfristigen Erfolg zu generieren. Ausschlaggebend für den Erfolg sind somit auch die sog. "Organizational Capabilities", d.h. die Führungsfähigkeiten der Mitarbeiter. Gerade in einer Wissensgesellschaft stellen somit die **Mitarbeiter** das **wichtigste Kapital eines Unternehmens** dar, die Gewinnung und Bindung von Leistungsträgern wird zu einem zentralen Erfolgsfaktor.[28]

Anhand zahlreicher empirischer Studien lässt sich entsprechend zeigen, dass gutes HR-Management einen direkten Zusammenhang zum Erfolg eines Unternehmens aufweist. Durch ein erfolgreiches HR-Management kann die Kündigungs- und Krankheitsquote gesenkt, die Produktivität verbessert und das Commitment der Mitarbeiter gesteigert werden. Alle Faktoren führen zu einem verbesserten finanziellen Ergebnis eines Unternehmens.[29] In einer Studie konnte bspw. gezelgt werden, dass Unternehmen, dle besonderen Wert auf die Entwicklung und Bindung von Mitarbeitern legen, im Vergleich zu durchschnittlichen Unternehmen ein besseres Verhältnis von Aktien- zu Buchwert aufwiesen. Ihr Marktwert pro Mitarbeiter war um 41.000 USD höher. Gleichzeitig lag die durchschnittliche Rendite in einem Fünfjahreszeitraum bei 27,5% und damit über 10 Prozentpunkte höher als bei Unternehmen, die keinen besonderen Wert auf

---

[26] Vgl. hierzu ausführlich Huselid, M. A. (1995): The impact of human resource management practices on turnover, productivity and corporate financial performance, in: Academy of Management Journal, Vol. 38, Nr. 3, S. 635-672.

[27] Vgl. Axelrod, E. L., et al. (2001): War for talent, part two, in: McKinsey Quarterly, Nr. 2, S. 10.

[28] Vgl. Stührenberg, L. (2004): Ökonomische Bedeutung des Personalbindungsmanagements für Unternehmen, in: Bröckermann, Pepels (Hrsg.): Personalbindung, 1. Auflage, Berlin, S. 35 f.

[29] Vgl. hierzu bspw. Becker, B., Gerhart, B. (1996): The impact of human resource management on organizational performance: progress and prospects, in: Academy of Management Journal, Vol. 39, Nr. 4, S. 779-801 oder Huselid, M. A. (1995): The impact of human resource management practices on turnover, productivity and corporate financial performance, in: Academy of Management Journal, Vol. 38, Nr. 3, S. 635-672.

HR-Management legten.[30] In einer anderen Studie zeigte sich, dass die Unternehmen, die zu den besten 20% in Bezug auf ihr Personalmanagement gezählt wurden, den Branchendurchschnitt der Shareholder-Rendite um 22 Prozentpunkte übertrafen.[31] Dieser deutliche Einfluss von Mitarbeitern auf den finanziellen Erfolg von Unternehmen äußert sich schließlich auch darin, dass einer Studie von Ernst & Young zufolge die Fähigkeit, die "besten Köpfe" für sich zu gewinnen und zu binden, für Investoren eines der acht wichtigsten Kriterien bei der Bewertung eines Unternehmens ist.[32]

Die zunehmende Erkenntnis um die zentrale Bedeutung leistungsfähiger Mitarbeiter führt zu einer **steigenden Nachfrage** nach dieser Zielgruppe – insbesondere für anspruchsvolle Tätigkeiten wie bspw. Führungsaufgaben, Organisation und Management sowie qualifizierte Forschung und Entwicklung. Das Angebot des Erwerbspersonenpotenzials und damit auch entsprechender Fach- und Führungskräfte wird dagegen mit dem gestiegenen Bedarf aller Voraussicht nach nicht in gleicher Form Schritt halten können.[33] Der absehbare Mangel betrifft sowohl Absolventen der Natur- und Ingenieurswissenschaften für die Bereiche der Forschung und Entwicklung als auch Nachwuchskräfte für das Management. Bereits vor einigen Jahren wurde vor diesem Hintergrund unter dem Schlagwort "War for talent" der sich abzeichnende Wettkampf der Unternehmen um die besten Mitarbeiter thematisiert: "Companies are about to be engaged in a war for senior executives talent that will remain a defining characteristic of their competitive landscape for decades to come."[34] Denn obwohl es einerseits Millionen von Arbeitslosen gibt und sich die Suche nach einer passenden Position auch für viele Akademiker schwierig gestaltet, klagen gleichzeitig viele Unternehmen darü-

---

[30] Vgl. Michlitsch, J. F. (2000): High-performing, loyal employees: the real way to implement strategy, in: Strategy & Leadership, Vol. 28, Nr. 6, S. 28.

[31] Vgl. Axelrod, E. L., et al. (2001): War for talent, part two, in: McKinsey Quarterly, Nr. 2, S. 10.

[32] Vgl. Michlitsch, J. F. (2000): High-performing, loyal employees: the real way to implement strategy, in: Strategy & Leadership, Vol. 28, Nr. 6, S. 28. Zahlreiche weitere Studienergebnisse, die die Bedeutung zufriedener und engagierter Mitarbeiter auf den Unternehmenserfolg belegen, haben Barrow und Mosley zusammengestellt. Vgl. hierzu Barrow, S., Mosley, R. (2005): The Employer Brand, Chichester, S. 69-83.

[33] Vgl. Kirchgeorg, M., Lorbeer, A. (2002): Anforderungen von High Potentials an Unternehmen - Eine Analyse auf der Grundlage einer bundesweiten Befragung von High Potentials und Personalentscheidern, HHL-Arbeitspapier Nr. 49, Leipzig, S. 1 ff. In den USA ist eine ähnliche Entwicklung zu beobachten, vgl. Sykes, S. (2002): Talent, diversity and growing expectations, in: Journal of Communication Management, Vol. 7, Nr. 1, S. 80.

[34] Chambers, E. G., et al. (1998): The war for talent, in: McKinsey Quarterly, Nr. 3, S. 46. Die Untersuchung von McKinsey bezog sich zwar auf den US-amerikanischen Raum, die Problematik trifft jedoch in gleicher Weise auch auf Deutschland zu.

ber, dass sie offene Stellen nicht adäquat besetzen können. Grund für dieses scheinbare Paradoxon ist, dass nur wenige am Arbeitsmarkt verfügbare Bewerber über die von den Unternehmen gesuchten Fähigkeiten und Qualifikationen verfügen. Somit zielen die Recruitingbemühungen vieler Unternehmen auf eine vergleichsweise kleine Gruppe von Fach- und Führungskräften sowie den entsprechenden Nachwuchs ab, die sog. High Potentials. Darunter sind jene Nachwuchskräfte zu verstehen, die aufgrund ihrer hohen fachlichen Qualifikation und sozialen Kompetenz überdurchschnittliche und außergewöhnliche Leistungsergebnisse erbringen.[35] Allerdings werden die Ansprüche der Unternehmen auch zunehmend differenzierter. Während rein leistungsbezogene Auswahlkriterien wieder etwas in den Hintergrund zu treten scheinen, achten Unternehmen verstärkt darauf, **solche Mitarbeiter** für sich zu gewinnen, die **zu ihrem Unternehmen** auch **besonders gut passen**.[36] Kirchgeorg stellt in diesem Zusammenhang fest: "Nur jene Unternehmen haben eine Chance, die wirklich Guten für sich zu gewinnen, die hinreichend sicherstellen können, dass ihre Kernwerte mit den persönlichen Wertevorstellungen der Mitarbeiter hinreichend übereinstimmen."[37] Der Fokus der Unternehmen verlagert sich somit von einer Suche nach den Besten auf die Suche nach den "Besten unter den Passenden".[38]

Experten rechnen bereits für die nächsten Jahre und insbesondere **ab 2015** mit einer **spürbaren Mangelsituation** am Arbeitsmarkt.[39] Bereits heute klagen mehr als die Hälfte der deutschen Großunternehmen über Schwierigkeiten, offene Stellen adäquat zu besetzen. Rund 80% rechnen damit, dass es auch in den nächsten fünf bis zehn Jahren in Deutschland nicht genug Nachwuchs geben

---

[35] Vgl. Kirchgeorg, M., Lorbeer, A. (2002): Anforderungen von High Potentials an Unternehmen - Eine Analyse auf der Grundlage einer bundesweiten Befragung von High Potentials und Personalentscheidern, HHL-Arbeitspapier Nr. 49, Leipzig, S. 3.

[36] Vgl. o.V. (2006a): Neue Ehrlichkeit, in: Karriere, Nr. 1/2006, S. 10.

[37] Kirchgeorg, M. (2005): Lockmittel: Nicht Geld oder Image eines Arbeitgebers zieht High Potentials an, sondern die Aussicht auf einen spannenden Arbeitsalltag im Unternehmen, in: enable - besser wirtschaften, Beilage zur Financial Times Deutschland vom 12.10.2005, S. 18.

[38] Vgl. Grauel, R. (2007): Mitarbeiter verzweifelt gesucht, in: brandeins, 01/07, S. 15.

[39] Zu entsprechenden Ergebnissen kommt bspw. die Bund-Länder-Kommission für Bildungsplanung und Forschungsförderung (BLK), vgl. BLK (2001): Zukunft von Bildung und Arbeit: Perspektiven von Arbeitskräftebedarf und -angebot bis 2015, in: Materialien zur Bildungsplanung und zur Forschungsförderung, Heft 104, Bonn. Ähnliche Erkenntnisse dokumentieren Reinberg, A., Hummel, M. (2004): Fachkräftemangel bedroht Wettbewerbsfähigkeit der deutschen Wirtschaft, in: Aus Politik und Zeitgeschichte, Beilage zur Wochenzeitung "Das Parlament", Ausgabe B28, 05. Juli 2004, S. 5 ff. sowie Kirchgeorg, M., Lorbeer, A. (2002): Anforderungen von High Potentials an Unternehmen - Eine Analyse auf der Grundlage einer bundesweiten Befragung von High Potentials und Personalentscheidern, HHL-Arbeitspapier Nr. 49, Leipzig, S. 1 f.

wird.[40] Als **Gründe** lassen sich sowohl der **demographische Wandel** als auch **Versäumnisse in der Hochschulbildung und Weiterqualifizierung** nennen. Die Bevölkerung in Deutschland wird in den nächsten Jahren zunächst altern und anschließend deutlich schrumpfen. Selbst ein deutlicher Anstieg der Geburtenraten – der allerdings nicht erkennbar ist[41] – oder Zuwanderung in wirtschaftlich und gesellschaftlich vertretbarer Größenordnung können diesen Trend allenfalls bremsen, nicht aber stoppen.[42] Abb. 1 zeigt die prognostizierte Entwicklung des Erwerbspersonenpotenzials in Deutschland.

Innerhalb bestimmter Grenzen könnte das verringerte quantitative Angebot an Arbeitskräften im Topsegment durch erhöhte Bildungsanstrengungen ausgeglichen werden. Die Prognose zur Entwicklung der Qualifikationsstruktur in der Bevölkerung geht zwar von einer leichten Erhöhung der Akademikerquoten aus, diese marginalen Veränderungen werden jedoch nicht dazu ausreichen, den gestiegenen Bedarf der Unternehmen zu befriedigen.[43]

---

[40] Die Angaben zur heutigen Situation beruhen auf einer Studie von McKinsey und dem Karrierenetzwerk E-Fellows.net. Die Einschätzungen über die Zukunft stammen aus einer Befragung der Ingenieursverbandszeitschrift "VDI Nachrichten" und dem Zentrum für Europäische Wirtschaftsforschung. Vgl. Karle, R. (2005): Gutes Personal wird Mangelware, in: Management - Beruf & Karriere, Sonderbeilage zur Financial Times Deutschland vom 18.03.2005, S. A1.

[41] Die Geburtenrate in Deutschland, d.h. die durchschnittliche Anzahl von Kindern pro Frau, ist Mitte der 1960er zunächst von 2,5 ausgehend stark gesunken und schwankt seit Mitte der 1970er zwischen 1,3 und 1,5. Für die nächsten Jahrzehnte wird mit einer Stabilisierung der Geburtenrate auf niedrigem Niveau gerechnet. Vgl. Statisches Bundesamt (2003b): In the spotlight: Population of Germany today and tomorrow, Wiesbaden, S. 14 f. Verbunden mit der gestiegenen Lebenserwartung führt diese Entwicklung zu einer Alterung und Verringerung der deutschen Bevölkerung, vgl. Statisches Bundesamt (2003a): Im Jahr 2050 wird jeder Dritte in Deutschland 60 Jahre oder älter sein, Pressemitteilung vom 6. Juni 2003, im Internet unter http://www.destatis.de/presse/deutsch/pm2003/p2300022.htm, Zugriff am 09.08.2006.

[42] Während im Durchschnitt der Jahre 1950 bis 2000 ein jährlicher Zuwanderungsüberschuss von knapp 200.000 Menschen verzeichnet wurde, lag die Nettozuwanderung im Jahr 2005 nur noch bei ca. 100.000 Menschen. Diese Entwicklung basiert einerseits darauf, dass weniger Einwanderer kommen, andererseits aber auch darauf, dass immer mehr Deutsche – und darunter vor allem Hochqualifizierte – das Land verlassen. Vgl. hierzu ausführlich Müller, H. (2006): Ihr fehlt uns, in: managermagazin, 36. Jg., Nr. 7/2006, S. 86 ff.

[43] Vgl. Reinberg, A., Hummel, M. (2004): Fachkräftemangel bedroht Wettbewerbsfähigkeit der deutschen Wirtschaft, in: Aus Politik und Zeitgeschichte, Beilage zur Wochenzeitung "Das Parlament", Ausgabe B28, 05. Juli 2004, S. 6 ff.

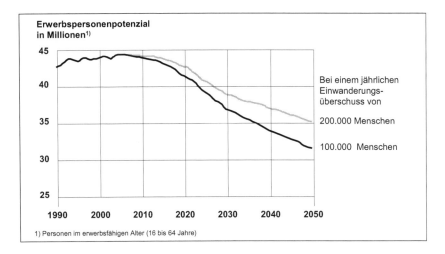

Abb. 1: **Szenarien zur Entwicklung des Erwerbspersonenpotenzials in Deutschland**[44]

Doch es wird nicht nur schwieriger, geeigneten Nachwuchs für ein Unternehmen zu gewinnen. Auch die **Bindung leistungsfähiger Mitarbeiter** stellt eine **zunehmende Herausforderung** dar.[45] Gerade in Bereichen stark nachgefragter Qualifikationen zeigen sich hohe Fluktuationsraten.[46] Einer Studie von Gallup aus dem Jahr 2000 zufolge verspüren 18% der deutschen Arbeitnehmer keine emotionale Bindung zu ihrem Unternehmen, 70% beschränken sich darauf, Dienst nach Vorschrift zu leisten, fühlen sich also nur minimal gebunden. Lediglich 12% der Befragten gaben an, dass sie tatsächlich überzeugte Mitarbeiter seien und emotional hinter ihrem Unternehmen stehen würden.[47] Als mögliche Ursache wird angeführt,

---

[44] Quelle: Müller, H. (2006): Ihr fehlt uns, in: managermagazin, 36. Jg., Nr. 7/2006, S. 88. Der Autor beruft sich bei seinen Ausführungen auf Daten des IAB (Institut für Arbeitsmarkt- und Berufsforschung).

[45] Vgl. bspw. Bröckermann, R. (2004): Fesselnde Unternehmen - gefesselte Beschäftigte, in: Bröckermann, Pepels (Hrsg.): Personalbindung, Berlin, S. 16.

[46] Vgl. Gmür, M., Klimecki, R. (2001): Personalbindung und Flexibilisierung, in: zfo, Heft 1/2001, S. 29 sowie Petkovic, M. (2004): Geschickte Markenpolitik, in: Personal, Heft 04/2004, S. 6.

[47] Auf diese Ergebnisse beziehen sich bspw. Burmann, C. (2004): Marken brauchen Führung, in: marketingjournal, Nr. 9/2004, S. 21 f. und Schulze, R., et al. (2005): Employer Branding, in: absatzwirtschaft, 1/2005, S. 92. Zu ähnlichen Ergebnissen kommt auch eine Studie von "The Employer Group" aus dem Jahr 2002. Von den mehr als 8.000 befragten Angestellten aus den USA und Großbritannien waren nur 59% der Meinung, dass ihr Arbeitgeber ihre Treue tatsächlich verdient habe. Vgl. Brown, A., et al. (2003): Strategic talent retention, in: Strategic HR Review, Vol. 2, Nr. 4, S. 22.

dass sich generell bei der jüngeren Generation ein schwächer ausgeprägtes Bindungsverhalten beobachten lässt, das auf den Erfahrungen mit Entlassungen und Frühpensionierungen ihrer Elterngeneration und Zeiten hoher Arbeitslosigkeit während der eigenen Ausbildungszeit beruht.[48] Zudem wird vermutet, dass die steigende Größe und Konzentration von Unternehmen häufig zu einer **geringeren Identifikation und Bindung der Mitarbeiter** führt.[49] Marr und Fliaster verweisen vor diesem Hintergrund auf die Notwendigkeit eines neuen "psychologischen Vertrags" zwischen Unternehmen und Mitarbeiter in Zeiten, in denen diese Beziehung geprägt ist von individueller Kosten-Nutzen-Abschätzung und einem sinkenden Verpflichtungscharakter.[50]

Die Kombination aus steigender Bedeutung der Humanressourcen für den Unternehmenserfolg, sinkendem Angebot hoch qualifizierter Nachwuchskräfte und abnehmender Bindungswilligkeit von Mitarbeitern lässt die Einschätzung zu, dass **Employer Branding von hoher und zukünftig noch steigender Relevanz sein wird**. Da der Aufbau einer Marke und die Verankerung des gewünschten Vorstellungsbildes in den Köpfen der Zielgruppen Zeit benötigt, ist davon auszugehen, dass diese hohe Relevanz auch unabhängig von konjunkturellen Zyklen und individuellen Unternehmensstrategien gegeben ist.[51]

Diese **Erkenntnis** hat sich inzwischen sowohl in der Wissenschaft als auch in der Praxis **weitgehend durchgesetzt**. In einer Studie von Andersen Consulting (heute Accenture) gaben 80% der befragten Topmanager an, dass bis 2010 die Gewinnung und Bindung von Mitarbeitern zur Toppriorität wird, 75% stuften HR-Management als strategisch bedeutsamer ein als Produktivität und Technologie.[52] Neben Shareholder und Customer Value wird heute auch People Value als

---

[48] Vgl. Polomski, S. (2005): Mehr als Marke: Employer Branding, in: Gaiser (Hrsg.): Praxisorientierte Markenführung: neue Strategien, innovative Instrumente und aktuelle Fallstudien, 1. Auflage, Wiesbaden, S. 487.

[49] Vgl. Kernstock, J., et al. (2005): Interview: Interne Markenführung bei Kraft Foods Schweiz AG, in: Thexis, 22. Jg., Nr. 1, S. 12.

[50] Vgl. Marr, R., Fliaster, A. (2003): Bröckelt das Loyalitätsgefüge in deutschen Unternehmen? Herausforderungen für die künftige Gestaltung des "psychologischen Vertrages" mit Führungskräften, in: Ringlstetter, et al. (Hrsg.): Perspektiven der strategischen Unternehmensführung, Wiesbaden, S. 277-305.

[51] Vgl. Grobe, E. (2003): Corporate Attractiveness - eine Analyse der Wahrnehmung von Unternehmensmarken aus der Sicht von High Potentials, HHL-Arbeitspapier Nr. 50, Leipzig, S. 6 f. sowie Polomski, S. (2005): Mehr als Marke: Employer Branding, in: Gaiser (Hrsg.): Praxisorientierte Markenführung: neue Strategien, innovative Instrumente und aktuelle Fallstudien, 1. Auflage, Wiesbaden, S. 475.

[52] Vgl. Michlitsch, J. F. (2000): High-performing, loyal employees: the real way to implement strategy, in: Strategy & Leadership, Vol. 28, Nr. 6, S. 28.

wesentlicher Einflussfaktor für den Unternehmenserfolg herausgestellt.[53] Dennoch wurde die Profilierung als Arbeitgeber bis vor wenigen Jahren von vielen Unternehmen vernachlässigt: "There is a gap between awareness of the talent issue and an effective response to it."[54] Dies wurde auch in einer 2001 von der Unternehmensberatung Kienbaum durchgeführten Studie bestätigt. Danach ist die "Employer Brand" der wichtigste Faktor des Personalmarketings, für den die Unternehmen aber noch einen deutlichen Nachholbedarf sehen.[55]

Aus wissenschaftlicher Sicht kann Employer Branding als **Teilaspekt des Corporate Branding**[56] aufgefasst werden, da als Bezugsobjekt der Markenführung am Arbeitsmarkt in der Regel das Unternehmen selbst dient.[57] Während jedoch Employer Branding spezifisch auf die Werte und Anforderungen potenzieller und aktueller Mitarbeiter bezogen ist, gilt als wesentliches Merkmal des Corporate Branding die Ausrichtung auf alle Bezugsgruppen des Unternehmens. Neben Konsumenten sowie den aktuellen und potenziellen Mitarbeitern sind auch beispielsweise Investoren, Interessengruppen, die allgemeine Öffentlichkeit sowie Zulieferer Empfänger und Nutzer von Markenbotschaften.[58]

Die Orientierung des unternehmerischen Handelns an den Interessen wichtiger

---

[53] "People Value" umfasst Leonhardt zufolge Faktoren wie Mitarbeiterzufriedenheit, Leadershipfähigkeiten, Kompetenzportfolio der Mitarbeiter, deren Leistungsfähigkeit, Flexibilität und Commitment. Die Attraktivität als Arbeitgeber und Gewinnung, Förderung und Pflege des Nachwuchses wird als Schlüssel zum Unternehmenserfolg und Teil der Wertschöpfung angesehen. Vgl. Leonhardt, F. (1999): Winning the war for talent: Integrierte und strategische Nachwuchsentwicklung am Beispiel Lufthansa, in: Sattelberger (Hrsg.): Wissenskapitalisten oder Söldner?, Wiesbaden, S. 247.

[54] Axelrod, E. L., et al. (2001): War for talent, part two, in: McKinsey Quarterly, Nr. 2, S. 11. Vgl. zudem Kirchgeorg, M., Lorbeer, A. (2002): Anforderungen von High Potentials an Unternehmen - Eine Analyse auf der Grundlage einer bundesweiten Befragung von High Potentials und Personalentscheidern, HHL-Arbeitspapier Nr. 49, Leipzig, S. 40.

[55] Vgl. Biele, G., Hunziger, A. (2002): Erfolgsfaktoren und Best Practices im Personalmarketing, Studie der Kienbaum Management Consultants GmbH, Berlin, S. 35.

[56] Unter "Corporate Branding" wird die Führung der Unternehmensmarke verstanden, vgl. hierzu bspw. Kernstock, J., et al. (2004): Zugang zum Corporate Brand Management, in: Esch, et al. (Hrsg.): Corporate Brand Management, 1. Auflage, Wiesbaden, S. 5 sowie die Begriffsdefinition in Kapitel A.2.

[57] Vgl. bspw. Zaugg, R. J. (2002): Mit Profil am Arbeitsmarkt agieren, in: Personalwirtschaft, Nr. 2/2002, S. 13 oder Kirchgeorg, M., Günther, E. (2006): Employer Brands zur Unternehmensprofilierung im Personalmarkt, HHL-Arbeitspapier Nr. 74, Leipzig, S. 6.

[58] Fast jede Publikation zur Unternehmensmarke betont die simultane Wirkung der Unternehmensmarke bei unterschiedlichen Bezugsgruppen des Unternehmens, vgl. beispielsweise Demuth, A. (2000): Das strategische Management der Unternehmensmarke, in: Markenartikel, Nr. 1/2000, S. 14 ff., Kernstock, J., et al. (2004): Zugang zum Corporate Brand Management, in: Esch, et al. (Hrsg.): Corporate Brand Management, 1. Auflage, Wiesbaden, S. 5 ff. oder Bierwirth, A. (2003): Die Führung der Unternehmensmarke, Frankfurt am Main, S. 3 ff.

Stakeholder stellt für Unternehmen einen wesentlichen Bezugsrahmen dar.[59] Von den einzelnen Stakeholdergruppen können dabei jedoch je nach ihren eigenen Interessen in Bezug auf das Unternehmen sehr unterschiedliche Ansprüche ausgehen. Für die Markenführung und dabei insbesondere für das Corporate Branding stellt die **Berücksichtigung unterschiedlicher Stakeholderinteressen** eine **besondere Herausforderung** dar. Die Unternehmensmarke muss diese unterschiedlichen Ansprüche berücksichtigen und adressieren, darf jedoch andererseits in ihrer Positionierung nicht beliebig werden.[60] Eine vollständige Trennung der Markenführung an den unterschiedlichen Teilmärkten kommt kaum in Betracht, da die einzelnen Stakeholdergruppen nicht separat ansprechbar sind. Zum einen existieren häufig Rollenüberschneidungen – z.b. könnte ein Konsument Aktien kaufen oder sich auf eine offene Position bewerben. Zum anderen lassen sich aufgrund der zunehmenden medialen Vernetzung selbst detaillierte Informationen über unterschiedliche Aspekte sowie die Stärken und Schwächen eines Unternehmens relativ leicht und schnell gewinnen.[61]

Daraus leitet sich für das **Employer Branding** die Notwendigkeit eines **integrierten Ansatzes** ab, der zwei eventuell konfliktären Anforderungen genügen muss:

- Einerseits ist die Employer Brand **so gezielt wie möglich auf** die **Zielgruppen am Arbeitsmarkt auszurichten**, um ihre Effektivität, d.h. ihre Wirkungskraft, bei diesen Zielgruppen zu maximieren.

- Andererseits muss Employer Branding aber auch **im Einklang mit der übergeordneten Corporate Brand** und insbesondere mit der absatzmarktgerichteten Markenführung stehen. Nur so kann über alle nach außen und innen gerichteten Markenbotschaften ein insgesamt konsistentes Markenbild sichergestellt werden, das als Voraussetzung für eine wirksame Markenführung gilt.[62]

Hieraus ergibt sich ein Spannungsfeld, das im Mittelpunkt dieser Forschungsarbeit

---

[59] Vgl. hierzu ausführlich Harrison, J. S., Freeman, R. E. (1999): Stakeholders, social responsibility and performance: empirical evidence and theoretical perspectives, in: Academy of Management Journal, Vol. 42, Nr. 5, S. 479 ff.

[60] Vgl. Belz, O. (2005b): Markenkraft von innen, in: Thexis, 22. Jg., Nr. 1, S. 39. Die Anforderungen an die Markenführung werden ausführlich in Kapitel B.1.3. betrachtet.

[61] Vgl. Kernstock, J., et al. (2004): Zugang zum Corporate Brand Management, in: Esch, et al. (Hrsg.): Corporate Brand Management, 1. Auflage, Wiesbaden, S. 6.

[62] Vgl. Bierwirth, A. (2003): Die Führung der Unternehmensmarke, Frankfurt am Main, S. 199. sowie Kernstock, J., et al. (2004): Zugang zum Corporate Brand Management, in: Esch, et al. (Hrsg.): Corporate Brand Management, 1. Auflage, Wiesbaden, S. 8.

steht: die Gestaltung und Führung der **Employer Brand zwischen stakeholder-spezifischer Ausrichtung und übergreifender Markenkonsistenz.**

Die **zentrale Forschungsfrage** dieser Arbeit ist, ob und unter welchen Bedingungen die Employer Brand in ihrer Ausgestaltung und Führung von der Corporate Brand bzw. der absatzmarktgerichteten Markenführung abweichen darf. Dabei gilt es, einerseits die spezifischen Werte und Anforderungen der aktuellen und potenziellen Mitarbeiter gezielt anzusprechen, und dennoch gleichzeitig ein übergreifend konsistentes Markenbild nach innen und außen sicherzustellen.

Die integrierte, stakeholderorientierte Führung von Marken und in diesem Zusammenhang insbesondere die Schnittstelle zwischen interner und externer Markenführung am Arbeitsmarkt ist bisher in der wissenschaftlichen Literatur erst in Ansätzen aufgearbeitet. Insbesondere **fehlt ein ganzheitlicher, strategischer Ansatz** zur Gestaltung und Führung einer Employer Brand. Der strategische Aspekt in dieser Arbeit legt die Betonung auf die Entwicklung einer langfristig ausgerichteten Gestaltung der Employer Brand, die auf fundierten Entscheidungen über Zielgruppen und Ziele, Markenarchitektur und Positionierung basiert. Aus diesen strategischen Vorgaben werden anschließend Maßnahmen des taktischen und operativen HR-Marketings wie bspw. HR-Kampagnen, Recruitingprozesse oder die Karriere-Homepage abgeleitet. Als "ganzheitlich" ist der Bezugsrahmen deshalb zu bezeichnen, weil die Betrachtung bezugsgruppenübergreifend erfolgt und alle relevanten Einflussfaktoren und Gestaltungselemente, die eine Wirkung auf die Wahrnehmung der Marke ausüben, berücksichtigt werden.[63]

Die vorliegende Arbeit soll die bisherige Forschungslücke schließen helfen. Es wird ein **ganzheitlicher Bezugsrahmen für das Employer Branding entwickelt** und vorgestellt. Dabei werden alle in der strategischen Gestaltung und Führung der Employer Brand zu berücksichtigenden Elemente aufgezeigt und Gestaltungsspielräume in Strategie und Umsetzung transparent gemacht. Zunächst werden dazu im folgenden Kapitel die zentralen Begrifflichkeiten der Arbeit definitorisch

---

[63] Stakeholderübergreifende Markenführungsansätze werden in der englischsprachigen Literatur meist als "holistic" (übersetzt: "ganzheitlich") bezeichnet. Vgl. bspw. Jones, R. (2005): Finding sources of brand value: Developing a stakeholder model of brand equity, in: Journal of Brand Management, Vol. 13, Nr. 1, S. 27. In der deutschsprachigen Literatur nutzen bspw. Klein-Bölting und Gürntke den Begriff "holistisch" für die stakeholderübergreifende Markenführung. Vgl. Klein-Bölting, U., Gürntke, K. (2002): Corporate Branding im Zeitalter fundamentaler Unternehmenstransformationen, in: Insights, Mai 2002, S. 12 f. Im weiteren Verlauf der Arbeit wird die deutsche Übersetzung, d.h. der Begriff "ganzheitliche Markenführung", genutzt.

abgegrenzt, bevor Zielsetzung, Forschungsansatz und Gang der Arbeit dargestellt werden.

2. Definitorische Abgrenzung relevanter Begriffe

Für den Begriff der Marke findet sich in der Literatur eine Vielzahl unterschiedlicher Definitionen und Auffassungen. Als Ursachen dieser "regelrechten Sprachverwirrung"[64] werden zum einen die historische Entwicklung des Markenverständnisses und zum anderen die unterschiedlichen Perspektiven und Hintergründe der Forscher und Praktiker, die sich mit Marken auseinandersetzen, genannt.[65] Mit den Forschungssträngen zu Corporate Identity, Corporate Reputation, Corporate Image und Corporate Culture findet sich darüber hinaus in der Literatur eine Vielzahl verwandter Begriffe und Konzepte, die für die Markenführung von Relevanz sind. Ebenso wie zum Markenbegriff lässt sich auch für diese Begriffe eine erhebliche Anzahl unterschiedlicher Auffassungen und Definitionen finden.[66] Die vorliegende Arbeit fokussiert sich auf die Markenführung gegenüber Konsumenten einerseits und potenziellen und aktuellen Mitarbeitern andererseits. Daher ist insbesondere ein Verständnis der relevanten Begriffe zur strategischen Gestaltung von Marken zwischen unterschiedlichen Anspruchsgruppen und eine klare begriffliche Trennung zwischen der Innen- und Außenperspektive auf Marken erforderlich. Als Grundlage der weiteren Arbeit werden daher im Folgenden die dafür wesentlichen Begriffe definiert und voneinander abgegrenzt.

Ausgehend von einem produkt- bzw. merkmalsbezogenen Verständnis hat sich

---

[64] Bruhn, M. (2003): Markenpolitik - Ein Überblick zum "State of the Art", in: DBW, Vol. 63, Nr. 2, S. 181.

[65] Vgl. Baumgarth, C. (2001): Markenpolitik, 1. Auflage, Wiesbaden, S. 2. Für eine ausführliche Darstellung unterschiedlicher Markendefinitionen vgl. de Chernatony, L., Riley, F. D.-O. (1998): Defining a "brand", in: Journal of Marketing Management, Vol. 14, Nr. 4, S. 417 ff.

[66] Balmer spricht in diesem Zusammenhang von einem "Begriffsnebel". Neben den oben genannten Begriffen führt er mit Corporate Marketing, Organisational Identity, Visual Identity, Corporate Personality, Corporate Communications und Total Corporate Communications auch noch weitere, ähnliche Termini ein und nennt 15 Gründe für die Zersplitterung des Forschungsfeldes. Vgl. Balmer, J. M. T. (2001b): Corporate Identity, Corporate Branding and Corporate Marketing: seeing through the fog, in: European Journal of Marketing, Vol. 35, Nr. 3/4, S. 248-291. Als eine der wesentlichen Ursachen dieser Begriffsvielfalt wird die Tatsache genannt, dass die Forschungsarbeiten in diesem Feld unterschiedlichen Disziplinen zuzuordnen sind, vgl. Gotsi, M., Wilson, A. (2001b): Corporate Reputation: seeking a definition, in: Corporate Communications, Vol. 6, Nr. 1, S. 24.

der Markenbegriff parallel zur Weiterentwicklung des Marketings zu einem primär verhaltenswissenschaftlich und wirkungsorientierten Verständnis gewandelt.[67] Nach der ursprünglichen Definition ist die Marke ein physisches Kennzeichen, das die Herkunft eines Markenartikels markiert und sich von einem nicht markierten Produkt durch bestimmte Merkmale wie z.B. die Qualität unterscheidet.[68] Diese enge Auffassung wird jedoch der heutigen Vielfalt von Produkten und Dienstleistungen und ihren unterschiedlichen Erscheinungsformen nicht mehr gerecht. Das moderne Verständnis der Marke beruht daher auf einer verhaltenswissenschaftlichen Perspektive und geht von einem wirkungsbezogenen Begriff aus.[69] Betrachtungsperspektive ist damit der Einfluss der Marke auf das Verhalten der Markenrezipienten, nicht das Produkt per se. Eine Marke bietet dem Markenrezipienten einen emotionalen Zusatznutzen gegenüber einem vergleichbaren Objekt, was zu Präferenzen führt. Die **Marke** wird entsprechend definiert als

"[...] ein Nutzenbündel mit spezifischen Merkmalen, die dafür sorgen, dass sich dieses Nutzenbündel gegenüber anderen Nutzenbündeln, welche dieselben Basisbedürfnisse erfüllen, aus Sicht der relevanten Zielgruppen nachhaltig differenziert."[70]

Die vorliegende Arbeit folgt damit dem Begriffsverständnis der **identitätsorientierten Markenführung**. Danach setzt sich eine Marke aus der Identität – d.h. ihrem Selbstbild – und ihrem Image, d.h. ihrem Fremdbild, zusammen. Die Schnittstelle

---

[67] Zur Entwicklung des Markenverständnisses vgl. ausführlich Meffert, H., Burmann, C. (2002a): Wandel in der Markenführung - vom instrumentellen zum identitätsorientierten Markenverständnis, in: Meffert, et al. (Hrsg.): Markenmanagement - Grundfragen der identitätsorientierten Markenführung, 1. Auflage, Wiesbaden, S. 18-31.
[68] Die klassische Definition des Markenbegriffs geht auf Domizlaff und später auf die Arbeiten von Mellerowicz zurück. Nach diesem Verständnis ordnet die Markierung das Produkt bzw. die Dienstleistung einem Anbieter zu und garantiert eine konstante bzw. verbesserte Qualität bei gleichbleibender Menge und Aufmachung des Produktes sowie eine generelle Verfügbarkeit der Ware. Mellerowicz sieht zusätzlich eine intensive Verbraucherwerbung und eine hohe Anerkennung im Markt als Merkmale eines Markenproduktes. Vgl. Domizlaff, H. (1939): Die Gewinnung des öffentlichen Vertrauens: Ein Lehrbuch der Markentechnik, 1. Auflage, Hamburg sowie Domizlaff, H. (1992): Die Gewinnung des öffentlichen Vertrauens: Ein Lehrbuch der Markentechnik, 6. Auflage, Hamburg, S. 37 ff. und Mellerowicz, K. (1963): Markenartikel - die ökonomischen Gesetze ihrer Preisbildung und Preisbindung, München, S. 39 f.
[69] Für eine umfassende Beschreibung dieser Entwicklung des Markenbegriffes vgl. Esch, F.-R., Wicke, A. (2001): Herausforderungen und Aufgaben des Markenmanagements, in: Esch (Hrsg.): Modernes Markenmanagement, 3. Auflage, Wiesbaden, S. 9-11 sowie Baumgarth, C. (2001): Markenpolitik, 1. Auflage, Wiesbaden, S. 7-9.
[70] Burmann, C., et al. (2005): Stellenwert und Gegenstand des Markenmanagements, in: Meffert, et al. (Hrsg.): Markenmanagement. Identitätsorientierte Markenführung und praktische Umsetzung, Wiesbaden, S. 3.

zwischen Image und Identität wird als kritischer Kontaktpunkt zwischen der Organisation und den unterschiedlichen Stakeholdern angesehen.[71] Nach dem Verständnis der identitätsorientierten Markenführung ist es eine der Hauptaufgaben im Rahmen des Markenmanagements, eine möglichst hohe Übereinstimmung zwischen Selbstbild (Identität) und Fremdbild (Image) der Marke herzustellen.[72]

Die Sicht der externen Zielgruppen auf die Marke – das Fremdbild – wird als **Markenimage** bezeichnet:

"Das Markenimage ist ein in der Psyche relevanter externer Zielgruppen fest verankertes, verdichtetes, wertendes Vorstellungsbild von einer Marke."[73]

Das Markenimage als Außenwahrnehmung der Marke lässt sich auch als "Akzeptanzkonzept" interpretieren. Dieses ist jedoch um ein Aussagenkonzept zu erweitern, denn "[...] um akzeptiert zu werden, muss die Marke zunächst konzipiert sein."[74] Dieses Aussagenkonzept besteht in der aktiven, strategischen Gestaltung der Stellung einer Marke im jeweils relevanten Markt.[75] Hiermit ist die Definition der Markenidentität angesprochen. Mit der Markenidentität (Selbstbild) erweitert die identitätsbasierte Markenführung das klassische externe Verständnis um eine Inside-Out-Perspektive. Die

"Markenidentität umfasst diejenigen raum-zeitlich gleichartigen Merkmale

---

[71] Vgl. Abratt, R. (1989): A New Approach to the Corporate Image Management Process, in: Journal of Marketing Management, Vol. 5, Nr. 1, S. 73 f.

[72] Vgl. Meffert, H. (2003): Identitätsorientierter Ansatz der Markenführung - eine entscheidungsorientierte Perspektive, Wissenschaftliche Gesellschaft für Marketing und Unternehmensführung e.V., Arbeitspapier Nr. 165, Münster, S. 16 sowie Hatch, M. J., Schultz, M. (2001): Are the Strategic Stars Aligned for Your Corporate Brand?, in: Harvard Business Review, Vol. 79, Nr. 2, S. 130.

[73] Burmann, C., et al. (2003): Konzeptionelle Grundlagen des identitätsbasierten Markenmanagements, Arbeitspapier Nr. 1 des Lehrstuhls für innovatives Markenmanagement, Universität Bremen, Burmann C. (Hrsg.), Bremen, S. 6. Von vielen Autoren wurde dieses Verständnis von Markenimage in ähnlicher Form für den Markenbegriff selbst genutzt. So definiert bspw. Ogilvy: "A brand is the consumer's idea of a product". Vgl. Blackston, M. (2000): Observations: Building brand equity by managing the brand's relationships, in: Journal of Advertising Research, Vol. 40, Nr. 6, S. 101. Für einen umfassenden Überblick über Auffassungen zum Markenbegriff in der englischsprachigen Literatur vgl. de Chernatony, L., Riley, F. D.-O. (1998): Defining a "brand", in: Journal of Marketing Management, Vol. 14, Nr. 4, S. 422.

[74] Kapferer, J.-N. (1992): Die Marke - Kapital des Unternehmens, Landsberg/Lech, S. 45. Zur Unterscheidung zwischen Akzeptanz- und Aussagenkonzept der Marke vgl. ferner Meffert, H., Burmann, C. (2002b): Theoretisches Grundkonzept der identitätsorientierten Markenführung, in: Meffert, et al. (Hrsg.): Markenmanagement - Grundfragen der identitätsorientierten Markenführung, 1. Auflage, Wiesbaden, S. 49 f.

[75] Vgl. Esch, F.-R. (2001): Markenpositionierung als Grundlage der Markenführung, in: Esch (Hrsg.): Moderne Markenführung, 3. Auflage, Wiesbaden, S. 235.

der Marke, die aus Sicht der internen Zielgruppen in nachhaltiger Weise den Charakter der Marke prägen."[76]

Dabei kann zwischen Ist- und Soll-Identität unterschieden werden. Die Soll-Identität beschreibt den Kern der anzustrebenen "Ziel-Identität" im Rahmen des unternehmerischen Aussagenkonzeptes, während die Ist-Identität die tatsächlichen Identitätsvorstellungen der internen Zielgruppen wiedergibt.[77]

Nach dem Verständnis der identitätsorientierten Markenführung ist die Übersetzung der (Soll-)Markenidentität in ein Markennutzenversprechen und in ein konkretes Markenverhalten aller Markenmitarbeiter zur Einlösung des Markenversprechens ein wesentlicher Bestandteil der strategischen Gestaltung der Marke. Markenidentität kann auf Basis verhaltenswissenschaftlicher Forschungsergebnisse in sechs Komponenten zerlegt werden, die einen symbolischen und bzw. oder einen funktionalen Nutzen erfüllen können: Vision, Persönlichkeit, Werte, Kompetenzen, Herkunft und Leistungen.[78] Die Definition des Markennutzenversprechens wird auch als Positionierung bezeichnet. Dabei wird die Identität der Marke zu einem symbolisch-funktionalen Nutzenbündel verdichtet, das die anvisierte Zielgruppe leicht verstehen, als glaubwürdig bewerten und gegenüber konkurrierenden Marken als attraktiv beurteilen kann.[79] Die **Positionierung** ist somit

die Formulierung und Umsetzung des Markennutzen- bzw. Werteversprechens einer Marke mit dem Ziel, in Abgrenzung zum Wettbewerb Stakeholderpräferenzen zu schaffen.[80]

Die Positionierung ist Teil der Markenprofilierung, die als zielgerichteter Prozess

---

[76] Meffert, H., et al. (2008): Marketing - Grundlagen marktorientierter Unternehmensführung, 10. Auflage, Wiesbaden, S. 361.

[77] Vgl. Meffert, H., Burmann, C. (2002c): Managementkonzept der identitätsorientierten Markenführung, in: Meffert, et al. (Hrsg.): Markenmanagement - Grundfragen der identitätsorientierten Markenführung, 1. Auflage, Wiesbaden, S. 89 f.

[78] Vgl. Meffert, H., et al. (2008): Marketing - Grundlagen marktorientierter Unternehmensführung, 10. Auflage, Wiesbaden, S. 361 ff.

[79] Zum Zusammenhang zwischen Markenidentität und Positionierung vgl. ausführlich Meffert, H., et al. (2008): Marketing - Grundlagen marktorientierter Unternehmensführung, 10. Auflage, Wiesbaden, S. 358 ff. sowie S. 371 ff.

[80] Vgl. Kapferer, J.-N. (2004): The new strategic brand management: creating and sustaining brand equity long term, 3. Auflage, London, S. 95. Eine ähnliche Definition findet sich auch bei Kotler, P., et al. (2007): Marketing-Management. Strategien für wertschaffendes Handeln, 12. Auflage, München u.a., S. 423.

der Entwicklung und Umsetzung eines Markennutzenversprechens[81] aufgefasst werden kann, der auf die Erzielung von Stakeholderpräferenzen ausgerichtet ist.[82]

Mit der Formulierung des Markennutzenversprechens wird in der Positionierungsentscheidung auch konkretisiert, welche Wertvorstellungen der Zielgruppen mit der Marke angesprochen werden sollen. Von dieser Seite aus betrachtet lässt sich das oben erwähnte Aussagenkonzept der Marke auch als Wertesystem auffassen.[83] Der Begriff der Werte nimmt einen wichtigen Stellenwert in der Literatur zur Marke ein, ebenso wie im Kontext der Arbeiten zur Unternehmensidentität und Unternehmenskultur. So definiert bspw. Burmann mit Blick auf die Werte einer Marke, dass sie den Kern der Markenidentität bilden und einen Bezug zu dem von der Marke versprochenen Kundennutzen aufweisen sowie diesen mit emotionalen Inhalten versehen.[84] Im Rahmen der Sozialpsychologie wird ein Wert definiert als

"[...] enduring prescriptive or proscriptive belief that a specific mode of behavior or end-state of existence is preferred to an opposite mode of behavior or end-state."[85]

Jeder Mensch lernt im Laufe seines Lebens Wertvorstellungen kennen und prägt aufgrund von Kultur und Gesellschaft einerseits und seiner Persönlichkeit und eigener Erfahrungen andererseits ein individuelles, dauerhaftes Wertesystem bzw. -profil aus. In einem Werteprofil werden die einzelnen Werte in einem hierarchischen System zueinander in Beziehung gesetzt und hinsichtlich ihrer Bedeutung für das Individuum priorisiert.[86]

Das Wertesystem dient einem Menschen wie ein "Standard" in jeder Situation seines Lebens als Maßstab für Bewertungen, Einstellungen und Verhaltensweisen, die er entweder für sein eigenes Wohl oder aber im Rahmen des sozialen

---

[81] Die Begriffe Werte-, Leistungs- und Markennutzenversprechen werden im weiteren Verlauf der Arbeit synonym verwendet.

[82] Vgl. Hermann, S. (2005): Corporate Sustainability Branding, Wiesbaden, S. 13.

[83] Vgl. hierzu de Chernatony, L., Riley, F. D.-O. (1998): Defining a "brand", in: Journal of Marketing Management, Vol. 14, Nr. 4, S. 422 sowie die dort angegebenen Autoren.

[84] Vgl. Burmann, C. (2004): Marken brauchen Führung, in: marketingjournal, Nr. 9/2004, S. 21.

[85] Rokeach, M. (1973): The nature of human values, New York, S. 25.

[86] Zum Begriff des Wertesystems vgl. Rokeach, M. (1973): The nature of human values, New York, S. 11. Dieser Auffassung liegt die Annahme zugrunde, dass die Anzahl möglicher Werte insgesamt relativ klein ist und jeder Mensch über alle Werte verfügt, jedoch in unterschiedlicher Ausprägung und Priorisierung. Vgl. ebenda, S. 3. sowie S. 11 f.

Kontextes für das Allgemeinwohl als vorteilhaft ansieht.[87] Jeder Mensch nutzt somit sein Wertesystem als Leitlinie zur Entwicklung und Verteidigung seines Selbstkonzeptes und zur Verstärkung seiner Selbstachtung.[88] Der Einfluss von Werten auf das menschliche Verhalten ist auch ein Grundpfeiler in der Forschung zum Konsumentenverhalten.[89] Häufig wird dabei auf das Konzept der Präferenzen zurückgegriffen. In Abgrenzung zum langfristig ausgelegten Wertebegriff sind Präferenzen situationsspezifische Einstellungen, die das Verhalten einer Person, bspw. in Bezug auf den Kauf eines Produktes, direkt und kurzfristig beeinflussen.[90] Nach diesem Verständnis schlagen sich die Werte bzw. Wertvorstellungen durch konkrete Präferenzen im Verhalten eines Menschen nieder.[91]

Das Wertesystem wird auch zur Einstellungsbildung und Beurteilung unterschiedlicher Marken herangezogen. Aus der Gesamtheit aller Erfahrungen und Kontaktpunkte zwischen Marke und Markenrezipient bildet sich ein Vorstellungsbild von einer Marke – d.h. das Markenimage.[92] Dieses wird als Netzwerk unterschiedlicher kognitiver und affektiver Assoziationen beschrieben, das mit den persönlichen Wertvorstellungen verglichen wird.[93] Die Prägung dieses Vorstellungsbildes ist die zentrale Aufgabe der Profilierung einer Marke. Daher kann die Marke auch als Teilergebnis einer Vielzahl über einen längeren Zeitraum durchgeführter Marketingmaßnahmen und der sich hieraus ergebenden Erfahrungen angesehen wer-

---

[87] Rokeach nennt sieben Anwendungsgebiete von Werten als Standards, bei denen die Einbettung des Individuums in den sozialen Kontext eine wichtige Rolle spielt, v.a. hinsichtlich moralischer Aspekte. Vgl. Rokeach, M. (1973): The nature of human values, New York, S. 13. Judge und Cable nutzen eine stärker auf das eigene Wohl ausgerichtete Definition. Danach kann Werte "[...] what an individual regards as conducive to his or her welfare, and therefore what an individual wants or seeks to obtain.", Judge, T. A., Cable, D. M. (1997): Applicant personality, organizational culture, and organization attraction, in: Personnel Psychology, Vol. 50, Nr. 2, S. 361.

[88] Vgl. Rokeach, M. (1973): The nature of human values, New York, S. 13.

[89] Vgl. de Chernatony, L., Riley, F. D.-O. (1998): Defining a "brand", in: Journal of Marketing Management, Vol. 14, Nr. 4, S. 422.

[90] Vgl. Judge, T. A., Cable, D. M. (1997): Applicant personality, organizational culture, and organization attraction, in: Personnel Psychology, Vol. 50, Nr. 2, S. 361 sowie die dort angegebenen Quellen. Mit ähnlicher Argumentation differenziert auch Rokeach zwischen langfristigen, situationsunabhängigen Werten und situations- oder objektbezogenen Einstellungen. Zudem dienen seiner Auffassung nach Werte im Gegensatz zu Einstellungen als allgemein anerkannte Standards für das Verhalten von Menschen. Vgl. hierzu ausführlich Rokeach, M. (1973): The nature of human values, New York, S. 17 ff.

[91] Vgl. Allport, G. (1937): Personality: A psychological interpretation, New York, S. 201 f.

[92] Vgl. Dunn, M., Davis, S. (2005): Creating the brand-driven business: A roadmap for the CEO, in: Thexis, 22. Jg., Nr. 1, S. 25.

[93] Vgl. Hermann, S. (2005): Corporate Sustainability Branding, Wiesbaden, S. 10.

den.[94] Der

Managementprozess der Planung, Steuerung, Koordination und Kontrolle dieser Maßnahmen wird als **Markenführung** bezeichnet.[95]

An die Stelle der zunächst produktorientierten Sichtweise ist in den letzten Jahren ein zunehmend umfassenderes Verständnis der Marke getreten. Der Markenbegriff wurde dabei auch auf eine Vielzahl von Objekten wie z.b. Unternehmen, Regionen oder Personen übertragen. Einen zentralen Stellenwert im Rahmen dieser Entwicklung nimmt die Forschung zur Unternehmensmarke ein. Analog zu der oben dargestellten verhaltenswissenschaftlichen und wirkungsorientierten Definition des Markenbegriffes lassen sich die Definitionen für Marke, Markenimage und Markenidentität auf Unternehmen als Bezugsobjekt der Markenführung übertragen. Unter einer **Unternehmensmarke**[96] wird entsprechend

ein Unternehmen als Nutzenbündel mit spezifischen Merkmalen verstanden, die dafür sorgen, dass sich dieses Nutzenbündel gegenüber anderen Nutzenbündeln, welche dieselben Basisbedürfnisse erfüllen, aus Sicht der relevanten Zielgruppen nachhaltig differenziert.

Entspreched der Definition des Markenführungsbegriffs wird unter Corporate Branding die Führung der Unternehmensmarke verstanden, d.h. die zielgerichtete Planung, Steuerung, Koordination und Kontrolle aller Aktivitäten bzw. Gestaltungsparameter der Unternehmensmarke.[97]

---

[94] Als Teilergebnis der "gesteuerten" Profilierung ist die Marke deshalb zu bezeichnen, weil das Vorstellungsbild durch weitere Informationen und Erfahrungen ergänzt wird, die außerhalb direkter Einflussmöglichkeiten des Unternehmens liegen. Hierzu zählen bspw. Mund-zu-Mund-Kommunikation innerhalb und zwischen den Bezugsgruppen der Marke, unbeabsichtigte Kommunikationsmaßnahmen wie bspw. eine Rückrufaktion zu einem Produkt sowie die Berichterstattung in den Medien.

[95] Vgl. Meffert, H., et al. (2002b): Stellenwert und Gegenstand des Markenmanagement, in: Meffert, et al. (Hrsg.): Markenmanagement - Grundfragen der identitätsorientierten Markenführung, 1. Auflage, Wiesbaden, S. 8. Die Begriffe "Markenführung" und "Markenmanagement" werden im weiteren Verlauf der Arbeit synonym verwendet.

[96] Die Begriffe Unternehmensmarke und Corporate Brand werden in dieser Arbeit synonym verwendet.

[97] Vgl. Meffert, H., Bierwirth, A. (2001): Stellenwert und Funktionen der Unternehmensmarke - Erklärungsansätze und Implikationen für das Corporate Branding, in: Thexis, 18. Jg., Nr. 4, S. 6. Im Unterschied zu diesem umfassenden Verständnis des Begriffes Corporate Branding beziehen einige Autoren diesen Begriff lediglich auf die Vergabe des Unternehmensnamens, vgl. bspw. Kircher, S. (1997): Corporate Branding - mehr als Namensgebung, in: planung & analyse, Nr. 1/1997, S. 60-61.

Image wird allgemein definiert als "[...] sum of beliefs, attitudes and impressions that a person or group has of an object."[98] Dabei kann es sich um ein Unternehmen, ein Produkt, eine Marke, einen Ort oder eine Person handeln. Sofern sich das Image auf ein Unternehmen bezieht, wird von "Corporate Image" gesprochen. Diese Sichtweise impliziert, dass ein Unternehmen nicht nur über ein Image, sondern über verschiedene Images verfügt, je nachdem, welche Person oder Bezugsgruppe das entsprechende Unternehmen betrachtet.[99] Wesentliches Merkmal auch dieser Definition ist die Außenperspektive auf das Unternehmen, die in der Markenliteratur auch als "Fremdbild" bezeichnet wird.[100] Als Unternehmensimage bzw. **Corporate Image** bezeichnet sich entsprechend

[...] **das in der Psyche relevanter externer Zielgruppen fest verankerte, verdichtete, wertende Vorstellungsbild von einem Unternehmen.**[101]

Dem Image als "Fremdbild" steht die Unternehmensidentität (Corporate Identity) als "Selbstbild" der Unternehmensmarke gegenüber.[102] Corporate Identity bezieht sich darauf "[...] what members perceive, feel and think about their

---

[98] Barich, H., Kotler, P. (1991): A framework for marketing image management, in: Sloan Management Review, Vol. 94, Winter 1991, S. 95.

[99] Vgl. Markwick, N., Fill, C. (1997): Towards a framework for managing corporate identity, in: European Journal of Marketing, Vol. 31, Nr. 5/6, S. 398.

[100] Vgl. Burmann, C. (2004): Marken brauchen Führung, in: marketingjournal, Nr. 9/2004, S. 18 und Davies, G., Chun, R. (2002): Relations between internal and external dimensions, in: Corporate Reputation Review, Vol. 5, Nr. 2/3, S. 145.

[101] Vgl. analog die weiter oben aufgeführten Quellen zur Definition des Begriffs "Markenimage". Ein eng verwandtes Konstrukt ist die Corporate Reputation. Zur Definition vgl. Gotsi, M., Wilson, A. (2001b): Corporate Reputation: seeking a definition, in: Corporate Communications, Vol. 6, Nr. 1, S. 24-30. Während einige Forscher Image und Reputation synonym interpretieren, sehen andere als Abgrenzungsmerkmal den Zeitbezug. Image bezieht sich primär auf einen Zeitpunkt und kann durch kurzfristige Erfahrungen verändert werden. Reputation wird als langfristiges Konstrukt verstanden, das im Zeitablauf relativ stabil ist, vgl. bspw. Markwick, N., Fill, C. (1997): Towards a framework for managing corporate identity, in: European Journal of Marketing, Vol. 31, Nr. 5/6, S. 398. Im Vergleich zum Corporate Branding stellen einige Forscher heraus, dass sich das Reputationsmanagement auf eher allgemeingültige, von allen Unternehmen als erstrebenswert angesehene Werte wie z.B. Glaubwürdigkeit, Verlässlichkeit, Verantwortung und Vertrauenswürdigkeit konzentriert. Das Markenmanagement zielt dagegen bewusst auf die Schaffung eines möglichst "einzigartigen Vorstellungsbildes" ab, das durch eine klare Differenzierung vom Wettbewerb gekennzeichnet ist. Vgl. bspw. Meffert, H., Bierwirth, A. (2002): Corporate Branding - Führung der Unternehmensmarke im Spannungsfeld unterschiedlicher Zielgruppen, in: Meffert, et al. (Hrsg.): Markenmanagement - Grundfragen der identitätsorientierten Markenführung, 1. Auflage, Wiesbaden, S. 192.

[102] Nach diesem Verständnis reflektiert die Corporate Identity die Persönlichkeit des Unternehmens, vgl. Cornelissen, J., Harris, P. (2001): The Corporate Identity Metaphor: Perspectives, Problems and Prospects, in: Journal of Marketing Management, Vol. 17, Nr. 1/2, S. 55 f.

organization."[103] Sie kann als gemeinsames Verständnis davon aufgefasst werden, was der zentrale, differenzierende und dauerhafte Charakter einer Organisation ist.[104] Der Identitätsbegriff beantwortet damit die Frage "Wer bin ich?", bzw. in Bezug auf eine Organisation die Frage "Wer sind wir?".[105] Einige Autoren betonen ergänzend eine nach außen gerichtete Facette, nach der die Unternehmens-identität die Art ist, in der sich ein Unternehmen durch Verhalten, Kommunikation und Symbolik internen und externen Anspruchsgruppen gegenüber darstellt[106] und sich von anderen unterscheidet.[107]

Übergreifend zu den dargestellten Ansätzen und in Übereinstimmung mit dem weiter oben definierten Begriff der Markenidentität wird **Unternehmensidentität** im weiteren Verlauf der Arbeit definiert als

"[...] das gemeinsame Verständnis der Mitarbeiter über die wesensprägen-den, nachhaltigen Charakterzüge einer Organisation, die das Unternehmen durch Verhalten, Kommunikation und Symbolik nach innen und außen zum Ausdruck bringt."[108]

---

[103] Hatch, M. J., Schultz, M. (1997): Relations between organizational culture, identity and image, in: European Journal of Marketing, Vol. 31, Nr. 5/6, S. 357.

[104] Übersetzt nach Albert, S., Whetten, D. A. (1985): Organizational Identity, in: Research in organizational behavior, Vol. 7, S. 265. Abweichend von dieser Definition sind einige Autoren auch der Auffassung, dass die Corporate Identity nicht "enduring", also dauerhaft, sondern "adaptive" ist, d.h., sich im Laufe der Zeit verändern kann, vgl. Gioia, D., et al. (2000): Organizational Identity, Image and Adaptive Instability, in: Academy of Management Review, Vol. 25, Nr. 1, S. 74 ff.

[105] Vgl. bspw. Abratt, R. (1989): A New Approach to the Corporate Image Management Process, in: Journal of Marketing Management, Vol. 5, Nr. 1, S. 70 sowie Foreman, P., Whetten, D. A. (2002): Member's identification with multiple-identity organizations, in: Organization Science, Vol. 13, Nr. 6, S. 618.

[106] Vgl. van Riel, C. B. M., Balmer, J. M. T. (1997): Corporate identity: The concept, its measurement and management, in: European Journal of Marketing, Vol. 31, Nr. 5/6, S. 341. Der Begriff der Corporate Identity umfasste im ursprünglichen, engen Verständnis vor allem die visuelle Erscheinungsform des Unternehmens, die insbesondere im Logo und dem Corporate Design ihren Niederschlag findet. Inzwischen hat sich dieses Verständnis zwar erheblich erweitert, aber auch heute noch nutzen vereinzelt Wissenschaftler, aber v.a. Praktiker den Begriff Corporate Identity in diesem Sinne, vgl. Balmer, J. M. T. (2001b): Corporate Identity, Corporate Branding and Corporate Marketing: seeing through the fog, in: European Journal of Marketing, Vol. 35, Nr. 3/4, S. 257. Für einen Überblick über die unterschiedlichen Denkschulen im strategischen Corporate Identity Management vgl. Balmer, J. M. T., Greyser, S. A. (2003): Revealing the corporation, London, S. 36.

[107] Vgl. Markwick, N., Fill, C. (1997): Towards a framework for managing corporate identity, in: European Journal of Marketing, Vol. 31, Nr. 5/6, S. 397 sowie Burmann, C. (2004): Marken brauchen Führung, in: marketingjournal, Nr. 9/2004, S. 18.

[108] Vgl. bspw. Stuart, H. (1999): Towards a definite model of the corporate identity management process, in: Corporate Communications, Vol. 4, Nr. 4, S. 200-207.

Die Unternehmenskultur (Corporate Culture) kann als Teilaspekt der Corporate bzw. Organizational Identity aufgefasst werden, der sich insbesondere auf das Verhalten und die Denkweise der Mitglieder der Organisation bezieht. Der Begriff "Kultur" im Allgemeinen wird im American Heritage Dictionary definiert als "[...] the totality of socially transmitted behavior patterns, arts, beliefs, institutions, and all other products of human work and thought characteristics of a community or population."[109] Meist wird unter Unternehmenskultur daher ein System gemeinsamer Werte und Verhaltensweisen in einem Unternehmen verstanden. Kotter und Heskett zufolge sind dabei die gemeinsamen Werte weniger sichtbar und schwieriger zu verändern, während Verhaltensweisen sichtbar sind und tendenziell auch leichter verändert werden können.[110] Ausgehend von diesen Auffassungen wird in dieser Arbeit **Unternehmenskultur** verstanden als

"[...] a company's overall philosophy, a set of values and beliefs that shape the way people think and behave."[111]

Parallel zur Erweiterung des Markenverständnisses auf unterschiedliche Bezugsobjekte hat sich die ursprünglich rein konsumentenorientierte Sichtweise auch um die Berücksichtigung unterschiedlicher Bezugsgruppen der Marke erweitert.[112] Die Betrachtung der Bezugsgruppen einer Marke lässt sich in die wissenschaftliche Forschung zur stakeholderorientierten Unternehmensführung einordnen.[113] Freeman definiert **Stakeholder** als

"[...] those groups who can affect or are affected by the achievement of an organization's purposes."[114]

---

[109] Zitiert nach Kotter, J. P., Heskett, J. L. (1992): Corporate Culture and Performance, New York, S. 4.

[110] Vgl. hierzu ausführlich ebenda, S. 4 ff.

[111] Hankinson, P., Hankinson, G. (1999): Managing successful brands: an empirical study which compares the corporate culture of companies managing the world's top 100 brands with those managing outsider brands, in: Journal of Marketing Management, Vol. 15, Nr. 1-3, S. 136.

[112] Dieser Schritt erfolgte insbesondere im Zusammenhang mit der verstärkten Auseinandersetzung mit der Unternehmensmarke. Einige Autoren sehen in der Ausrichtung der Markenführung auf die unterschiedlichen Bedürfnisse der Anspruchsgruppen sogar das wesentliche Kennzeichen einer Unternehmensmarke. Vgl. bspw. Kapferer, J.-N. (1997): Strategic brand management, creating and sustaining brand equity long term, 2. Auflage, London, S. 223 sowie Kernstock, J., et al. (2004): Zugang zum Corporate Brand Management, in: Esch, et al. (Hrsg.): Corporate Brand Management, 1. Auflage, Wiesbaden, S. 7.

[113] Die Begriffe Bezugsgruppen, Anspruchsgruppen und Stakeholder der Marke werden im weiteren Verlauf der Arbeit synonym verwendet.

[114] Freeman, R. E. (1984): Strategic Management: a stakeholder approach, Boston, S. 49.

Als primäre Stakeholder einer Organisation werden Konsumenten, Investoren und Mitarbeiter bezeichnet, als sekundäre Stakeholder Lieferanten, Interessengruppen, Regierung, Finanzanalysten, die allgemeine Öffentlichkeit und die Medien.[115] In ähnlicher Form definiert Davidson "[...] brand stakeholders as those who have either an economic interest (employees, shareholders, suppliers, partners) or an economic impact (customers, opinion formers, regulators, legislators)."[116]

Im Rahmen der wissenschaftlichen Auseinandersetzung mit der stakeholderorientierten Markenführung geraten auch stakeholderspezifische Auffassungen in den Mittelpunkt der Betrachtung. Für die Bezugsgruppen potenzieller, aktueller und ehemaliger Mitarbeiter erfolgt dies unter dem Begriff **"Employer Branding"**. Da es sich dabei um einen noch sehr jungen Forschungszweig im Rahmen der Markenliteratur handelt, fehlt es bisher an einer allgemein anerkannten Definition für den Begriff "Employer Brand" bzw. "Employer Branding". Gmür et al. sehen darin "[...] die Profilierung eines Unternehmens als Arbeitgeber in der Wahrnehmung seiner Beschäftigten und potenziellen Bewerber [...]" und verstehen es als "[...] Teilaspekt des Corporate Branding, der darauf gerichtet ist, ein attraktives Image in den Augen dieser einflussreichen Interessengruppen aufzubauen."[117]

In dieser Arbeit wird Employer Brand analog zu dem oben dargelegten Verständnis der Unternehmensmarke als "Nutzenbündel" für die Zielgruppen der potenziellen, aktuellen und ehemaligen Mitarbeiter interpretiert. Entsprechend ist eine **Employer Brand**[118]

ein Arbeitgeber-Nutzenbündel mit spezifischen Merkmalen, die dafür sorgen, dass sich dieses Nutzenbündel gegenüber anderen Nutzenbündeln, welche dieselben Basisbedürfnisse erfüllen, aus Sicht der relevanten Zielgruppen am Arbeitsmarkt nachhaltig differenziert.

Ebenso werden nach dem Verständnis der identitätsorientierten Markenführung

---

[115] Darüber hinaus könnten noch eine Vielzahl weiterer Stakeholdergruppen genannt werden. Hierzu ist auf die Ausführungen in Kapitel B.2.1 zu verweisen.

[116] Davidson, H. (1999): Broaden your brandwidth, in: Marketing Business, March 1999, S. 28-29, zitiert nach Bickerton, D. (2000): Corporate reputation versus corporate branding: the realist debate, in: Corporate Communications, Vol. 5, Nr. 1, S. 43.

[117] Gmür, M., et al. (2002): Employer Branding - Schlüsselfunktion im strategischen Personalmarketing, in: Personal, Vol. 54, Nr. 10/2002, S. 12.

[118] Die deutsche Übersetzung von Employer Brand lautet "Arbeitgebermarke". Da jedoch auch in der deutschen Literatur meist von Employer Brand bzw. Employer Branding gesprochen wird, wird in dieser Arbeit weiterhin der englische Begriff verwendet.

die Begriffe Markenimage und Markenidentität auf das Unternehmen in seiner Funktion als Arbeitgeber übertragen. Das **Image der Employer Brand** ist demnach das in der Psyche potenzieller, aktueller und ehemaliger Mitarbeiter fest verankerte, verdichtete, wertende Vorstellungsbild von einem Unternehmen in seiner Funktion als Arbeitgeber.[119] Die **Identität der Employer Brand** wird verstanden als das gemeinsame Verständnis der Mitarbeiter über die wesensprägenden, nachhaltigen Charakterzüge ihres Arbeitgebers, die das Unternehmen durch Verhalten, Kommunikation und Symbolik nach innen und außen zum Ausdruck bringt.

Entsprechend wird unter **"Employer Branding"** die zielgerichtete Planung, Steuerung, Koordination und Kontrolle der Employer Brand verstanden. In Abgrenzung zum Begriff des "Employer Branding" als mitarbeiterorientiertem Markenführungsansatz wird im weiteren Verlauf der Arbeit die konsumentengerichtete Markenführung als **Consumer Branding** bezeichnet. Der Prozess der Vermittlung der Markenidentität des Unternehmens an die Mitarbeiter sowohl in seiner Funktion als Arbeitgeber als auch in seiner Funktion als Anbieter von Produkten und Dienstleistungen wird als **innengerichtetes Markenmanagement** bzw. interne Markenführung bezeichnet.[120]

Nach der definitorischen Abgrenzung der zentralen Begriffe als Grundlage der weiteren Arbeit werden im Folgenden Zielsetzung, Forschungsansatz und Gang der Untersuchung dargestellt.

3.   Zielsetzung, Forschungsansatz und Gang der Untersuchung

Übergeordnete **Zielsetzung** der Arbeit ist die Entwicklung eines Bezugsrahmens für die Gestaltung und Führung einer Employer Brand im Rahmen einer ganzheitlichen Markenführung. Dabei wird die in der Marken- und Identitätstheorie geforderte Konsistenz in der Markenführung zwischen verschiedenen Zielgruppen kritisch beleuchtet. Die Arbeit soll damit einen Beitrag dazu leisten, das in der

---

[119] Vgl. Kirchgeorg, M., Günther, E. (2006): Employer Brands zur Unternehmensprofilierung im Personalmarkt, HHL-Arbeitspapier Nr. 74, Leipzig, S. 6 f. Hier findet sich zudem eine Übersicht ausgewählter Definitionen zum Employer Branding. Viele Autoren unterscheiden bislang nicht zwischen Marke und Markenimage. Die in dieser Arbeit angeführte Definition für Markenimage entsprach viele Jahre lang dem Begriffsverständnis von Marke.

[120] Vgl. Zeplin, S. (2006): Innengerichtetes, identitätsbasiertes Markenmanagement. Entwicklung eines integrierten Erklärungsmodells, Wiesbaden, S. 5.

Literatur beschriebene Spannungsfeld zwischen Konsistenz auf der einen und der für den Erfolg und die Stärke einer Marke notwendigen Zielgruppenorientierung auf der anderen Seite aufzudecken. Damit wird die Theorie in den Bereichen der stakeholderorientierten Markenführung allgemein und des Employer Branding im Speziellen weiterentwickelt. Die Arbeit soll aber auch Praktikern als Bezugsrahmen dienen, indem ein besseres Verständnis der Zusammenhänge und Wirkungen der Markenführung zwischen den Zielgruppen der Konsumenten einerseits und denen der potenziellen, aktuellen und ehemaligen Mitarbeiter andererseits geschaffen wird. Auf diese Weise soll die vorliegende Arbeit zur Professionalisierung des strategischen Employer Branding beitragen.

Aus dieser übergeordneten Zielsetzung leiten sich die folgenden **Forschungsschwerpunkte** ab:

- Analyse des **Spannungsfeldes** zwischen absatz- und arbeitsmarktgerichteter Markenführung und Ableitung der Zielsetzung sowie der Notwendigkeit einer ganzheitlichen Führung der Employer Brand.

- Entwicklung eines **ganzheitlichen Bezugsrahmens**, der alle relevanten Einflussfaktoren und Gestaltungselemente des Employer Branding aufzeigt. Als Strukturierungsrahmen dient dazu der Markenführungsprozess.

- Formulierung von **Hypothesen über den Koordinationsbedarf** in der strategischen Gestaltung der Markenführung zwischen Employer und Consumer Branding in Abhängigkeit von der Ausprägung der einzelnen Einflussfaktoren und Gestaltungselemente.

- Ableitung von **Implikationen** für die **operative Führung** der Employer Brand nach innen und außen sowie für die organisatorische Gestaltung einer stakeholderübergreifenden Markenführung.

Untersuchungsobjekt ist der strategie- und umsetzungsrelevante Teil des Markenführungsprozess. Betrachtet werden die Zielgruppen- und Situationsanalyse, die Markenzieldefinition, die Markenstrategiegestaltung (Markenarchitektur und -positionierung) sowie die operative Umsetzung der Employer Brand nach innen und außen. Darüber hinaus werden Implikationen für die organisatorische Verankerung der Markenführung untersucht. Aus Vereinfachungsgründen ausgeklammert bleibt lediglich der Bereich des Markencontrollings.

Im Gegensatz zu vielen bisherigen Forschungsarbeiten, die sich mit der Stakeholderorientierung in der Markenführung beschäftigen, umfasst die Betrachtung in der vorliegenden Arbeit nicht nur Unternehmen mit einer Unternehmensmarkenstrategie, sondern bezieht explizit solche Unternehmen ein, bei denen die Corporate Brand nicht mit der oder den Produktmarken übereinstimmt.

Um die Untersuchung abgrenzbar und überschaubar zu halten, fokussiert sich die Betrachtung vorwiegend auf den **deutschen Markt**, internationale Aspekte des Employer Branding werden ausgeklammert. Eine globale Markenführung beinhaltet gerade am Arbeitsmarkt vor dem Hintergrund verschiedener kultureller Gegebenheiten und einer unterschiedlichen Verankerung von Unternehmen im Heimatland und in Auslandsmärkten eine besonders hohe Komplexität.[121]

Die Themenstellung ist ein **Schnittstellenthema** zwischen den Forschungsdisziplinen **Human Resources** und **Markenführung**. Zur Analyse und Erklärung von Markenwirkungen ist darüber hinaus ein Blick in die Disziplinen der **Sozial- und Personalpsychologie** sowie in die **Verhaltenstheorie** notwendig. Der gewählte Ansatz dieser Arbeit entspricht damit dem in der Betriebswirtschaft häufig anzutreffenden Forschungspluralismus, der durch eine möglichst breit gewählte Perspektive den Erkenntnisfortschritt fördern soll.[122]

Bis auf wenige Ausnahmen haben sich Forscher, die sich mit Employer Branding bislang beschäftigt haben, den relevanten Fragestellungen aus der Perspektive des HR-Marketings genähert. Darüber hinaus behandeln fast alle Arbeiten primär die Frage der Wahrnehmung der Unternehmen als Arbeitgeber bei ihren Zielgruppen am Arbeitsmarkt.[123] Dies entspricht dem oben dargestellten Verständnis einer Marke als "Akzeptanzkonzept". In diesen Arbeiten wird dabei der Begriff des Employer Branding häufig synonym für Arbeitgeberattraktivität und Arbeitgeberimage genutzt. Dagegen stehen Ansätze zur strategischen Gestaltung einer Employer Brand, also zur Entwicklung und Umsetzung des "Aussagenkonzeptes", und ihre Einbettung in die übergreifende Markenführung eines Unternehmens bisher noch am Anfang ihrer Entwicklung. Hier setzt die vorliegende Arbeit an. Als

---

[121] Zu den besonderen Herausforderungen einer globalen Markenführung vgl. bspw. Holt, D. B., et al. (2004): How global brands compete, in: Harvard Business Review, Vol. 82, Nr. 9, S. 69 ff.

[122] Vgl. Schauenberg, B. (1998): Gegenstand und Methoden der Betriebswirtschaftslehre, in: Bitz, et al. (Hrsg.): Vahlens Kompendium der Betriebswirtschaftslehre, 4. Auflage, München, S. 46 f.

[123] Vgl. bspw. Grobe, E. (2003): Corporate Attractiveness - eine Analyse der Wahrnehmung von Unternehmensmarken aus der Sicht von High Potentials, HHL-Arbeitspapier Nr. 50, Leipzig, Trendence Institut für Personalmarketing, Berlin: Unternehmenshomepage, im Internet unter www.trendence.de, Zugriff am 11.04.2006, sowie die Ausführungen in Kapitel B.3.4.2.

theoretische Grundlagen dienen dabei insbesondere

• Forschungsarbeiten aus der **Markentheorie**, insbesondere zur Unternehmensmarke und den damit verbundenen Fragen der **Stakeholderorientierung** in der
  Markenführung, dem Markenführungsprozess und vor allem der Positionierung,

• Erkenntnisse aus der **Selbstkonzeptforschung** sowohl im Rahmen der
  Konsumentenforschung als auch der Personal- und Organisationspsychologie.

Die Arbeit verfolgt im ersten Teil (**Kapitel B**) zunächst einen konzeptionell-
problemstrukturierenden Forschungsansatz. Damit wird das Spannungsfeld
zwischen Konsistenz und Zielgruppenorientierung, in dem sich Employer Branding
bewegt, aufgezeigt und transparent gemacht. Dieser Teil der Arbeit basiert im
Wesentlichen auf einer **Theorieanalyse**, d.h., es werden die Aussagen der unterschiedlichen, relevanten Theorien erfasst und aus der besonderen Perspektive
des Employer Branding beleuchtet. Ergebnis von Kapitel B ist die Struktur eines
ganzheitlichen Bezugsrahmens, der alle Einflussfaktoren und Gestaltungselemente aufzeigt, die im Rahmen der Entwicklung und Führung einer Employer Brand zu
berücksichtigen sind.

In **Kapitel C** werden die einzelnen Elemente dieses Bezugsrahmens einer genau-
eren Betrachtung unterzogen. Jedes stellt dabei entweder ein Analyse- oder ein
Gestaltungselement im Rahmen des Markenführungsprozesses dar. Im Mittelpunkt der Untersuchung steht zum einen, welchen Einfluss diese einzelnen Elemente auf das Employer Branding ausüben. Zum anderen werden für jedes Element die **Zusammenhänge** zwischen **Employer und Consumer Branding** untersucht. Daraus werden in Abhängigkeit von der Ausprägung der einzelnen Elemente **Hypothesen** über den **Koordinationsbedarf** zwischen mitarbeiter- und
konsumentengerichteter Markenführung abgeleitet.

Kapitel C beruht somit auf einem **primär entscheidungsorientierten Ansatz**: Aus
dem Bezugsrahmen können normative Handlungsempfehlungen abgeleitet werden, die Unternehmen zur Entscheidungsunterstützung dienen.[124] Der Ansatz kann
aber aufgrund der situationsspezifischen Analyse des Koordinationsbedarfs auch

---

[124] Der entscheidungsorientierte Ansatz versucht, "[...] auf Basis einer deskriptiven Theorie des
menschlichen Entscheidungsverhaltens den Ablauf von Entscheidungsprozessen in Unternehmen zu erklären und Verhaltensempfehlungen für die Entscheidungstäger zu geben."
Heinen, E. (1971): Der entscheidungsorientierte Ansatz der Betriebswirtschaftslehre, in: ZfB,
41. Jg., Nr. 7, S. 430.

dem **situativen bzw. kontingenztheoretischen Ansatz** zugeordnet werden. Dieser ursprünglich aus der Organisationsforschung stammende Ansatz versucht, die Wahl von Gestaltungsparametern in Abhängigkeit von verschiedenen internen und externen Kontextfaktoren zu erklären. Bei einem "Fit" zwischen Situation und Ausgestaltung wird davon ausgegangen, dass dies sich über das Verhalten der Organisationsmitglieder positiv auf die Effizienz der Organisation auswirkt.[125]

Die Hypothesen über den Koordinationsbedarf zwischen Consumer und Employer Branding sind ein wesentliches Ergebnis von Kapitel C. In der Wissenschaftstheorie werden Hypothesen definiert als "Vermutungen über die strukturelle Beschaffenheit der Realität"[126], als "Vermutung hinsichtlich einer bestimmten Gesetzmäßigkeit, die ich aus der Beobachtung gewinne",[127] oder "Vermutungen über einen bestehenden Sachverhalt"[128], insbesondere über Zusammenhänge, Ursache-Wirkungsprinzipien und Verhaltensgesetzmäßigkeiten. Ein System solcher Gesetzesaussagen über einen bestimmten Gegenstandsbereich wird als Theorie bezeichnet.[129] Wie bereits erwähnt, befindet sich die wissenschaftliche Forschung zum Employer Branding noch in den Kinderschuhen. **Wissenschafts-**

---

[125] Im situativen Ansatz wird der Situationsbegriff als "offenes Konstrukt" aufgefasst, in das je nach betrachteter Problemstellung unterschiedliche, als relevant anzusehende Variablen Eingang finden. Vgl. Kieser, A., Kubicek, H. (1992): Organisation, 3. Auflage, Berlin, S. 205. Der situative Ansatz hat sich auch in der marketingwissenschaftlichen Forschung etabliert, vgl. bspw. Köhler, R. (1984): Marketingplanung in Abhängigkeit von Umwelt- und Organisationsmerkmalen, in: Mazanek, Scheuch (Hrsg.): Marktorientierte Unternehmensführung, Wien, S. 581-602 oder Ruekert, R. W., et al. (1985): The organization of marketing activities: a contingency theory of structure and performance, in: Journal of Marketing, Vol. 49, Winter 1985, S. 13-25. Zum Konzept der "situativen Markenführung" vgl. Belz, C. (2005a): Komplexitätsmanagement durch professionelle Markenführung, in: Thexis, 22. Jg., Nr. 1, S. 3 ff. Zum Kontingenzansatz allgemein vgl. bspw. Kieser, A. (2006): Der situative Ansatz, in: Kieser, Ebers (Hrsg.): Organisationstheorien, 6. Auflage, Stuttgart, S. 215-245, Donaldson, L. (2001): The Contingency Theory of Organizations, Thousand Oaks/London/New Delhi, Lawrence, R. P., Lorsch, J. W. (1967): Organization and Environment: Managing Differentiation and Integration, Boston, S. 156-158 sowie S. 185-210 oder Staehle, W. H. (1976): Situational approach to management, in: Management International Review, Vol. 16, Nr. 3, S. 59-69. Zu einer kritischen Auseinandersetzung mit dem Einsatz des situativen Ansatzes im empirischen Forschung der BWL vgl. Martin, A. (1989): Die empirische Forschung in der Betriebswirtschaftslehre, Stuttgart, S. 308 ff.
[126] Schanz, G. (1988): Methodologie für Betriebswirte, 2. Auflage, Stuttgart, S. 24.
[127] Seiffert, H. (1997): Einführung in die Wissenschaftstheorie - Vierter Band: Wörterbuch der wissenschaftstheoretischen Terminologie, München, S. 88 f. Seiffert grenzt von dieser Definition von Gesetzeshypothesen sog. Einzelhypothesen ab, die er als Aussage über einen Einzeltatbestand bezeichnet. Vgl. ebenda, S. 88.
[128] Diekmann, A. (1997): Empirische Sozialforschung - Grundlagen, Methoden, Anwendungen, Hamburg, S. 107.
[129] Vgl. Schanz, G. (1988): Methodologie für Betriebswirte, 2. Auflage, Stuttgart, S. 28. Martin definiert Theorien konkreter als "hypothetisch-deduktive Aussagensysteme", vgl. Martin, A. (1989): Die empirische Forschung in der Betriebswirtschaftslehre, Stuttgart, S. 38.

theoretisches Ziel dieser Arbeit ist es daher zunächst, mit Hilfe dieser Hypothesen über Zusammenhänge zwischen Employer und Consumer Branding einen Grundstein für die zukünftige Entwicklung einer umfassenden Theorie des Employer Branding zu legen.

Da Hypothesen zunächst nur Vermutungen darstellen, bedarf es einer empirischen Fundierung, d.h. einer Konfrontation theoretischer Überlegungen mit der Realität.[130] Hierzu wird ein geeignetes Prüfverfahren benötigt. Aufgrund des frühen Forschungsstadiums wurde hierzu im Rahmen der Arbeit das **theoriegenerierende Verfahren des Expertengespräches** als Forschungsmethodik gewählt. Damit wurden zwei Zielsetzungen verfolgt:

- Durch eine gewisse **deduktive Vorstrukturierung** der Gespräche wurden zentrale Aspekte des Employer Branding – gerade auch im Zusammenhang mit der konsumentengerichteten Markenführung – in den Mittelpunkt der empirischen Erhebung gestellt.

- Gleichzeitig konnten **induktiv** auch möglichst unvoreingenommen individuelle Ansätze und Einstellungen von Employer Branding-Experten erfasst werden.

In diesem Wechselverhältnis von deduktiven und induktiven Elementen ist ein wesentlicher Vorteil des Expertengesprächs zu sehen.[131] Der Einsatz dieser anwendungsorientierten, explorativen Forschungsstrategie diente dazu, eine möglichst hohe Aussagekraft des Bezugsrahmens zu erreichen. Hierzu wurden Expertengespräche mit den Employer Branding-Verantwortlichen aus **sechs Unternehmen**

---

[130] Zur Konfrontation von Hypothesen mit Fakten vgl. Martin, A. (1989): Die empirische Forschung in der Betriebswirtschaftslehre, Stuttgart, S. 29 ff. Eine ausführliche Betrachtung unterschiedlicher Formen von Hypothesen, die Möglichkeiten ihrer Überprüfung sowie eine Problematisierung der damit in Zusammenhang stehenden Messprobleme vgl. ebenda, S. 7 ff. Schanz differenziert hinsichtlich ihres Reifegrades vier Stufen der Hypothesenentwicklung. Angefangen mit unbegründeten und ungeprüften Spekulationen auf der ersten Stufe finden sich auf der zweiten Stufe empirische Hypothesen, die bereits an Erfahrungsmaterial getestet und damit mehr oder weniger gut bewährt, jedoch nach wie vor unbegründet sind. Als dritte Stufe sieht er plausible Hypothesen, die aufgrund ihrer Beziehung zu bisherigem Wissen begründet sind. Auf der letzten Stufe schließlich finden sich begründete Hypothesen oder auch Gesetzeshypothesen, die wohlbegründet und empirisch bestätigt sind. Vgl. hierzu ausführlich Schanz, G. (1988): Methodologie für Betriebswirte, 2. Auflage, Stuttgart, S. 27 f.

[131] Vgl. hierzu Witzel, A. (2000): Das problemzentrierte Interview, in: Forum Qualitative Sozialforschung - Online Journal, verfügbar über http://www.qualitative-research.net/fqs-texte/1-00/1-00witzel-d.htm, Januar 2000, Zugriff am 21.07.2006, S. 2. Zur theoretischen und methodischen Fundierung von Expertengesprächen als Forschungsmethodik im Rahmen der wissenschaftlichen Forschung vgl. zudem Bogner, A., et al. (2005): Das Experteninterview. Theorie, Methode, Anwendung, 2. Auflage, Wiesbaden.

geführt. Für diese Gespräche, durchgeführt im Frühjahr 2006, wurde ein **semi-standardisierter Fragebogen** genutzt.[132] So konnten gezielt unterschiedliche Situationen, Problemstellungen und Lösungsansätze zum Employer Branding aus der Unternehmenspraxis erfasst und dokumentiert werden. Ergänzt um sekundär-empirische Erkenntnisse aus Studien und Veröffentlichungen zum Employer Branding werden die Ergebnisse der Gespräche in Kapitel C an den jeweils relevanten Stellen eingeordnet und mit den konzeptionell-theoretischen Überlegungen verglichen.[133]

Für die Expertengespräche wurden sechs Unternehmen ausgewählt, die sich vor dem Hintergrund ganz unterschiedlicher Ausgangsituationen mit Employer Branding beschäftigen (vgl. Abb. 2).[134] **Drei** der **Unternehmen** – die Deutsche Bank, RWE und Roland Berger Strategy Consultants – agieren **am Absatz- und am Arbeitsmarkt mit einer einheitlichen Marke**, d.h. mit ihrer Unternehmensmarke. Die anderen **drei Unternehmen** – L'Oréal, DaimlerChrysler und Roche – sind dagegen **am Absatzmarkt mit Produkt- oder Familienmarken vertreten**, die Unternehmensmarke bleibt dabei entweder im Hintergrund oder sogar vollständig verdeckt. Am Arbeitsmarkt agieren sie dagegen mit ihrer Unternehmensmarke. Neben der Markenarchitektur diente als weiteres Auswahlkriterium die Frage, ob das Unternehmen vorwiegend im **Endkundengeschäft** (Business-to-Consumer, B2C) **oder** im **Business-to-Business**-Geschäft (B2B) tätig ist. Die Wahrnehmung von Deutscher Bank, L'Oréal, RWE und DaimlerChrysler bei externen Bezugs-gruppen ist überwiegend durch das Endkundengeschäft und die damit einher-gehende Öffentlichkeit der Unternehmen geprägt, obwohl auch diese Unterneh-men in teilweise erheblichem Umfang Business-to-Business-Geschäft betreiben. Mit Roland Berger Strategy Consultants und Roche sind darüber hinaus zwei Unternehmen in die Betrachtung einbezogen, die fast ausschließlich im Business-to-Business-Bereich tätig sind.

---

[132] Ausführliche Informationen über die Gespräche sowie der Fragebogen finden sich im Anhang.

[133] Alle Aussagen, die innerhalb dieser Arbeit über die ausgewählten Unternehmen gemacht werden, stammen – sofern nicht anders vermerkt – aus den Gesprächen selbst oder aus Unter-lagen, die der Verfasserin von den Unternehmen für diese Arbeit zur Verfügung gestellt wurden. Es werden im Folgenden für diese Aussagen keine gesonderten Quellen mehr angegeben.

[134] Ausführliche Profile der berücksichtigten Unternehmen inkl. einer Beschreibung der jeweiligen Markenstrategien finden sich im Anhang dieser Arbeit.

	Corporate Brand = Consumer Brand	Corporate Brand ≠ Consumer Brand	
B2C	Deutsche Bank	L'ORÉAL	• L'Oréal Paris • Kérastase • Lancome • Vichy • Ralph Lauren • ...
	RWE	DAIMLERCHRYSLER	• Mercedes Benz • Chrysler • Smart • ...
B2B	RolandBerger Strategy Consultants	Roche	Roche Pharma • Tamiflu • Cellcept • ... Roche Diagnostics • cobas • AccuChek • ...

Abb. 2:   Auswahl der Unternehmen für die Experteninterviews[135]

Die empirischen Erkenntnisse sind allein aufgrund der geringen Fallzahl (n = 6) als **nicht repräsentativ** anzusehen. Aufgrund des bislang zu konstatierenden Mangels eines allgemein anerkannten Zugangs zum Employer Branding, fehlender methodischer Instrumente und dem jeweils sehr individuellen historischen, kulturellen und branchenbezogenen Hintergrund der einzelnen Unternehmen sind die beschriebenen Ansätze vielmehr als individuelle Zugänge zum Thema zu betrachten. Die Unternehmen werden weder miteinander verglichen noch hinsichtlich einer Best-Practice- oder Erfolgsfaktoren-Analyse bewertet.

Ergebnis der Arbeit ist ein fundierter, um Erkenntnisse aus der Praxis angereicherter Bezugsrahmen für das Employer Branding, der diese relativ neue Disziplin der Markenführung in die stakeholderübergreifende Markenführung einordnet und damit einen Beitrag zur Weiterentwicklung der anwendungsorientierten, wissenschaftlichen Diskussion leisten soll.

Mit der dargestellten Zielsetzung und den daraus abgeleiteten Forschungsschwerpunkten ist der **Aufbau der Arbeit** vorgegeben (vgl. Abb. 3). Nach einer Einführung in das Thema sowie der definitorischen Abgrenzung relevanter Begriffe in **Kapitel A** wird in **Kapitel B** auf Basis der konzeptionellen Grundlagen der Markentheorie sowie bisheriger Employer Branding-Ansätze ein ganzheitlicher

---

[135] Quelle: Eigene Darstellung.

Bezugsrahmen für das Employer Branding entwickelt.

In **Kapitel C** werden die in diesem Rahmen identifizierten Elemente hinsichtlich ihres Einflusses auf das Employer Branding analysiert und Hypothesen über den Koordinationsbedarf zwischen Employer und Consumer Branding abgeleitet. Abschließend werden Implikationen für die operative Führung der Employer Brand nach innen im Rahmen der internen Markenführung und nach außen im Rahmen des HR-Marketings sowie die organisatorische Verankerung des Employer Branding herausgearbeitet.

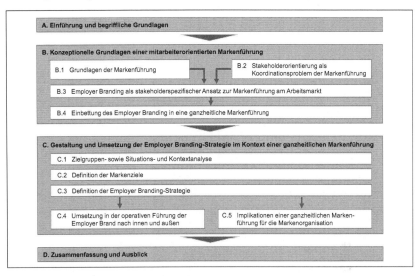

Abb. 3:   Aufbau der Arbeit[136]

Die Arbeit schließt in **Kapitel D** mit einer Zusammenfassung der wesentlichen Erkenntnisse und einem Ausblick auf den weiteren Forschungsbedarf.

---

[136] Quelle: Eigene Darstellung.

B. Konzeptionelle Grundlagen einer mitarbeiterorientierten Markenführung

1. Grundlagen der Markenführung

1.1 Ziele der Markenführung

Alle strategisch ausgerichteten unternehmerischen Tätigkeiten lassen sich letztlich auf das Ziel zurückführen, Gewinn zu erzielen und damit das langfristige Bestehen des Unternehmens sicherzustellen. Auch die Markenführung leistet hierzu ihren Beitrag.[137] Sie setzt an der **Präferenz- und Entscheidungssteuerung** der Bezugsgruppen des Unternehmens an.

Der **positive Zusammenhang** zwischen **Markenführung** und **Unternehmensleistung** wurde in zahlreichen Studien empirisch belegt.[138] Court et al. konnten bspw. zeigen, dass der Gesamtgewinn der Anteilseigner bei Unternehmen mit starken Marken 1,9% über dem Durchschnitt aller untersuchten Unternehmen lag, während er bei Unternehmen mit schwachen Marken um 3,1% darunter lag.[139] Einer Studie von EquiTrend zufolge besteht zudem ein enger Zusammenhang zwischen Markenwert und Return on Investment (ROI). Danach hatten Unternehmen mit den höchsten Markenwertzuwächsen durchschnittlich einen positiven ROI von 30%, während die Unternehmen mit den höchsten Markenwertverlusten einen negativen ROI von 10% aufwiesen.[140] In einer weiteren Studie wurde fest-

---

[137] Vgl. Esch, F.-R., Wicke, A. (2001): Herausforderungen und Aufgaben des Markenmanagements, in: Esch (Hrsg.): Modernes Markenmanagement, 3. Auflage, Wiesbaden, S. 42 f.

[138] Zum Zusammenhang zwischen Markenstärke bzw. Reputation und der finanziellen Performance von Unternehmen vgl. Roberts, P. W., Dowling, G. R. (2002): Corporate Reputation and sustained superior financial performance, in: Strategic Management Journal, Vol. 23, Nr. 12, S. 1077 ff. sowie die dort aufgelisteten Studien. Fombrun wies einen Zusammenhang zwischen der Reputation eines Unternehmens und dem Börsenwert nach. Die Verbesserung in einem Reputationsmaß um einen Punkt war verbunden mit einer Steigerung des Börsenwertes um 147 Mio. USD, während eine Verschlechterung um einen Punkt mit einer Verringerung des Börsenwertes um 5 Mio. USD verbunden war, vgl. Fombrun, C. J. (2001): Corporate Reputation - Its Measurement and Management, in: Thexis, 18. Jg., Nr. 4, S. 26.

[139] Die Ergebnisse wurden errechnet für den Zeitraum zwischen 1993 und 1997 und basieren auf einer Befragung von 5.000 Konsumenten über die wahrgenommene Stärke der Marken von 105 großen Konsumgüter-Unternehmen aus den Fortune 250 und 25 kleineren Unternehmen aus den Fortune 1.000. Eine genauere Operationalisierung der Unterscheidung zwischen starken und schwachen Marken bleiben die Autoren jedoch schuldig. Vgl. Court, D. C., et al. (1999): Brand Leverage, in: McKinsey Quarterly, Nr. 2, S. 101 ff.

[140] Vgl. Dunn, M., Davis, S. (2005): Creating the brand-driven business: A roadmap for the CEO, in: Thexis, 22. Jg., Nr. 1, S. 24. Der Markenwert wurde als Kombination aus Markenbekanntheit, wahrgenommener Qualität, Markenassoziationen und Markentreue operationalisiert.

gestellt, dass die Umsatzrentabilität für Markenprodukte doppelt so hoch war wie für unmarkierte Produkte und zusätzlich die Wachstumsrate des Gewinns die der unmarkierten Produkte um 50% übertraf.[141] Alle zitierten Studien belegen die positive Wirkung starker Marken auf den Unternehmenserfolg. Bemerkenswert ist jedoch, dass sich die untersuchten Effekte bislang vor allem auf den Umsatz und damit auf den Absatzmarkt beziehen. Vor dem Hintergrund der Annahme, dass sich starke Marken auch positiv auf die Position eines Unternehmens am Arbeits- und Kapitalmarkt auswirken, ist davon auszugehen, dass die positiven Effekte noch deutlicher ausfallen. Entsprechend umfassend angelegte Studien müssen einen empirischen Nachweis für diese Annahme jedoch noch erbringen.

In den letzten Jahren hat die **Markenführung**, insbesondere die Führung der Unternehmensmarke, einen **erheblichen Bedeutungszuwachs** erfahren. Dies lässt sich vor allem auf folgende **Ursachen** zurückführen:[142]

- Am **Absatzmarkt** herrscht in vielen Branchen ein **intensiver Preisdruck** durch globalen Wettbewerb und raschen technischen Fortschritt.

- Eine **Differenzierung** auf Basis von funktionalen Produktmerkmalen ist **zunehmend schwierig**, Waren und Dienstleistungen werden von Konsumenten immer häufiger als austauschbar angesehen.

- Die **Anforderungen** der Konsumenten werden **komplexer**. Sie fordern z.B. vielfach eine stärkere Individualisierung der Leistungen. Eine hohe Qualität ist dagegen meist längst zur Selbstverständlichkeit geworden. Hinzu kommt, dass Konsumenten heute einerseits besser informiert sind, z.B. durch das Internet, andererseits aber aufgrund einer permanenten Reizüberflutung kaum noch auf Marketing- und Werbebotschaften reagieren.[143]

- Über die Herausforderungen am Absatzmarkt hinaus hat sich in den letzten

---

[141] Vgl. Biel, A. L. (2001): Grundlagen zum Markenwertaufbau, in: Esch (Hrsg.): Moderne Markenführung, 3. Auflage, Wiesbaden, S. 64.

[142] Vgl. Klein-Bölting, U., Gürntke, K. (2002): Corporate Branding im Zeitalter fundamentaler Unternehmenstransformationen, in: Insights, Mai 2002, S. 7 ff. sowie Meffert, H., Giloth, M. (2002): Aktuelle markt- und unternehmensbezogene Herausforderungen an die Markenführung, in: Meffert, et al. (Hrsg.): Markenmanagement - Grundfragen der identitätsorientierten Markenführung, 1. Auflage, Wiesbaden, S. 99-132.

[143] Einer Studie zufolge sind deutsche Konsumenten einer Informationsüberlastung von 98% ausgesetzt, d.h. nur 2% der Informationen werden bewusst aufgenommen und genutzt, vgl. Esch, F.-R., Wicke, A. (2001): Herausforderungen und Aufgaben des Markenmanagements, in: Esch (Hrsg.): Modernes Markenmanagement, 3. Auflage, Wiesbaden, S. 15 ff.

Jahren der **Wettbewerb** verstärkt auch **auf die Faktormärkte ausgedehnt.**[144] Am **Arbeitsmarkt** konkurrieren viele Unternehmen um eine kleine Gruppe hochkarätiger Fach- und Führungskräfte. Diese umkämpfte Zielgruppe hat einerseits hohe Anforderungen an ihren Arbeitgeber, andererseits fühlen sich Mitarbeiter kaum noch langfristig an ein Unternehmen gebunden.[145] Somit wird nicht nur die Gewinnung, sondern vor allem auch die Bindung von Leistungsträgern zur zentralen Herausforderung. Schließlich konkurrieren Unternehmen am **Kapitalmarkt** um Investoren, die hohe Renditeforderungen haben und Investitionsalternativen im In- und Ausland wahrnehmen können.

Mit Hilfe der Markenführung versuchen Unternehmen, diesen Herausforderungen zu begegnen. **Zentrales Anliegen** dabei ist es, **positive Einstellungen und langfristige Präferenzen** zu schaffen, die das **Verhalten** der Stakeholder **im Sinne der ökonomischen Ziele** des Unternehmens beeinflussen.[146] Die in der Markenführung im Mittelpunkt stehenden psychographischen Ziele (Einstellungen und Verhaltensweisen) lassen sich daher in eine Mittel-Zweck-Beziehung einordnen: Die psychographische Markenwirkung ist das Mittel, die ökonomische Markenwirkung der Zweck der Markenführung.[147] Ökonomische Zielgrößen sind mit Hilfe der Markenführung somit nur indirekt durch die Realisierung von Verhaltenswirkungen zu erreichen.[148]

Für die verschiedenen **Bezugsgruppen** einer Unternehmensmarke lassen sich jeweils **unterschiedliche Zielsetzungen** nennen. Einen Überblick gibt Abb. 4.

---

[144] Vgl. Kernstock, J., et al. (2004): Zugang zum Corporate Brand Management, in: Esch, et al. (Hrsg.): Corporate Brand Management, 1. Auflage, Wiesbaden, S. 6.

[145] Laut einer Studie von Gallup aus dem Jahr 2003 haben 88% der Mitarbeiter in deutschen Unternehmen kein Commitment zu ihrem Unternehmen. Vgl. Esch, F.-R. (2005): Corporate Brands im Unternehmen verankern - werden Corporate Brands wirklich gelebt?, in: Thexis, 22. Jg., Nr. 1, S. 31 f. Zu ähnlichen Ergebnissen kommt eine Studie von Brown et al. Danach sind nur 59% der Mitarbeiter in Unternehmen in den USA und Großbritannien der Meinung, dass ihr Unternehmen ihre Treue wirklich verdiene, vgl. Brown, A., et al. (2003): Strategic talent retention, in: Strategic HR Review, Vol. 2, Nr. 4, S. 22.

[146] Vgl. Meffert, H., Burmann, C. (2002c): Managementkonzept der identitätsorientierten Markenführung, in: Meffert, et al. (Hrsg.): Markenmanagement - Grundfragen der identitätsorientierten Markenführung, 1. Auflage, Wiesbaden, S. 76.

[147] Vgl. Hermann, S. (2005): Corporate Sustainability Branding, Wiesbaden, S. 32.

[148] Vgl. Kernstock, J., et al. (2004): Zugang zum Corporate Brand Management, in: Esch, et al. (Hrsg.): Corporate Brand Management, 1. Auflage, Wiesbaden, S. 16.

Bildung von Vertrauen, Präferenz und Identifikation durch die Marke		
Zielgruppe	**Verhaltenswirkungen/-ziele**	**Ökonomische Wirkung/Ziele**
Konsumenten ▷	• Erst-/Wiederkauf • Hohe Kaufmenge und -preis • Positive Referenzen	▷ • Umsatzerlöse • Einnahmestabilität • Reputation/Image • Markteintrittsbarrieren für Wettbewerber
Mitarbeiter ▷	• Selektion/Bewerbung • Arbeitseinsatz • Lange Verweildauer im Unternehmen • Positive Referenzen	▷ • Wissen und Innovation • Leistung und Produktivität • Externe Vermittlung der Marke(n) • Senkung Akquisitions- und Ausbildungskosten
Aktionäre/ Analysten/ Banken ▷	• Aktienkauf (hohe Menge/hoher Preis) • Halten der Aktien (Zeit) • Kaufempfehlungen • Vorteilhafte Kreditvergabe	▷ • Günstige und ausreichende Verfügbarkeit von Wachstumskapital • Steigerung des Unternehmenswertes
Geschäfts- partner ▷	• Langfristige Beziehung • Gute Konditionen (Preis, Menge, Zeit) • Wissenstransfer • Positive Referenzen	▷ • Wissen • Technologie, Innovation • Ressourcen/vorteilhafte Konditionen • Distribution
Medien ▷	• Positive Berichterstattung • Kooperative Haltung • Positive Referenzen	▷ • Publicity • Multiplikation • Reputation/Image
Interessen- gruppen ▷	• Kooperation • Wissenstransfer • Positive Referenzen	▷ • Wissen • Legitimität • Reputation/Image

Abb. 4: Bezugsgruppenspezifische Zielsetzungen der Markenführung[149]

Übergreifendes psychographisches Ziel ist es, durch die Marke bei allen Zielgruppen **Vertrauen, Präferenz und Identifikation** zu schaffen. Vertrauen ist die Grundlage jeder Geschäftsbeziehung. Präferenz und Identifikation sind zudem zentrale Voraussetzungen für die gewünschten Verhaltensweisen der Stakeholder und damit auch für die Erfüllung der ökonomischen Ziele der Markenführung. Im Einzelnen stehen bei den verschiedenen Bezugsgruppen die folgenden **verhaltensbezogenen und ökonomischen Zielsetzungen** im Vordergrund:

• Bei **Konsumenten** sollen Marken dazu führen, dass Produkte und Dienstleistungen in einem möglichst großen Umfang und zu einem im Vergleich zu nicht markierten Produkten hohen Preis nachgefragt werden. Zudem sollen Kunden bei anderen möglichen Konsumenten für die Marke werben. Aus einem solchen Konsumentenverhalten ergeben sich für das Unternehmen hohe und stabile Umsatzerlöse. Zudem stellen Markenpräferenzen bei Konsumenten

---

[149] Quelle: In entfernter Anlehnung an Hermann, S. (2005): Corporate Sustainability Branding, Wiesbaden, S. 220.

Markteintrittsbarrieren für mögliche Wettbewerber dar.[150] Letztlich stärkt ein solches Verhalten der Konsumenten auch die Reputation des Unternehmens.

- Bei **potenziellen Mitarbeitern** soll die Marke zunächst Interesse bei den richtigen Zielgruppen wecken, sie zu einer Bewerbung und schließlich zur Annahme eines Jobangebotes führen. **Aktuelle Mitarbeiter** sollen über eine hohe Identifikation zu einem bestmöglichen Arbeitseinsatz motiviert werden.[151] Zudem ist es Ziel, dass aktuelle ebenso wie **ehemalige Mitarbeiter** in ihrer Umgebung positiv über ihren Arbeitgeber sprechen und dadurch die Reputation des Unternehmens als Arbeitgeber stützen.[152] Positive ökonomische Wirkungen ergeben sich aus den Verhaltenswirkungen bei Mitarbeitern vor allem durch die Verfügbarkeit der Fähigkeiten und Kompetenzen der Mitarbeiter und durch ihre Produktivität, die Innovation und Wachstum fördern. Zudem weisen als attraktiv wahrgenommene Arbeitgeber geringere Akquisitions- und Ausbildungskosten für neue Mitarbeiter auf. Dies ist zum einen darauf zurückzuführen, dass sich in der Regel eine hohe Anzahl von Bewerbern meldet. Zum anderen führt eine

---

[150] Vgl. hierzu Meffert, H., et al. (2002b): Stellenwert und Gegenstand des Markenmanagement, in: Meffert, et al. (Hrsg.): Markenmanagement - Grundfragen der identitätsorientierten Markenführung, 1. Auflage, Wiesbaden, S. 12. Meffert nennt als weitere ökonomische Zielsetzungen noch die Möglichkeit zur segmentspezifischen Marktbearbeitung und die Schaffung einer Plattform als Ausgangspunkt für neue Produkte (sog. Line Extensions). Vgl. ebenda.

[151] Der positive Zusammenhang zwischen einer hohen Identifikation und Motivation der Mitarbeiter und der Unternehmensleistung wurde in zahlreichen Studien gezeigt. So belegt eine Studie von Grant, dass die Unternehmen, die in den USA unter die "100 best companies to work for" gezählt werden und börslich notiert sind (n = 61), in einem Fünfjahreszeitraum im Durchschnitt eine jährliche Shareholder-Rendite von 27,5% aufwiesen im Vergleich zu 17,3% aller Unternehmen eines vergleichbaren Index (Russel 3.000). Einer Studie von Gallup zufolge basiert dieser Zusammenhang zwischen Identifikation und Unternehmensleistung im Sinne hoher Gewinne auf vier miteinander verknüpften Einstellungen von Mitarbeitern: Die Mitarbeiter sind davon überzeugt, dass sie jeden Tag das tun dürfen, was sie am besten können, sie glauben daran, dass ihre Meinung zählt, sie spüren, dass sich Kollegen und Mitarbeiter der Qualität ihrer Arbeit verpflichtet fühlen und sie knüpfen ein direktes Band zwischen ihrer eigenen Arbeit und den Zielen des Unternehmens, vgl. Grant, L. (1998): Happy workers, high returns, in: Fortune, Vol. 137, Nr. 1, S. 81. Vgl. ferner Esch, F.-R. (2005): Corporate Brands im Unternehmen verankern - werden Corporate Brands wirklich gelebt?, in: Thexis, 22. Jg., Nr. 1, S. 32. Zur Wirkung von Marken auf die Identifikation von Mitarbeitern mit den Unternehmenszielen vgl. auch Gardini, M. A. (2001): Menschen machen Marken, in: Markenartikel, Nr. 6/2001, S. 44. Eine Zusammenstellung von Studien über die messbaren Auswirkungen starker Employer Brands auf Kosten, Kundenzufriedenheit und finanzielle Ergebnisgrößen eines Unternehmens findet sich bspw. bei Barrow, S., Mosley, R. (2005): The Employer Brand, Chichester, S. 69-74.

[152] Vgl. Sertoglu, C., Berkowitch, A. (2002): Cultivating Ex-Employees, in: Harvard Business Review, Vol. 80, Nr. 6, S. 20.

hohe Zufriedenheit auch zu einer langen Mitarbeiterbindung.[153] Schließlich ist es Zielsetzung der Markenführung gegenüber Mitarbeitern, dass diese als Markenbotschafter die Markenwerte des Unternehmens und seiner Produkte bzw. Dienstleistungen nach außen transportieren.[154]

- **Kapitalgeber und Analysten** sollen durch ihr Vertrauen in die Marke(n) des Unternehmens eine hohe Nachfrage nach Aktien bewirken (Eigenkapitalgeber) bzw. günstig ausreichend Kapital zur Verfügung stellen (Fremdkapitalgeber). Wirtschaftlich profitiert ein Unternehmen dabei durch günstige Kapitalkosten, ausreichendes Wachstumskapital und einen hohen Unternehmenswert.[155]

- Auch bei **Geschäftspartnern** (Lieferanten, Händler etc.) ist es Ziel, durch Vertrauen in die Marke(n) und Präferenzen für eine Zusammenarbeit günstige Konditionen zu erlangen. Zudem soll eine kooperative und langfristige Geschäftsbeziehung aufgebaut werden. Die ökonomischen Wirkungen liegen hier insbesondere darin, Ressourcen zu sparen und ggf. an Wissen und Technologie von Kooperationspartnern teilzuhaben.

- Mit Blick auf die **Medien** zielt die Markenführung darauf ab, von einer insgesamt positiven Berichterstattung und einer kooperativen Haltung zu profitieren. Dies ist wichtig, da Medien als Multiplikator Einstellungen und Verhaltensweisen anderer Bezugsgruppen wesentlich beeinflussen können.

- Ähnliche Zielsetzungen gelten auch für **Interessengruppen**. Vertrauen in die Marke(n) soll Kooperationsbereitschaft, Wissenstransfer und positive Kommunikation über das Unternehmen hervorrufen. Dies sichert langfristig Legitimität und Reputation.

Zur Operationalisierung der beschriebenen Markenziele im Rahmen der Markenführung bedarf es der Definition konkreter **Ziel- und Steuerungsgrößen**. Als zen-

---

[153] In den USA zeigte eine Studie, dass die durchschnittliche Fluktuationsrate bei Unternehmen, die in der Liste der "Fortune 100 Best Companies to work for in America" geführt werden, lediglich bei 12,6% lag, verglichen mit durchschnittlich 26% aller Unternehmen in den USA. Recruitingkosten in den USA werden je nach Einstiegslevel auf 50-250% eines Jahresgehaltes geschätzt, so dass eine geringere Fluktuationsrate zu deutlichen Kosteneinsparungen im Recruiting führt. Vgl. Barrow, S., Mosley, R. (2005): The Employer Brand, Chichester, S. 70. Vgl. auch Petkovic, M. (2004): Geschickte Markenpolitik, in: Personal, Heft 04/2004, S. 7 f.

[154] Vgl. hierzu ausführlich Kapitel B.3.1.

[155] Vgl. Fombrun, C. J. (2001): Corporate Reputation - Its Measurement and Management, in: Thexis, 18. Jg., Nr. 4, S. 25.

trale, übergeordnete Zielgröße der Markenführung wird in der Literatur häufig das Konzept des **Markenwertes** genannt.[156] Dabei kann zwischen einem finanzwirtschaftlichen und einem psychographischen bzw. verhaltensorientierten Markenwert unterschieden werden. **Finanzwirtschaftlich** lässt sich der Markenwert als der Barwert aller zukünftigen Einzahlungsüberschüsse, die der Eigentümer aus der Marke erwirtschaften kann, definieren.[157] Diese monetäre Perspektive auf den Markenwert ist vor allem für die Markenbilanzierung, den Verkauf und Kauf von Marken, die Markenlizenzvergabe oder die Schadensbemessung im Falle von Markenpiraterie von Bedeutung. Aus marketingtheoretischer Sicht kommt ein in Geldeinheiten ausgedrückter Markenwert vor allem im Bereich des Markencontrollings zum Einsatz. Für die Markenführung wird jedoch meist auf das psychographische bzw. **verhaltenswissenschaftliche Begriffsverständnis** zurückgegriffen, da erst auf dieser Basis konkrete Maßnahmen zur Erzielung psychographischer Markenwirkungen abgeleitet werden können.[158] Nach diesem Verständnis kann der Markenwert als das Ergebnis der unterschiedlichen Reaktionen von Konsumenten oder anderen Bezugsgruppen auf Marketingmaßnahmen einer Marke im Vergleich zu identischen Maßnahmen einer fiktiven Marke aufgrund spezifischer, im Gedächtnis gespeicherter Markenvorstellungen verstanden werden.[159]

Zur Messung und Steuerung des psychographischen Markenwertes, für den in der

---

[156] Die Diskussionen um das Konzept des Markenwertes, seine Messung und die damit verbundenen Operationalisierungsprobleme sind noch längst nicht als abgeschlossen zu betrachten. Problematisch ist dabei insbesondere, dass die am Markt gebräuchlichen Bewertungsinstrumente bei denselben Marken häufig zu erheblichen Ergebnisunterschieden führen. Ein Überblick über verschiedene Verfahren findet sich bei Schimansky, A. (2004): Der Wert der Marke - Markenbewertungsverfahren für ein erfolgreiches Markenmanagement, München.

[157] Zur finanzwirtschaftlichen Perspektive des Markenwertes vgl. Kaas, K. P. (1990): Langfristige Werbewirkung und Brand Equity, in: Werbeforschung & Praxis, Vol. 35, Heft 3, S. 48-52. Zur finanziellen Bewertung von Marken vgl. zudem bspw. Ward, K., Ryals, L. (2001): Latest thinking on attaching a financial value to marketing strategy: Through brands to valuing relationships, in: Journal of Targeting, Measurement and Analysis for Marketing, Vol. 9, Nr. 4, S. 327-340, Hupp, O., Powaga, K. (2004): Using consumer attitudes to value brands: evaluation of the financial value of brands, in: Journal of Advertising Research, Vol. 44, Nr. 3, S. 225-231 oder Dowling, G. R. (2006): How good corporate reputations create corporate value, in: Corporate Reputation Review, Vol. 9, Nr. 2, S. 134-143.

[158] Vgl. Esch, F.-R., Wicke, A. (2001): Herausforderungen und Aufgaben des Markenmanagements, in: Esch (Hrsg.): Modernes Markenmanagement, 3. Auflage, Wiesbaden, S. 44 sowie Meffert, H., Burmann, C. (2002b): Theoretisches Grundkonzept der identitätsorientierten Markenführung, in: Meffert, et al. (Hrsg.): Markenmanagement - Grundfragen der identitätsorientierten Markenführung, 1. Auflage, Wiesbaden, S. 36.

[159] Vgl. Keller, K. L. (1993): Conceptualizing, measuring and managing customer-based brand equity, in: Journal of Marketing, Vol. 57, Nr. 1, S. 1.

Literatur als Synonym auch der Begriff der Markenstärke[160] genutzt wird, wird auf die beiden wesentlichen Einflussgrößen **Markenbekanntheit** und **Markenimage** zurückgegriffen. Aggregiert ergeben diese beiden Elemente das in der Psyche des Markenrezipienten gespeicherte **Markenwissen**. Markenbekanntheit ist notwendig, um überhaupt als Entscheidungsoption berücksichtigt zu werden. Das Markenimage dient dazu, Vorstellungen und Erwartungen einer Person anzusprechen und sie so zur Handlung zu bewegen.[161]

Die Definition von Zielgrößen für die Markenführung gewinnt zusätzlich an Komplexität, wenn im Rahmen einer stakeholderübergreifenden Markenführung nicht nur eine, sondern mehrere Anspruchsgruppen zu berücksichtigen sind. Die Schwierigkeit liegt darin, dass neben der Maximierung der anspruchsgruppenspezifischen Markenstärken ein **markenbezogenes Oberziel** zu definieren wäre. Darin müssten einerseits die anspruchsgruppenspezifischen Zielgrößen aggregiert, gleichzeitig aber mögliche Interdependenzen berücksichtigt werden. Dies ist jedoch aufgrund der nur bedingt möglichen Operationalisierung des Konstruktes der Markenstärke für alle Anspruchsgruppen und aufgrund der fehlenden Transparenz hinsichtlich der wirkenden Interdependenzen zwischen den Bezugsgruppen **nicht möglich**.[162]

Im weiteren Verlauf der Arbeit wird daher die **anspruchsgruppenspezifische Maximierung** der **Markenwirkung** als Ziel der Markenführung angesehen. Dies setzt jedoch voraus, dass die **Interdependenzen** zwischen den einzelnen Bezugsgruppen der Markenführung aufgedeckt und **berücksichtigt** werden, damit eine

---

[160] Zum Begriff der Markenstärke vgl. Bekmeier-Feuerhahn, S. (1998): Marktorientierte Markenbewertung - Eine konsumenten- und unternehmensorientierte Betrachtung, Forschungsgruppe Konsum und Verhalten, Gabler Edition Wissenschaft, Wiesbaden, S. 37.

[161] Vgl. ausführlich Keller, K. L. (1993): Conceptualizing, measuring and managing customer-based brand equity, in: Journal of Marketing, Vol. 57, Nr. 1, S. 1-22 sowie Riedel, F. (1996): Die Markenwertmessung als Grundlage strategischer Markenführung, Heidelberg, S. 150 f. In ähnlicher Weise definiert Aaker den Markenwert als "[...] a set of assets (and liabilities) linked to a brand's name and symbol that adds to (or subtracts from) the value provided by a product or service to a firm and/or that firm's customers [...]" und identifiziert als wesentliche Bestandteile die Elemente Markenbewusstsein, Markentreue, wahrgenommene Qualität im Sinne eines Markenimages und Markenassoziationen, vgl. Aaker, D. A. (1996): Building strong brands, New York, S. 7 f.

[162] Zur mangelnden Möglichkeit einer Aggregation von Markenstärken über unterschiedliche Bezugsgruppen hinweg und zur Definition einer stakeholderübergreifenden Zielgröße vgl. Bierwirth, A. (2003): Die Führung der Unternehmensmarke, Frankfurt am Main, S. 30. Eine Aggregation von Zielgrößen lehnt auch Jones ab und verweist darauf, dass Grundlage für den Wert einer Marke nur die Erfüllung der individuellen Erwartungen jeder Stakeholdergruppe sein kann. Vgl. Jones, R. (2005): Finding sources of brand value: Developing a stakeholder model of brand equity, in: Journal of Brand Management, Vol. 13, Nr. 1, S. 29.

übergreifende Konsistenz im Sinne einer Vermeidung von Widersprüchen sichergestellt ist. Hierzu werden im folgenden Kapitel zunächst die unterschiedlichen
Funktionen von Marken bei den einzelnen Anspruchsgruppen näher betrachtet.

1.2   Funktionen von Marken

Die im vorigen Kapitel beschriebenen Ziele gründen sich darauf, dass Marken für
ein Individuum bestimmte **Funktionen** erfüllen und dadurch einen **Nutzen**[163] stif-
ten. Die unterschiedlichen Funktionen und Nutzenkomponenten von Marken und
ihre wissenschaftliche Fundierung sind in der Literatur ausgiebig diskutiert worden.

Wie Abb. 5 zeigt, werden im Wesentlichen drei Funktionen unterschieden: Informationseffizienz, Risikoreduktion und ideeller Nutzen. Unter diese drei lassen sich
alle weiteren Nutzenkomponenten einordnen.[164] Die Erfüllung dieser Funktionen
einer Marke wird in der Wissenschaft durch unterschiedliche **Theorieansätze**
begründet. Die Erklärung der Risikoreduktions- und der Informationseffizienzfunktion stützt sich vor allem auf Erkenntnisse aus der **Neuen Institutionenökonomie**.[165] Die Funktion des ideellen Nutzens dagegen beruht vor allem auf **verhaltensorientierten Theorieansätzen**. Insbesondere wird dabei mit Blick auf die
Identifikation mit einer Marke auf die Theorie des Selbstkonzeptes verwiesen.[166]

---

[163] Nutzen wird in der Marketingwissenschaft als subjektiv wahrgenommener Grad der Bedürfnis-
erfüllung aufgefasst. Zum Nutzenbegriff im Rahmen der Marketing- und Markenliteratur vgl.
Hermann, S. (2005): Corporate Sustainability Branding, Wiesbaden, S. 34 f. sowie die dort
angegebenen Quellen.

[164] Eine ausführliche Betrachtung unterschiedlicher Markenfunktionen findet sich bspw. bei Kranz,
M. (2004): Die Relevanz der Unternehmensmarke, Frankfurt am Main, S. 31-79.

[165] In der Neuen Institutionenökonomie wird vor allem auf den Erklärungsbeitrag der Transaktions-
kostentheorie und der Informationsökonomie für die Funktion der Informationseffizienz und der
Risikoreduktion verwiesen. Eine ausführliche Betrachtung findet sich bei Bierwirth, A. (2003):
Die Führung der Unternehmensmarke, Frankfurt am Main, S. 66 ff. Vgl. zudem die dort
angegebenen Quellen. Einige Autoren ziehen zudem zur Erklärung der Risikoreduktionsfunktion die Theorie des wahrgenommenen Risikos und die Dissonanztheorie heran. Vgl. Kranz, M.
(2004): Die Relevanz der Unternehmensmarke, Frankfurt am Main, S. 59. Ein Literaturüberblick
hierzu findet sich bspw. bei Mitchell, V. W. (1993): Factors affecting consumer risk reduction: A
review of current evidence, in: Management Research News, Vol. 16, Nr. 9/10, S. 6-26.

[166] Vgl. Bierwirth, A. (2003): Die Führung der Unternehmensmarke, Frankfurt am Main, S. 91 ff.
sowie die Ausführungen in Kapitel B.1.3.

(Unternehmens-)Marke			

Informations-effizienz	Risikoreduktion	Ideeller Nutzen	
• Herkunft • Orientierung • Interpretation • Wiedererkennung • Kommunikation	Sicherheit, Kontinuität und Vertrauen hinsichtlich • Ökonomischem Risiko • Qualitätsrisiko • Psychischem Risiko • Sozialem Risiko	**Intrinsisch:** • Identifikation • Selbstverwirklichung	**Extrinsisch:** • Demonstration (Prestige, soziale An-erkennung, Akzeptanz) • Reputation (Imagetransfereffekte)

Abb. 5:   Individualnutzen stiftende Markenfunktionen[167]

Die Funktion der **Informationseffizienz** wird damit begründet, dass Marken in
Entscheidungssituationen zur Orientierung und Wiedererkennung unter verschiedenen Entscheidungsalternativen dienen. Sie erleichtern die Informationsverarbei-
tung, indem sie Angaben zu Herkunft und Hintergrund machen – z.B. zu einem
Produzenten oder einer Region. Somit erlauben sie durch das in der Psyche des
Entscheidungsträgers gespeicherte Wissen über die Marke eine leichtere Inter-
pretation der Entscheidungsalternativen.[168] Die Marke tritt dabei an die Stelle der
Sammlung und Auswertung einer Vielzahl komplexer Informationen über ein Pro-
dukt, ein Unternehmen oder ein anderes Markenbezugsobjekt und entlastet das
Individuum so von Such- und Informationskosten. Dadurch wird die Effizienz der
Informationssammlung und -auswertung für die Entscheidungsfindung erhöht.

Der **Risikoreduktion** dienen Marken dadurch, dass sie aus Sicht des Individuums
die subjektiv empfundene Gefahr einer Fehlentscheidung verringern. Das Markenimage bildet sich auf Basis unterschiedlicher Eindrücke und Erfahrungen, die das
Individuum bereits gesammelt hat und seiner Entscheidung zugrunde legen kann.
Auf Basis des in die Marke projizierten Vertrauens hinsichtlich bestimmter Eigenschaften und Vorteile verleihen sie somit Sicherheit und lassen mögliche negative

---

[167] Quelle: I.A. Hermann, S. (2005): Corporate Sustainability Branding, Wiesbaden, S. 34 sowie
Fischer, M., et al. (2002): Markenrelevanz in der Unternehmensführung - Messung, Erklärung
und empirische Befunde für B2C-Märkte, MCM/McKinsey Arbeitspapier Nr. 1, Münster, S. 18 ff.

[168] Einige Autoren sprechen in diesem Zusammenhang von der Marke als "Information Chunk",
d.h. als Aggregation komplexer Informationen zu einem leichter verständlichen und im
Gedächtnis zu speichernden Konstrukt. Vgl. bspw. Kroeber-Riel, W., Weinberg, P. (2003):
Konsumentenverhalten, 8. Auflage, München, S. 284 sowie S. 294 ff. oder Meffert, H., et al.
(2002b): Stellenwert und Gegenstand des Markenmanagement, in: Meffert, et al. (Hrsg.):
Markenmanagement - Grundfragen der identitätsorientierten Markenführung, 1. Auflage,
Wiesbaden, S. 9.

Folgen einer Entscheidung unrealistischer erscheinen.[169]

Schließlich erfüllen Marken einen **ideellen Nutzen**. Hierbei wird zwischen intrinsischen und extrinsischen Nutzenkomponenten unterschieden. Der intrinsische Aspekt bezieht sich darauf, dass Marken der Selbstverwirklichung und Identifikation mit persönlichen Werten dienen. Ein extrinsischer Nutzen entsteht dann, wenn Marken zur Demonstration bestimmter Werte, der Zugehörigkeit zu einer bestimmten Gruppe oder eines sozialen Status genutzt werden. Hierbei kann es auch im Sinne eines Imagetransfers um die Übertragung bestimmter, mit der Marke verbundener Attribute auf den Markennutzer gehen.[170]

Die ursprünglich mit Blick auf Konsumenten hergeleiteten **Funktionen** von Marken lassen sich auch **auf andere Stakeholder übertragen**.[171] Eine detaillierte Betrachtung der Funktionen von Marken am Arbeitsmarkt erfolgt in Kapitel B.3.2.

1.3 Wirkungsweise von Marken

Für eine zielgerichtete Gestaltung und Führung einer Marke ist neben den Markenfunktionen auch ein genaueres Verständnis der Wirkungsweise von Marken unerlässlich. Forschungsansätze dazu lassen sich vor allem in der Konsumentenforschung und in der Verhaltenstheorie finden. Als ein möglicher Strukturierungsansatz für die Wirkung von Marken dient in der Konsumentenforschung das neobehavioristische **S-O-R-Modell**. Dieser Ansatz untersucht nicht nur den Zusammenhang zwischen einer beobachtbaren, unabhängigen Input-Variable (Stimuli: z.B. Markenname) und einer beobachtbaren Output-Variable (Reaktion: z.B. Markenwahl), sondern vor allem auch die nicht beobachtbaren Zustände und Prozesse innerhalb des Individuums (Organismus).[172] Wie Abb. 6 zeigt, vollzieht sich die eigentliche Wirkung der Marke im Rahmen der Markenverarbeitung, d.h. während des Entscheidungsprozesses des Individuums. Dieser Prozess unterliegt

---

[169] Vgl. Fischer, M., et al. (2002): Markenrelevanz in der Unternehmensführung - Messung, Erklärung und empirische Befunde für B2C-Märkte, MCM/McKinsey Arbeitspapier Nr. 1, Münster, S. 19.

[170] Zur Erläuterung des ideellen Nutzens von Marken vgl. ausführlich Kranz, M. (2004): Die Relevanz der Unternehmensmarke, Frankfurt am Main, S. 68 ff.

[171] Vgl. Demuth, A. (2000): Das strategische Management der Unternehmensmarke, in: Markenartikel, Nr. 1/2000, S. 14.

[172] Vgl. Baumgarth, C. (2001): Markenpolitik, 1. Auflage, Wiesbaden, S. 32 ff.

einer Reihe von Einflussfaktoren. Hierzu zählen Involvement[173], Emotionen, Motive und Bedürfnisse, Einstellungen und Werte sowie alle relevanten Determinanten und Ausdrucksformen der Persönlichkeit wie z.B. Aspekte des persönlichen Lebensstils. Diese Faktoren, die die Anforderungen des Individuums in Bezug auf die jeweilige Entscheidungssituation determinieren, werden abgeglichen mit dem vorhandenen Markenwissen. Das Markenwissen wiederum entsteht aus der Markenwahrnehmung und -interpretation sowie allen zuvor gesammelten Erfahrungen und Eindrücken zur Marke.

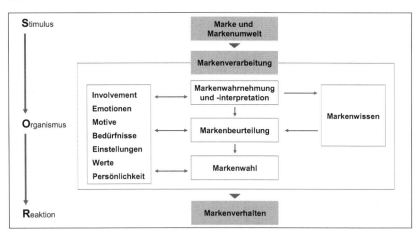

Abb. 6:   Strukturmodell der Markenwirkungen im S-O-R-Modell[174]

Da die im Rahmen der Markenverarbeitung ablaufenden Prozesse nicht beobachtbar sind, wird auch von Black-Box-Modellen gesprochen.[175] Dabei kommt jedoch gerade diesem Teil der Markenwirkung – insbesondere der Markenbeurteilung – für die Markenführung und in dessen Rahmen insbesondere für die Positionierung der Marke eine zentrale Bedeutung zu. Denn letztlich hängen das Verhalten und

---

[173] Unter Involvement wird eine spezielle Form der Aktivierung in Bezug auf ein Objekt (z.B. eine Marke) verstanden. Das Involvement bezeichnet damit den Grad der Auseinandersetzung mit der Marke und die subjektiv empfundene Bedeutung der Entscheidung für das Individuum. Zum Begriff des Involvements vgl. Fischer, M., et al. (2002): Markenrelevanz in der Unternehmensführung - Messung, Erklärung und empirische Befunde für B2C-Märkte, MCM/McKinsey Arbeitspapier Nr. 1, Münster, S. 23 sowie Baumgarth, C. (2001): Markenpolitik, 1. Auflage, Wiesbaden, S. 36 ff.

[174] Quelle: I.A. Baumgarth, C. (2001): Markenpolitik, 1. Auflage, Wiesbaden, S. 33 f.

[175] Vgl. bspw. Andresen, T., Nickel, O. (2001): Führung von Dachmarken, in: Esch (Hrsg.): Moderne Markenführung, 3. Auflage, Wiesbaden, S. 645 f.

damit die **Markenwirkung** davon ab, **wie gut** die **Werte** und konkreten Anforderungen des Entscheiders **durch** die in der **Positionierung** zum Ausdruck gebrachten Werte einer Marke **angesprochen werden**.

Zur Erklärung dieses Zusammenhanges wird in der Markenforschung auf das aus der Psychologie stammende **"Selbstkonzept"** zurückgegriffen.[176] Menschliches Handeln wird im Rahmen der Theorie des Selbstkonzeptes auf zwei wesentliche Motive zurückgeführt: Selbstachtung und Selbst-Konsistenz. Demnach erhalten Individuen ihre **Selbstachtung** dadurch, dass sie tendenziell nach Erfahrungen suchen, die ihr Selbstkonzept stützen und verteidigen. Das Motiv der **Selbst-Konsistenz** äußert sich darin, dass Individuen tendenziell Verhaltensweisen zeigen, die mit ihrem eigenen Selbstbild übereinstimmen bzw. konsistent sind.[177] Geleitet werden sie dabei von ihrem Wertesystem, das als Standard zur Beurteilung von Alternativen und Verhaltensweisen dient.[178] Darüber hinaus dienen Werte auch als Wahrnehmungsfilter. Studienergebnisse legen nahe, dass Individuen solche Stimuli, die ihrem eigenen Wertesystem entsprechen, bewusster wahrnehmen und stärker darauf reagieren, während sie andere Stimuli, die ihre Werte nicht ansprechen, tendenziell ignorieren.[179] Übertragen auf das Kaufverhalten von Individuen konnte in verschiedenen Studien empirisch nachgewiesen werden, dass ein Individuum tendenziell eine Marke wählt, deren wahrgenommenes Wertesystem seinem eigenen jeweils situationsspezifischen Selbstbild und damit seinen

---

[176] In der Theorie des Selbstkonzeptes wird das Selbst eines Individuums als mehrdimensionales Konstrukt modelliert. Es besteht aus einem Selbstbild und einem Fremdbild sowie den dazwischen bestehenden Wechselwirkungen. Das Selbstbild des Individuums gliedert sich noch einmal in das Real- und das Idealbild. Das Realbild bezieht sich darauf, wie eine Person sich selbst sieht, während das Idealbild die Vorstellung einer Person ist, wie sie sich gerne sehen würde. Das soziale Selbst ist das Bild, das eine Person nach außen präsentiert und entspricht damit dem Fremdbild des Selbst. Schließlich gibt es noch das wahrgenommene Selbst, d.h. die Vorstellung eines Individuums darüber, wie es von außen wahrgenommen wird. Zum Selbstkonzept vgl. ausführlich Sirgy, J. M. (1982): Self-concept in Consumer Behavior: a critical review, in: Journal of Consumer Research, Vol. 9, Nr. 3, S. 287 ff., Burn, R. B. (1979): The Self-Concept in Theory, Measurement, Development and Behaviour, London, S. 35 ff. sowie Epstein, S. (1993): Entwurf einer integrativen Persönlichkeitstheorie, in: Filipp (Hrsg.): Selbstkonzept-Forschung: Probleme, Befunde, Perspektiven, 3. Auflage, Stuttgart, S. 15-46.

[177] Vgl. Sirgy, J. M. (1982): Self-concept in Consumer Behavior: a critical review, in: Journal of Consumer Research, Vol. 9, Nr. 3, S. 287 sowie Bauer, H. H., et al. (2006b): Übereinstimmung von Marken- und Konsumentenpersönlichkeit als Determinante des Kaufverhaltens - Eine Metaanalyse der Selbstkongruenzforschung, in: Zeitschrift für betriebswirtschaftliche Forschung, Bd. 58, Nr. 7, S. 841.

[178] Vgl. Rokeach, M. (1973): The nature of human values, New York, S. 12 ff.

[179] Vgl. zu diesem Phänomen ausführlich Postman, L., et al. (1948): Personal values as selective factors in perception, in: Journal of abnormal and social psychology, Vol. 43, Nr. 2, S. 142 ff.

eigenen Werten am ehesten entspricht (vgl. Abb. 7).[180]

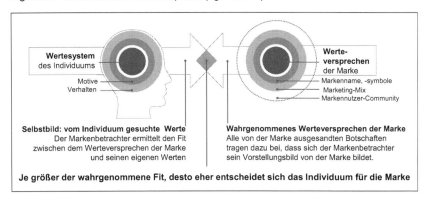

Wertesystem
des Individuums
Motive
Verhalten

Werte-
versprechen
der Marke
Markenname, -symbole
Marketing-Mix
Markennutzer-Community

Selbstbild: vom Individuum gesuchte Werte
Der Markenbetrachter ermittelt den Fit
zwischen dem Werteversprechen der Marke
und seinen eigenen Werten

Wahrgenommenes Werteversprechen der Marke
Alle von der Marke ausgesandten Botschaften
tragen dazu bei, dass sich der Markenbetrachter
sein Vorstellungsbild von der Marke bildet.

Je größer der wahrgenommene Fit, desto eher entscheidet sich das Individuum für die Marke

Abb. 7: **Erklärung des Markenwahlverhaltens durch die Selbst-Kongruenz-Hypothese[181]**

Dieser Zusammenhang wird in der Literatur unter dem Begriff **"Selbst-Kongruenz-Hypothese"** diskutiert. Die Selbst-Kongruenz-Hypothese setzt insbesondere an der oben beschriebenen Markenfunktion des ideellen Nutzens an: Ein Individuum nutzt eine Marke, um sich entweder nach außen darzustellen (extrinsischer Nutzen) oder sich selbst zu bestätigen (intrinsischer Nutzen).[182]

Der beschriebene **Erklärungsansatz** findet sich auch in der Personal- und Orga-

---

[180] Vgl. bspw. Ross, I. (1971): Self-concept and brand preference, in: Journal of Business, Vol. 44, Nr. 1, S. 38 oder Hogg, M. K., Michell, P. C. N. (1996): Identity, Self and Consumption: a conceptual framework, in: Journal of Marketing Management, Vol. 12, Nr. 7, S. 632.
[181] Quelle: I.A. Bauer, A., et al. (2006a): Moment of truth - Redefining the CEO's Brand Management Agenda, 1. Auflage, Houndmills, Basingstoke, New York, S. 17.
[182] Zur Selbstkongruenzforschung vgl. ausführlich Ross, I. (1971): Self-concept and brand preference, in: Journal of Business, Vol. 44, Nr. 1, S. 38-50, Sirgy, J. M. (1982): Self-concept in Consumer Behavior: a critical review, in: Journal of Consumer Research, Vol. 9, Nr. 3, S. 287-300, Grubb, E. L., Stern, B. L. (1971): Self-concept and significant others, in: Journal of Marketing Research, Vol. 8, Nr. 3, S. 382-385, Hogg, M. K., Michell, P. C. N. (1996): Identity, Self and Consumption: a conceptual framework, in: Journal of Marketing Management, Vol. 12, Nr. 7, S. 629-644, Hogg, M. K., et al. (2000): The impact of self-monitoring on image congruence and product/brand evaluation, in: European Journal of Marketing, Vol. 34, Nr. 5/6, S. 641-666 und schließlich Heath, A. P., Scott, D. (1998): The self-concept and image congruence hypothesis, in: European Journal of Marketing, Vol. 32, Nr. 11/12, S. 1110-1124. Eine Metaanalyse von 30 Jahren Selbstkongruenzforschung findet sich bei Bauer, H. H., et al. (2006b): Übereinstimmung von Marken- und Konsumentenpersönlichkeit als Determinante des Kaufverhaltens - Eine Metaanalyse der Selbstkongruenzforschung, in: Zeitschrift für betriebswirtschaftliche Forschung, Bd. 58, Nr. 7, S. 838-863.

nisationspsychologie mit Blick auf das **Verhalten** von Bewerbern und Mitarbeitern.[183] Danach ist davon auszugehen, dass sich **Bewerber** tendenziell **für ein Unternehmen entscheiden, dessen Wertesystem ihren eigenen Werten ähnelt**.[184] Empirisch unterstützt wird diese Annahme z.B. durch eine Studie des Instituts "Industrial Society". Danach lehnen 82% der hochqualifizierten Bewerber es ab, für ein Unternehmen zu arbeiten, dessen Werte sie nicht teilen.[185] Auch für die Mitarbeiterbindung spielt die Kongruenz der Werte zwischen Unternehmen und Individuum eine erhebliche Rolle. Studien zeigen, dass eine Übereinstimmung zwischen den Wertesystemen einen **positiven Einfluss auf die Mitarbeiteridentifikation** hat, welche wiederum Motivation und Leistung steigert und Mitarbeiterfluktuation verringert.[186]

Wenn davon ausgegangen wird, dass die Selbst-Kongruenz-Hypothese Markenentscheidungen sowohl am Absatz- als auch am Arbeitsmarkt erklären kann, ergeben sich daraus entsprechende Anforderungen an die Markenführung. Vertrauen, Markenpräferenz und Identifikation sowie die darauf basierenden verhaltensorientierten und ökonomischen Ziele der Markenführung werden nur dann erreicht, wenn eine Marke bewusst auf die Werte und Anforderungen der ausgewählten Zielgruppen ausgerichtet wird. Dies ist Ziel und Inhalt des **Markenführungsprozesses**, der im folgenden Kapitel dargestellt wird.

---

[183] Eine ausführliche Darstellung der Auswirkungen eines Wertefits auf das Verhalten von Bewerbern und Mitarbeitern findet sich in Kapitel B.3.3.

[184] Vgl. bspw. Herriot, P. (2002): Selection and self: Selection as a social process, in: European Journal of Work & Organizational Psychology, Vol. 11, Nr. 4, S. 391 ff.

[185] Vgl. Bunk, B. (2003): Corporate Citizenship und Marketing: Wie Synergien erschlossen werden, in: absatzwirtschaft, Nr. 10/2003, S. 27.

[186] Foreman und Whetten konstatieren in diesem Zusammenhang: "The higher the levels of congruence resulting form this identity comparison process, the higher the level of a member's identification." Identifikation wiederum führt zu für das Unternehmen vorteilhaften Einstellungen und Verhaltensweisen von Mitarbeitern. Vgl. Foreman, P., Whetten, D. A. (2002): Member's identification with multiple-identity organizations, in: Organization Science, Vol. 13, Nr. 6, S. 619 oder Barrow, S., Mosley, R. (2005): The Employer Brand, Chichester, S. 69-74. In einer anderen Studie wurde zudem ein direkter Zusammenhang zwischen Wertekongruenz und Mitarbeiterbindung aufgezeigt, vgl. Chatman, J. A. (1991): Matching People and Organizations: Selection and Socialization in Public Accounting Firms, in: Administrative Science Quarterly, Vol. 36, Nr. 3, S. 477.

1.4 Gestaltungselemente und -optionen im Rahmen des Markenführungsprozesses

Markenführung kann als mehrstufiger **Prozess** aufgefasst werden, durch den eine Marke zunächst entwickelt und anschließend in der Psyche interner und externer Bezugsgruppen gezielt verankert wird. Dieser **Markenführungsprozess** kann in **fünf Teilschritte** untergliedert werden (vgl. Abb. 8).[187]

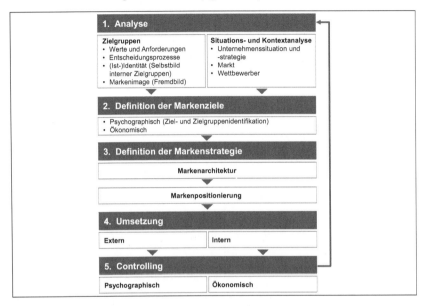

Abb. 8: Elemente des Markenführungsprozesses[188]

Ausgangspunkt der Entwicklung einer Markenstrategie ist zunächst eine umfassende Analyse. Sie dient der quantitativen und qualitativen Fundierung marken-

---

[187] Über die fünf genannten Schritte hinaus zählen einige Autoren weitere Elemente zum Markenführungsprozess, insbesondere Namens- und Designentwicklung sowie den für die Umsetzung der Marken- und Designrichtlinien notwendigen internen Support der Markenführung (z.B. Online-Plattformen), vgl. hierzu Brecht, W., Häusler, J. (2005): Zum Scheitern verurteilt? Organisatorische Aspekte der Markenführung, in: Thexis, 22. Jg., Nr. 1, S. 21 sowie Belz, C. (2005a): Komplexitätsmanagement durch professionelle Markenführung, in: Thexis, 22. Jg., Nr. 1, S. 2. Diese Aspekte sollen in der vorliegenden Arbeit jedoch ausgeklammert bleiben.

[188] Quelle: I.A. Meffert, H., Burmann, C. (2002c): Managementkonzept der identitätsorientierten Markenführung, in: Meffert, et al. (Hrsg.): Markenmanagement - Grundfragen der identitätsorientierten Markenführung, 1. Auflage, Wiesbaden, S. 75 ff.

politischer Entscheidungen und kann in zwei Teile untergliedert werden. Die **Analyse der Zielgruppen** umfasst psychographische Faktoren, d.h. Informationen über Werte und Anforderungen der Zielgruppen, sowie soziodemographische Informationen und den konkreten Entscheidungsprozess. Für die externen Zielgruppen ist das aktuelle Markenimage, d.h. die Wahrnehmung der Marke mit ihren spezifischen Assoziationen zu erheben. Zudem ist die Ist-Identität der Marke zu analysieren. Hierunter wird die Selbstwahrnehmung der Marke durch die internen Zielgruppen verstanden. Sie besteht aus spezifischen Überzeugungen über Stärken und Schwächen sowie identitätsstiftende Merkmale des Unternehmens (z.B. die regionale Herkunft oder historische Aspekte der Unternehmensentwicklung). Die **Situations- und Kontextanalyse** beinhaltet zum einen interne Aspekte wie die aktuelle Unternehmenssituation und die strategische Ausrichtung. Zum anderen sind die Wettbewerber und ihre Marken, übergreifende Marktentwicklungen und andere relevante Umweltfaktoren wie bspw. gesetzliche Rahmenbedingungen zu betrachten.

Aufbauend auf der Analyse werden die mit der Markenstrategie verfolgten **Ziele** festgelegt. Im Mittelpunkt steht dabei mit der Konkretisierung der psychographischen Ziele die Eingrenzung auf die Teile der Zielgruppen, die mit der Marke gezielt angesprochen werden sollen. Darüber hinaus können ökonomische Ziele für die Markenführung definiert werden[189], in der Regel mit einem engen Bezug zur Unternehmens- bzw. Geschäftsstrategie.[190]

Zur inhaltlichen Gestaltung einer Marke sind anschließend im Rahmen der **Markenstrategiedefinition** zwei Grundfragen zu beantworten: die Wahl der Markenarchitektur und die Positionierung der Marke. Unter Markenarchitektur wird die Anordnung aller Marken eines Unternehmens verstanden, durch die sowohl die Bezugsobjekte der Markenführung und die konkrete Markt- bzw. Segmentausrichtung als auch ihre Beziehungen zueinander aus strategischer Sicht festgelegt werden.[191] Die Positionierung beinhaltet – wie in Kapitel A.2 ausgeführt – die Definition der Markenidentität und ihre Verdichtung in einem jeweils individuellen Marken-

---

[189] Vgl. hierzu die Ausführungen in Kapitel B.1.1.

[190] Balmer sieht diesbezüglich eine enge Verbindung zwischen Corporate Brand Management und strategischem Management, während Produktmarkenmanagement eher einen engeren Bezug zur Marketingstrategie aufweist, vgl. Balmer, J. M. T. (2005): Values, Promise and Behaviour: The Corporate Branding Triumvirate?, in: Thexis, 22. Jg., Nr. 1, S. 13.

[191] Vgl. Esch, F.-R., Bräutigam, S. (2001): Corporate Brands versus Product Brands? Zum Management von Markenarchitekturen, in: Thexis, 18. Jg., Nr. 4, S. 28.

nutzenversprechen für die in der Markenarchitektur festgelegte(n) Marke(n).

Für die Gestaltung der **Markenarchitektur** stehen mit der Profilierung der Unternehmensmarke auf der einen und dem Konzept der Produktmarkenstrategie auf der anderen Seite zwei konträre Basisoptionen zur Verfügung. Darüber hinaus lassen sich zwischen diesen beiden Polen unterschiedliche Kombinationen und Ausprägungen als Mischformen identifizieren (vgl. Abb. 9).[192]

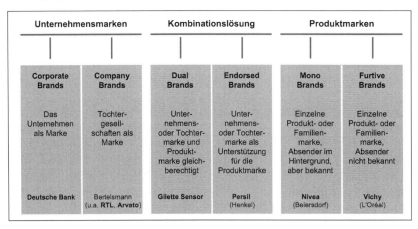

Unternehmensmarken		Kombinationslösung		Produktmarken	
Corporate Brands	Company Brands	Dual Brands	Endorsed Brands	Mono Brands	Furtive Brands
Das Unternehmen als Marke	Tochtergesellschaften als Marke	Unternehmens oder Tochtermarke und Produktmarke gleichberechtigt	Unternehmens oder Tochtermarke als Unterstützung für die Produktmarke	Einzelne Produkt- oder Familienmarke, Absender im Hintergrund, aber bekannt	Einzelne Produkt- oder Familienmarke, Absender nicht bekannt
Deutsche Bank	Bertelsmann (u.a. RTL, Arvato)	Gilette Sensor	Persil (Henkel)	Nivea (Beiersdorf)	Vichy (L'Oréal)

Abb. 9:   Optionen der Markenarchitekturgestaltung[193]

Bei **Unternehmensmarken** dient das Unternehmen selbst als Bezugsobjekt der Markenführung. Dabei kann es sich um eine einzelne Unternehmens- oder Konzernmarke handeln, die alle Unternehmensteile umfasst, z.B. die Deutsche Bank. Häufig findet sich jedoch auch gerade bei diversifizierten Konzernen neben dem Konzernnamen, der in diesem Fall oft wenig bekannt oder zumindest nicht strategisch als Marke positioniert wird, ein Portfolio unterschiedlicher Unterneh-

---

[192] Einige Autoren schlagen eine noch weitergehende Differenzierung von Subformen vor als in Abb. 9, z.B. eine Unterscheidung in "strong endorsement", "token endorsement" und "shadow endorser", vgl. Aaker, D. A., Joachimsthaler, E. (2000): Brand Leadership, New York, S. 104 ff. Esch/Bräutigam sehen jedoch eine zu differenzierte Unterscheidung kritisch, da fraglich ist, ob Markenrezipienten überhaupt noch auf solche Nuancierungen der Strategien unterschiedlich reagieren. Als zentrales Kriterium für die notwendigen Differenzierungsstufen von Strategien sehen sie die erreichbaren Wirkungen bei den Zielgruppen, vgl. Esch, F.-R., Bräutigam, S. (2001): Corporate Brands versus Product Brands? Zum Management von Markenarchitekturen, in: Thexis, 18. Jg., Nr. 4, S. 29.

[193] Quelle: I.A. Laforet, S., Saunders, J. (1994): Managing Brand Portfolios: How the leaders do it, in: Journal of Advertising Research, Vol. 34, Nr. 5, S. 68.

mensmarken auf der Ebene der Tochterunternehmen, die auch als Company Brands bezeichnet werden können.[194] Ein Beispiel hierfür ist Bertelsmann mit Tochterunternehmen wie der RTL Group, Arvato oder Gruner & Jahr. Zentrales Element einer Unternehmensmarkenstrategie ist, dass **alle Bezugsgruppen** des Unternehmens **mit** nur **einer Marke** angesprochen werden.

Dagegen erlaubt eine **Produktmarkenstrategie** eine segmentspezifische Marktbearbeitung und damit eine **weitestgehende Entkopplung der Bezugsgruppen**. Bei einer Produktmarkenstrategie werden einzelne Produkte oder Produktlinien[195] als Marken etabliert, während das Unternehmen selbst im Hintergrund bleibt. Je nachdem, ob das Unternehmen als Absender überhaupt erkennbar ist oder vollständig verdeckt bleibt, wird auch von "Mono Brands" und "Furtive Brands" gesprochen.[196] Produktmarkenstrategien finden sich vor allem bei klassischen Konsumgüterherstellern wie bspw. Unilever, Procter & Gamble oder L'Oréal.[197]

Als Mischformen zwischen Unternehmensmarken und Produktmarken nutzen Unternehmen auch die Kombination beider Ausprägungen. Unternehmens- und Produktmarken können entweder gleichberechtigt auftreten ("Dual brands"), oder die Unternehmensmarke tritt in den Hintergrund, fungiert jedoch als sog. "Endorsement". Dabei werden zwar in erster Linie die Produktmarken positioniert, jedoch immer durch den direkten Bezug zur Unternehmensmarke mit den Markenassoziationen des Unternehmens verknüpft.[198]

Je nach gewählter Markenarchitektur ist im nächsten Schritt für die Unternehmensmarke(n) und/oder die darunter liegenden Produktmarken eine auf die Zielgruppen dieser Marken abgestimmte **Positionierung** zu definieren. Mit der Posi-

---

[194] Vgl. Meffert, H., et al. (2002a): Gestaltung der Markenarchitektur als markenstrategische Basisentscheidung, in: Meffert, et al. (Hrsg.): Markenmanagement - Grundfragen der identitätsorientierten Markenführung, 1. Auflage, Wiesbaden, S. 170 f.

[195] Bei Produktlinien wird nicht mehr von Produkt-, sondern von Familienmarken gesprochen, vgl. Becker, J. (2001): Einzel-, Familien- und Dachmarken als grundlegende Handlungsoptionen, in: Esch (Hrsg.): Moderne Markenführung, 3. Auflage, Wiesbaden, S. 304 ff.

[196] Vgl. Laforet, S., Saunders, J. (1994): Managing Brand Portfolios: How the leaders do it, in: Journal of Advertising Research, Vol. 34, Nr. 5, S. 69.

[197] Als weiteres Klassifizierungsmerkmal kann die Anzahl der Marken genutzt werden. Meffert spricht diesbezüglich bei Unternehmen, die nur eine einzige Produktmarke führen, von Einzelmarkenstrategie. Verfügt ein Unternehmen dagegen über ein Portfolio unterschiedlicher Produktmarken, so wird dies als Mehrmarkenstrategie bezeichnet. Vgl. Meffert, H. (2002): Strategische Optionen der Markenführung, in: Meffert, et al. (Hrsg.): Markenmanagement - Grundfragen der identitätsorientierten Markenführung, 1. Auflage, Wiesbaden, S. 138 ff.

[198] Vgl. Esch, F.-R., Bräutigam, S. (2001): Corporate Brands versus Product Brands? Zum Management von Markenarchitekturen, in: Thexis, 18. Jg., Nr. 4, S. 31.

tionierung wird festgelegt, wofür die Marke im Markt steht und was sie einzigartig macht.[199] Die Positionierungsentscheidung umfasst damit zwei Facetten: die Definition der Markenidentität und die Bestimmung des Marktes, bestehend aus Zielgruppen und Wettbewerbern, in der die Marke positioniert wird.[200] Die Identifikation und Festlegung von Positionierungsmerkmalen für die Markenidentität bezeichnet Kapferer auch als "[...] investigation of the brands's innermost substance and of the different facets of its identity."[201]. Die Positionierung kann daher im Kern auch als Gestaltung der **Markenpersönlichkeit** bezeichnet werden.[202] Ähnlich wie bei der menschlichen Persönlichkeit liegen die wichtigsten Ausprägungen dieser Persönlichkeit in den zentralen **Werten** der Marke. Mit diesen wird ein Markennutzen- bzw. Werteversprechen formuliert, das einen **emotionalen Kundennutzen** stiftet. Die Operationalisierung schließlich erfolgt durch konkrete "**Benefits**", also Nutzendimensionen, die für den Stakeholder mit der Entscheidung für eine Marke verbunden sind. Diese Nutzendimensionen werden durch bestimmte **Produkteigenschaften** erfüllt, d.h. durch funktionale und symbolische bzw. emotionale Markenattribute.[203] Einige Autoren sprechen daher auch von sog. "Reasons to believe", d.h. greifbaren Beweisen für das Leistungsversprechen.[204] Während funktionale Markenattribute eher praktische Bedürfnisse ansprechen, beziehen sich symbolische bzw. emotionale Aspekte vor allem auf die in Kapitel B.1.2 beschriebene Markenfunktion des ideellen Nutzens, insbesondere der Selbstbestätigung und des Prestiges.[205] Die beschriebenen Elemente der Markenpositionierung lassen sich in einer Pyramide darstellen (vgl. Abb. 10).

---

[199] In Kapitel A.2 wurde Positionierung definiert als die Formulierung und Umsetzung des Markennutzen- bzw. Werteversprechens einer Marke mit dem Ziel, in Abgrenzung zum Wettbewerb Stakeholderpräferenzen zu schaffen.

[200] Vgl. Kapferer, J.-N. (2004): The new strategic brand management: creating and sustaining brand equity long term, 3. Auflage, London, S. 102.

[201] Ebenda, S. 95.

[202] Mit dem Begriff der Markenpersönlichkeit wird die Positionierung der Marke als Set menschlicher Charakteristika interpretiert. Vgl. hierzu ausführlich Aaker, J. L. (1997): Dimensions of brand personality, in: Journal of Marketing Research, Vol. 34, Nr. 3, S. 347-356.

[203] Demuth nennt in ähnlicher Weise übergreifend zum Wertesystem der Marke als Kern der Positionierung vier wesentliche Bausteine: die Identität ("Wer bin ich?"), die Markenleistung ("Was biete ich?"), die emotionale Ausstrahlung ("Wie bin ich?") sowie das Markenbild ("Wie trete ich auf?). Vgl. Demuth, A. (2000): Das strategische Management der Unternehmensmarke, in: Markenartikel, Nr. 1/2000, S. 20.

[204] Vgl. bspw. Kapferer, J.-N. (2004): The new strategic brand management: creating and sustaining brand equity long term, 3. Auflage, London, S. 104.

[205] Vgl. hierzu ausführlich Bhat, S., Reddy, S. K. (1998): Symbolic and functional positioning of brands, in: Journal of Consumer Marketing, Vol. 15, Nr. 2, S. 32 ff. sowie Riesenbeck, H., Perrey, J. (2004): Mega-Macht Marke, Frankfurt/Wien, S. 27 ff.

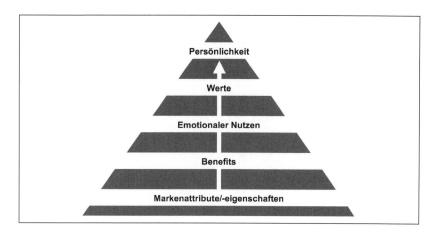

Abb. 10: Markenpyramide zur Gestaltung der Positionierung[206]

Um die gewünschten Markenwirkungen bei den definierten Zielgruppen auch tatsächlich zu erzielen, ist bei der Positionierungsentscheidung eine Reihe von **Anforderungen** zu erfüllen (vgl. auch Abb. 11):

• Das Werteversprechen der Positionierung muss auf die **Werte und Anforderungen der Zielgruppen** ausgerichtet sein.[207]

• Die **im Markt als erforderlich angesehenen Attribute** eines Leistungsangebotes sind zu berücksichtigen, die auch als branchentypische Werte bezeichnet werden können.[208]

• Die Positionierung muss eine hinreichende **Differenzierung** von relevanten Wettbewerbsangeboten ermöglichen.[209]

---

[206] Quelle: I.A. de Chernatony, L. (2001): A model for strategically building brands, in: Journal of Brand Management, Vol. 9, Nr. 1, S. 40. In ähnlicher Darstellung auch zu finden bei Kapferer, J.-N. (2004): The new strategic brand management: creating and sustaining brand equity long term, 3. Auflage, London, S. 104.

[207] Vgl. Esch, F.-R. (2001): Markenpositionierung als Grundlage der Markenführung, in: Esch (Hrsg.): Moderne Markenführung, 3. Auflage, Wiesbaden, S. 235.

[208] In der Literatur wird von "category values" gesprochen, die eine Marke ansprechen muss, um überhaupt im Markt existieren zu können, vgl. de Chernatony, L. (2001): A model for strategically building brands, in: Journal of Brand Management, Vol. 9, Nr. 1, S. 36.

[209] Aaker bezeichnet eine starke Differenzierung vom Wettbewerb sogar als den Kern des Markenerfolges, vgl. Aaker, D. A. (2003): The power of the branded differentiator, in: MIT Sloan Management Review, Vol. 44, Fall 2003, S. 83.

- Die mit der Marke angesprochenen Werte und Anforderungen müssen von den Markenrezipienten für die spezifische Entscheidungs- bzw. Bewertungssituation als **relevant** angesehen werden.[210]

- Die Positionierung muss vor dem Hintergrund der individuellen Besonderheiten des Unternehmens oder des Produktes **realistisch** darstellbar sein.[211]

- Das Werteversprechen muss aus Sicht der Markenrezipienten **erstrebenswert** sein.[212]

- Das Werteversprechen muss **klar und einfach** verständlich sein.[213]

Die **Verankerung der Positionierung** in den Köpfen der Zielgruppen erfolgt in Schritt 3 des Markenführungsprozesses. Dieser umfasst alle Umsetzungsmaßnahmen, die eine konsistente Wahrnehmung des Markenversprechens **nach innen und außen** sicherstellen. Dabei sind zum einen idealerweise alle Kontaktpunkte zwischen Marke und Zielgruppen entlang des **Marketing-Mix**, an denen die Marke wahrgenommen wird, gemäß des Werteversprechens auszugestalten.[214] Eine wesentliche Rolle spielt dabei das Verhalten der Mitarbeiter. Entsprechend ist zum anderen auch explizit eine **interne Verankerung** des Werteversprechens in den Köpfen und damit auch im Verhalten der Mitarbeiter zu vollziehen. Im Gegensatz zu den oben beschriebenen operativen Umsetzungsmaßnahmen handelt es sich hierbei um einen komplexen internen Veränderungsprozess, der auch als "interne Markenführung" bezeichnet wird.[215]

---

[210] Vgl. Belz, C. (2005a): Komplexitätsmanagement durch professionelle Markenführung, in: Thexis, 22. Jg., Nr. 1, S. 6.

[211] Vgl. Schmidt, K. (2003): Inclusive Branding, München, S. 55.

[212] Einige Autoren sprechen ergänzend zur Anforderung der Relevanz in diesem Zusammenhang von "meaningful" im Sinne einer Wertschätzung der Markenwerte durch den Markenrezipienten. Vgl. Aaker, D. A., Joachimsthaler, E. (2000): Brand Leadership, New York, S. 89.

[213] Vgl. Schmidt, K. (2003): Inclusive Branding, München, S. 55. Zur Einfachheit gehört auch die Beschränkung auf einige wenige Kernwerte, vgl. bspw. Esch, F.-R. (2001): Markenpositionierung als Grundlage der Markenführung, in: Esch (Hrsg.): Moderne Markenführung, 3. Auflage, Wiesbaden, S. 238 oder Bergstrom, A., et al. (2002): Why internal branding matters: the case of Saab, in: Corporate Reputation Review, Vol. 5, Nr. 2/3, S. 136.

[214] Vgl. Dunn, M., Davis, S. (2005): Creating the brand-driven business: A roadmap for the CEO, in: Thexis, 22. Jg., Nr. 1, S. 24 sowie Meffert, H., Burmann, C. (2002c): Managementkonzept der identitätsorientierten Markenführung, in: Meffert, et al. (Hrsg.): Markenmanagement - Grundfragen der identitätsorientierten Markenführung, 1. Auflage, Wiesbaden, S. 94 f.

[215] Für eine ausführliche Darstellung der internen Markenführung als Teil der Profilierung von Marken vgl. Burmann, C., Zeplin, S. (2005): Building brand commitment: A behavioural approach to internal brand management, in: Journal of Brand Management, Vol. 12, Nr. 4, S. 279-300.

Auch an die **Umsetzung** der Markenpositionierung im Rahmen des Profilierungsprozesses sind **Anforderungen** geknüpft. Hier werden in der Literatur zur Markenführung insbesondere folgende Faktoren herausgestellt:

- Die **konsistente**, d.h. widerspruchsfreie **Darstellung** der Markenbotschaften
  über alle Kontaktpunkte mit den Markenrezipienten hinweg.[216]

- Die **Konstanz** der Markenbotschaften über die Zeit.[217]

- Eine hohe **Präsenz** und positionierungsadäquate Wahrnehmbarkeit der Markenwerte an allen Kontaktpunkten zwischen Marke und Markenrezipienten.[218]

- Die **glaubwürdige Darstellung und Einlösung** des Werteversprechens an
  allen Kontaktpunkten.[219]

Abb. 11 fasst die Anforderungen an die Markenpositionierung und ihre Umsetzung
im Rahmen des Profilierungsprozesses zusammen.

---

[216] Konsistenz ist eine der wesentlichen Forderungen der identitätsorientierten Markenführung. Vgl.
Meffert, H., Burmann, C. (2002b): Theoretisches Grundkonzept der identitätsorientierten
Markenführung, in: Meffert, et al. (Hrsg.): Markenmanagement - Grundfragen der
identitätsorientierten Markenführung, 1. Auflage, Wiesbaden, S. 45 f. sowie die Ausführungen in
Kapitel B.2.2.

[217] Die Forderung nach Konstanz leitet sich aus der Tatsache ab, dass der Aufbau von Markenbekanntheit und Image bei den Zielgruppen Zeit benötigt und nur durch wiederholte, konsistente Botschaften aufgebaut werden kann. Gleichzeitig wird jedoch betont, dass bei Veränderungen der Zielgruppenanforderungen oder des Zeitgeistes in gewissem Umfang Anpassungen
der Markenpositionierung erforderlich sein können. Es entsteht ein "Spagat zwischen Kontinuität und Anpassung", vgl. Esch, F.-R., Wicke, A. (2001): Herausforderungen und Aufgaben
des Markenmanagements, in: Esch (Hrsg.): Modernes Markenmanagement, 3. Auflage,
Wiesbaden, S. 41 f. oder Aaker, D. A. (1996): Building strong brands, New York, S. 358.

[218] Vgl. Esch, F.-R. (2001): Markenpositionierung als Grundlage der Markenführung, in: Esch
(Hrsg.): Moderne Markenführung, 3. Auflage, Wiesbaden, S. 254 f. Speziell für das Employer
Branding wird diese Anforderung auch formuliert bei van Leeuwen, B., et al. (2005): Building
Philips' employer brand from the inside out, in: Strategic HR Review, Vol. 4, Nr. 4, S. 19.

[219] Erst eine glaubwürdige und authentische Darstellung der Marke an allen Kontaktpunkten zwischen Marke und Markenrezipienten ermöglicht eine langfristige Vertrauensbildung. Vgl. Dunn,
M., Davis, S. (2005): Creating the brand-driven business: A roadmap for the CEO, in: Thexis,
22. Jg., Nr. 1, S. 25. Spezifisch für das Employer Branding fordert dies auch Petkovic, M.
(2004): Geschickte Markenpolitik, in: Personal, Heft 04/2004, S. 8.

Abb. 11: Anforderungen an Markenpositionierung und -umsetzung[220]

Als letzter Schritt des Markenführungsprozesses erfolgt im Rahmen des **Marken-controllings** eine kontinuierliche Überprüfung der Wirkung der Marke bei den Ziel-gruppen. Das Markencontrolling kann sich dabei sowohl auf ökonomische als auch auf psychographische Größen beziehen. Das psychographische Markencontrolling setzt wieder bei Schritt 1 des Markenführungsprozesses an, d.h. bei der Analyse der Zielgruppen, ihrer Wahrnehmung und relevanten Kontextfaktoren.[221]

Ein weiteres Gestaltungsfeld der Markenführung jenseits des Markenführungs-prozesses ist die **Markenorganisation**. Sie bezieht sich auf die Ansiedlung und Verteilung der Verantwortlichkeiten für die Markenführung im Unternehmen und die notwendigen Abstimmungsprozesse aller markenrelevanten Aktivitäten.[222]

Der hier skizzierte Markenführungsprozess bildet die Grundlage für die in dieser Arbeit zu leistenden Analysen zum Employer Branding im Rahmen einer ganz-heitlichen Markenführung. Dafür ist die **Erweiterung** der Betrachtung des

---

[220] Quelle: Eigene Darstellung, in entfernter Anlehnung an Weinberg, P., Diehl, S. (2001): Erlebniswelten für Marken, in: Esch (Hrsg.): Moderne Markenführung, 3. Auflage, Wiesbaden, S. 188. Als Kennzeichen erfolgreicher Marken werden dort eine klare und unverwechselbare Markenprägnanz, eine nutzenbezogene Relevanz der Markenwerte, Markenintegrität im Sinne von Konsistenz, Markenkontinuität im Zeitablauf, Markenautorität als Ausdruck von Kompetenz und Leistungsfähigkeit sowie eine klare Markenführung identifiziert.

[221] Wie bereits in Kapitel A.3. ausgeführt, bleibt das Thema Markencontrolling im weiteren Verlauf der Arbeit ausgeklammert.

[222] Zu Aufgaben und organisatorischer Verankerung des Markenmanagements vgl. bspw. Meffert, H., Burmann, C. (2002c): Managementkonzept der identitätsorientierten Markenführung, in: Meffert, et al. (Hrsg.): Markenmanagement - Grundfragen der identitätsorientierten Marken-führung, 1. Auflage, Wiesbaden, S. 83 ff.

Markenführungsprozesses **um** die Dimension **unterschiedlicher Bezugsgruppen** der Marke(n) **erforderlich**. Neben die Betrachtung des Unternehmens selbst und des Absatzmarktes tritt dabei der **Arbeitsmarkt**. Damit stellen sich der Markenführung neue Herausforderungen, insbesondere hinsichtlich der **Koordination von Strategie und Umsetzung** gegenüber den unterschiedlichen Stakeholdergruppen. Das nächste Kapitel widmet sich daher der Stakeholderorientierung als Koordinationsproblem im Rahmen der Markenführung.

2. Stakeholderorientierung als Koordinationsproblem der Markenführung

2.1 Stakeholder einer Marke und ihre Anforderungen an die Markenführung

Wie in der in Kapitel A.2 bereits dargelegten Definition werden unter **Stakeholdergruppen** eines Unternehmens "[...] those groups who can affect or are affected by the achievement of an organization's purposes"[223] verstanden.[224] Diese Wechselseitigkeit der Beziehung entsteht aus einer mehr oder weniger engen **leistungs- bzw. anspruchsbezogenen Verflechtung** beider Seiten. Stakeholder sind somit alle diejenigen, die "[...] Beiträge für das Unternehmen leisten und im Gegenzug Ansprüche an das Unternehmen geltend machen."[225] Jedes Unternehmen agiert in einem solchen komplexen Geflecht von Bezugsgruppen, die jeweils unterschiedliche und zum Teil auch konträre Interessen verfolgen und ent-

---

[223] Freeman, R. E. (1984): Strategic Management: a stakeholder approach, Boston, S. 49.

[224] Der Stakeholderansatz entstand Mitte der 1960er Jahre aus der Kritik an einer zu einseitigen Ausrichtung des unternehmerischen Handelns an den Interessen der Eigentümer und Aktionäre ("Stockholder"). "Stake" kann mit "Einsatz", "Risiko", "Interesse", "Anspruch" oder auch "Nutzen" übersetzt werden. Der Stakeholderansatz erweitert die Perspektive des strategischen Managements von den Shareholdern auf weitere, relevante Zielgruppen. Vgl. ausführlich Kernstock, J., et al. (2004): Zugang zum Corporate Brand Management, in: Esch, et al. (Hrsg.): Corporate Brand Management, 1. Auflage, Wiesbaden, S. 30 f. sowie Hermann, S. (2005): Corporate Sustainability Branding, Wiesbaden, S. 95 ff. Im Rahmen der Markenführung geht es bei der Stakeholderbetrachtung um eine Erweiterung von den Konsumenten auf andere Bezugsgruppen, vgl. hierzu bspw. Jones, R. (2005): Finding sources of brand value: Developing a stakeholder model of brand equity, in: Journal of Brand Management, Vol. 13, Nr. 1, S. 10 f. Für eine aktuelle Auseinandersetzung mit der Stakeholdertheorie vgl. Steurer, R. (2006): Mapping stakeholder theory anew: from the stakeholder theory of the firm to three perspectives on business - society relations, in: Business Strategy & the Environment, Vol. 15, Nr. 1, S. 55-69.

[225] Bühner, R. (1997): Worauf es bei Shareholder Value ankommt, in: Technologie & Management, Vol. 46, Nr. 2, S. 12.

sprechende Anforderungen an das Unternehmen stellen. Aus diesen Erwartungen heraus entsteht ein **Spannungsfeld**: Unternehmerische Entscheidungen müssen mit dem Ziel getroffen werden, langfristig einen **Ausgleich zwischen den unterschiedlichen Interessen** herzustellen.[226] Stakeholdermanagement wird daher als überaus wichtige Aufgabe angesehen: "Managing competing stakeholder interests is a primary management function."[227]

Die Diskussion um die strategische **Ausrichtung der Markenführung** auf alle relevanten Stakeholder des Unternehmens hat in den letzten Jahren parallel zum Bedeutungszuwachs der Unternehmensmarke erheblich an Intensität gewonnen. Hintergrund dieser Entwicklung ist die Erkenntnis, dass Markenführung nicht nur für Konsumenten, sondern für alle Bezugsgruppen des Unternehmens relevant und von Nutzen ist.[228] Zur Berücksichtigung der unterschiedlichen Erwartungen in der Gestaltung und Führung von Marken ist zunächst eine **fundierte Kenntnis aller relevanten Stakeholder** und ihrer spezifischen Interessen und Erwartungen **notwendig**. In der Literatur finden sich zahlreiche **Ansätze zur Typologisierung** von Stakeholdern in Abhängigkeit von ihren unterschiedlichen Bezugspunkten und Einflussmöglichkeiten auf das Unternehmen.[229] Die Ansätze unterscheiden sich

---

[226] Der Zusammenhang zwischen einer strategischen Stakeholderorientierung und der finanziellen Entwicklung eines Unternehmens ist Gegenstand zahlreicher Studien. Kotter und Heskett bspw. wiesen nach, dass eine Unternehmenskultur, die auf einen Ausgleich der Anforderungen von Kunden, Anteilseignern und Mitarbeitern abzielt, erhebliche positive Auswirkungen auf die langfristige ökonomische Entwicklung von Unternehmen hat. Konkret konnten sie zeigen, dass Unternehmen mit einer auf Stakeholderausgleich ausgerichteten Kultur in einem 11-Jahreszeitraum ihren Umsatz um 682% erhöhen konnten, verglichen mit 166% bei Unternehmen, die keinen Wert auf Stakeholderausgleich legten. Zudem konnten sie die Anzahl der Mitarbeiter um 282% erhöhen verglichen mit 36% in der Referenzgruppe, der Aktienkurs stieg um 901% gegenüber 74% und der Gewinn um 756% im Vergleich zu 1% bei den nicht stakeholderorientiert agierenden Unternehmen. Vgl. Kotter, J. P., Heskett, J. L. (1992): Corporate Culture and Performance, New York, S. 11. Vgl. ferner Berman, S. L., et al. (1999): Does stakeholder orientation matter? The relationship between stakeholder management models and firm financial performance, in: Academy of Management Journal, Vol. 42, Nr. 5, S. 488-506.

[227] Harrison, J. S., Freeman, R. E. (1999): Stakeholders, social responsibility and performance: empirical evidence and theoretical perspectives, in: Academy of Management Journal, Vol. 42, Nr. 5, S. 479.

[228] Vgl. Kap. B.1.2 zu den Funktionen der Marke bei unterschiedlichen Zielgruppen.

[229] Vgl. Mitchell, R. K., et al. (1997): Toward a theory of stakeholder identification and salience: Defining the principle of who and what really counts, in: Academy of Management Review, Vol. 22, Nr. 4, S. 855 ff. Beispielhaft für die Literatur zur Unternehmensmarke vgl. Kranz, M. (2004): Die Relevanz der Unternehmensmarke, Frankfurt am Main, S. 20 ff., Bickerton, D. (2000): Corporate reputation versus corporate branding: the realist debate, in: Corporate Communications, Vol. 5, Nr. 1, S. 42-48 oder das sog. Daisy-Wheel-Modell bei Jones, R. (2005): Finding sources of brand value: Developing a stakeholder model of brand equity, in: Journal of Brand Management, Vol. 13, Nr. 1, S. 17 ff. sowie die dort jeweils angegebenen Autoren.

vor allem in der Anzahl und Kategorisierung der verschiedenen Gruppen.

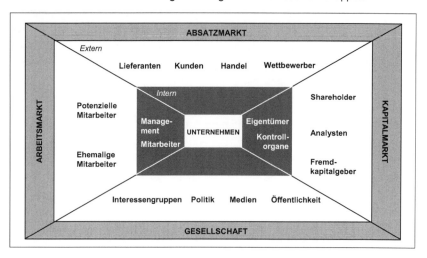

Abb. 12: **Interne und externe Stakeholder eines Unternehmens**[230]

Stakeholder lassen sich zunächst in **interne und externe Bezugsgruppen** unterscheiden. Darüber hinaus können sie vier unterschiedlichen Bezugspunkten zugeordnet werden: **Absatzmarkt, Arbeitsmarkt, Kapitalmarkt** und **Gesellschaft** (vgl. Abb. 12).

Als **interne Stakeholder** sind mit Blick auf den Arbeitsmarkt Management und Mitarbeiter zu nennen[231], mit Bezug zum Kapitalmarkt Eigentümer und Kontroll-

---

[230] Quelle: Eigene Darstellung in entfernter Anlehnung an den Zürcher Ansatz sowie die Ausführungen bei Jones, R. (2005): Finding sources of brand value: Developing a stakeholder model of brand equity, in: Journal of Brand Management, Vol. 13, Nr. 1, S. 17 ff. und Kranz, M. (2004): Die Relevanz der Unternehmensmarke, Frankfurt am Main, S. 20 ff. Zum Zürcher Ansatz vgl. Hermann, S. (2005): Corporate Sustainability Branding, Wiesbaden, S. 102 sowie die dort angegebenen Quellen. Der Zürcher Ansatz unterscheidet in konzentrischen Kreisen von innen nach außen ein Unternehmenssystem (Innenwelt), ein Wirtschaftssystem (geschäftsbezogene Außenwelt), ein Gesellschaftssystem und ein ökologisches System. Über die in Abb. 12 genutzte Typologisierung hinaus erfolgt in der Kategorie "Gesellschaft" eine noch weitergehende Differenzierung – als zusätzliche Anspruchsgruppen in den beiden äußeren Sphären werden Gemeinden, Behörden, Bildungsanstalten, Gewerkschaften sowie Anwaltsgruppen genannt.

[231] Eine weitere Differenzierung könnte auch Betriebsräte, interne Gewerkschaftsvertreter sowie unterschiedliche Funktionsbereiche im Unternehmen abgrenzen (z.B. geschäftsbezogene versus Unterstützungs-Funktionen). Darauf soll in dieser Arbeit jedoch verzichtet werden.

organe.[232] **Externe Stakeholder** sind im Bereich des Absatzmarktes vor allem Kunden bzw. Konsumenten, darüber hinaus Lieferanten, Händler und Wettbewerber. Am Arbeitsmarkt können mit den potenziellen Mitarbeitern und Ehemaligen (inklusive Pensionäre) zwei weitere wichtige externe Bezugsgruppen genannt werden. Am Kapitalmarkt sind Shareholder, Analysten und Fremdkapitalgeber (insbesondere Banken) zu berücksichtigen. Schließlich lassen sich im gesellschaftlichen Umfeld des Unternehmens Interessengruppen, Politik (inklusive Behörden), Medien und die allgemeine Öffentlichkeit mit unterschiedlichem Einfluss auf das Unternehmen als Stakeholder nennen.

Das dargestellte breite Spektrum von Stakeholdern macht die **Komplexität der Aufgabe** deutlich: Eine gleichzeitige Ausrichtung unternehmerischer Entscheidungen und in diesem Rahmen auch der Markenführung an den Interessen aller Gruppen ist aufgrund der Unterschiedlichkeit der Interessen und des jeweils notwendigen hohen finanziellen und zeitlichen Aufwandes nicht leistbar. Somit stellt sich die Frage nach der Relevanz und Bedeutung der einzelnen Gruppen, so dass eine **Priorisierung** vorgenommen werden kann, die gleichzeitig einen bestmöglichen Interessenausgleich ermöglicht.

Grundsätzlich kann zwischen primären und sekundären Stakeholdern unterschieden werden. Zu den **primären Stakeholdern** werden die Gruppen gezählt, die **direkt Einfluss** auf unternehmerische Entscheidungen nehmen können wie z.B. Anteilseigner, Mitarbeiter, Kunden, Händler, Lieferanten und Fremdkapitalgeber. Sie sind in der Regel über formalisierte Beziehungen und Verträge mit dem Unternehmen verbunden. Dagegen stehen **sekundäre Stakeholder** nur **indirekt mit dem Unternehmen in Verbindung**. Dazu zählen z.B. regulierende und gesetzgebende Institutionen, Interessengruppen und die Medien. Ihre Bedeutung resultiert vor allem aus der Gestaltung der Rahmenbedingungen, innerhalb derer sich das Unternehmen bewegt, sowie aus ihren Möglichkeiten der Informations-

---

[232] Unter Eigentümern sind in Bezug auf Aktiengesellschaften solche Anteilseigner zu verstehen, die aufgrund ihrer Stimmrechte einen erheblichen Einfluss auf die Unternehmensführung ausüben können. In einem strengen Verständnis müssten analog zu den Eigentümern auch Shareholder zu den internen Zielgruppen zu zählen sein. Aufgrund der jedoch meist distanzierten und externen Sichtweise auf ein Unternehmen von Besitzern kleinerer Aktienanteile werden sie üblicherweise zur Gruppe der externen Stakeholder gezählt. Vgl. bspw. die Kategorisierung von Stakeholdern im Zürcher Ansatz, dargestellt bei Hermann, S. (2005): Corporate Sustainability Branding, Wiesbaden, S. 102 f.

versorgung und Meinungsbildung für die übrigen Stakeholdergruppen.[233] Abgesehen von der Vielzahl und Unterschiedlichkeit der Bezugsgruppen wird Stakeholderorientierung durch zwei weitere Faktoren erschwert. Zum einen ist die Zugehörigkeit von Individuen zu den einzelnen Stakeholdergruppen nicht statisch, sondern kann sich im Zeitablauf ändern. Zum anderen kann es auch Überschneidungen geben, d.h., einige Individuen sind gleichzeitig mehreren Gruppen zuzuordnen.

Neben der Klassifizierung nach der Art der Beziehung zwischen Stakeholdern und Unternehmen spielt für die Frage der Priorisierung das Macht- und Einflussgefüge eine wichtige Rolle. Zur Typologisierung kann auf den von Mitchell et al. vorgeschlagenen Ansatz entlang der drei Faktoren Macht, Legitimität und Dringlichkeit zurückgegriffen werden.[234] **Macht** bezeichnet dabei den Einfluss einer Stakeholdergruppe auf unternehmerische Entscheidungen: "Stakeholders possessing power have the ability to exercise their own will despite resistance."[235] Beispielsweise erzwingt eine hohe Abhängigkeit des Unternehmens von den Ressourcen einzelner Stakeholder – z.B. Kapital oder Arbeitskraft – die besondere Berücksichtigung der Interessen dieser Gruppen in der Unternehmensführung. **Legitimität** ist definiert als "[...] a generalized perception or assumption that the actions of an entity are desirable, proper, or appropriate within some socially constructed system of norms, values, beliefs, and definitions."[236] Stakeholdereinfluss resultiert demnach auch aus der Notwendigkeit, die im Rahmen des herrschenden gesellschaftlichen Wertesystems als legitime Forderungen geltenden Interessen von Stakeholdern im Rahmen unternehmerischer Entscheidungen zu berücksichtigen. Als dritter Faktor wird zur Priorisierung von Stakeholderinteressen die **Dring-**

---

[233] Zur Unterscheidung zwischen primären und sekundären Stakeholdergruppen vgl. Kernstock, J., et al. (2004): Zugang zum Corporate Brand Management, in: Esch, et al. (Hrsg.): Corporate Brand Management, 1. Auflage, Wiesbaden, S. 34. Im Kontext der Markenführung unterscheidet Jones zwischen primären und sekundären Stakeholdern nach ihrem kontinuierlichen Beitrag zum Markenwert. Während primäre Stakeholder seiner Auffassung nach kontinuierlich Markenwert schaffen, entsteht eine Markenbeziehung zu sekundären Stakeholdern nur im Kontext besonderer Anlässe. Vgl. Jones, R. (2005): Finding sources of brand value: Developing a stakeholder model of brand equity, in: Journal of Brand Management, Vol. 13, Nr. 1, S. 19.

[234] Vgl. hierzu ausführlich Mitchell, R. K., et al. (1997): Toward a theory of stakeholder identification and salience: Defining the principle of who and what really counts, in: Academy of Management Review, Vol. 22, Nr. 4, S. 853-886.

[235] Neville, B. A., et al. (2004): Stakeholder salience revisited: toward an actionable tool for the management of stakeholders, in: Academy of Management Proceedings, 2004, S. D2.

[236] Suchman, M. C. (1995): Managing legitimacy: strategic and institutional approaches, in: Academy of Management Review, Vol. 20, Nr. 3, S. 574.

lichkeit eingestuft, definiert als "[...] the degree to which stakeholder claims call for immediate action."[237] Mit diesen drei Kriterien ist ein Raster gegeben, mit dessen Hilfe unternehmerische Entscheidungen auf die Bedürfnisse der jeweils wichtigsten Stakeholdergruppen ausgerichtet werden können. Für die Markenführung ergänzt Jones schließlich noch ein viertes Kriterium: die **Attraktivität** der Stakeholdergruppe hinsichtlich ihres Einflusses auf den Markenwert und die Reputation des Unternehmens.[238]

Die unterschiedliche Bedeutung der verschiedenen Stakeholdergruppen für ein Unternehmen lässt sich auch **empirisch** zeigen (vgl. Abb. 13).

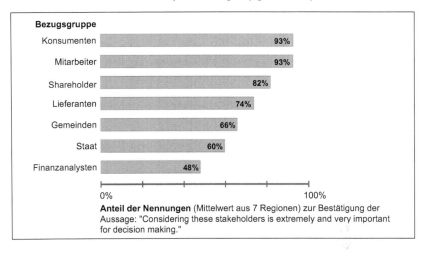

Abb. 13: Bedeutung zentraler Stakeholdergruppen für das Unternehmen[239]

Als wichtigste Gruppe können einer weltweiten Studie mit über 1.000 Managern zufolge Kunden angesehen werden, fast gleichauf gefolgt von Mitarbeitern. Da-

---

[237] Mitchell, R. K., et al. (1997): Toward a theory of stakeholder identification and salience: Defining the principle of who and what really counts, in: Academy of Management Review, Vol. 22, Nr. 4, S. 867.

[238] Ausgehend vom Ansatz von Mitchell et al. schlägt Jones für die Markenführung eine Priorisierung nach vier Kriterien vor: Abhängigkeit, strategische Bedeutung, Dringlichkeit sowie Attraktivität. Attraktivität sieht er dabei als spezifisches Kriterium im Rahmen der Markenführung. Vgl. hierzu ausführlich Jones, R. (2005): Finding sources of brand value: Developing a stakeholder model of brand equity, in: Journal of Brand Management, Vol. 13, Nr. 1, S. 20 ff.

[239] Quelle: WalkerInformation Inc. (1999): Stakeholder Management Around the World, in: WalkerInformation Global Network Stakeholders (Hrsg.): Measurements, Indianapolis, S. 4.

hinter rangieren die Shareholder.[240] Andere empirische Studien kommen zu vergleichbaren Ergebnissen.[241] Vor diesem Hintergrund ist nachvollziehbar, dass sich die Diskussion der stakeholderorientierten Markenführung vor allem auf Konsumenten, Mitarbeiter und Bewerber sowie Shareholder und Anleger konzentriert.[242]

Zur Priorisierung unterschiedlicher Stakeholder in der Markenführung spielt auch die Relevanz der Marke für die unterschiedlichen Stakeholder eine wesentliche Rolle. Denn je relevanter eine Marke für das Verhalten eines Stakeholders ist, desto stärker sollten seine Interessen und Erwartungen in der Markenführung berücksichtigt werden. Einer Untersuchung von Kranz zufolge ist die Relevanz der Unternehmensmarke auf einer aggregierten Ebene für die Bezugsgruppen der Konsumenten und der potenziellen Mitarbeiter in der Endphase der Arbeitgeberwahl am höchsten, am Kapitalmarkt dagegen am geringsten.[243] Auch dies unterstreicht die dominierende Stellung von **Konsumenten** und **Mitarbeitern als die wichtigsten Stakeholdergruppen im Rahmen der Markenführung.**

Zur Ausrichtung der Markenführung auf unterschiedliche Stakeholder ist es jedoch nicht ausreichend zu wissen, welche Stakeholder existieren und wie wichtig sie für das Unternehmen sind. Vielmehr bedarf es darüber hinaus einer detaillierten **Analyse ihrer Interessen und Erwartungen** sowie eines umfassenden Verständnisses davon, welche Funktionen die Marke für die jeweilige Stakeholdergruppe erfüllt und wie sie Einstellungen und Entscheidungsprozesse beeinflusst.

Die unterschiedlichen Interessen und Erwartungen an die Markenführung ergeben sich aus dem wechselseitigen Beziehungsgeflecht zwischen Unternehmen und Stakeholder, denn jede Bezugsgruppe erbringt für das Unternehmen eine spezifische Leistung und stellt im Gegenzug Ansprüche an das Unternehmen.

---

[240] Vgl. Jones, R. (2005): Finding sources of brand value: Developing a stakeholder model of brand equity, in: Journal of Brand Management, Vol. 13, Nr. 1, S. 4.

[241] Vgl. bspw. Stippel, P. (1998): Kunde schlägt Shareholder, in: absatzwirtschaft, Nr. 4/1998, S. 15. In dieser Studie wurden Führungskräfte aus Amerika, Asien und Europa befragt. Konsumenten wurden mit 71% als die wichtigste Stakeholdergruppe genannt, gefolgt von Shareholdern und Mitarbeitern fast gleichauf bei 49% bzw. 48%. Mit erheblichem Abstand folgten Lieferanten mit 22% und die Gesellschaft mit 10%.

[242] Vgl. Ebel, B., Hofer, M. B. (2002): Das Unternehmen als Marke, in: Markenartikel, Nr. 3/2002, S. 59 f.; Kranz, M. (2004): Die Relevanz der Unternehmensmarke, Frankfurt am Main, S. 25 f.

[243] Vgl. Kranz, M. (2004): Die Relevanz der Unternehmensmarke, Frankfurt am Main, S. 183 ff. Kranz untersucht die Relevanz der Unternehmensmarke am Absatz-, Arbeits- und Kapitalmarkt, jeweils differenziert nach den Nutzendimensionen Risikoreduktion, Informationseffizienz und ideeller Nutzen.

	Leistung	Rationale Ansprüche	Emotionale Ansprüche

Konsumenten	• Kauf der Produkte
	• Markentreue
	• Weiter-
	  empfehlung
		• Einhaltung des
		  Produktversprechens
		• Kundendienst/Service
		• Produkt-/Leistungsqualität
			• Prestige
			• Zugehörigkeit zu einer
			  Marken-Community
			• Sicherheit

**Management/
Mitarbeiter**
	• Arbeitskraft
	• Engagement
	• Leistung
	• Kompetenz/
	  Fähigkeiten
		• Persönliche
		  Entwicklungschancen
		• Adäquate Bezahlung
		• Fördermaßnahmen
		• Sicherer Arbeitsplatz
			• Selbstverwirklichung
			• Identifikation
			• Ansprechende
			  Unternehmenskultur

Shareholder	• Eigenkapital	• Dauerhafte Wertsteigerung • Ansprechende Dividenden- politik/Kurspflege • Kompetentes Management	• Sicherheit
Banken	• Fremdkapital	• Dauerhafte Unternehmens- bonität • Fristgerechte Tilgung • Kompetentes Management	• Sicherheit

Lieferanten	• Termingerechte
	  Leistung
	• Hochwertige
	  Güter
		• Dauerhafte Unternehmens-
		  bonität
		• Abnahmesicherheit
		• Fristgerechte Bezahlung
			• Sicherheit
			• Partnerschaftliches
			  Verhältnis

Abb. 14: Mögliche Ausprägung eines Leistungs- und Anspruchsgeflechtes zwischen Stakeholder und Unternehmen[244]

Abb. 14 stellt eine Auswahl dieser Verflechtungen exemplarisch dar.[245] **Konsumenten** leisten durch den Kauf der Produkte, ihre Treue zur Marke und ggf. ein entsprechendes Empfehlungsverhalten einen wesentlichen Beitrag zum Erfolg eines Unternehmens. Im Gegenzug erwarten sie zum einen, dass die durch die Marke bzw. das Produkt versprochenen rationalen Leistungen erfüllt werden. Zum anderen erhoffen sie sich auf einer emotionalen Ebene die Erfüllung ihrer Wünsche und Bedürfnisse z.B. nach Prestige, Sicherheit oder Zugehörigkeit zu einer Marken-Community. **Management und Mitarbeiter** bringen ihre Kompetenz und Arbeitskraft ein und erwarten dafür vom Unternehmen z.B. die Weiterentwicklung ihrer Fähigkeiten, ein angemessenes Gehalt sowie die Möglichkeit zur

---

[244] Quelle: In entfernter Anlehnung an Meffert, H., Bierwirth, A. (2001): Stellenwert und Funktionen der Unternehmensmarke - Erklärungsansätze und Implikationen für das Corporate Branding, in: Thexis, 18. Jg., Nr. 4, S. 7 sowie Kernstock, J., et al. (2004): Zugang zum Corporate Brand Management, in: Esch, et al. (Hrsg.): Corporate Brand Management, 1. Auflage, Wiesbaden, S. 33.

[245] Vgl. auch Jones, R. (2005): Finding sources of brand value: Developing a stakeholder model of brand equity, in: Journal of Brand Management, Vol. 13, Nr. 1, S. 22 f. Jones unterscheidet funktionale, symbolische und hedonistische Austauschbeziehungen und schlägt vor, für jede Stakeholdergruppe eine Liste ihrer wichtigsten Anforderungen zu erstellen und hinsichtlich ihrer Erfüllung einen Kompromiss in einer "Komfort-Zone" anzustreben.

Selbstverwirklichung im Rahmen einer angenehmen und förderlichen Unternehmenskultur. Auch Identifikation mit dem Unternehmen und mit ihrer Arbeit ist als Erwartung der Mitarbeiter zu nennen. Hierfür spielen die durch die Marke transportierten Werte und das damit einhergehende Prestige eine wesentliche Rolle.[246] **Shareholder** und **Banken** stellen dem Unternehmen Eigen- bzw. Fremdkapital zur Verfügung. Ihre Erwartungen an das Unternehmen konzentrieren sich auf eine auf dauerhafte Wertsteigerung angelegte Unternehmensführung, die angemessene Renditen ebenso ermöglicht wie eine fristgerechte Tilgung von Krediten, sowie das Gefühl langfristiger Sicherheit. Schließlich erwarten **Lieferanten** für die termingerechte Lieferung ihrer Güter eine fristgerechte Bezahlung, ein möglichst partnerschaftliches Verhältnis sowie ebenfalls die Sicherheit, dass diese Erwartungen auch dauerhaft erfüllt werden.

Die dargestellten Leistungen und Ansprüche verdeutlichen, dass in der Markenführung bei den jeweiligen Stakeholdergruppen **unterschiedliche Erwartungen und Bedürfnisse** zu adressieren sind. Erfolgsmaßstab für die Markenführung ist letztlich die mit der Markenführung erzielte Wirkung bei den unterschiedlichen Stakeholdergruppen. Jeder Stakeholder interpretiert jedoch die durch eine Marke ausgesendeten Botschaften vor dem Hintergrund seiner eigenen Erfahrungs- und Erwartungswelt.[247] Hierbei wird deutlich, dass die Wahrnehmung der Marke zunächst individuell erfolgt, woraus eine **individuelle Bewertung des Nutzens** einer Marke und somit auch eine **individuelle Reaktion auf unterschiedliche Werteversprechen** einer Marke resultieren. Mit zunehmender Heterogenität der Erwartungen von Individuen oder auch einzelner Subgruppen innerhalb der Stakeholdergruppen erscheint es weniger geeignet, diese aggregiert als eine einzige Zielgruppe zu interpretieren, um auf dieser Basis Implikationen für die Markenführung

---

[246] Vgl. Carmeli, A., Freund, A. (2002): The Relationship Between Work and Workplace Attitudes and Perceived External Prestige, in: Corporate Reputation Review, Vol. 5, Nr. 1, S. 51 ff. sowie Smidts, A., et al. (2001): The impact of employee communication and perceived external prestige on organizational identification, in: Academy of Management Journal, Vol. 44, Nr. 5, S. 1051 ff.

[247] Vgl. Fombrun, C., Shanley, M. (1990): What's in a name? Reputation building and corporate strategy, in: Academy of Management Journal, Vol. 33, Nr. 2, S. 234 f. sowie de Chernatony, L. (2002): Living the corporate brand: brand values and brand enactment, in: Corporate Reputation Review, Vol. 5, Nr. 2/3, S. 122.

abzuleiten.[248] Stattdessen wird im weiteren Verlauf der Arbeit die Annahme zugrunde gelegt, dass **Erwartungen nicht nur zwischen, sondern auch innerhalb der Stakeholdergruppen variieren.** Eine Herausforderung für das Employer Branding ebenso wie für das Corporate und Consumer Branding besteht somit darin, innerhalb der Stakeholdergruppen mit der Markenführung **nur ausgewählte Zielgruppen gezielt anzusprechen.**

Damit stellt sich für eine ganzheitliche Markenführung die Aufgabe, vor dem Hintergrund der unterschiedlichen Interpretationswelten der einzelnen Stakeholdergruppen die jeweils erforderlichen Kriterien zu erfüllen, die die Stärke und Wirkung einer Marke wesentlich prägen. Wie in Kapitel B.1.4 dargestellt, muss die Positionierung einer Marke gleichzeitig differenzierend, relevant, darstellbar, erstrebenswert und klar sein. Darüber hinaus muss sie das Wertesystem der jeweiligen Zielgruppe ebenso abbilden wie die im Markt erforderlichen branchentypischen Werte. Bei einer **stakeholderspezifischen Betrachtung** dieser Kriterien können daraus sehr **unterschiedliche Anforderungen an die Markenpositionierung** entstehen. Dies lässt sich an einigen **Beispielen** verdeutlichen:

• Unterscheiden sich die Wettbewerber am Absatzmarkt von denen am Arbeitsmarkt, führt die Forderung nach einer Differenzierung vom Wettbewerb an beiden Märkten möglicherweise zu widersprüchlichen Anforderungen an die Markenpositionierung.

• Wenn die Markenwerte einer Stakeholder-übergreifenden Marke von einer der Stakeholdergruppen als nicht relevant betrachtet werde, wird die Marke bei dieser Zielgruppe nicht die gewünschte Wirkung erzielen können.[249]

• Weichen die Werteprofile und Anforderungn der Zielgruppen am Absatzmarkt von denen der Mitarbeiter und potenziellen Mitarbeiter erheblich ab, würde dem Wirkungsmechanismus der Selbst-Kongruenz-Hypothese folgend eine einheit-

---

[248] Einige Forscher wie bspw. Bierwirth arbeiten mit aggregierten Zielgruppen an den einzelnen Märkten. Bierwirth argumentiert, dass eine Ausrichtung der Markenführung auf Basis aggregierter Stakeholdergruppenbedürfnisse voraussetzt, dass die Varianz der Erwartungen innerhalb einer Bezugsgruppe geringer ist als die Varianz der Erwartungen aller Bezugsgruppen. Da die Erwartungen im Wesentlichen durch die individuellen Zielsetzungen geprägt sind und diese innerhalb einer Stakeholdergruppe zumindest als gemeinsame Klammer gelten können, sieht er diese Anforderung als erfüllt an. Vgl. Bierwirth, A. (2003): Die Führung der Unternehmensmarke, Frankfurt am Main, S. 65.

[249] Vgl. Belz, C. (2005a): Komplexitätsmanagement durch professionelle Markenführung, in: Thexis, 22. Jg., Nr. 1, S. 6.

liche Markenpositionierung ebenfalls bei mindestens einer der beiden Zielgruppen die Markenwirkung mindern.[250]

- Schließlich ist es auch möglich, dass ein Markenversprechen von einem Unternehmen zwar bspw. am Absatzmarkt glaubwürdig darstellbar und realistisch einlösbar ist, gegenüber Mitarbeitern jedoch nicht.

Allein diese wenigen Beispiele zeigen, dass vor dem Hintergrund der unterschiedlichen Bedürfnisse der Stakeholdergruppen eine **zielgruppenspezifische Ausrichtung der Markenführung erforderlich** ist, **um** eine **bestmögliche Wirkung** der Markenführung bei allen Stakeholdergruppen **zu erzielen**.

Einer stakeholderspezifischen Markenführung steht jedoch die **Forderung nach einer übergreifenden Konsistenz** und damit einer größtmöglichen Einheitlichkeit der Markenführung gegenüber allen Zielgruppen entgegen. Die Gefahr einer nicht einheitlichen Markenführung liegt darin, dass Markenbotschaften als widersprüchlich empfunden werden, so dass die Marke verwässert und in ihrer Wirkung geschwächt wird. Die Gefahr einer Verwässerung von Markenbildern wird in der Markenliteratur vor allem mit der Dissonanztheorie begründet.[251] Zudem wird davon ausgegangen, dass die Verankerung von Markenwissen in den Köpfen der Zielgruppen ein Lernprozess ist, der eine ständige, gleichförmige Wiederholung der Botschaften über einen längeren Zeitraum voraussetzt.[252] Im folgenden Kapitel wird daher untersucht, welche Aussagen in der Literatur zur Marken- und Identitätstheorie zur Berücksichtigung unterschiedlicher Stakeholderinteressen in der Markenführung getroffen werden. Da im Mittelpunkt dieser Arbeit die Koordination

---

[250] Wie in Kapitel B.1.3 ausgeführt, besagt die Selbst-Kongruenz-Hypothese, "[...] that people go about purchasing one thing or another only if these things are consistent with, enhance, or in some other way fit well with the conception they have of themselves." Ross, I. (1971): Self-concept and brand preference, in: Journal of Business, Vol. 44, Nr. 1, S. 38. Dieser Zusammenhang gilt auch für das Entscheidungsverhalten von Bewerbern und Mitarbeitern. Studien zeigen, "[...] that congruence with the values of an organization will influence whether individuals choose to join that particular organization." Vgl. Meglino, B. M., et al. (1992): The Measurement of Work Value Congruence: A field study comparison, in: Journal of Management, Vol. 18, Nr. 1, S. 34. Ebenso konnte nachgewiesen werden, dass eine Übereinstimmung der Werte zwischen Organisation und Mitarbeiter die Mitarbeiterzufriedenheit steigert und in einer höheren Mitarbeiterbindung mündet, vgl. Chatman, J. A. (1991): Matching People and Organizations: Selection and Socialization in Public Accounting Firms, in: Administrative Science Quarterly, Vol. 36, Nr. 3, S. 477. Für eine ausführliche Betrachtung der Selbst-Kongruenz-Hypothese vgl. Kapitel B.1.3 sowie mit Bezug zum Arbeitsmarkt Kapitel B.3.3.
[251] Vgl. Kroeber-Riel, W., Weinberg, P. (2003): Konsumentenverhalten, 8. Auflage, München, S. 182 ff.; Bierwirth, A. (2003): Die Führung der Unternehmensmarke, Frankfurt am Main, S. 60.
[252] Vgl. Kroeber-Riel, W., Weinberg, P. (2003): Konsumentenverhalten, 8. Auflage, München, S. 322 ff.

zwischen absatz- und arbeitsmarktgerichteter Markenführung steht, wird die weitere Betrachtung eingegrenzt auf die Bezugsgruppen der Konsumenten einerseits und die der potenziellen, aktuellen und ehemaligen Mitarbeiter andererseits.

2.2 Aussagen der Marken- und Identitätstheorie zum Spannungsfeld stakeholderspezifischer Markenführung und übergreifender Konsistenz

In der wissenschaftlichen Literatur ist unstrittig, dass die Berücksichtigung von Stakeholderinteressen eine wichtige Grundlage der Markenführung darstellt. Ausgehend von der im letzten Abschnitt dargestellten Vielfalt der Stakeholdergruppen und ihren unterschiedlichen Erwartungen stellt sich jedoch die **Frage**, inwieweit Strategie und Maßnahmen auf eine **übergreifende Konsistenz** und Einheitlichkeit auszurichten **oder stakeholderspezifische Ansätze** möglich bzw. zu empfehlen sind. Um diese Frage zu beantworten, wird im Folgenden untersucht, welche Aussagen hierzu in der relevanten Literatur zu finden sind. Die meisten Forschungsansätze beschäftigen sich dabei explizit mit Unternehmen mit einer Corporate Branding-Strategie, die folgenden Untersuchungen beziehen jedoch auch Unternehmen mit anderen Markenarchitekturen wie z.B. Produktmarkenstrategien ein.

Konsistenz wird in der identitätsorientierten Markenführung als **"integrierte, innen- und außengerichtete Abstimmung aller Markeneigenschaften"** verstanden, die darauf ausgerichtet ist, Widersprüche in der Wahrnehmung der internen und externen Zielgruppen zu vermeiden.[253] Dies führt letztlich zu einer weitgehend einheitlichen Gestaltung der Markenführung gegenüber den unterschiedlichen Zielgruppen, da dies mit der höchsten Wahrscheinlichkeit eine konsistente Wahrnehmung der Marke(n) erzeugt.[254]

Die Frage nach übergreifender Konsistenz zu Lasten einer stakeholderspezifischen Ausrichtung wird in der Literatur kontrovers diskutiert. Einig sind sich die Forscher lediglich darin, dass es einer **Koordination** von Entscheidungen bedarf. Während jedoch vor allem in der Forschung zur Unternehmensmarke die Gruppe

---

[253] Vgl. Meffert, H. (2003): Identitätsorientierter Ansatz der Markenführung - eine entscheidungsorientierte Perspektive, Wissenschaftliche Gesellschaft für Marketing und Unternehmensführung e.V., Arbeitspapier Nr. 165, Münster, S. 7.

[254] Vgl. Bierwirth, A. (2003): Die Führung der Unternehmensmarke, Frankfurt am Main, S. 76.

der Forscher dominiert, die eine **übergreifende Konsistenz** und Einheitlichkeit fordern, finden sich zum Image-, Reputations- und vor allem Identitätsmanagement auch eine Reihe von Forschern, die auf **Multiplizität** angelegte Ansätze für denkbar oder sogar empfehlenswert halten.

Einen Überblick über Publikationen zu dieser Fragestellung gibt Abb. 15. Berücksichtigt sind Arbeiten aus der Marken-, Reputations- und Imageliteratur sowie aus der Corporate Identity-Forschung. Zusätzlich wird aufgezeigt, ob sich die Autoren auf Relevanzaussagen und Empfehlungen beschränken, Managementansätze vorstellen oder Ergebnisse empirischer Untersuchungen vorlegen.

	Corporate Branding (inkl. Corporate Image und Corporate Reputation)	Corporate Identity
Ansätze mit der Forderung nach stakeholdergruppen-übergreifender **Konsistenz**	**Relevanzaussagen und Empfehlungen:** Bendapudi/ Bendapudi 2005, Davies/Chun 2002, Esch 2005, Ind 2003, Gilly/Wolfinbarger 1998 (zu Werbung), Dowling 1986 und 1993 (zu Image), Gotsi/Wilson 2001a, Hatch/Schultz 1997 und 2001, Jacobs 2003, Rogers 2003, Schultz/de Chernatony 2002	**Relevanzaussagen und Empfehlungen:** Kiriakidou/Millward 2000, Olins 1989, Fombrun 1996, Stuart 2002
	Managementansätze: Abratt 1989 (zu Image), Bickerton 2000, Burmann 2004, Meffert/Bierwirth 2001 und Bierwirth 2003, Esch et al. 2004b, de Chernatony 1999 und 2002, Wiedmann 2004, Hermann 2005, Fiedler 2007 (alle zu Corporate Branding), Bergstrom et al. 2002, Thomson et al. 1999, Zeplin 2006, Burmann/ Zeplin 2005, de Chernatony 2001, Mellor 1999, Mitchell 2002 (alle zu interner Markenführung)	**Managementansätze:** Markwick/Fill 1997, Balmer/Soenen 1999, Balmer 2001a, Balmer/Greyser 2002
	Empirische Studien: Fombrun/Rindova 1998 (zu Reputation), Morsing/Christensen 2001, Fiedler 2007 (zu Corporate Brands)	
Ansätze mit Akzeptanz von bzw. Forderung nach **stakeholder-spezifischer Unterscheidung**	**Managementansätze:** Cornelissen 2000 (Image Formation Process) **Empirische Studien:** Moffit 1994 (zu "multiple images"), Fombrun/Shanley 1990 (zu Reputation)	**Managementansätze:** van Riel 1995, Leitch/Motion 1999, Meijs 2002, Pratt/Forman 2000

Abb. 15: Überblick zu stakeholderübergreifenden Publikationen zum Corporate Branding (inkl. Image- und Reputationsforschung) und zur Corporate Identity [255]

Die unterschiedlichen Forschungsansätze und Meinungen werden im Folgenden detailliert untersucht und dargestellt.

---

[255] Quelle: Eigene Darstellung.

Forschung zur Unternehmensmarke

In der Forschung zur Corporate Identity und auch im Kontext des Corporate Image- und Corporate Reputation Management stellt die Vielfalt der Zielgruppen seit jeher ein wesentliches Element der wissenschaftlichen Auseinandersetzung dar. In der Markentheorie ist eine verstärkte Diskussion um die Berücksichtigung unterschiedlicher Stakeholderinteressen dagegen erst mit der in den letzten Jahren erfolgten Übertragung der Markenführung von der Produkt- auf die Unternehmensebene zu verzeichnen.

Zeitraum	Mitte 19. Jh. bis Anfang 20. Jh.	Anfang 20. Jh. bis Mitte 60er	Mitte 60er bis Mitte 70er	Mitte 70er bis Ende 80er	90er Jahre bis heute
Aufgaben-umwelt	• Industrialisierung und Massen-produktion • Qualitäts-schwankungen • Anonyme Ware (v.a. Stapelware)	• Wirtschaftliches Wachstum, "Nachfragesog" • Zahlreiche technische Innovationen • Verkäufermärkte	• Rezession/ 1. Ölkrise • Aufhebung der Preisbindung (1967) • Käufermärkte	• Gesättigte Märkte • Hohe Imitations-geschwindigkeit • "Information Overload" • Qualität als K.O.-Kriterium	• Informationsge-sellschaft • Positionierungs-enge • Verantwortungs-verlagerung von Einzel- zu Unter-nehmensmarken
Marken-verständnis	• Marke als Eigen-tumszeichen und Herkunfts-nachweis	• Warenfokus • Marke als Merkmalskatalog	• Produktions- und Vertriebsmethode	• Nachfrager-gewinnung • Subjektive Marken-bestimmung	• Nutzenbündel mit nachhaltiger Differenzierung • Markenidentität als Selbstbild • Markenimage als Fremdbild
Modernes "Marken-management"		• Instrumenteller Ansatz ("Markentechnik")	• Funktions-orientierter Ansatz	• Verhaltens- und imageorientierter Ansatz • Technokratisch, strategieorien-tierter Ansatz	• Integriertes iden-titätsorientier-tes/ -basiertes Marken-management
Stakeholder-orientierung	▼ Ausschließlich Konsumenten	▼ Ausschließlich Konsumenten	▼ Ausschließlich Konsumenten	▼ Ausschließlich Konsumenten	▼ Innen- und außen-gerichtet

Abb. 16: Entwicklung des Markenverständnisses im Zeitablauf[256]

---

[256] Quelle: I.A. Meffert, H., et al. (2008): Marketing - Grundlagen marktorientierter Unternehmens-führung, 10. Auflage, Wiesbaden, S. 356. und Meffert, H., Burmann, C. (2002a): Wandel in der Markenführung - vom instrumentellen zum identitätsorientierten Markenverständnis, in: Meffert, et al. (Hrsg.): Markenmanagement - Grundfragen der identitätsorientierten Markenführung, 1. Auflage, Wiesbaden, S. 18 ff. Verzichtet wurde in der Darstellung auf die Nennung des fraktalen Markenmanagementansatzes. Dieser ersetzt den Markenkern durch einen Mythos und sieht als Aufgabe der Markenführung, Risiken zu produzieren und die Konsumenten in diese Risiken hineinzuführen. Mit der Forderung nach ständigen, gewollten Brüchen in der Markenführung widerspricht dieser Ansatz dem klassischen Markenverständnis, nach dem Wiedererkenn-barkeit und das Wechselspiel von Kontinuität und Flexibilität eine große Rolle spielen. Der Ansatz war entsprechend erheblicher Kritik ausgesetzt und konnte sich nicht durchsetzen, vgl. hierzu ebenda, S. 27 f.

Abb. 16 zeigt diese Entwicklung des Markenverständnisses auf. Bis Ende der 1980er Jahre war Markenführung eine einzig auf den Absatzmarkt ausgerichtete Disziplin. Erst der heute moderne, integrierte **identitätsorientierte Ansatz** erweitert den Blickwinkel um eine nach innen gerichtete Perspektive und **thematisiert** damit erstmals überhaupt die **Frage der Koordination unterschiedlicher Stakeholderinteressen** in der Markenführung.

Grundgedanke der identitätsorientierten Markenführung ist eine möglichst hohe **Übereinstimmung** zwischen einer von innen heraus gebildeten **Markenidentität** – dem Selbstbild der Marke – und dem sich bei Externen bildenden **Markenimage**, d.h. dem Fremdbild der Marke. Damit wird die simultane Berücksichtigung interner und externer Stakeholdergruppen in der identitätsorientierten Markenführung bereits in der Anlage des Konzeptes deutlich.[257]

Zur Konzeptionalisierung des Identitätsbegriffes greift die identitätsorientierte Markenführung auf die aus der sozialwissenschaftlichen Identitätsforschung stammenden übergreifenden, **konstitutiven Merkmale der Identität** zurück. Danach ist Identität geprägt von den folgenden vier Elementen:[258]

• **Wechselseitigkeit**, auch als "Paradigma der Identitätsforschung"[259] bezeichnet, nach der Identität nur aus der Wechselwirkung zwischen Menschen und den sie umgebenen Objekten der Außenwelt entsteht.

• **Konsistenz**, die sich zeitpunktbezogen auf die Vermeidung von Widersprüchen bezieht. Danach entsteht eine starke Identität aus einer "integrierten, innen- und außengerichteten Abstimmung aller Markeneigenschaften in Form einer in sich und nach außen widerspruchsfreien Kombination einzelner Persönlichkeitsmerkmale."[260]

---

[257] Vgl. bspw. Meffert, H. (2003): Identitätsorientierter Ansatz der Markenführung - eine entscheidungsorientierte Perspektive, Wissenschaftliche Gesellschaft für Marketing und Unternehmensführung e.V., Arbeitspapier Nr. 165, Münster.

[258] Vgl. Meffert, H., Burmann, C. (2002b): Theoretisches Grundkonzept der identitätsorientierten Markenführung, in: Meffert, et al. (Hrsg.): Markenmanagement - Grundfragen der identitätsorientierten Markenführung, 1. Auflage, Wiesbaden, S. 45 ff.

[259] Vgl. Frey, H. P., Haußer, K. (1987): Entwicklungslinien sozialwissenschaftlicher Identitätsforschung, in: Frey, Haußer (Hrsg.): Identität: Entwicklungen psychologischer und soziologischer Forschung, Stuttgart, S. 17.

[260] Meffert, H. (2003): Identitätsorientierter Ansatz der Markenführung - eine entscheidungsorientierte Perspektive, Wissenschaftliche Gesellschaft für Marketing und Unternehmensführung e.V., Arbeitspapier Nr. 165, Münster, S. 7.

- **Kontinuität**, mit der eine zeitlich langfristige Beibehaltung wesentlicher Merkmale gefordert wird.

- **Individualität**, die die Einzigartigkeit eines Identitätsobjektes markiert und sich entweder auf ein einzelnes, individuelles Merkmal oder die individuelle Kombination von Merkmalen bezieht.

Auf Basis dieser Merkmale lässt sich Markenidentität als Selbstbild der internen Zielgruppen wie folgt charakterisieren: "Markenidentität stellt eine in sich widerspruchsfreie, geschlossene Ganzheit von Merkmalen einer Marke dar, die diese von anderen Marken dauerhaft unterscheidet. Die Markenidentität entsteht erst in der wechselseitigen Beziehung zwischen internen und externen Bezugsgruppen der Marke und bringt die spezifische Persönlichkeit einer Marke zum Ausdruck. Auf Grund der Wechselseitigkeit muss bei der Markenidentität zwischen dem Selbstbild und dem Fremdbild der Identität unterschieden werden. Die **Stärke der Markenidentität** ist ganz wesentlich vom **Ausmaß der Übereinstimmung zwischen Selbst- und Fremdbild abhängig.**"[261]

In dieser Auffassung wird deutlich, dass im modernen Verständnis der Marke die Sicherstellung von Konsistenz gegenüber einer, aber auch gerade zwischen unterschiedlichen Stakeholdergruppen als wesentliches Ziel der Markenführung angesehen wird. Um dies zu erreichen, wird gefordert, dass zielgruppenübergreifend akzeptierte Identitätsdimensionen als gemeinsame Klammer genutzt werden, die das Unternehmen in den unterschiedlichen Absatz- und Beschaffungsmärkten differenzierend positionieren. Somit erfolgt die Berücksichtigung unterschiedlicher Zielgruppeninteressen im Rahmen der identitätsorientierten Markenführung weniger durch ein Eingehen auf die spezifischen Interessen, als vielmehr durch die **Durchsetzung einer gemeinsamen Basis.**[262]

Diese Auffassung prägt sowohl die wissenschaftliche als auch die populärwissenschaftliche Literatur zur Marke: "Corporate Branding literature is permeated by the convincing assumption that strong corporate brands communicate coherent

---

[261] Meffert, H., Burmann, C. (2002b): Theoretisches Grundkonzept der identitätsorientierten Markenführung, in: Meffert, et al. (Hrsg.): Markenmanagement - Grundfragen der identitätsorientierten Markenführung, 1. Auflage, Wiesbaden, S. 47.

[262] Vgl. Meffert, H., Bierwirth, A. (2002): Corporate Branding - Führung der Unternehmensmarke im Spannungsfeld unterschiedlicher Zielgruppen, in: Meffert, et al. (Hrsg.): Markenmanagement - Grundfragen der identitätsorientierten Markenführung, 1. Auflage, Wiesbaden, S. 197.

messages to a variety of stakeholders."[263] So ist bspw. de Chernatony überzeugt, dass der Erfolg einer Marke abhängig ist von dem Ausmaß "[...] to which there is harmony between the managerially defined values, effective implementation of values by staff and appreciation of these values among customers."[264]

Entsprechend zahlreich sind die Veröffentlichungen zum Marken-, Image- und Reputationsmanagement, die sich mit der übergreifenden Konsistenz aller nach innen und außen gesendeten Botschaften eines Unternehmens befassen. Aufbauend auf dem oben beschriebenen identitätsorientierten Ansatz stellen bspw. Burmann[265], Meffert/Bierwirth[266], Fiedler[267], Hermann[268] und Kernstock et al.[269] stakeholderübergreifende Führungsansätze für Unternehmensmarken vor. Ähnlich argumentiert eine Reihe von Autoren im Zusammenhang mit der Abstimmung von Image bzw. Reputation und Identität.[270] Auch wenn einige darauf hinweisen, dass Unternehmen aufgrund der Vielschichtigkeit der Stakeholderinteressen und den jeweils unterschiedlichen Wahrnehmungsfiltern durchaus über unterschiedliche Images verfügen können, bleibt die Zielsetzung, ein möglichst einheitliches und

---

[263] Morsing, M., Kristensen, J. (2001): The question of coherency in corporate branding - over time and across stakeholders, in: Journal of Communication Management, Vol. 6, Nr. 1, S. 26.

[264] de Chernatony, L. (2002): Living the corporate brand: brand values and brand enactment, in: Corporate Reputation Review, Vol. 5, Nr. 2/3, S. 116.

[265] Vgl. Burmann, C. (2004): Marken brauchen Führung, in: marketingjournal, Nr. 9/2004, S. 18-22.

[266] Vgl. Meffert, H., Bierwirth, A. (2001): Stellenwert und Funktionen der Unternehmensmarke - Erklärungsansätze und Implikationen für das Corporate Branding, in: Thexis, 18. Jg., Nr. 4, S. 5-11 sowie Bierwirth, A. (2003): Die Führung der Unternehmensmarke, Frankfurt am Main.

[267] Fiedler untersucht in einer empirischen Analyse die Beziehungen zwischen den einzelnen Stakeholdergruppen und stellt einen stakeholderübergreifenden Managementansatz für die Führung von Unternehmensmarken vor, vgl. Fiedler, L. (2007): Stakeholderspezifische Wirkung von Corporate Brands: ein Modell zur integrierten Evaluation und Steuerung von Unternehmensmarken, 1. Auflage, Wiesbaden.

[268] Hermann unterscheidet eine Makro- und eine Mikropositionierung bei der Steuerung der Unternehmensmarke. In der Makropositionierung werden auf Basis einer Stakeholdergewichtung (entsprechend ihrer Relevanz) und ihren jeweiligen Interessen die stakeholderübergreifenden Inhalte der Positionierung verdichtet. Zudem weist er aber auch auf die Notwendigkeit der spezifischen Positionierungsinhalte (Mikro-Positionierung) für einzelne Stakeholdergruppen hin und differenziert mögliche Positionierungssituationen, die sich daraus ergeben können (Divergenz, Synergie, Konflikt). Vgl. Hermann, S. (2005): Corporate Sustainability Branding, Wiesbaden, Kapitel C.

[269] Die Autoren streben einen bestmöglichen Interessenausgleich zwischen allen Stakeholdergruppen im Corporate Brand Management an, dessen Ausgangspunkt immer die Identität des Unternehmens bildet, vgl. Kernstock, J., et al. (2004): Zugang zum Corporate Brand Management, in: Esch, et al. (Hrsg.): Corporate Brand Management, 1. Auflage, Wiesbaden, S. 7 sowie S. 36.

[270] Vgl. bspw. Davies, G., Chun, R. (2002): Relations between internal and external dimensions, in: Corporate Reputation Review, Vol. 5, Nr. 2/3, S. 144-158 oder de Chernatony, L. (1999): Brand Management through narrowing the gap between brand identity and brand reputation, in: Journal of Marketing Management, Vol. 15, Nr. 1-3, S. 157-179.

konsistentes Bild in der Innen- und Außenwahrnehmung zu erschaffen.[271]

Die stärkere Fokussierung auf interne Stakeholder als wichtige Zielgruppe der Markenführung hat in den letzten Jahren auch dazu geführt, dass sowohl in der wissenschaftlichen Literatur als auch in populärwissenschaftlichen Medien **zahlreiche Arbeiten zum innengerichteten Markenmanagement** erschienen sind. Darin wird auf die besondere Relevanz von Mitarbeitern für die konsumentengerichtete Markenführung hingewiesen, ergänzt um entsprechende Handlungsempfehlungen zur **Verankerung von Markenbewusstsein nach innen.**[272] Diese Entwicklung geht auf die Erkenntnis zurück, dass Mitarbeiter eine zentrale Schnittstelle zwischen einer Marke und externen Stakeholdergruppen darstellen. Der persönliche Kontakt und die Erfahrung mit Mitarbeitern eines Unternehmens, z.B. beim Beratungs- oder Verkaufsgespräch, beim Kundenservice oder aber im Bekanntenkreis, prägen das Markenbild bei externen Stakeholdergruppen erheblich. Wie konsistent diese Wahrnehmungen des Markenbildes sind, hängt daher davon ab, wie klar und konsistent dieses Markenbild von den Mitarbeitern verinnerlicht ist und nach außen dargestellt wird.[273]

Zusammenfassend lässt sich somit festhalten, dass in der Markenliteratur weit-

---

[271] Eine solche Argumentation findet sich bspw. bei Abratt, R. (1989): A New Approach to the Corporate Image Management Process, in: Journal of Marketing Management, Vol. 5, Nr. 1, S. 63-76 sowie bei Wiedmann, K. P. (2004): Markenführung und Corporate Identity, in: Bruhn (Hrsg.): Handbuch Markenführung, 2. Auflage, Wiesbaden, S. 1411-1439.

[272] Vgl. bspw. Zeplin, S. (2006): Innengerichtetes, identitätsbasiertes Markenmanagement. Entwicklung eines integrierten Erklärungsmodells, Wiesbaden, Bendapudi, N., Bendapudi, V. (2005): Creating the living brand, in: Harvard Business Review, Vol. 83, Nr. 5, S. 124-132, Gordon, W. (2002): Minding your brand manners, in: Marketing Management, Vol. 11, Nr. 5, S. 18-20, Dowling, G. R. (1986): Managing your corporate images, in: Industrial Marketing Management, Vol. 15, Nr. 2, S. 109-115, Dowling, G. R. (1993): Developing your corporate image into a corporate asset, in: Long Range Planning, Vol. 26, Nr. 2, S. 101-109, Gotsi, M., Wilson, A. (2001a): Corporate Reputation Management: "living the brand", in: Management Decision, London, Vol. 39, Nr. 2, S. 99-104, Ind, N. (2003): Inside out: How employees build value, in: Journal of Brand Management, Vol. 10, Nr. 6, S. 393-402, Jacobs, R. (2003): Turn employees into brand ambassadors, in: Aba Bank Marketing, Vol. 35, Nr. 3, S. 22-26, sowie Rogers, F. (2003): Engaging employees to live the brand, in: Strategic HR Review, Vol. 2, Nr. 6, S. 34-37.

[273] Vgl. Abratt, R. (1989): A New Approach to the Corporate Image Management Process, in: Journal of Marketing Management, Vol. 5, Nr. 1, S. 68 f. sowie Kennedy, S. H. (1977): Nurturing corporate images: Total communication or ego trip?, in: European Journal of Marketing, Vol. 11, Nr. 3, S. 123. Umfassende Managementansätze zur internen Markenführung finden sich bspw. bei de Chernatony, L. (2001): A model for strategically building brands, in: Journal of Brand Management, Vol. 9, Nr. 1, S. 32-44, Thomson, K., et al. (1999): The Buy-in Benchmark: How Staff Understanding and Commitment Impact Brand and Business Performance, in: Journal of Marketing Management, Vol. 15, Nr. 8, S. 819-835 sowie Burmann, C., Zeplin, S. (2005): Building brand commitment: A behavioural approach to internal brand management, in: Journal of Brand Management, Vol. 12, Nr. 4, S. 279-300.

gehend **Einigkeit** darüber herrscht, dass die Markenpolitik eine anspruchsgruppenübergreifende Wirkung entfaltet und daher alle nach innen und außen zum Ausdruck gebrachten **Markenbotschaften gegenüber allen Stakeholdern konsistent und einheitlich erfolgen müssen.** Bierwirth folgert entsprechend: "Für die Markenführung resultiert hieraus die Forderung einer einheitlichen Gestaltung ihrer Parameter zwischen den angesprochenen Zielgruppen."[274]

Forschung zur Identitätstheorie

Ein **differenzierteres Bild** zeigt sich in der Literatur zur Identitätstheorie, die für die identitätsorientierte Markenführung die konzeptionelle Grundlage darstellt. Zunächst ist auch in der Identitätstheorieforschung die Forderung nach Konsistenz vorherrschend. So konstatieren Leitch und Motion: **"Consistency is a core and founding concept within corporate identity theory"**, und weiter heißt es: "The response of corporate identity theory to multiplicity has generally been a call to redouble the drive towards consistency as a means of overcoming it."[275] Es findet sich jedoch auch eine Reihe von Forschern, die durchaus eine Abweichung von der Konsistenzforderung im Corporate Identity Management in Betracht ziehen. Sie begründen dies unter anderem mit der Existenz unterschiedlicher Identitäten in einem Unternehmen.

Für eine **strikte Konsistenz** im Corporate Identity-Management plädiert zum Beispiel Olins: "It is only the most powerful, ubiquitous, well-organized, heavily backed, visually appealing, effectively communicated corporate identity programs that will break through into people's consciousness. Where a corporate identity program is truly integrated, where it involves every element, where it is communicated with consistency and commitment, it has a chance."[276] Das Zitat verdeutlicht, dass Konsistenz vor allem deshalb als wichtig angesehen wird, weil sich die Botschaften nur durch ständige Wiederholung in der Psyche der Bezugsgruppen festsetzen. Erst durch wiederholte positive Markenerfahrungen prägen sich die Einstellungen zu einer Marke ein und das Individuum lernt, auf einen

---

[274] Bierwirth, A. (2003): Die Führung der Unternehmensmarke, Frankfurt am Main, S. 76.

[275] Leitch, S., Motion, J. (1999): Multiplicity in corporate identity strategy, in: Corporate Communications, Vol. 4, Nr. 4, S. 193 und S. 194.

[276] Olins, W. (1989): Corporate Identity: Making Business Strategy Visible Through Design, London, S. 212. Eine ähnliche Auffassung vertritt auch Fombrun, C. (1996): Reputation: Realising Value from the Corporate Image, Boston, MA, S. 165.

Stimulus in einer bestimmten Weise zu reagieren.[277]

Auch Balmer und Greyser sehen in einer mangelnden Konsistenz im Corporate Identity Management eine Gefahr für das Unternehmen. Zwar legen sie ihren Überlegungen die Annahme zugrunde, dass Unternehmen multiple Identitäten aufweisen können, jedoch gehen sie davon aus, dass "[...] the lack of alignment (or 'fit') between any two of the identities causes dissonance that can potentially weaken a company." Die Aufgabe des Corporate Identity Management sehen sie entsprechend darin, "[...] to manage identites so that they are broadly consonant with each other."[278]

Die Schnittstelle zwischen internen und externen Stakeholdern spielt auch in der Literatur zur Corporate Identity eine wichtige Rolle. Ebenso wie in den Arbeiten zum Corporate Branding kommen die Forscher **übereinstimmend** zu dem Ergebnis, dass **zwischen interner Wahrnehmung** der Identität und der **nach außen dargestellten Identität** eine **größtmögliche Übereinstimmung** herrschen sollte.[279] Allerdings weist Meijs darauf hin, dass die Effekte unterschiedlicher Unternehmensidentitäten auf Mitarbeiter bisher nicht systematisch untersucht wurden.[280] Überhaupt finden sich sowohl im Corporate Branding als auch im

---

[277] Unter "Lernen" wird in der Konsumentenverhaltensforschung die systematische Veränderung von Verhaltensweisen aufgrund von Erfahrungen verstanden. Das Lernen nach dem Verstärkungsprinzip beruht dabei auf dem Ansatz der instrumentellen Konditionierung. Vgl. Meffert, H. (1992): Marketingforschung und Käuferverhalten, 2. Auflage, Wiesbaden, S. 62 ff. sowie Kroeber-Riel, W., Weinberg, P. (2003): Konsumentenverhalten, 8. Auflage, München, S. 322 ff.

[278] Balmer, J. M. T., Greyser, S. A. (2002): Managing the Multiple Identities of the Corporation, in: California Management Review, Vol. 44, Nr. 3, S. 75. Die Autoren entwickeln aufbauend auf diesen Überlegungen einen stakeholderübergreifenden Ansatz zum Corporate Identity-Management. Der sog. AC^{2}ID-Test umfasst fünf sowohl außen- als auch innengerichtete Perspektiven auf die Corporate Identity: "actual identity", "communicated identity", "conceived identity", "ideal identity" und "desired identity". Vgl. ebenda, S. 72-86 sowie Balmer, J. M. T. (2001a): From the Pentagon: A New Identity Framework, in: Corporate Reputation Review, Vol. 4, Nr. 1, S. 11-22.

[279] Vgl. bspw. Kiriakidou, O., Millward, L. J. (2000): Corporate identity: external reality or internal fit?, in: Corporate Communications, Vol. 5, Nr. 1, S. 49-58, Markwick, N., Fill, C. (1997): Towards a framework for managing corporate identity, in: European Journal of Marketing, Vol. 31, Nr. 5/6, S. 396-409 sowie Stuart, H. (2002): Employee Identification with the Corporate Identity, in: International Studies of Management & Organization, Vol. 32, Nr. 3, S. 28-44. Eine ausführliche Analyse des Zusammenhangs zwischen Image, Identität und Mitarbeiteridentifikation findet sich bei Dutton, Dukerich und Harquail. Sie kommen zu dem Ergebnis, dass Mitarbeiteridentifikation sowohl davon abhängt, welches Image sie selbst von ihrem Unternehmen haben (Selbstbild) als auch davon, welches Image das Unternehmen bei anderen hat (Fremdbild). Sofern diese Images positiv sind, ergeben sich daraus positive Effekte auf die Mitarbeiteridentifikation. Vgl. Dutton, J., et al. (1994): Organizational Images and Member Identification, in: Administrative Science Quarterly, Vol. 39, Nr. 2, S. 260.

[280] Vgl. Meijs, M. (2002): The Myth of Manageability of Corporate Identity, in: Corporate Reputation Review, Vol. 5, Nr. 1, S. 29.

Corporate Identity Management bislang nur **wenige Versuche** einer **empirischen Fundierung** der Forderung nach Konsistenz im Sinne einer größtmöglichen Einheitlichkeit.[281] Zwei Beispiele für eine empirischen Untersuchung der Zusammenhänge sind die folgenden:

- **Fombrun und Rindova** konnten 1998 in einer empirischen Studie zeigen, dass Unternehmen mit einer besseren Reputation ihre Mission und Identität systematischer und konsistenter kommunizieren als Unternehmen mit einer geringeren Reputation. Gleichzeitig geben sie aber auch erheblich mehr Informationen aus, und zwar nicht nur über ihre Produkte, sondern auch über eine Reihe anderer Themen wie z.B. gesellschaftliche Aktivitäten oder die Identität und Geschichte des Unternehmens.[282] Somit ist der Effekt, den Konsistenz auf die Reputationsstärke hat, in dieser Untersuchung nicht eindeutig identifizierbar.

- **Morsing und Kristensen** schlagen eine Unterscheidung unterschiedlicher Konsistenzkonstrukte vor und unterziehen diese an einem Praxisbeispiel einer empirischen Überprüfung. Der Studie zufolge ist "statement coherency", die konsistente Kommunikation der gleichen Werte gegenüber unterschiedlichen Stakeholdern, tatsächlich ein Erfolgsfaktor einer starken Marke. Dagegen konnte für das zweite Konsistenzkonstrukt, "interpretation coherency" im Sinne einer Interpretation der verschiedenen Markenbotschaften durch die unterschiedlichen Stakeholder über die Zeit gezeigt werden, dass eine inkonsistente Wahrnehmung der Marke zumindest im Zeitverlauf nicht zu schaden scheint. Die Ergebnisse beziehen sich jedoch nicht auf Inkonsistenzen gegenüber unterschiedlichen Stakeholdern, sondern über einen gewissen Zeitraum. Die Autoren betonen dabei auch die besondere Bedeutung interner Stakeholder für den Erfolg einer Corporate Brand.[283] Die Studie deutet zwar auf eine positive Korrelation zwischen konsistenter Markensteuerung und Markenstärke an. Da sich die Untersuchung jedoch nur auf ein einzelnes Unternehmen bezieht, ist die Übertragbarkeit der Ergebnisse auf andere Unternehmen zu hinterfragen.

---

[281] Vgl. Cornelissen, J., Harris, P. (2001): The Corporate Identity Metaphor: Perspectives, Problems and Prospects, in: Journal of Marketing Management, Vol. 17, Nr. 1/2, S. 62 sowie Meijs, M. (2002): The Myth of Manageability of Corporate Identity, in: Corporate Reputation Review, Vol. 5, Nr. 1, S. 29.

[282] Vgl. Fombrun, C., Rindova, V. P. (1998): Repuation management in global 1000 firms: a benchmarking study, in: Corporate Reputation Review, Vol. 1, Nr. 3, S. 205-214.

[283] Vgl. Morsing, M., Kristensen, J. (2001): The question of coherency in corporate branding - over time and across stakeholders, in: Journal of Communication Management, Vol. 6, Nr. 1, S. 24-40.

Den konsistenzorientierten Forschungsmeinungen stehen einige **Forscher** entgegen, die eine **differenziertere Sichtweise** vertreten. Unstrittig ist, dass Unternehmen sowohl über eine Vielzahl von Identitäten als auch über unterschiedliche Images und Reputationen bei unterschiedlichen Stakeholdergruppen verfügen.[284] Kontrovers diskutiert wird jedoch die Frage, ob Unternehmen in einer gezielten Koordination von Identität und Image diese Unterschiedlichkeiten zugunsten einer übergreifenden Konsistenz unterdrücken oder aber explizit fördern sollten.

Cornelissen und Harris verweisen zum Beispiel darauf, dass die von vielen Autoren zugrunde gelegte **Ableitung** einer Übereinstimmung zwischen Image und Identität aus der **Identitätstheorie des Menschen auf** die **Corporate Identity-Theorie des Unternehmens** nicht nur kaum empirisch behandelt, sondern sogar **empirisch falsch** sei. Sie argumentieren auf der Basis von Studien aus der Psychologie, die belegen, dass Verhaltensweisen von Menschen stets situationsabhängig erfolgen und sich nicht allein durch die Identität eines Menschen erklären lassen. Identität im Sinne des Ausdrucks des eigenen Selbstverständnisses nach außen ist somit je nach Situation und Umfeld unterschiedlich ausgeprägt.[285] Nach ihrem Verständnis kann Corporate Identity daher lediglich aufgefasst werden als die Summe aller Ausdrucksformen und Botschaften, die ein Unternehmen nach innen und außen sendet. Aufgabe des Corporate Identity Managements ist es ihrer Auffassung nach daher, die selektive Ausprägung multipler Identitäten in unterschiedlichen Märkten und Kontexten zu überwachen und auf **Konsistenz und Kontinuität** der Botschaften **innerhalb, aber nicht unbedingt zwischen den unterschiedlichen Stakeholdergruppen** zu achten.[286]

Gioia argumentiert, dass Menschen ebenso wie Organisationen jeweils über eine **Vielzahl von Identitäten** verfügen, von denen **jede für jeweils unterschiedliche Situationen und Empfänger angemessen** ist. Er sieht aber gerade in der Frage der Multiplizität den entscheidenden Unterschied zwischen der Identität eines

---

[284] Vgl. bspw. Bromley, D. B. (2001): Relationships between personal and corporate reputation, in: European Journal of Marketing, Vol. 35, Nr. 3/4, S. 316; Pratt, M. G., Foreman, P. (2000): Classifying managerial responses to multiple organizational identities, in: Academy of Management Review, Vol. 25, Nr. 1, S. 18-42; Barich, H., Kotler, P. (1991): A framework for marketing image management, in: Sloan Management Review, Vol. 94, Winter 1991, S. 95.

[285] Vgl. Cornelissen, J., Harris, P. (2001): The Corporate Identity Metaphor: Perspectives, Problems and Prospects, in: Journal of Marketing Management, Vol. 17, Nr. 1/2, S. 62 f. sowie Bromley, D. B. (2001): Relationships between personal and corporate reputation, in: European Journal of Marketing, Vol. 35, Nr. 3/4, S. 316 ff.

[286] Vgl. Cornelissen, J., Harris, P. (2001): The Corporate Identity Metaphor: Perspectives, Problems and Prospects, in: Journal of Marketing Management, Vol. 17, Nr. 1/2, S. 63.

Menschen und der eines Unternehmens und schließt daraus, dass "[...] organizations can plausibly present a complicated multifaceted identity, each component of which is relevant to specific domains or constituents without appearing hopelessly fragmented or ludicrously schizophrenic as an individual might."[287]

Ebenso weisen Pratt und Foreman darauf hin, dass ein Unternehmen in der Regel über unterschiedliche Identitäten verfügt und diese miteinander in Konflikt geraten, jedoch ebenso auch problemlos koexistieren können.[288] In jedem Fall ergibt sich aus dieser Multiplizität von Identitäten die Notwendigkeit, diese zu managen. Als **Vorteil** eines auf **Multiplizität** angelegten Identitätsmanagements sehen sie die Möglichkeit, **flexibler** auf unterschiedliche Interessen externer und interner Stakeholder reagieren zu können, als **Nachteil** die **größere Gefahr von Konflikten**.[289]

In ähnlicher Form akzeptieren auch Albert und Whetten die Möglichkeit, unterschiedliche Identitäten gegenüber den verschiedenen Stakeholdergruppen auszuprägen. Sie unterscheiden in ihren Ausführungen dabei zwischen **zwei verschiedenen Arten multipler Identitäten**.[290] Als **"holographic"** bezeichnen sie solche Unternehmen, die über das gesamte Unternehmen hinweg in der Wahrnehmung ihrer internen Zielgruppen über unterschiedliche Identitäten verfügen, z.B. als Arbeitgeber einerseits und als Dienstleister gegenüber Kunden andererseits. Als **"ideographic"** werden dagegen solche Unternehmen bezeichnet, in denen unterschiedliche Unternehmensteile jeweils eine eigene Identität annehmen.

Auch van Riel sieht die Notwendigkeit, die unterschiedlichen Identitäten eines Unternehmens gezielt zu managen. Er betont, dass hierzu ein gewisser Grad an Koordination notwendig ist, jedoch: "Striving for coordination by no means implies

---

[287] Gioia, D. (1998): From individual to organizational identity, in: Whetten, Godfrey (Hrsg.): Identity in Organizations: building theory through conversations, Thousand Oaks, S. 17-32, zitiert nach Balmer, J. M. T. (2001b): Corporate Identity, Corporate Branding and Corporate Marketing: seeing through the fog, in: European Journal of Marketing, Vol. 35, Nr. 3/4, S. 251.

[288] Ähnlich wie Goia argumentieren auch Pratt and Foreman, dass sich Identität zumindest zum Teil aus den unterschiedlichen Rollen eines Individuums oder einer Organisation bildet und damit multiple, d.h. situations- und empfängergruppenspezifische Identitäten möglich seien, vgl. Pratt, M. G., Foreman, P. (2000): Classifying managerial responses to multiple organizational identities, in: Academy of Management Review, Vol. 25, Nr. 1, S. 19 ff.

[289] Vgl. ebenda, S. 22 f.

[290] Vgl. Albert, S., Whetten, D. A. (1985): Organizational Identity, in: Research in organizational behavior, Vol. 7, S. 270 f.

that the totality of communications employed by a company has to be uniform."[291] Stattdessen schlägt er eine **einheitliche Basis** für alle nach innen und außen gerichteten Marken- und Identitätsbotschaften vor, die sog. **"Common Starting Points"**.

Leitch und Motion bauen auf den Überlegungen von van Riel auf und analysieren mögliche Ansätze, wie Unternehmen im Rahmen des Corporate Identity Managements unterschiedliche Identitäten berücksichtigen können. Ihrer Auffassung nach ist die Durchsetzung von Konsistenz relativ leicht, solange es sich um kleine oder Ein-Produkt-Unternehmen handelt. Größere, diversifizierte Unternehmen dagegen verfügen in der Regel über multiple Identitäten, die im Corporate Identity Management entsprechend abzubilden sind. Sie beobachten eine **Verlagerung** in der wissenschaftlichen Auseinandersetzung mit der Thematik **von** der Betonung einer **übergreifenden Konsistenz** in den Botschaften **hin** zu einer **"Multiplizität der Bedeutungen"**. Mit Hilfe des Ansatzes der "Common Starting Points" von van Riel zeigen die Autorinnen, dass ein auf Multiplizität angelegtes Corporate Identity Management gegenüber unterschiedlichen Stakeholdergruppen möglich ist, sofern diese Elemente nicht unbedingt konsistent miteinander sind, aber dennoch konsistent mit den "Common Starting Points".[292]

Nach Auffassung von Meijs kann das **Zusammenspiel unterschiedlicher Identitäten** sogar in begrenztem Umfang **synergetische Effekte** erzeugen und zu einer reicheren, komplexeren Identität und Unternehmensmarke führen. Die Gefahr negativer Effekte auf die Reputation hängt seinen Ausführungen zufolge davon ab, inwieweit Stakeholder unterschiedlichen Signalen des Unternehmens ausgesetzt sind und welcher Art und Dominanz sie sind. Somit ist ein **gewisser Grad an Inkonsistenz akzeptabel**, vor allem in großen, komplexen Unterneh-

---

[291] van Riel, C. B. M. (1995): Principles of Corporate Communication, Hemel-Hempstead, S. 47. Später entwickelte er den Ansatz weiter, da isolierte "Common Starting Points" zu leicht von anderen Unternehmen kopierbar sein könnten. Zusammengeführt zu einer sog. "Sustainable Corporate Story" sind sie jedoch eine einzigartige, übergreifende Identitätsklammer für ein Unternehmen. Vgl. hierzu van Riel, C. B. M. (2003): The Management of Corporate Communication, in: Balmer, Greyser (Hrsg.): Revealing the Corporation, London, S. 161-170.

[292] Vgl. hierzu ausführlich Leitch, S., Motion, J. (1999): Multiplicity in corporate identity strategy, in: Corporate Communications, Vol. 4, Nr. 4, S. 193-200.

men.[293] Die Ergebnisse einer empirischen Studie von Moffit über Unternehmens-images bei unterschiedlichen Stakeholdergruppen unterstützen diese Auffassung. Er konnte zeigen, dass Individuen nicht nur häufig **unterschiedliche oder sogar widersprüchliche Images** von einem Unternehmen haben, sondern dass das auch als **unproblematisch** angesehen wird.[294] Diese Ergebnisse legen nahe, dass die Annahme, ein Unternehmen könne überhaupt ein einheitliches Image bei seinen unterschiedlichen Stakeholdergruppen erzeugen, falsch sein könnte.[295] In diesen Kontext sind auch die Ergebnisse von Gatewood et al. einzuordnen: "[...] different groups have different images of organizations and that an applicant group may have multiple images that are not necessarily highly related."[296]

Die Darstellung dieser **kontroversen Auffassungen** macht deutlich, dass die Frage eines strategischen Markenmanagements im Spannungsfeld unterschiedlicher Stakeholderinteressen **weiterer Forschungsbemühungen bedarf**. Zwar betonen alle Autoren, dass eine Koordination der Markenbotschaften nach innen und außen erforderlich ist, jedoch herrscht Uneinigkeit darüber, ob damit eine einheitliche Gestaltung der Markenführung gegenüber allen Stakeholdergruppen einhergehen muss, oder ob und unter welchen Bedingungen Raum für Differenzierungen ohne Risiko einer Markenschwächung besteht.

Aus der Perspektive des Employer Branding, bei der sich der Blickwinkel von einer dominierenden Absatzmarktorientierung hin zu einer Maximierung der Marken-wirkung auf dem Arbeitsmarkt verschiebt, gewinnt diese Diskussion zusätzlich an

---

[293] Vgl. Meijs, M. (2002): The Myth of Manageability of Corporate Identity, in: Corporate Reputation Review, Vol. 5, Nr. 1, S. 20-34. Fombrun und Shanley untersuchen diesbezüglich in einer empirischen Studie, auf Basis welcher Informationen sich Reputation in der Öffentlichkeit entwickelt. Sie unterstellen, dass die Stakeholdergruppen sich auf unterschiedliche Informationen stützen und unterschiedliche Bewertungskriterien anlegen, definieren jedoch nur ein einheitliches Reputationskonstrukt für alle Gruppen. Als weiteres Forschungsfeld definieren sie explizit die Frage, ob Unternehmen nur eine oder mehrere Reputationen haben und ob sich die Reputation erheblich zwischen unterschiedlichen Stakeholdergruppen unterscheiden kann. Sie verweisen auf die Notwendigkeit weiterer Studien, die eine differenzierte Betrachtung unterschiedlicher Gruppen, insbesondere Konsumenten und Mitarbeiter, ermöglichen. Vgl. Fombrun, C., Shanley, M. (1990): What's in a name? Reputation building and corporate strategy, in: Academy of Management Journal, Vol. 33, Nr. 2, S. 1989 f. Eine ähnliche Argumentation findet sich bei Schultz, M., de Chernatony, L. (2002): The Challenges of Corporate Branding, in: Corporate Reputation Review, Vol. 5, Nr. 2/3, S. 111 f.

[294] Vgl. Moffitt, M.-A. (1994): Collapsing and integrating concepts of "public" and "image" into a new theory, in: Public Relations Review, Vol. 20, Nr. 2, S. 159-170.

[295] Vgl. Leitch, S., Motion, J. (1999): Multiplicity in corporate identity strategy, in: Corporate Communications, Vol. 4, Nr. 4, S. 194.

[296] Gatewood, R. D., et al. (1993): Corporate image, recruitment image and initial job choice decisions, in: Academy of Management Journal, Vol. 36, Nr. 2, S. 425.

Bedeutung. Denn bislang steht bei stakeholderübergreifenden Arbeiten zur Markenführung letztlich die Wirkung der Marke am Absatzmarkt im Mittelpunkt. Dies ist gerade auch bei den Forschern der Fall, die eine enge Verbindung zwischen mitarbeiter- und konsumentengerichteter Markenführung in den Mittelpunkt ihrer Arbeiten stellen. Mit Ausnahme von Mellor[297] **thematisiert keiner der Autoren** explizit die **Frage einer** spezifisch **auf den Arbeitsmarkt ausgerichteten Markenführung** im Sinne eines Employer Branding, die die Positionierung eines Unternehmens als attraktiver Arbeitgeber zum Ziel hat. Insbesondere die differenziertere Sichtweise in der Corporate Identity Literatur könnte hier ein Ansatzpunkt für die Markentheorie sein, die bislang eher einseitige Haltung bezüglich einer einheitlichen Markengestaltung gegenüber allen Zielgruppen zu überdenken.

In Kapitel B.2.3 wird nun zunächst aufgezeigt, welche Ansätze in der Literatur bislang vorgeschlagen werden, um mit unterschiedlichen Stakeholderinteressen in der Markenführung umzugehen. Anschließend wird in Kapitel B.3 aus der Sicht des Employer Branding die Notwendigkeit einer Koordination in der Markenführung zwischen den Zielgruppen am Absatz- und Arbeitsmarkt näher beleuchtet.

2.3 Ansätze zur Koordination unterschiedlicher Stakeholderinteressen in der Markenführung

Während wie im vorigen Abschnitt aufgezeigt Wissenschaftler und Praktiker übereinstimmend auf die Notwendigkeit einer Koordination hinweisen, sind konkrete Ansätze zur Lösung des Spannungsfeldes zwischen Konsistenz und Stakeholderorientierung in der Markenführung rar. Grob lassen sich **drei Vorschläge aus der Literatur** ableiten, die isoliert oder in Kombination zum Einsatz gebracht werden können: eine **Priorisierung** der Stakeholder und anschließende Ausrichtung der Markenführung an den Bedürfnissen der priorisierten Bezugsgruppe, eine Koordination durch eine gezielte **Gestaltung** der **Markenarchitektur** und schließlich eine Koordination mit Hilfe einer **Meta-Positionierung**.

---

[297] Mellor sieht in der Employer Brand ein Managementinstrument, mit dem Werte, Systeme, Ansätze und Verhaltensweisen eines Unternehmens im Sinne der Unternehmensziele durch die Mitarbeiter gesteuert werden. Sie schlägt dazu einen integrierten Ansatz für die absatz- und arbeitsmarktgerichtete Markenführung vor. Vgl. ausführlich Mellor, V. (1999): Delivering brand values through people, in: Strategic Communication Management, Vol. 3, Nr. 2, S. 26-29.

Die Komplexität des Koordinationsproblems in der Markenführung bei Berücksichtigung unterschiedlicher Stakeholderinteressen ist gerade im Rahmen des Corporate Brand Management als sehr hoch einzustufen. So müsste eine Unternehmensmarke idealerweise alle Bedürfnisse der unterschiedlichen Zielgruppen sowie die branchentypischen Werte der unterschiedlichen Märkte abbilden. Gleichzeitig müsste die Positionierung bei allen Zielgruppen gleichermaßen differenzierend, relevant, darstellbar, erstrebenswert und klar sein.[298] Dies ist angesichts der Komplexität in der Regel kaum mit der zusätzlichen Forderung nach Konsistenz vereinbar. Daher erscheint es notwendig, **Prioritäten** zu setzen. Kernstock et al. legen in ihrem Ansatz zum stakeholderübergreifenden Management der Unternehmensmarke eine solche Entscheidungsheuristik zugrunde, die "[...] von der These ausgeht, dass bestimmte Anspruchsgruppen für ein bestimmtes Unternehmen relevanter sind als andere, so dass es zweckmäßig ist, Entscheidungen, die die weniger relevanten Anspruchsgruppen betreffen, an den Entscheidungen für die dominierenden Bezugsgruppen zu orientieren."[299] Aufgrund der herrschenden Markt- und Wettbewerbsbedingungen sehen sie den Absatzmarkt als wichtigsten Engpassfaktor und damit die **Konsumenten als zu priorisierende Zielgruppe** der Markenführung. Allerdings erweitern sie diese Perspektive bei der konkreten Definition des Nutzenversprechens auf die Bezugsgruppe der Mitarbeiter, da diesen eine zentrale Rolle bei der Vermittlung der Markenbotschaften an die Konsumenten zukommt.[300] Die Autoren verweisen zudem in ihrem Ansatz darauf, dass markenrelevante Informationen zwar maßgeschneidert für alle Stakeholder zur Verfügung gestellt werden müssen, allerdings so, dass bei allen Stakeholdergruppen das gleiche Image der Corporate Brand gefestigt wird.[301] Letztlich münden die Überlegungen damit in dem weiter unten dargestellten Ansatz einer auf der Identität basierenden übergreifenden Meta-Positionierung.[302]

Die Möglichkeit, durch die **Gestaltung der Markenarchitektur** unterschiedliche Stakeholderinteressen in der Markenführung zu koordinieren, basiert auf der grundlegenden Annahme, dass die verschiedenen Bezugsgruppen unterschied-

---

[298] Vgl. hierzu die Ausführungen in Kapitel B.1.4 zu den Anforderungen an eine Positionierung.

[299] Kernstock, J., et al. (2004): Zugang zum Corporate Brand Management, in: Esch, et al. (Hrsg.): Corporate Brand Management, 1. Auflage, Wiesbaden, S. 18.

[300] Vgl. ebenda, S. 18 und Esch, F.-R., et al. (2004): Identität einer Corporate Brand erfassen und entwickeln, in: Esch, et al. (Hrsg.): Corporate Brand Management, 1. Auflage, Wiesbaden, S. 65.

[301] Vgl. Kernstock, J., et al. (2004): Zugang zum Corporate Brand Management, in: Esch, et al. (Hrsg.): Corporate Brand Management, 1. Auflage, Wiesbaden, S. 10.

[302] Vgl. hierzu die Ausführungen ebenda, S. 7.

liche Beziehungen zu den jeweiligen Unternehmens- und Markenhierarchieebenen haben. Nach dieser Auffassung beschäftigen sich Konsumenten vor allem mit den am Markt angebotenen Produkten und Leistungen und lassen sich somit der Produktmarkenebene zuordnen, während bspw. Analysten, Aktionäre und Führungskräfte überwiegend mit dem Gesamtunternehmen und der Topmanagementebene interagieren und daher vor allem der Ebene der Corporate Brand zugeordnet werden. Mitarbeiter werden auf der Ebene der Geschäftsbereiche eingegliedert. Es ist jedoch davon auszugehen, dass sie sich gleichermaßen mit den Produkten und dem Gesamtunternehmen befassen (vgl. Abb. 17).[303]

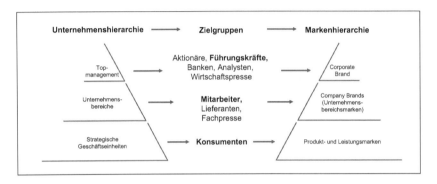

Abb. 17: Einordnung von Zielgruppen in die Unternehmens- und Markenhierarchie[304]

Auf Basis dieser Überlegungen entwickelt Bierwirth eine dreistufige Zielgruppendifferenzierung durch die Gestaltung der Markenarchitektur:[305]

- Bei der Nutzung einer **Unternehmensmarkenstrategie**, d.h. bei der Profilierung nur einer einzigen Marke in allen Markenhierarchieebenen, erfolgt eine **"undifferenzierte Zielgruppenansprache"**.

---

[303] Basierend auf Plausibilitätsüberlegungen ordnet in ähnlicher Weise auch bspw. Kapferer unterschiedliche Stakeholdergruppen den beiden Ebenen "Corporate Brand" und "Product Brand" zu, vgl. Kapferer, J.-N. (2004): The new strategic brand management: creating and sustaining brand equity long term, 3. Auflage, London, S. 326.

[304] Quelle: I.A. Bierwirth, A. (2003): Die Führung der Unternehmensmarke, Frankfurt am Main, S. 131. Zur Gestaltung der Markenarchitektur vgl. zudem die Ausführungen in Kapitel B.1.4.

[305] Vgl. hierzu ausführlich Bierwirth, A. (2003): Die Führung der Unternehmensmarke, Frankfurt am Main, S. 133 ff.

- Durch die Etablierung von **Produktmarken** werden dagegen die Wahrnehmungen zwischen Konsumenten einerseits und den auf das Gesamtunternehmen ausgerichteten Bezugsgruppen andererseits zerschnitten, so dass von einer **"differenzierten Zielgruppenansprache"** gesprochen werden kann.

- Schließlich wird eine **"bedingt differenzierte Zielgruppenansprache"** durch Nutzung einer **"Endorsed"-Branding-Strategie** vorgeschlagen, durch die zwar die Zielgruppen zwischen den Ebenen miteinander verbunden, dennoch aber Freiräume für eine zielgruppenspezifische Aufladung gesehen werden.

Die aufgeführte Zuordnung von Zielgruppen zu den verschiedenen Markenarchitekturebenen, durch die Wahrnehmungsinterdependenzen zwischen den verschiedenen Stakeholdergruppen zertrennt werden und dadurch eine Reduzierung des Koordinationsbedarfes möglich erscheint, ist **in der Praxis problematisch.** So stellt Bierwirth selbst fest, dass bereits die Zuordnung von Zielgruppen zu einzelnen Ebenen in hohem Maße von situativen Einflussfaktoren wie bspw. der konkreten Unternehmensorganisation abhängt. Zudem sorgen informelle Netzwerke innerhalb und außerhalb des Unternehmens dafür, dass die durch die Markenarchitektur erreichte "optische" Trennung häufig wieder aufgehoben wird. Er kommt zu dem Ergebnis, dass sich in der Praxis lediglich die Zielgruppen der Aktionäre und Analysten relativ klar der Unternehmensmarkenebene zuordnen lassen, während die isolierte Ansprache der weiteren Zielgruppen durch einzelne Markenebenen in der Praxis nicht möglich sei.[306] Auch Wiedmann bezweifelt, dass sich Stakeholderwahrnehmungen durch die Gestaltung der Markenarchitektur klar trennen lassen. Er verweist darauf, dass gerade Konsumenten sich auch mit dem Gesamtunternehmen auseinandersetzen, andererseits aber auch vor allem Stellenbewerber und Aktionäre sich gerade häufig deshalb für ein Unternehmen interessieren, weil sie von den Produktmarken fasziniert sind.[307]

Die dritte in der Literatur vorgeschlagene Lösung zur Koordination unterschiedlicher Stakeholderinteressen in der Markenführung liegt in der Definition einer **Meta-Positionierung** für die Unternehmensmarke, die hinreichend weit gefasst

---

[306] Vgl. ebenda, S. 130 ff. Für die Gestaltung seiner Lösungsvorschläge abstrahiert Bierwirth jedoch von dieser Problematik, vgl. ebenda, S. 132.

[307] Vgl. Wiedmann, K. P. (2004): Markenführung und Corporate Identity, in: Bruhn (Hrsg.): Handbuch Markenführung, 2. Auflage, Wiesbaden, S. 1431.

und abstrakt ist, um alle relevanten Stakeholderinteressen zu integrieren.[308] Auf dieser Idee basiert auch das in Kapitel B.2.2 bereits skizzierte **Konzept der identitätsorientierten Markenführung**. Eine Deckung des Koordinationsbedarfs erfolgt dabei durch die angestrebte Übereinstimmung von Selbst- und Fremdbild auf Basis gemeinsamer Identitätsdimensionen.[309]

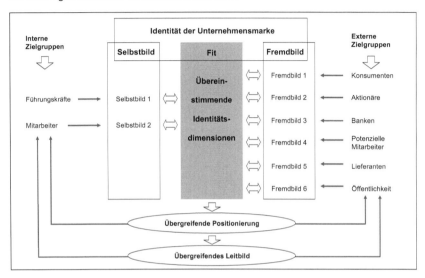

Abb. 18: Koordination von internen und externen Zielgruppen mit dem Konzept der identitätsorientierten Markenführung[310]

Abb. 18 veranschaulicht den beschriebenen Ansatz. Es wird deutlich, dass die bei internen und externen Zielgruppen entstehenden Markenvorstellungen auf einer einzigen Unternehmensidentität beruhen, die zwischen den Stakeholdergruppen

---

[308] Klein-Bölting und Gürntke sprechen in diesem Zusammenhang von Unternehmensmarken, die nach innen integrierend und nach außen differenzierend wirken. Vgl. Klein-Bölting, U., Gürntke, K. (2002): Corporate Branding im Zeitalter fundamentaler Unternehmenstransformationen, in: Insights, Mai 2002, S. 7.

[309] Zum Konzept der identitätsorientierten Markenführung vgl. ausführlich Kapitel B.2.2. Ein ähnlicher Ansatz findet sich auch bei de Chernatony, L. (1999): Brand Management through narrowing the gap between brand identity and brand reputation, in: Journal of Marketing Management, Vol. 15, Nr. 1-3, S. 157-179.

[310] Quelle: I.A. Meffert, H., Bierwirth, A. (2001): Stellenwert und Funktionen der Unternehmensmarke - Erklärungsansätze und Implikationen für das Corporate Branding, in: Thexis, 18. Jg., Nr. 4, S. 10.

nicht beliebig variieren kann.[311] Vor diesem Hintergrund ergeben sich für die identitätsorientierte Markenführung **drei Forderungen** zur Erzielung von Konsistenz, die eine **kontinuierliche Abstimmung aller markenbezogenen Aktivitäten** zwischen den einzelnen Bezugsgruppen **notwendig machen**:

- Mit der Führung der Unternehmensmarke ist insgesamt sicherzustellen, dass die **Markenbotschaften** von den Zielgruppen **widerspruchsfrei** wahrgenommen werden.

- Die **übergeordneten Reputationsdimensionen**, d.h. die Elemente der Meta-Positionierung, sind **authentisch** möglichst zielgruppenübergreifend herauszustellen.

- Um gleichzeitig unterschiedliche Interessen der Zielgruppen anzusprechen, sind die durch die Unternehmensmarke vermittelten **Botschaften an dem zielgruppenspezifischen Informationsbedarf auszurichten**, wobei jeweils eine **Übereinstimmung** der Botschaften **mit der Realität zu gewährleisten** ist.[312]

Zur Erfüllung dieser Forderungen wird in der identitätsorientierten Markenführung ein **Gap-Modell** vorgeschlagen, mit dem mögliche Inkonsistenzen aufgedeckt und behoben werden können.[313]

Aus der Praxis schlagen Klein-Bölting und Gürntke einen ähnlichen Ansatz vor. Dabei ist für die Unternehmensmarke ein für sämtliche Bezugsgruppen überzeugender "genetischer Kern der Unternehmensentwicklung" zu definieren. Durch eine 360-Grad-Perspektive mit allen Stakeholdern ist darauf aufbauend die Dachmarke als Nukleus und Repräsentant der Vision, Werte, Leitlinien und Ziele des Unternehmens in den Köpfen der Stakeholder zu verankern. Damit sollen sowohl Differenzierung im Wettbewerb als auch eine starke Identität innerhalb des Unternehmens gestiftet werden. Ausgehend von dieser übergreifenden "Corporate Story" sollen dann für die unterschiedlichen Markenebenen, d.h. Company Brands, Product Brands, Employer Brand etc., zielgruppenspezifische Ableitungen

---

[311] Vgl. ebenda, S. 6. Einen ganz ähnlichen Ansatz verfolgt auch van Riel mit seinem in Kapitel B.2.2 bereits angesprochenen Ansatz der "Common starting points", vgl. van Riel, C. B. M. (1995): Principles of Corporate Communication, Hemel-Hempstead.

[312] Zu den Implikationen der identitätsorientierten Markenführung auf den Koordinationsbedarf der Markenbotschaften bei unterschiedlichen Zielgruppen vgl. Bierwirth, A. (2003): Die Führung der Unternehmensmarke, Frankfurt am Main, S. 86-89 sowie S. 165-168.

[313] Vgl. ausführlich ebenda, S. 169-176.

entwickelt werden, also "Mitarbeiterstory", "Equity Story", "Kundenstory" oder "Öffentlichkeitsstory". Diese übersetzen die abstrakte und stark verdichtete Meta-Positionierung der Unternehmensmarke in konkrete, inhaltliche Schlüsselbotschaften und gehen dabei auf die unterschiedlichen Informationsbedarfe der einzelnen Zielgruppen spezifisch ein. Die übergreifende 360-Grad-Perspektive ermöglicht es, frühzeitig drohende Inkonsistenzen in Strategie und Umsetzung zu erkennen.[314]

Entsprechende **Ansätze**, die auf der Identität des Unternehmens aufbauen, finden sich auch in der Literatur zum **Corporate Identity Management**. So ist die tatsächliche Identität des Unternehmens im Sinne eines Sets charakteristischer Merkmale ("actual identity") Ausgangspunkt des stakeholderübergreifenden Corporate Identity Managementansatzes von Balmer.[315] In dem sogenannten AC^{2}ID-Test werden fünf Perspektiven auf die Identität des Unternehmens unterschieden und die relevanten Schnittstellen aufgezeigt (vgl. Abb. 19).

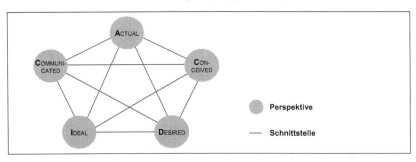

Abb. 19: Perspektiven und Schnittstellen des Corporate Identity Managements im Rahmen des AC^{2}ID-Tests[316]

Der Ansatz zielt ebenso wie die identitätsorientierte Markenführung auf eine Ausbalancierung interner und externer Stakeholderinteressen im Rahmen des Corporate Identity Managements auf Basis einheitlicher Identitätsdimensionen. Anders als die identitätsorientierte Markenführung wird aber davon ausgegangen, dass es

---

[314] Der dargestellte Ansatz stammt von dem Beratungsunternehmen BBDO Consulting. Vgl. Klein-Bölting, U., Gürntke, K. (2002): Corporate Branding im Zeitalter fundamentaler Unternehmenstransformationen, in: Insights, Mai 2002, S. 6-23.

[315] Vgl. ausführlich Balmer, J. M. T. (2001a): From the Pentagon: A New Identity Framework, in: Corporate Reputation Review, Vol. 4, Nr. 1, S. 11-22.

[316] Quelle: I.A. Balmer, J. M. T. (2001a): From the Pentagon: A New Identity Framework, in: Corporate Reputation Review, Vol. 4, Nr. 1, S. 12.

nicht nur eine, sondern multiple Identitäten in einem Unternehmen gibt: "[...] multiple identities can co-exist comfortably within a company even if they are slightly different. However, meaningful incongruence between any two (or more) of the five identities can cause problems for a company with its relevant stakeholders."[317]

Darüber hinaus lassen sich noch **zahlreiche weitere Managementansätze** finden, die abgesehen von kleineren Unterschieden alle auf die Abstimmung der Botschaften und Wahrnehmungen externer und interner Stakeholdergruppen durch übergreifende einheitliche Identifikationsanker im Corporate Branding setzen. Beispielhaft lassen sich die Ausführungen von de Chernatony[318], Wiedmann[319], der bereits im letzten Kapitel angesprochene Ansatz von van Riel zu den Common Starting Points[320] sowie Hatch/Schultz[321] anführen. Letztere entwickeln einen Ansatz, mit dem Vision, Identität bzw. Unternehmenskultur und Image im Corporate Brand Management sorgfältig aufeinander abzustimmen sind. Inkonsistenzen zwischen diesen drei Elementen werden anhand eines Sets diagnostischer Fragen aufgedeckt und durch entsprechende Maßnahmen vermieden (vgl. Abb. 20).

---

[317] Balmer, J. M. T., Greyser, S. A. (2002): Managing the Multiple Identities of the Corporation, in: California Management Review, Vol. 44, Nr. 3, S. 73. In der Identitäts- und Imageliteratur finden sich auch noch weitere Ansätze zum Umgang mit multiplen Identitäten und Images eines Unternehmens. So schlagen Pratt und Foreman vier Lösungsalternativen für multiple Identitäten vor: Beibehaltung aller Identitäten bei größtmöglicher Abschottung, Aufgabe einzelner Identitäten, Zusammenführung der Identitäten in einer neuen, einheitlichen Corporate Identity sowie Beibehaltung aller bisherigen Identitäten unter Herstellung größtmöglicher Schnittstellen. Vgl. Pratt, M. G., Foreman, P. (2000): Classifying managerial responses to multiple organizational identities, in: Academy of Management Review, Vol. 25, Nr. 1, S. 18-42. In der Literatur zum Corporate Image findet sich bspw. bei Cornelissen ein stakeholderübergreifender "Corporate Image Formation Process", der die Individualität unterschiedlicher Stakeholder berücksichtigt und entsprechend auch von unterschiedlichen Images bei unterschiedlichen Stakeholdergruppen ausgeht. Vgl. Cornelissen, J. (2000): Corporate image: an audience centred model, in: Corporate Communications, Bradford, Vol. 5, Nr. 2, S. 119-125.

[318] Vgl. de Chernatony, L. (1999): Brand Management through narrowing the gap between brand identity and brand reputation, in: Journal of Marketing Management, Vol. 15, Nr. 1-3, S. 157 ff.

[319] Vgl. Wiedmann, K. P. (2004): Markenführung und Corporate Identity, in: Bruhn (Hrsg.): Handbuch Markenführung, 2. Auflage, Wiesbaden, S. 1411-1439.

[320] Vgl. van Riel, C. B. M. (1995): Principles of Corporate Communication, Hemel-Hempstead sowie van Riel, C. B. M. (2003): The Management of Corporate Communication, in: Balmer, Greyser (Hrsg.): Revealing the Corporation, London, S. 161-170.

[321] Vgl. hierzu ausführlich Hatch, M. J., Schultz, M. (1997): Relations between organizational culture, identity and image, in: European Journal of Marketing, Vol. 31, Nr. 5/6, S. 356-365 sowie Hatch, M. J., Schultz, M. (2001): Are the Strategic Stars Aligned for Your Corporate Brand?, in: Harvard Business Review, Vol. 79, Nr. 2, S. 128-134.

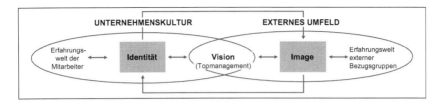

Abb. 20: Corporate Identity- und Image-Modell von Hatch und Schultz[322]

Auch wenn einige der vorgestellten Ansätze die besondere Bedeutung interner Zielgruppen für die Markenführung herausstellen und in Grenzen auch Freiräume für stakeholderspezifische Botschaften einräumen, bleiben die **bisherigen Ergebnisse** der Marken- und Identitätsforschung **aus Sicht eines strategischen Employer Branding unbefriedigend**. So ist zu befürchten, dass bei einer Priorisierung der Zielgruppen in der Markenführung die Konsumenten, nicht jedoch die für das Employer Branding wichtigsten Bezugsgruppen der potenziellen und aktuellen Mitarbeiter im Mittelpunkt stehen werden. Die Schwierigkeiten einer zielgruppenspezifischen Ansprache durch die Gestaltung der Markenarchitektur wurden bereits oben angesprochen. Nur die Koordination von Stakeholderinteressen durch eine gemeinsame Klammer, wie dies bspw. mit der identitätsorientierten Markenführung verfolgt wird, bietet einen interessanten Ansatzpunkt für ein strategisches Employer Branding im Rahmen einer ganzheitlichen Markenführung. Jedoch stellt sich für das Employer Branding auch mit diesem Ansatz nach wie vor die bereits im letzten Abschnitt diskutierte Fragestellung: Ist aus der Forderung nach einer einheitlichen Identitätsklammer abzuleiten, dass die **Gestaltung** der Markenführung tatsächlich gegenüber allen Zielgruppen **einheitlich** zu erfolgen hat?

Oder dürfen nicht doch **unter bestimmten Umständen Differenzierungen** und ein Eingehen auf spezifische Erwartungen der Zielgruppen des Employer Branding erfolgen, ohne eine Schwächung der Markenwahrnehmung durch offensichtliche Widersprüche zu riskieren? In der identitätsorientierten Markenführung wird die mangelnde Ausrichtung auf spezifische Stakeholderinteressen zugunsten einer möglichst großen Konsistenz in Kauf genommen: "Die Berücksichtigung der unterschiedlichen Zielgruppen erfolgt im Rahmen der identitätsorientierten Markenführung weniger durch ein Eingehen auf die spezifischen Interessen als vielmehr

---

[322] Quelle: I.A. Hatch, M. J., Schultz, M. (1997): Relations between organizational culture, identity and image, in: European Journal of Marketing, Vol. 31, Nr. 5/6, S. 361.

durch die Entwicklung einer gemeinsamen Basis."[323] Dies steht jedoch im Widerspruch zu dem in Kapitel B.1.1 entwickelten Ziel der anspruchsgruppenspezifischen Maximierung der Markenwirkung. Konsistenz im Sinne einer widerspruchsfreien Wahrnehmung der Markennutzenversprechen bei den Zielgruppen ist dann jedoch nicht durch eine weitgehende Einheitlichkeit der Markenführung, sondern durch eine sorgfältige Koordination sicher zu stellen.

Inhalt der nächsten Kapitel wird es daher sein, die **Umstände** näher zu **untersuchen**, die den Koordinationsbedarf zwischen Absatz- und Arbeitsmarkt determinieren. Ergebnis dieser Analyse sind **Hypothesen** darüber, in welchen Situationen ein hoher bzw. ein niegriger Koordinationsbedarf vorliegt und damit ein tendenziell höheres oder eben geringes Maß an Einheitlichkeit in der Markenführung zwischen den betrachteten Zielgruppen erforderlich ist. Ein geringer Koordinationsbedarf erlaubt dabei eine stärkere Orientierung an den Interessen aktueller und potenzieller Mitarbeiter zur Maximierung der Markenwirkung am Arbeitsmarkt.

Die bisherige Beschäftigung der Forschung mit dieser Thematik weist aus Sicht des Employer Branding vor allem **zwei Lücken** auf, die Ausgangspunkt der weiteren Überlegungen dieser Arbeit sind.

• Ein Mangel der bisherigen Forschungsarbeiten zur Koordination von Stakeholderinteressen in der Markenführung liegt in einer weitgehenden Fokussierung auf Unternehmensmarken. Es finden sich **kaum Ansätze** für das Employer Branding, die hinsichtlich der Abstimmung der Markenführung zwischen Absatz- und Arbeitsmarkt Antworten für solche Unternehmen geben, die über **komplexe Markenarchitekturen und -portfolios** verfügen. Häufig liegt in diesen Fällen gar keine Positionierung für die Unternehmensmarke vor. Auch im Rahmen der identitätsorientierten Markenführung wird auf die besonderen Schwierigkeiten der identitätsgerechten Ausgestaltung der Markendimensionen bei Markenportfolios verwiesen. Demnach erschwert die Zugehörigkeit verschiedener Marken eines Portfolios zu demselben Unternehmen insbesondere die Ausprägung von markenspezifischen Denk- und Verhaltensmustern bei den Mitarbeitern.[324]

---

[323] Meffert, H., Bierwirth, A. (2002): Corporate Branding - Führung der Unternehmensmarke im Spannungsfeld unterschiedlicher Zielgruppen, in: Meffert, et al. (Hrsg.): Markenmanagement - Grundfragen der identitätsorientierten Markenführung, 1. Auflage, Wiesbaden, S. 197.

[324] Vgl. Meffert, H., Burmann, C. (2002b): Theoretisches Grundkonzept der identitätsorientierten Markenführung, in: Meffert, et al. (Hrsg.): Markenmanagement - Grundfragen der identitätsorientierten Markenführung, 1. Auflage, Wiesbaden, S. 63.

- Auch die in der Markenliteratur zugrunde gelegte Annahme, ein Unternehmen verfüge über **nur eine einzige, einheitliche Identität**, lässt sich in der Praxis kaum aufrechterhalten.[325] Da die Erfahrungen von Mitarbeitern stark durch Identitäts- und Kulturaspekte ihres direkten Arbeitsumfeldes geprägt sind und diese in einem Unternehmen sehr vielfältige Ausprägungen aufweisen können, spielt diese Frage gerade für eine nach innen und außen gerichtete Gestaltung des Employer Branding eine besondere Rolle.

Diese bisherigen Defizite in der Forschung werden im weiteren Verlauf der Arbeit aufgenommen und berücksichtigt. Auf Basis der in Kapitel B.2.2 dargestellten Aussagen und der in diesem Abschnitt aufgezeigten Ansätze zur Koordination unterschiedlicher Stakeholderinteressen in der Markenführung werden dabei für die weitere Arbeit folgende **Annahmen** zugrunde gelegt:

- Da Unternehmen sowohl über mehrere Ist-Identitäten als auch über unterschiedliche Images bei den Zielgruppen verfügen können, ist auch eine **bewusste Differenzierung** in der Markenführung zwischen den Zielgruppen der aktuellen und potenziellen Mitarbeiter sowie der Konsumenten **möglich**. Dies impliziert sowohl Unterschiede in der Markenstrategie (Markenarchitektur und Positionierung) – also insbesondere in der Gestaltung der Soll-Identität(en) – als auch in der Umsetzung der Marke nach innen und außen.

- Für eine möglichst hohe Effektivität in der Markenführung – d.h. die Wirksamkeit der Marke bei den Zielgruppen im Sinne der Zielerreichung – **bedarf es dabei der Koordination** aller markenbezogenen strategischen und operativen Maßnahmen, und zwar sowohl gegenüber jeder Bezugsgruppe einzeln als auch bezugsgruppenübergreifend.

- Der **optimale Grad der Übereinstimmung** in der Markenführung zwischen Absatz- und Arbeitsmarkt, d.h. die Höhe des Koordinationsbedarfs, ist **von situativen Faktoren abhängig**.

Kapitel B.3 analysiert nun zunächst die theoretischen Grundlagen und den bisherigen Stand der Forschung auf dem Gebiet des Employer Branding als stakeholderspezifischer Ansatz zur Markenführung am Arbeitsmarkt.

---

[325] Vgl. Pratt, M. G., Foreman, P. (2000): Classifying managerial responses to multiple organizational identities, in: Academy of Management Review, Vol. 25, Nr. 1, S. 18 sowie die dort angegebenen Quellen.

3. Employer Branding als stakeholderspezifischer Ansatz zur Markenführung am Arbeitsmarkt

3.1 Zielsetzung des Employer Branding und Einordnung in das strategische HR-Management

Die zentrale Zielsetzung der Markenführung allgemein wurde bereits in Kapitel B.1.1 behandelt. Danach dient Markenführung dazu, positive Einstellungen und langfristige Präferenzen zu schaffen, die das Verhalten von Markenrezipienten im Sinne der ökonomischen Ziele des Unternehmens beeinflussen.[326] Auf das Employer Branding bezogen kann dies weiter konkretisiert werden. Übergreifendes **Ziel** ist die Entwicklung und Durchsetzung eines klaren, positiven Profils als Arbeitgeber, das zu **Präferenzen** bei potenziellen, aktuellen und ehemaligen Mitarbeitern führt. Differenziert nach diesen unterschiedlichen Zielgruppen lassen sich daraus folgende **Subziele** ableiten:

- Bei **potenziellen Mitarbeitern** steht die Positionierung des Unternehmens als präferierter Arbeitgeber und damit die **Gewinnung von Mitarbeitern** im Vordergrund. Dabei sollen insbesondere solche Kandidaten angezogen und gewonnen werden, die einen **besonders guten Fit** zum Unternehmen aufweisen.[327] Gleichzeitig ist eine möglichst klare Abgrenzung vom Wettbewerb notwendig.[328] Als **Zwischenziele** lassen sich **Bekanntheit** und **Attraktivität** nennen, die erforderlich sind, um als Arbeitgeber überhaupt in den Auswahlprozess einbezogen zu werden.[329] Aus wirtschaftlicher Sicht liegt das Ziel des Employer

---

[326] Vgl. Kapitel B.1.1 sowie die dort angegebenen Quellen.

[327] Vgl. bspw. Petkovic, M. (2004): Geschickte Markenpolitik, in: Personal, Heft 04/2004, S. 8, McGivern, L. (2005): Inside story, in: Utility Week, Vol. 23, Nr. 1, S. 26 oder Kirchgeorg, M. (2005): Lockmittel: Nicht Geld oder Image eines Arbeitgebers zieht High Potentials an, sondern die Aussicht auf einen spannenden Arbeitsalltag im Unternehmen, in: enable - besser wirtschaften, Beilage zur Financial Times Deutschland vom 12.10.2005, S. 18.

[328] Differenzierung ist im Rahmen des Employer Branding deshalb so wichtig, weil sich viele Unternehmen als Arbeitgeber sehr ähnlich sind oder zumindest so wahrgenommen werden. Vgl. Lievens, F., Highhouse, S. (2003): The relation of instrumental and symbolic attributes to a company's attractiveness as an employer, in: Personnel Psychology, Vol. 56, Nr. 1, S. 75.

[329] Vgl. Petkovic, M. (2004): Geschickte Markenpolitik, in: Personal, Heft 04/2004, S. 7. In den Ranglisten über die beliebtesten Arbeitgeber zeigt sich in der Regel deutlich, dass kleine und unbekannte Unternehmen schlechter abschneiden als die Großen. Zum einen können kleine Unternehmen von Bewerbern oft aufgrund mangelnder Vorkenntnisse gar nicht eingeschätzt werden und werden entsprechend als weniger attraktiv eingestuft. Zum anderen erscheint ein Arbeitsplatz in einer kleinen Firma nur einem kleinen Teil der relevanten Zielgruppe überhaupt als attraktiv. Vgl. o.V. (2006c): Die Lieblingsfirmen der jungen Akademiker, im Internet unter http://www.spiegel.de/unispiegel/jobundberuf/0,1518,431109,00.html, Zugriff am 11.08.2006.

Branding vor allem darin, die Akquisitionskosten für neue Mitarbeiter zu senken und den Such- und Auswahlprozess effizienter und effektiver zu gestalten.[330]

- Für **aktuelle Mitarbeiter** lassen sich zwei wesentliche Ziele nennen. Zum einen geht es darum, eine **emotionale Bindung** zwischen Mitarbeiter und Unternehmen aufzubauen. Dadurch wird der Stolz der Mitarbeiter, zum Unternehmen zu gehören, ebenso gestärkt wie Leistungsbereitschaft und Einsatz. Dies soll sich letztlich in einer höheren Mitarbeiterbindung niederschlagen. Hierdurch wiederum können Kosten für Anlernen und Weiterbildung von Mitarbeitern verringert werden. Zudem hat sich empirisch gezeigt, dass Mitarbeiter von Unternehmen mit starken Employer Brands eine deutlich niedrigere Krankenstandsquote aufweisen.[331] Das zweite Ziel des Employer Branding liegt darin, die Mitarbeiter dazu anzuleiten, Werte "zu leben" und damit die **Marke** bzw. die Marken **des Unternehmens Externen** – insbesondere Kunden und potenziellen Mitarbeitern – **nahe zu bringen** und erlebbar zu machen.[332]

- **Ehemalige Mitarbeiter** stehen bislang sowohl in der Literatur als auch in der Praxis nicht im Fokus des Employer Branding. Dabei lassen sich für die Pflege ehemaliger Mitarbeiter gute Gründe nennen. Zum einen können Ehemalige zu Kunden des Unternehmens werden, was aufgrund der Auftragsvolumina insbe-

---

[330] Vgl. Chauvin, K. W., Guthrie, J. P. (1994): Labor Market Reputation and the Value of the Firm, in: Managerial and Decision Economics, Vol. 15, Nr. 6, S. 543. Eine Senkung der Akquisitionskosten ergibt sich zum einen aus der Möglichkeit, aus einer größeren Anzahl die besten Bewerber auszuwählen, und zum anderen daraus, dass Bewerber ggf. bereit sind, auf Gehaltsteile zu verzichten, um bei ihrem Wunscharbeitgeber zu arbeiten. Vgl. Turban, D. B., Cable, D. M. (2003): Firm reputation and applicant pool characteristics, in: Journal of Organizational Behavior, Vol. 24, Nr. 6, S. 745 f. sowie Bergstrom, A., et al. (2002): Why internal branding matters: the case of Saab, in: Corporate Reputation Review, Vol. 5, Nr. 2/3, S. 138.

[331] Dieser Zusammenhang ist auf das höhere Engagement und die stärkere Identifikation von Mitarbeitern mit starken Employer Brands zurückzuführen. In einer Studie im Bankensektor 2003 in Großbritannien konnte bspw. gezeigt werden, dass Filialen mit hohem Mitarbeiterengagement einen um 14% niedrigeren Krankenstand hatten als Filialien mit unterdurchschnittlichem Mitarbeiterengagement. In den USA zeigte eine andere Studie, dass sich Mitarbeiter mit geringer Identifikation mit ihrem Arbeitgeber durchschnittlich 11 Tage mehr pro Jahr krank meldeten. Vgl. Barrow, S., Mosley, R. (2005): The Employer Brand, Chichester, S. 70.

[332] Vgl. bspw. Young, A. (2002): Aligning the FT's employer and consumer brands, in: Strategic HR Review, Vol. 2, Nr. 1, S. 12 ff. oder Kirchgeorg, M., Günther, E. (2006): Employer Brands zur Unternehmensprofilierung im Personalmarkt, HHL-Arbeitspapier Nr. 74, Leipzig, S. 52.

sondere für Unternehmen aus Business-to-Business-Branchen interessant ist.[333] Zudem können sie durch Empfehlungen, Entscheidungen und Wissen positiven Einfluss auf das Geschäft nehmen. Einige Ehemalige greifen z.b. in die Lobbying-Arbeit zugunsten ihres ehemaligen Arbeitgebers ein, liefern wertvolle Antworten im Rahmen von Marktforschungen oder aktuelles Wissen über Marktentwicklungen in ihrer Branche.[334] Darüber hinaus können Ehemalige als besonders **glaubwürdige Multiplikatoren** die Reputation sowohl am Absatz- wie auch am Arbeitsmarkt stärken.[335] Einige Unternehmen zahlen Ehemaligen sogar Prämien, wenn Neueinstellungen auf ihre Empfehlung zurückzuführen ist.[336] Ein mögliches Ziel kann auch sein, **Ehemalige wieder für das Unternehmen zurückzugewinnen**. So ergab eine Studie, dass eine Wiedereinstellung gegenüber einer Neueinstellung nur halb so teuer ist, die "neuen Ehemaligen" in den ersten drei Monaten 40% produktiver arbeiten und tendenziell länger dem Unternehmen treu bleiben als Ersteinstellungen.[337] Schließlich ist davon auszugehen, dass sich die Wertschätzung Ehemaliger auch positiv auf die Unternehmenskultur und damit auf die Motivation und emotionale Bindung aktueller Mitarbeiter auswirkt.[338]

Abb. 21 fasst die dargestellten Ziele des Employer Branding zusammen.

---

[333] Vgl. Bühler, J. (2005): Alumni-Netzwerke von Unternehmen, in: Academic Workpower Pages, im Internet unter http://www.aw-u.de/downloads/AWpages_Jun05.pdf, Juni 2005, S. 2. Eine Studie in Großbritannien bspw. zeigte, dass Revisionsfirmen eine um 60% höhere Chance haben, ein Mandat zu gewinnen, wenn im Vorstand der Firma ein ehemaliger Mitarbeiter vertreten ist. Vgl. Arnold, H. (2004): Ehemalige Mitarbeiter - Brachliegendes Potenzial, in: HR-Today, Nr. 03/2004, S. 3.

[334] Vgl. Sertoglu, C., Berkowitch, A. (2002): Cultivating Ex-Employees, in: Harvard Business Review, Vol. 80, Nr. 6, S. 20 f.

[335] Vgl. Arnold, H. (2004): Ehemalige Mitarbeiter - Brachliegendes Potenzial, in: HR-Today, Nr. 03/2004, S. 4.

[336] Vgl. Sertoglu, C., Berkowitch, A. (2002): Cultivating Ex-Employees, in: Harvard Business Review, Vol. 80, Nr. 6, S. 20. Die gezielte Nutzung Ehemaliger für die Recruitierung neuer Mitarbeiter kann dem viralen Marketing zugeordnet werden. Dabei werden über Mund-zu-Mund-Kommunikation und elektronische Medien gezielt Botschaften glaubwürdig und günstig weitergegeben. Vgl. bspw. Dobele, A., et al. (2005): Controlled infection! Spreading the brand message through viral marketing, in: Business Horizons, Vol. 48, Nr. 2, S. 143-149 oder Gordon, K. T. (2006): Talk is cheap ... in: Entrepreneur, Vol. 34, Nr. 12, S. 97-98.

[337] Schätzungen zufolge ergibt sich daraus bei einem durchschnittlichen Fortune-500-Unternehmen ein Einsparungspotenzial von 12 Mio. USD jährlich. Vgl. Sertoglu, C., Berkowitch, A. (2002): Cultivating Ex-Employees, in: Harvard Business Review, Vol. 80, Nr. 6, S. 20.

[338] Vgl. Bühler, J. (2005): Alumni-Netzwerke von Unternehmen, in: Academic Workpower Pages, im Internet unter http://www.aw-u.de/downloads/AWpages_Jun05.pdf, Juni 2005, S. 2 f.

Potenzielle Mitarbeiter	Aktuelle Mitarbeiter	Ehemalige Mitarbeiter
• **Gewinnung** von Mitarbeitern mit einem **hohen Fit** zum Unternehmen • **Stärkung** der **Position am Arbeitsmarkt** gegenüber Wettbewerbern • **Senkung** der **Akquisitionskosten** für neue Mitarbeiter • **Beschleunigung** des Akquisitionsvorgangs	• Schaffung einer **emotionalen Beziehung** zum Unternehmen • Steigerung von **Zufriedenheit, Motivation** und **Leistung** • **Bindung** von Mitarbeitern • **Senkung** der **Weiterbildungskosten** durch die höhere Mitarbeiterbindung • Etablierung einer klaren **Werteorientierung**, die für Mitarbeiter **erfahrbar** ist **und** die sie **an Konsumenten und andere externe** Stakeholdergruppen im Sinne einer "gelebten Marke" **weitergeben**	• **Aufrechterhaltung** einer emotionalen Beziehung • **Weitergabe positiver Erfahrungen** mit dem Unternehmen als Arbeitgeber an interne und externe Zielgruppen des Unternehmens • **Gewinnung** Ehemaliger als **Kunden** sowie Erhalt der Multiplikatorenfunktion im Absatzmarkt • **Netzwerkaufbau** • Positiver Einfluss auf die **Unternehmenskultur**

Abb. 21: Potenzielle Ziele des Employer Branding[339]

Im Gegensatz zu diesen differenzierten theoretischen Überlegungen stehen in der Unternehmenspraxis potenzielle Mitarbeiter und dabei insbesondere Recruitingziele klar im Vordergrund des Employer Branding. In einer entsprechenden empirischen Studie bezogen sich auf aggregierter Ebene ca. 75% der Antworten auf potenzielle Mitarbeiter. Erst als viertwichtigstes Ziel (33% der Nennungen) wurde die Entwicklung von Stolz und Commitment aktueller Mitarbeiter genannt. Nur 13% nannten die Erhöhung der Mitarbeiterbindung als Ziel des Employer Branding.[340] Abb. 22 gibt die Ergebnisse dieser Befragung zu den Zielen des Employer Branding in der Praxis wieder.

---

[339] Quelle: Eigene Darstellung.
[340] Vgl. Universum Communications (2005): Employer Branding Global Best Practices 2005, Stockholm, S. 99 f.

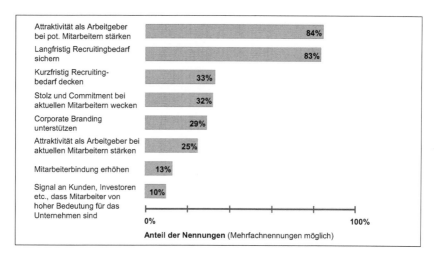

Abb. 22: Empirische Bedeutung von Zielen des Employer Branding in der Praxis[341]

Einordnung des Employer Branding in das HR-Management

Die Differenzierung der Zielgruppen am Arbeitsmarkt in potenzielle, aktuelle und ehemalige Mitarbeiter und die jeweils unterschiedlichen Zielsetzungen machen deutlich, dass Employer Branding über das gesamte Berufsleben der Mitarbeiter relevant ist. Entsprechend ist **Employer Branding** auch im Rahmen des HR-Managements als **übergreifender Ansatz** aufzufassen. Werden die Aufgaben-felder des Personalmanagements entlang des Berufslebens eines Mitarbeiters strukturiert, lassen sich die Bereiche Akquisition und Placement, Personalent-wicklung, Motivation und Dispensation unterscheiden (vgl. Abb. 23).

Entsprechend den über alle Phasen des Berufslebens gespannten Zielsetzungen ist eine umfassende **Integration** des Employer Branding **in alle Aufgabenfelder des HR-Managements erforderlich.**

---

[341] Quelle: I.A. ebenda, S. 99.

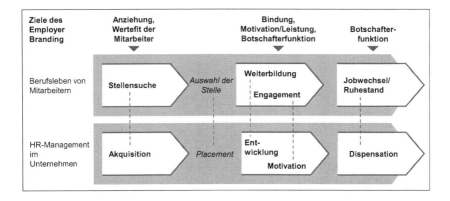

Ziele des Employer Branding	Anziehung, Wertefit der Mitarbeiter		Bindung, Motivation/Leistung, Botschafterfunktion		Botschafter-funktion

Abb. 23: Ziele des Employer Branding entlang des Berufslebens der Mitarbeiter und der Aufgabenfelder des HR-Management[342]

Neben einer Strukturierung des HR-Managements nach Aufgabenfeldern kann auch eine Aufteilung nach Ebenen in strategisches, taktisches und operatives Personalmanagement vorgenommen werden. Während sich strategisches HR-Management auf das gesamte Unternehmen bezieht und einen unmittelbaren Bezug zu den Erfolgspotenzialen des Unternehmens aufweist, konzentrieren sich taktische Elemente mit einem praktischen Maßnahmenbezug auf Gruppen von Mitarbeitern bzw. Arbeitsplätzen und operative Aspekte auf einzelne Mitarbeiter bzw. Stellen.[343] **Employer Branding** lässt sich somit aufgrund des Unternehmensbezugs **dem strategischen HR-Management zuordnen.** Personalmarketing dagegen, das die "[...] bewusste und zielgerichtete Anwendung personalpolitischer Instrumente zur Akquisition von zukünftigen und Motivation von gegenwärtigen Mitarbeitern [...]" umfasst, wird aufgrund des Maßnahmencharakters auf der taktischen Ebene angesiedelt.[344]

Im folgenden Abschnitt wird detaillierter untersucht, welche Funktionen die Employer Brand für die unterschiedlichen Zielgruppen am Arbeitsmarkt erfüllt.

---

[342] Quelle: I.A. Krauss, N. F. (2002): Strategische Perspektiven des Humanressourcen-Managements, Wiesbaden, S. 8. Eine ähnliche, jedoch noch weiter untergliederte Strukturierung der Aufgabenfelder des Human Resource Management findet sich bei Scholz, C. (2000): Personalmanagement, 5. Auflage, München, S. 83 ff.

[343] Vgl. ebenda, S. 90 und S. 110.

[344] Ebenda, S. 417. Eine umfassende Systematisierung unterschiedlicher Personalmarketingansätze findet sich bspw. bei Franke, N. (2000): Personalmarketing zur Gewinnung von betriebswirtschaftlichem Führungsnachwuchs, in: Marketing ZFP, Vol. 22, Heft 1, S. 76 f.

3.2   Funktionen von Employer Brands

Die Funktionen einer Marke allgemein wurden in Kapitel B.1.2 bereits umfassend behandelt. Dabei wurden mit der Funktion der Informationseffizienz, der Risikoreduktion und der Funktion des ideellen Nutzens drei Kernfunktionen unterschieden.[345] Diese sind auch für die Zielgruppen der Markenführung am Arbeitsmarkt von Relevanz, sie lassen sich grundsätzlich auf Employer Brands übertragen. Im Folgenden wird nun näher untersucht, **welche Bedeutung** den einzelnen **Funktionen vor, während und nach der Zugehörigkeit** von Mitarbeitern zu einem Unternehmen **zukommt**.

Eine detaillierte Analyse der Relevanz unterschiedlicher Funktionen von Unternehmensmarken speziell für die Zielgruppe der **potenziellen Mitarbeiter** findet sich bei Kranz. Er unterscheidet im Rahmen des Entscheidungsprozesses von Bewerbern eine Präselektions- und eine Selektionsphase.[346]

In der Präselektionsphase, in der ein Bewerber zunächst Alternativen sammelt und entscheidet, bei welchen Unternehmen er sich bewirbt, kann das Unternehmen auf das Verhalten des Individuums kaum direkten Einfluss nehmen. Vielmehr ist entscheidend, ob der Arbeitssuchende die Unternehmensmarke kennt, sie als attraktiv bewertet und in sein Auswahlset einbezieht.[347] In dieser ersten Phase des Arbeitgeberwahlprozesses kommt sowohl der Risikoreduktionsfunktion als auch der Informationseffizienz eine sehr hohe Bedeutung zu. Dies lässt sich darauf zurückführen, dass Entscheidungen in hohem Maße unter unvollständigen Informationen erfolgen. Selbst wenn dem potenziellen Bewerber bereits Informationen vorliegen, bleibt eine hohe Unsicherheit über die Richtigkeit und Vollständigkeit dieser Informationen bestehen.[348] Die Employer Brand dient somit dazu, das wahrgenommene Risiko einer Fehlentscheidung zu verringern. Gleichzeitig ist eine de-

---

[345] Vgl. hierzu ausführlich die Darstellungen in Kapitel B.1.2 sowie die dort angegebenen Quellen.

[346] Zwar beziehen sich die Analysen von Kranz auf Unternehmensmarken allgemein, jedoch ist davon auszugehen, dass seine Ergebnisse auf Employer Brands übertragbar sind. Vgl. Kranz, M. (2004): Die Relevanz der Unternehmensmarke, Frankfurt am Main, S. 152. Zu ähnlichen Ergebnissen kommt in seiner empirischen Untersuchung auch Teufer, der der Risikoreduktionsfunktion für den gesamten Arbeitgeberwahlprozess das höchste Bedeutungsgewicht zuweist, vgl. Teufer, S. (1999): Die Bedeutung des Arbeitgeberimages bei der Arbeitgeberwahl, Wiesbaden, S. 209 f. sowie seine Ausführungen zur Berücksichtigung und Reduzierung von Unsicherheit bei der Arbeitgeberwahl in den Kapiteln III.2 und III.3.

[347] Vgl. hierzu und zu den folgenden Ausführungen Kranz, M. (2004): Die Relevanz der Unternehmensmarke, Frankfurt am Main, S. 89 ff.

[348] Vgl. Chauvin, K. W., Guthrie, J. P. (1994): Labor Market Reputation and the Value of the Firm, in: Managerial and Decision Economics, Vol. 15, Nr. 6, S. 544.

taillierte Auseinandersetzung mit allen prinzipiell in Frage kommenden Arbeitge-bern allein aufgrund der Vielzahl möglicher Unternehmen und der begrenzten Menge an von außen erhältlichen Informationen nicht möglich. Das Arbeitgeber-image, also das in den Köpfen potenzieller Mitarbeiter gespeicherte Wissen über das Unternehmen in seiner Funktion als Arbeitgeber, wird daher als Ersatz zur Vorauswahl geeigneter Unternehmen herangezogen.[349] Dies erklärt die hohe Relevanz der Informationseffizienzfunktion in der Präselektionsphase.

In der Präselektionsphase dient die Bekanntheit eines Unternehmens jedoch nicht nur dazu, überhaupt als Option bei potenziellen Mitarbeitern in Betracht gezogen zu werden. Vielmehr deuten Studienergebnisse darauf hin, dass ein hoher Be-kanntheitsgrad sogar Voraussetzung dafür ist, um als attraktiv wahrgenommen zu werden.[350] Dabei ist zu vermuten, dass vielen Bewerbern der Einfluss, den das Image des Unternehmens auf ihr Bewerbungs- und Entscheidungsverhalten ausübt, möglicherweise gar nicht bewusst ist. Diese Vermutung wird durch die Ergebnisse einer Studie unterstützt, nach der in einer Conjoint-Analyse der Unternehmensname ein wesentlich höheres Merkmalsgewicht aufweist als die Unternehmensreputation in direkten Befragungen.[351]

In der Selektionsphase, d.h. nach konkreten Gesprächen mit Unternehmen und bei Vorliegen mehrerer Angebote, kann das wahrgenommene Risiko durch die zu-sätzlichen Erfahrungen mit dem Unternehmen reduziert werden. Diese Annahme wird durch empirische Ergebnisse unterstützt, nach denen das Bedeutungsgewicht der Risikoreduktion in der Selektionsphase geringer ist als in der Präselektions-phase. Dagegen steigt das Bedeutungsgewicht der Informationseffizienz zwischen

---

[349] Dieser Zusammenhang wird in der Literatur auch unter dem Begriff der Signaling-Theorie diskutiert. Potenzielle Bewerber nutzen die ihnen zur Verfügung stehenden Informationen als Signal für die tatsächlichen Gegebenheiten bei einem Unternehmen. Vgl. hierzu Turban, D. B., Cable, D. M. (2003): Firm reputation and applicant pool characteristics, in: Journal of Organizational Behavior, Vol. 24, Nr. 6, S. 735, Rynes, S. L. (1991): Recruitment, job choice, and post-hire consequences: a call for new research directions, in: Dunnette, Hough (Hrsg.): Handbook of industrial and organizational psychology, 2. Auflage, Palo Alto, CA, S. 404 sowie Cable, D. M., et al. (2000): The sources and accuracy of job applicants' beliefs about organizational culture, in: Academy of Management Journal, Vol. 43, Nr. 6, S. 1077 ff.

[350] Zu diesem Ergebnis kommt eine empirische Studie mit 180 Studierenden, vgl. Holtbrügge, D., Rygl, D. (2002): Arbeitgeberimage deutscher Großunternehmen, in: Personal, Jg. 54, 10/2002, S. 21. Auch Cable und Graham stellen fest, dass der Jobsuchenden die Bekanntheit eines Unternehmens positiv mit der Einschätzung von Reputation korreliert ist. Vgl. Cable, D. M., Graham, M. E. (2000): The determinants of job seekers' reputation perceptions, in: Journal of Organizational Behavior, Vol. 21, Nr. 8, S. 943.

[351] Vgl. Wiltinger, K. (1997): Personalmarketing auf Basis von Conjoint-Analysen, in: ZfB, Ergänzungsheft 3, S. 67.

den beiden Phasen leicht an. Dies lässt sich damit erklären, dass in der Selektionsphase das Arbeitgeberimage weniger zur Einschränkung der Alternativen als vielmehr zur Abrundung des Gesamteindrucks und letztlich zur Entscheidungsfindung herangezogen wird.[352] Schließlich zeigt sich ein deutlicher Anstieg bei der Funktion des ideellen Nutzens in der Selektionsphase.[353] Das ist darauf zurückzuführen, dass sich Bewerber mit zunehmender Konkretisierung ihrer Entscheidung stärker mit den vom Unternehmen ausgesendeten Signalen über Werte und Einstellungen auseinandersetzen und nach geeigneten Identifikationsankern suchen.[354] Entsprechend hoch ist das Bedeutungsgewicht der Identifikationsfunktion, d.h. der intrinsischen Komponente der Funktion des ideellen Nutzens. Nicht zuletzt kann darüber hinaus unterstellt werden, dass bei vielen Bewerbern auch das Prestige, das ein Unternehmen als Arbeitgeber ausstrahlt – also die extrinsische Komponente – in der Entscheidungsfindung eine große Rolle spielt.[355]

Es ist davon auszugehen, dass sich das Bedeutungsgewicht der Funktionen einer Employer Brand wiederum ändert, sobald die Entscheidung für einen Arbeitgeber getroffen und aus dem Bewerber ein Mitarbeiter geworden ist. **Mitarbeiter** können im Rahmen ihrer Erfahrungen mit ihrem Arbeitgeber Informationen sammeln und auswerten, so dass sie in ihrer Entscheidung, dem Arbeitgeber treu zu bleiben oder zu kündigen, ein konkreteres Vorstellungsbild des Unternehmens als Arbeitgeber haben als noch vor ihrem Eintritt in das Unternehmen. Daher kann vermutet werden, dass Informationseffizienz und Risikoreduktion tendenziell an Bedeutung verlieren. Sie werden jedoch nicht vollständig bedeutungslos. Der Aufbau eines positiven Arbeitgeberimages ist für das Unternehmen mit erheblichem zeitlichen und finanziellen Aufwand verbunden. Mitarbeiter können das Arbeitgeberimage daher als Signal dafür nutzen, dass das Unternehmen versuchen wird, dem Markennutzenversprechen der Employer Brand auch in Zukunft gerecht zu werden, um aus den in den Aufbau des Arbeitgeberimages investierten

---

[352] Vgl. Kranz, M. (2004): Die Relevanz der Unternehmensmarke, Frankfurt am Main, S. 150 ff.

[353] Vgl. ebenda, S. 185.

[354] Da die Entscheidung für einen Arbeitgeber eine wichtige Möglichkeit zur Implementierung des Selbstkonzeptes darstellt, ist die vorherige Analyse der Werte und Identität für Bewerber besonders wichtig. Vgl. Tom, V. R. (1971): The role of personality and organizational images in the recruiting process, in: Organizational Behavior and Human Performance, Vol. 6, S. 575.

[355] Vgl. bspw. Turban, D. B., Cable, D. M. (2003): Firm reputation and applicant pool characteristics, in: Journal of Organizational Behavior, Vol. 24, Nr. 6, S. 735 sowie Cable, D. M., Turban, D. B. (2003): The value of organizational reputation in the recruitment context: a brand equity perspective, in: Journal of Applied Social Psychology, Vol. 33, Nr. 11, S. 2244.

Mitteln auch den erhofften Nutzen zu ziehen.[356] Im Gegensatz zu der eher abnehmenden Bedeutung der Informationseffizienz- und Risikoreduktionsfunktion erscheint es gerechtfertigt anzunehmen, dass die Funktion des ideellen Nutzens einer Employer Brand für aktuelle Mitarbeiter zunimmt. Die Identifikation mit dem Arbeitgeber spielt für viele Menschen eine große Rolle. Ihre Zugehörigkeit zu einem Unternehmen dient dabei sogar häufig als zentraler Ausgangspunkt ihrer Selbstdefinition.[357] Gleichzeitig dient diese Zugehörigkeit zu einem Unternehmen auch zur Selbstdarstellung nach außen. So formulieren Dutton et al. "[...] when members believe that outsiders see the organization in a positive light, they bask in the reflected glory of the organization."[358]

Die hohe Identifikationsfunktion der Employer Brand für Mitarbeiter ist in der Literatur weitgehend unumstritten. So verweist bspw. Bröckermann darauf, dass zufriedene Mitarbeiter, die sich in ihren Werthaltungen vom Arbeitgeber bestätigt fühlen, emotionale Verbundenheit empfinden.[359] Durch die Identifikation mit der Unternehmens- bzw. Arbeitgebermarke erfolgt ein Transfer der Dimensionen der Markenpersönlichkeit auf die jeweilige Humanpersönlichkeit der potenziellen und aktuellen Mitarbeiter.[360] In ähnlicher Weise sehen auch Dutton et al. die Identifikationsfunktion der Employer Brand: "When they identify strongly with the organization, the attributes they use to define the organization also defines them."[361] Eine starke Identifikation mit dem Arbeitgeber bedeutet somit, dass ein Mitarbeiter die Charakteristiken der Organisation in sein Selbstkonzept integriert.[362] Dutton et al. zufolge wird die Identifikation eines Mitarbeiter mit seinem Arbeitgeber von zwei

---

[356] Vgl. Chauvin, K. W., Guthrie, J. P. (1994): Labor Market Reputation and the Value of the Firm, in: Managerial and Decision Economics, Vol. 15, Nr. 6, S. 545.

[357] Vgl. Dutton, J., et al. (1994): Organizational Images and Member Identification, in: Administrative Science Quarterly, Vol. 39, Nr. 2, S. 242.

[358] Ebenda, S. 240 sowie S. 251 f. Vgl. auch bspw. Lievens, F., Highhouse, S. (2003): The relation of instrumental and symbolic attributes to a company's attractiveness as an employer, in: Personnel Psychology, Vol. 56, Nr. 1, S. 96 oder Cable, D. M., Turban, D. B. (2003): The value of organizational reputation in the recruitment context: a brand equity perspective, in: Journal of Applied Social Psychology, Vol. 33, Nr. 11, S. 2244.

[359] Vgl. Bröckermann, R. (2004): Fesselnde Unternehmen - gefesselte Beschäftigte, in: Bröckermann, Pepels (Hrsg.): Personalbindung, Berlin, S. 20. Weitere Gründe für diesen Zusammenhang finden sich bei Pepels, W. (2002): Personalbindung, in: Bröckermann, Pepels (Hrsg.): Personalmarketing: Akquisition - Bindung - Freistellung, 1. Auflage, Stuttgart, S. 132 f.

[360] Vgl. Meffert, H., Bierwirth, A. (2002): Corporate Branding - Führung der Unternehmensmarke im Spannungsfeld unterschiedlicher Zielgruppen, in: Meffert, et al. (Hrsg.): Markenmanagement - Grundfragen der identitätsorientierten Markenführung, 1. Auflage, Wiesbaden, S. 192.

[361] Dutton, J., et al. (1994): Organizational Images and Member Identification, in: Administrative Science Quarterly, Vol. 39, Nr. 2, S. 239.

[362] Vgl. Carmeli, A., Freund, A. (2002): The Relationship Between Work and Workplace Attitudes and Perceived External Prestige, in: Corporate Reputation Review, Vol. 5, Nr. 1, S. 53.

Image-Komponenten beeinflusst: "The first image, what the member believes is distinctive, central and enduring about the organization, is defined as perceived organizational identity. The second image, what a member believes outsiders think about the organization, is called the construed external image."[363] Diese beiden Komponenten – das Selbstbild des Unternehmens und das Fremdbild (hier in der subjektiven Einschätzung der Mitarbeiter) – konstituieren gemäß der Auffassung der identitätsorientierten Markenführung die Employer Brand und damit die Grundlage der Mitarbeiteridentifikation.[364]

Für **ehemalige Mitarbeiter** schließlich ist anzunehmen, dass Risikoreduktion und Informationseffizienz so gut wie keine Bedeutung mehr haben, da keine Entscheidungen für oder gegen eine Marke mehr zu treffen sind. Für ihre Rolle als Markenbotschafter, d.h. als Informationsquelle für andere Bezugsgruppen des Unternehmens, behält jedoch die Funktion des ideellen Nutzens eine hohe Relevanz. Identifikation und Prestige bleiben auch nach Austritt aus einem Unternehmen bestehen und können Motivatoren für positive Referenzen sein.

Im folgenden Kapitel wird nun näher untersucht, welche Wirkungsmechanismen im Employer Branding zu den mit der Markenführung erwünschten Verhaltensweisen bei potenziellen, aktuellen und ehemaligen Mitarbeitern führen.

3.3   Wirkungsweise von Employer Brands

Die Wirkungsmechanismen des Employer Branding sind bislang im Rahmen der Markenforschung kaum untersucht worden. Jedoch lassen sich in der Personal- und Organisationspsychologie zahlreiche sowohl theoretische als auch empirische

---

[363] Dutton, J., et al. (1994): Organizational Images and Member Identification, in: Administrative Science Quarterly, Vol. 39, Nr. 2, S. 239. Andere Autoren sprechen diesbezüglich auch von "perceived external prestige", vgl. bspw. Carmeli, A., Freund, A. (2002): The Relationship Between Work and Workplace Attitudes and Perceived External Prestige, in: Corporate Reputation Review, Vol. 5, Nr. 1, S. 53 f. oder Smidts, A., et al. (2001): The impact of employee communication and perceived external prestige on organizational identification, in: Academy of Management Journal, Vol. 44, Nr. 5, S. 1052.
[364] Vgl. hierzu die Ausführungen zur identitätsorientierten Markenführung in Kapitel B.2.2.

Untersuchungen unter den Stichworten **"Person-Organization-Fit"**[365] und **"Work-Value-Congruence"**[366] finden. Im Mittelpunkt dieser Arbeiten steht die Frage, welchen Einfluss Werte auf das Verhalten von potenziellen und aktuellen Mitarbeitern ausüben. Dabei gehen die Autoren übereinstimmend davon aus, dass Individuen ähnlich wie bei der in Kapitel B.1.3 erläuterten "Self-Congruence-Hypothese" auch bei der Arbeitsplatzsuche und -auswahl **ihr** eigenes **Wertesystem mit dem** von **Unternehmen vergleichen** und sich dadurch in ihren Entscheidungen beeinflussen lassen.[367] Einen Erklärungsbeitrag für diesen Zusammenhang liefern die "Social-Identity-Theorie" und die Selbstkonzept-Theorie. Danach stellt die Organisation, für die ein Individuum sich als Arbeitgeber entscheidet, eine wichtige Determinante in seinem Selbstkonzept und seiner sozialen Identität dar.[368] Shamir untersucht auf Basis der Selbstkonzept-Theorie die unterschiedlichen Faktoren, die Menschen zur Annahme und Ausführung eines spezifischen Jobs bei einem Unternehmen bewegen. Er kommt zu dem Ergebnis, "[...] job motivation is determined by the level of congruence between the job (and its context) and the person's self-concept."[369] Insbesondere führt er dies darauf zurück, dass die Motivation eines Menschen für einen Job dann steigt, wenn dieser die Möglichkeit bietet, seine Selbstachtung und sein Selbstwertgefühl zu steigern. Hierzu ist es

---

[365] "Person-Organization-Fit" ist definiert als "the congruence between patterns of organizational values and patterns of individual values", vgl. Chatman, J. A. (1991): Matching People and Organizations: Selection and Socialization in Public Accounting Firms, in: Administrative Science Quarterly, Vol. 36, Nr. 3, S. 459. Eine ähnliche Definition findet sich auch bei Kristof, A. L. (1996): Person-Organization Fit: an integrative review of its conceptualizations, measurement, and implications, in: Personnel Psychology, Vol. 49, Nr. 1, S. 4 f.

[366] Unter "work-value-congruence" wird allgemein die Übereinstimmung zwischen arbeits- bzw. arbeitsplatzbezogenen Werten oder Wertesets verstanden. Beziehen sich diese Vergleiche auf eine Organisation und ihre aktuellen und/oder potenziellen Mitarbeiter, kann der Begriff als Synonym zu "Person-Organization-Fit" aufgefasst werden. Vgl. Meglino, B. M., et al. (1992): The Measurement of Work Value Congruence: A field study comparison, in: Journal of Management, Vol. 18, Nr. 1, S. 34.

[367] Vgl. bspw. Schneider, B. (1987): The people make the place, in: Personnel Psychology, Vol. 40, Nr. 3, S. 440 ff. sowie Schneider, B., et al. (1995): The ASA framework: An update, in: Personnel Psychology, Vol. 48, Nr.4, S. 747-773. In den Ausführungen von Tom finden sich Hinweise auf die historische Entwicklung dieses Verständnisses. Danach haben 1968 Behling, Labovitz und Gainer drei Theorien zur Erklärung der Arbeitgeberwahl entwickelt, darunter auch die "Subjective Factor Theory". Diese sieht in der Kongruenz zwischen Persönlichkeit des Bewerbers und Image des Unternehmens die wichtigste Determinante der Arbeitgeberwahl. Bereits 1953 hatte Super mit seiner "Theory of vocational choice" darauf hingewiesen, dass die Job- und Arbeitgeberwahl eine Möglichkeit zur Entwicklung und Implementierung des Selbstkonzeptes sei. Vgl. Tom, V. R. (1971): The role of personality and organizational images in the recruiting process, in: Organizational Behavior and Human Performance, Vol. 6, S. 574 f.

[368] Vgl. Lievens, F., Highhouse, S. (2003): The relation of instrumental and symbolic attributes to a company's attractiveness as an employer, in: Personnel Psychology, Vol. 56, Nr. 1, S. 96.

[369] Shamir, B. (1991): Meaning, Self and Motivation in Organizations, in: Organization Studies, Vol. 12, Nr. 3, S. 416.

erforderlich, dass ihm die Arbeit Möglichkeiten bietet, solche Verhaltensweisen zu zeigen, die mit seinem Selbstkonzept übereinstimmen.

Aufgrund der beschriebenen Annahmen und empirischen Belege in der wissenschaftlichen Literatur kann davon ausgegangen werden, dass die **Wirkungsweise von Employer Brands analog** zu den in Kapitel B.1.3 beschriebenen **Wirkungen von Marken** auf Markenrezipienten **generell** verläuft.[370]

	Aktivitäten/Einstellungen	Implikationen eines Wertefits
Potenzielle Mitarbeiter	**Suche** nach Alternativen	**Positivere Beurteilung** eines Unternehmens als Arbeitgeber
	Bewerbungsprozess	**Höhere Wahrscheinlichkeit** einer **Bewerbung**
	Auswahl unter alternativen Angeboten	**Höhere Wahrscheinlichkeit** für die **Annahme** eines Jobangebotes
Aktuelle Mitarbeiter	**Einstieg** bzw. **Integration** in die Organisation	**Schnellere** und **bessere Integration**
	Identifikation, Commitment und **Leistung**	**Positiver Einfluss** auf **Identifikation** mit dem Arbeitgeber, dadurch **höheres Commitment** und **bessere Leistung**; Einstellungen und **Verhalten kongruent** mit **Unternehmenszielen**
	Mitarbeiterfunktion **"Markenbotschafter"**	**Hohe Identifikation** mit den Markenwerten, dadurch **glaubwürdigerer Transport** der **Markenbotschaften** nach außen
	Mitarbeiterzufriedenheit und **-bindung**	**Positiver Einfluss** auf **Mitarbeiterzufriedenheit**, dadurch **geringere Wechselintentionen** und tatsächlich **längere Mitarbeiterbindung**

Abb. 24: **Empirisch untersuchte Auswirkungen eines Wertefits zwischen Mitarbeitern und Organisation**[371]

Wie Abb. 24 zeigt, lässt sich anhand der vorliegenden empirischen Forschungs-

---

[370] Dies wird u.a. auch damit begründet, dass sich die Entscheidungsprozesse selbst nicht substanziell voneinander unterscheiden. So betonen bspw. Lievens und Highhouse, dass sich die weitere Forschung zum Thema Arbeitgeberwahl an den Erkenntnissen aus der Konsumentenforschung im Bereich der High-Involvement-Entscheidungen orientieren sollte, da diese Situation den typischen Rahmen für Job- und Arbeitgeberwahlentscheidungen widerspiegeln, vgl. Lievens, F., Highhouse, S. (2003): The relation of instrumental and symbolic attributes to a company's attractiveness as an employer, in: Personnel Psychology, Vol. 56, Nr. 1, S. 99. Kirchgeorg und Lorbeer verweisen darauf, dass Employer Branding bzw. Personalmarketing den gleichen konzeptionellen Gesetzmäßigkeiten folgt wie das Dienstleistungsmarketing, vgl. Kirchgeorg, M., Lorbeer, A. (2002): Anforderungen von High Potentials an Unternehmen - Eine Analyse auf der Grundlage einer bundesweiten Befragung von High Potentials und Personalentscheidern, HHL-Arbeitspapier Nr. 49, Leipzig, S. 40.

[371] Quelle: Eigene Darstellung.

arbeiten sogar zeigen, dass ein **Wertefit** zwischen Unternehmen und Individuum positive Auswirkungen auf Verhaltensweisen **entlang des gesamten Berufslebens** eines Mitarbeiters entfaltet:

- Bereits im Rahmen der **Suche nach Optionen erhöht** ein wahrgenommener Wertefit die **Wahrscheinlichkeit**, dass ein Interessent Kontakt zu einem Unternehmen aufnimmt und eine **Bewerbung in Erwägung zieht**, da diese Unternehmen als attraktiver wahrgenommen werden. Empirisch unterstützt wird diese Annahme zum Beispiel durch eine Studie von Gatewood, Gowan und Lautenschlager. Sie konnten zeigen, dass eine wahrgenommene Übereinstimmung der eigenen Werte sowohl mit dem allgemeinen Corporate Image als auch – in noch stärkerem Maße – mit dem spezifischen Arbeitgeberimage eine signifikante Korrelation zu der Intention, sich bei einem Unternehmen zu bewerben, aufweist.[372] Auch in anderen Studien wurde bestätigt, dass eine wahrgenommene Übereinstimmung zwischen den eigenen Werten und Anforderungen und denen der Organisation positiv mit der Beurteilung des Unternehmens als attraktiver Arbeitgeber korrelierte.[373]

- Im Rahmen des **Recruitingprozesses** führt eine wahrgenommene Übereinstimmung zwischen den Werten des Unternehmens und dem Wertesystem eines Bewerbers gleich in zweifacher Weise zu positiven Auswirkungen. Zum einen versucht der Recruiter herauszufinden, wie gut der Bewerber aufgrund seiner Persönlichkeit, Fähigkeiten und Erfahrungen zum Unternehmen und zum spezifischen Jobprofil passt. Dabei wird auch geprüft, inwieweit die Identität des Bewerbers und damit seine Wertvorstellungen mit den Werten des Unternehmens übereinstimmen.[374] Somit hängt die **Wahrscheinlichkeit**, dass der Bewerber **ein Angebot erhält**, auch vom wahrgenommenen Wertefit zwischen Unternehmen und Bewerber ab. Gleichzeitig führt dieser Wertefit zum anderen

---

[372] Vgl. Gatewood, R. D., et al. (1993): Corporate image, recruitment image and initial job choice decisions, in: Academy of Management Journal, Vol. 36, Nr. 2, S. 423. Zu ähnlichen Ergebnissen kommen auch Cable, D. M., Judge, T. A. (1996): Person-Organization Fit, Job Choice Decisions, and Organizational Entry, in: Organizational Behavior and Human Decision Processes, Vol. 67, Nr. 3, S. 294-311.

[373] Vgl. bspw. Carless, S. A. (2005): Person-job fit versus person-organization fit as predictors of organizational attraction and job acceptance intentions: A longitudinal study, in: Journal of Occupational and Organizational Psychology, Vol. 78, Nr. 3, S. 422 sowie Tom, V. R. (1971): The role of personality and organizational images in the recruiting process, in: Organizational Behavior and Human Performance, Vol. 6, S. 590.

[374] Vgl. Herriot, P. (2002): Selection and self: Selection as a social process, in: European Journal of Work & Organizational Psychology, Vol. 11, Nr. 4, S. 392.

auch zu einer **höheren Wahrscheinlichkeit**, dass der Bewerber ein **Jobangebot** tatsächlich **annimmt**. Auch dieser Zusammenhang wurde empirisch untersucht. Judge und Bretz bspw. konnten in einer Studie zeigen, dass ein Angebot für einen Job umso eher angenommen wurde, wie die Werte, die einem Unternehmen zugeschrieben wurden, mit den wesentlichen Wertvorstellungen des Bewerbers übereinstimmten.[375]

Auch für die **Phase nach dem Eintritt in ein Unternehmen** ist die Übereinstimmung von Werten zwischen Mitarbeiter und Organisation von hoher Bedeutung. Dabei kann diese Übereinstimmung nicht nur durch den Selektionsmechanismus im Recruiting hergestellt werden, sondern auch durch Sozialisationsprozesse während der ersten Monate und Jahre im Unternehmen, da sich Mitarbeiter in ihren Werten an die sie umgebende Wertewelt anpassen können.[376] Empirisch erforschte Auswirkungen eines wahrgenommenen Wertefits auf aktuelle Mitarbeiter beziehen sich insbesondere auf die folgenden Zusammenhänge:

- Neue Mitarbeiter, die das Wertesystem des Unternehmens teilen, **finden sich schneller in der Organisation zurecht** und fügen sich besser in das Unternehmen ein.[377]

- Mitarbeiter, die sich über gemeinsame Werte an ihren Arbeitgeber gebunden

---

[375] Vgl. Judge, T. A., Bretz Jr., R. D. (1992): Effects of work values on Job Choice Decisions, in: Journal of Applied Psychology, Vol. 77, Nr. 3, S. 269. Der Zusammenhang wurde auch in anderen Studien bestätigt, vgl. bspw. Tom, V. R. (1971): The role of personality and organizational images in the recruiting process, in: Organizational Behavior and Human Performance, Vol. 6, S. 573-592. Carless problematisiert diesen Zusammenhang jedoch. Sie geht statt dessen davon aus, dass die Wahrscheinlichkeit, ein Angebot anzunehmen, weniger durch den wahrgenommenen Fit zum Unternehmen als vielmehr durch den tatsächlichen Fit zum Job beeinflusst wird. Sie begründet dies damit, dass im fortgeschrittenen Stadium des Bewerbungsprozesses andere Faktoren als das Image an Bedeutung gewinnen. Vgl. Carless, S. A. (2005): Person-job fit versus person-organization fit as predictors of organizational attraction and job acceptance intentions: A longitudinal study, in: Journal of Occupational and Organizational Psychology, Vol. 78, Nr. 3, S. 422.

[376] Vgl. Chatman, J. A. (1991): Matching People and Organizations: Selection and Socialization in Public Accounting Firms, in: Administrative Science Quarterly, Vol. 36, Nr. 3, S. 459 ff. Chatman verweist zudem im Ausblick darauf, dass auch der umgekehrte Fall denkbar ist, d.h., dass sich das Wertegefüge von Unternehmen durch eine Gruppe von Neueinsteigern, die über ein anderes Wertesystem verfügen, ändern kann. Als Beispiel nennt sie die systematische Rekrutierung von innovationsorientierten neuen Mitarbeitern, die Schritt für Schritt eine stärkere Innovationsorientierung in einem Unternehmen etablieren können. Vgl. hierzu ebenda, S. 480.

[377] Vgl. Carless, S. A. (2005): Person-job fit versus person-organization fit as predictors of organizational attraction and job acceptance intentions: A longitudinal study, in: Journal of Occupational and Organizational Psychology, Vol. 78, Nr. 3, S. 411 sowie die dort angegebenen Quellen.

fühlen, weisen eine **höhere Identifikation** und Verbundenheit mit dem Unternehmen auf.[378] Identifikation wiederum stärkt Commitment[379] und Leistungsbereitschaft der Mitarbeiter. Dies führt zu positiven Wirkungen für das Unternehmen. Insbesondere ist davon auszugehen, dass ein Wertefit die Wahrscheinlichkeit erhöht, dass Einstellungen und Verhaltensweisen von Mitarbeitern kongruent mit den Unternehmenszielen verlaufen und sie entsprechend im Sinne des Unternehmens handeln.[380] Zudem konnte in Studien auch ein direkter Zusammenhang zwischen Commitment bzw. Identifikation und Kosten- sowie Umsatzzahlen gezeigt werden, bspw. durch eine geringere Abwesenheitszeit aufgrund von Krankheit sowie durch einen höheren Umsatz und Gewinn durch Kundenzufriedenheit und Leistung der Mitarbeiter.[381]

- Des Weiteren führt eine Übereinstimmung der Werte zu einer **längeren Bindung** an das Unternehmen. Einige Forscher begründen dies damit, dass Mitarbeiter danach streben, dass ihr Selbstbild konsistent bleibt und sie sich in ihrem Arbeitsumfeld diesem Selbstbild gemäß entfalten können. Entsprechend werden sie ein Unternehmen verlassen, wenn die Widersprüche zwischen ihrem eigenen Anspruch und den durch das Unternehmen verkörperten Werten zu groß erscheinen.[382] Dieser Zusammenhang gründet sich auf die bereits weiter oben erläuterten Wirkungen eines Wertefits auf Identifikation und

---

[378] Vgl. bspw. O'Reilly III, C. A., et al. (1991): People and organizational culture: a profile comparison approach to assessing person-organization fit, in: Academy of Management Journal, Vol. 34, Nr. 3, S. 510.

[379] Das Konzept des Commitments wurde in der Literatur umfassend behandelt. Allgemein kann unter Commitment die Verbundenheit eines Mitarbeiters zu seiner Organisation verstanden werden, die in der Akzeptanz der Unternehmenswerte und -ziele sowie in der Intention, dem Unternehmen treu zu bleiben, zum Ausdruck kommt. Vgl. Porter, L. W., et al. (1974): Organizational commitment, job satisfaction and turnover among psychiatric technicians, in: Journal of Applied Psychology, Vol. 59, Nr. 5, S. 604. Es können jedoch unterschiedliche Formen von Commitment unterschieden werden. Commitment im Sinne einer gefühlsmäßigen, d.h. affektiven Verbundenheit kann definiert werden als "[...] positive feelings of identification with, attachement to, and involvement in, the work organization." Davon abzugrenzen ist "continuance commitment", das verstanden wird als "[...] the extent to which employees feel committed to an organization by virtue of the costs that they feel are associated with leaving." Meyer, J. P., Allen, N. J. (1984): Testing the 'Side-Bet Theory' of Organizational Commitment: Some Methodological Considerations, in: Journal of Applied Psychology, Vol. 69, Nr. 3, S. 373.

[380] Vgl. Stuart, H. (2001): The role of employees in successful corporate branding, in: Thexis, 18. Jg., Nr. 4, S. 49. Zur positiven Wirkung von Commitment und Identifikation für das Unternehmen vgl. zudem Crosby, L. A., Johnson, S. L. (2003): Watch what I do, in: Marketing Management, Vol. 12, Nr. 6, S. 10-11.

[381] Vgl. ausführlich Barrow, S., Mosley, R. (2005): The Employer Brand, Chichester, S. 69 ff.

[382] Vgl. Herriot, P. (2002): Selection and self: Selection as a social process, in: European Journal of Work & Organizational Psychology, Vol. 11, Nr. 4, S. 393 sowie Dutton, J., et al. (1994): Organizational Images and Member Identification, in: Administrative Science Quarterly, Vol. 39, Nr. 2, S. 245.

Commitment.[383] Eine längere Bindung an das Unternehmen lässt sich zudem mit der **höheren Zufriedenheit** begründen, die Mitarbeiter mit einem hohen Wertefit aufweisen. Dabei ist es unerheblich, ob der Wertefit bereits zu Beginn des Arbeitsverhältnisses bestand oder sich erst im Rahmen der Integration in das Unternehmen verbesserte.[384]

- Über die Auswirkungen auf Mitarbeitergewinnung, -motivation und -bindung hinaus kommt einem Wertefit auch im Rahmen der **übergreifenden Markenführung des Unternehmens** besondere Bedeutung zu. Ind bezeichnet Recruiting sogar als "branding exercise", d.h. als integralen Bestandteil der Führung der Unternehmensmarke.[385] Mitarbeiter sind in ihrer täglichen Interaktion mit internen und externen Bezugsgruppen des Unternehmens ein wichtiger Teil der Umsetzung des Markenversprechens. Durch die oben beschriebenen Selektions- und Sozialisationsmechanismen führt ein gezieltes Employer Branding dazu, dass Mitarbeiter eine zunehmende Übereinstimmung mit den Werten des Unternehmens aufweisen.[386] Dieser Wertefit bedeutet auch, dass Mitarbeiter über eine **stärkere emotionale Verbundenheit** mit den Markenwerten des Unternehmens verfügen und es ihnen dadurch **leichter fallen dürfte,** das **Markenversprechen** gegenüber anderen Bezugsgruppen **glaubhaft zu transportieren**, als solchen Mitarbeitern, die sich nicht oder nur wenig mit den Werten des Unternehmens identifizieren können und dadurch in innere Kon-

---

[383] Der positive Zusammenhang zwischen Identifikation bzw. Commitment und Wechselintentionen sowie Mitarbeiterbindung ist in der wissenschaftlichen Forschung durch eine Vielzahl von Studien bestätigt worden. Vgl. bspw. Shore, L. M., Martin, H. J. (1989): Job Satisfaction and Organizational Commitment in Relation to Work Performance and Turnover Intentions, in: Human Relations, Vol. 42, Nr. 7, S. 625-638, Cohen, A. (1993): Organizational commitment and turnover: A meta-analysis, in: Academy of Management Journal, Vol. 36, Nr. 5, S. 1140-1157 oder Arnold, H. J., Feldman, D. C. (1982): A Multivariate Analysis of the Determinants of Job Turnover, in: Journal of Applied Psychology, Vol. 67, Nr. 3, S. 359.

[384] Chatman konnte in einer empirischen Studie zeigen, dass Mitarbeiter mit einem hohen Wertefit nach dem ersten Jahr der Zugehörigkeit zu einem Unternehmen zufriedener waren und länger zu bleiben gedachten. Zudem führte ein hoher Wertefit tatsächlich zu einer höheren Mitarbeiterbindung nach zweieinhalb Jahren der Zugehörigkeit. Vgl. Chatman, J. A. (1991): Matching People and Organizations: Selection and Socialization in Public Accounting Firms, in: Administrative Science Quarterly, Vol. 36, Nr. 3, S. 477. Zu weitergehenden Ergebnissen dieser Untersuchung, die sich teilweise auf die gleiche Stichprobe beziehen, vgl. O'Reilly III, C. A., et al. (1991): People and organizational culture: a profile comparison approach to assessing person-organization fit, in: Academy of Management Journal, Vol. 34, Nr. 3, S. 487-516.

[385] Vgl. Ind, N. (1998): An integrated approach to corporate branding, in: Journal of Brand Management, Vol. 5, Nr. 5, S. 323-329, zitiert nach Burmann, C., Zeplin, S. (2005): Building brand commitment: A behavioural approach to internal brand management, in: Journal of Brand Management, Vol. 12, Nr. 4, S. 287.

[386] Vgl. Schneider, B. (1987): The people make the place, in: Personnel Psychology, Vol. 40, Nr. 3, S. 442.

flikte geraten.[387]

Für **ehemalige Mitarbeiter** finden sich in der Literatur keine spezifischen Untersuchungen hinsichtlich der Wirkungen von Employer Brands. Es ist jedoch davon auszugehen, dass die Wirkung auf die Identifikation erhalten bleibt, sofern die Trennung vom Unternehmen in beidseitigem Einvernehmen verlief. Entsprechend wirkt sich ein nachhaltiger Wertefit zwischen Unternehmen und ehemaligem Mitarbeiter auch **langfristig** auf seine **emotionale Verbundenheit** und die Wahrnehmung seiner Rolle als Markenbotschafter aus.

Nach diesen Ausführungen lässt sich festhalten, dass Employer Branding über den Mechanismus des Wertefits zu Präferenzen für einen Arbeitgeber führt. Diese basieren darauf, dass Bewerber und Mitarbeiter bei einem Wertefit zu dem Schluss kommen, dass das Werte- bzw. Markennutzenversprechen des Unternehmens als Arbeitgeber den eigenen Werten und Anforderungen am ehesten entspricht. Diese Zusammenhänge unterstreichen einmal mehr die Bedeutung eines strategisch angelegten Employer Branding, um tatsächlich die richtigen Mitarbeiter für ein Unternehmen zu gewinnen und zu binden. Vor diesem Hintergrund erfolgt nun zunächst eine kritische Würdigung bisheriger Ansätze zum Employer Branding, bevor anschließend ein neuer konzeptioneller Rahmen für das Employer Branding entwickelt und vorgestellt wird.

3.4 Kritische Würdigung bisheriger Employer Branding-Ansätze im Hinblick auf eine ganzheitliche Markenführung

3.4.1 Erklärungs- und Managementansätze aus der Wissenschaft

Bisher ist weder in der Wissenschaft noch in der Praxis ein allgemein anerkannter Ansatz des Employer Branding erkennbar. Vielmehr lassen sich ähnlich wie im Bereich der konsumentengerichteten Markenführung verschiedenste Erklärungs-

---

[387] Dieser Zusammenhang gilt zumindest, sofern die Unternehmenswerte, die Selektion und Sozialisation der Mitarbeiter bestimmen, mit den Markenwerten des Unternehmens, die gegenüber Konsumenten projiziert werden sollen, übereinstimmen. Vgl. bspw. de Chernatony, L. (2001): A model for strategically building brands, in: Journal of Brand Management, Vol. 9, Nr. 1, S. 32 sowie Mitchell, C. (2002): Selling the brand inside, in: Harvard Business Review, Vol. 80, Nr. 1, S. 99.

und Managementansätze finden.[388] Dies ist zum einen darauf zurück zu führen, dass es sich noch um eine vergleichsweise junge Disziplin handelt. Zum anderen führt der Schnittstellencharakter zwischen Marketing und HR-Management dazu, dass sich Forscher ebenso wie Verantwortliche aus der Praxis diesem Thema aus ganz unterschiedlichen Perspektiven nähern.

Wissenschaftlich fundierte Modelle und Instrumente zum Employer Branding sind aufgrund des frühen Forschungsstadiums noch selten. Im Rahmen der Markenforschung wird Employer Branding meist im Kontext des Corporate Branding diskutiert. Dabei werden die Zielgruppen der potenziellen und aktuellen Mitarbeiter jedoch im besten Fall gleichrangig, meist jedoch nachrangig behandelt.[389] Arbeitsmarktspezifische Studien beschränken sich dagegen häufig auf die Analyse der Anforderungen von Hochschulabsolventen und die Einschätzung der Arbeitgeberattraktivität ausgewählter Unternehmen. Dies wird bei der näheren Betrachtung bisheriger Studien zum Employer Branding bzw. zur Arbeitgeberattraktivität von Unternehmen bei unterschiedlichen Zielgruppen deutlich. Die wichtigsten Ansätze werden im folgenden kurz beschrieben und anschließend bewertet, inwieweit sie die Kriterien eines ganzheitlichen Management-Ansatzes für das Employer Brand als Bestandteil einer ganzheitlichen Markenführung erfüllen, das heißt vor allem, inwieweit sie die Employer und Consumer Branding Perspektive umfassen, alle Zielgruppen des Employer Branding mit in die Betrachtung einbeziehen und alle relevanten Einflussfaktoren und Gestaltungselemente des Markenführungsprozesses abbilden. Abb. 25 gibt zunächst einen Überblick über die verschiedenen wissenschaftlichen Studien.[390]

---

[388] Ein Überblick über mehr als 30 allgemeine Markenstrategie- und Bewertungsverfahren allein aus dem deutschsprachigen Raum findet sich bei Schimansky, A. (2004): Der Wert der Marke - Markenbewertungsverfahren für ein erfolgreiches Markenmanagement, München.

[389] Vgl. bspw. Kernstock, J., et al. (2004): Zugang zum Corporate Brand Management, in: Esch, et al. (Hrsg.): Corporate Brand Management, 1. Auflage, Wiesbaden, S. 18.

[390] Die genannten Studien stellen eine Auswahl aus der wissenschaftlichen Literatur dar. Verweise auf weitere, überwiegend wissenschaftliche Studien finden sich bspw. bei Franke, N. (2000): Personalmarketing zur Gewinnung von betriebswirtschaftlichem Führungsnachwuchs, in: Marketing ZFP, Vol. 22, Heft 1, S. 78 und bei Wiltinger, K. (1997): Personalmarketing auf Basis von Conjoint-Analysen, in: ZfB, Ergänzungsheft 3, S. 62. Einen Überblick über frühe Studien im anglo-amerikanischen Raum geben Judge, T. A., Bretz Jr., R. D. (1992): Effects of work values on Job Choice Decisions, in: Journal of Applied Psychology, Vol. 77, Nr. 3, S. 262 f.

Studie	Fragestellung	Probanden	Wesentliche Ergebnisse
Fopp 1975	Einfluss des Branchenimages auf die Arbeitgeberwahl	Gymnasiasten und Mitarbeiter aus den Branchen Banken, Versicherung und Maschinenbau (n = 282)	Personenbezogene Determinanten wie interessante Arbeitsinhalte und gute Aufstiegs- und Weiterbildungsmöglichkeiten entscheidend für Arbeitgeberwahl. Einfluss sozialer Determinanten oder Image nicht mit Sicherheit feststellbar (ggf. aufgrund methodischer Defizite der Untersuchung).
Simon 1984	Arbeitgeberattraktivität von Großunternehmen, Vergleich der Attraktivitätsfaktoren Karriere und Sicherheit, Bedeutung Arbeitgeberimage	Studenten der BWL und VWL, Segmentierung nach High Potentials und durchschnittliche Absolventen (n = 613)	High Potentials stärker karriereorientiert als durchschnittliche Absolventen; Männer stärker karriereorientiert, Frauen eher sicherheitsorientiert
Böckenholt/ Homburg 1990	Arbeitgeberattraktivität von Großunternehmen, Vergleich der Attraktivitätsfaktoren Karriere, Ansehen, Sicherheit und Zukunft	Studenten des Wirtschaftsingenieurswesen (n = 91)	Attraktivitätsfaktoren Zukunft und Karriere wichtiger als Ansehen und Sicherheit.
Süß 1996	Branchen mit geringer Attraktivität, Branchenimages, Anforderungskriterien, Kompensationsmöglichkeiten unbeliebter Branchen	Studenten der Wirtschaftswissenschaften (n = 293)	Defizite der Branchenattraktivität zum Teil ausgleichbar. Höchste Kompensationswirkung durch "interessante Aufgabenstellung", "hohes Gehalt", "hohe Chancen auf einen Auslandseinsatz", "gutes Betriebsklima" und "gute Karrieremöglichkeiten".
Wiltinger 1997	Attraktivität von Großunternehmen, Unterschiede hinsichtlich direkter versus indirekter Befragungsmethode	Studenten und Absolventen der Wirtschaftswissenschaften (n = 298)	Wichtigste Anforderungskriterien für Absolventen: Aufstiegs- und Karrierechancen, Einkommen und Tätigkeitsspektrum.
Teufer 1999	Bedeutung der einzelnen Dimensionen des Arbeitgeberimages	Studenten der Wirtschaftswissenschaften, Segmentierung nach High Potentials und übrigen Absolventen (n=121)	Wichtigste Anforderungskriterien für High Potentials: abwechslungsreiche Tätigkeit, Eigenverantwortung, Karrieremöglichkeiten und Gehalt; für durchschnittliche Absolventen: Arbeitsplatzsicherheit.
Franke 2000	Arbeitgeberattraktivität ausgewählter Unternehmen, Ideal- und Realbewertung von Arbeitgebern	BWL-Studenten, Segmentierung der Zielgruppen nach Motivation: "Manager", "Teamplayer" und "Verweigerer" (n = 201)	Arbeitgeberideal variiert je nach Studentengruppe, wichtigste Anforderungskriterien für "Manager": Ansehen, Karriere und Gehalt; für "Teamplayer": Entfaltungsmöglichkeiten, Ansehen und Alter der Mitarbeiter.
Hotbrügge/ Rygl 2002	Attraktivität deutscher Großunternehmen, Beziehung zwischen Bekanntheitsgrad und Arbeitgeberattraktivität; Einfluss des Standortes auf das Arbeitgeberimage	Studenten der Wirtschafts- und Sozialwissenschaften (n = 180)	Markterfolg, Standort und Entgeltniveau als wichtigste Kriterien für positives Arbeitgeberimage; positive Korrelation zwischen Bekanntheitsgrad und Arbeitgeberattraktivität.
Kirchgeorg/ Lorbeer 2002	Anforderungen von High Potentials an ihren Arbeitgeber; Anforderungen von Unternehmen an High Potentials sowie Wahrnehmung der Anforderungen von High Potentials an Unternehmen durch die Unternehmen	High Potentials unterschiedlicher Fachrichtungen (n = 1.020); Personalentscheider bei in Deutschland ansässigen Unternehmen mit einem Umsatz über 25. Mio. EUR (n = 72)	Freundschaftliches Arbeitsklima, Aufstiegs- und Entwicklungsmöglichkeiten sowie herausfordernde Aufgaben als wichtigste Anforderungen der High Potentials. Clusterung der High Potentials in vier Segmente: "Ausgeglichene", "Eigennützige", "Genügsame" und "Anspruchsvolle"; berufliche und private Lebensqualität gewinnt als Anforderung durchweg an Bedeutung. Anforderungen der High Potentials werden von Unternehmen anders wahrgenommen als von den High Potentials formuliert. Unternehmen überschätzen v.a. die Bedeutung von Bekanntheit und Image für die Arbeitgeberwahl.
Grobe 2003	Anforderungen von High Potentials an ihren Arbeitgeber, Messung kognitiver und affektiver Wahrnehmungskomponenten für 55 Unternehmen	High Potentials unterschiedlicher Fachrichtungen (n = 2.821)	Freundschaftliches Arbeitsklima, Aufstiegs- und Entwicklungsmöglichkeiten sowie herausfordernde Aufgaben als wichtigste Anforderungen der High Potentials.
Kirchgeorg/ Günther 2000	Weiterentwicklung der 2002 begonnenen Studien (Kirchgeorg/ Lorbeer 2002 und Grobe 2003)	High Potentials unterschiedlicher Fachrichtungen (n = 2.188)	Gutes Arbeitsklima, ehrliche Information und herausfordernde Aufgaben als wichtigste Anforderungen der High Potentials; Bestätigung der 2002 identifizierten vier Cluster.

Abb. 25: Überblick über wissenschaftlich ausgerichtete Studien zur Arbeitgeberattraktivität bzw. zum Employer Branding[391]

An die Auswertung der Befragungsergebnisse schließen sich bei den meisten der genannten Autoren Empfehlungen für Personalmarketingmaßnahmen an. Allerdings entwickelt keiner der Autoren vor 2002 tatsächlich ganzheitliche Ansätze zum Personalmarketing, die bereits Züge eines Employer Branding-Ansatzes

---

[391] Quelle: Eigene Darstellung.

tragen.[392] Erst **Kirchgeorg und Lorbeer** nähern sich diesen Überlegungen. Sie schlagen ein Gap-Modell des Personalmarketings als Rahmen für einen systematisch angelegten Prozess der Verbesserung und Steuerung der Arbeitgeberattraktivität vor. Kernaussage des Modells ist, durch Verringerung bzw. Schließung der Gaps die Arbeitsplatzqualität zu steigern. Ohne dass der Begriff selbst genutzt wird, weist das Modell einige zentrale Züge eines ganzheitlichen Employer Branding-Ansatzes auf. So werden neben der Erfassung der Anforderungen an den Arbeitgeber bspw. auch die Analyse der Corporate Brand und die zielgruppenorientierte Entwicklung des Arbeitsplatz- und Karriereangebotes als zukünftige Aufgaben des Personalmarketings genannt.[393]

Aufbauend auf der Arbeit von Kirchgeorg und Lorbeer greift **Grobe** als Erste unter den aufgeführten wissenschaftlichen Autoren den Begriff und die Idee eines strategischen Employer Branding explizit auf. Sie analysiert zunächst Anforderungen und Wahrnehmung von Unternehmensmarken aus der Sicht von High Potentials und identifiziert dabei relevante Eigenschaften von Unternehmen in ihrer Funktion als Arbeitgeber. Des Weiteren werden auch generelle Wertvorstellungen der Zielgruppen am Arbeitsmarkt erfasst und ausgewertet. Auf der konzeptionellen Grundlage der identitätsorientierten Markenführung entwickelt sie anschließend ein Gap-Modell, das mögliche Identitätslücken in der Entwicklung und Umsetzung einer Employer Brand transparent macht und dadurch Ansätze für die Führung der Employer Brand aufzeigt. Sie stellt damit einen Managementansatz zur Führung der Employer Brand vor. Konkret identifiziert sie acht mögliche Identitätslücken

---

[392] Zu den angeführten Studien vgl. u.a. Fopp, L. (1975): Die Bedeutung des Branchenimage für Stellenwahl und Stellenwechsel, Bern u.a., insbesondere S. 251 ff.; Simon, H. (1984): Die Attraktivität von Großunternehmen beim kaufmännischen Führungsnachwuchs, in: ZfB, 54. Jg., Nr. 4, S. 324-345; Böckenholt, I., Homburg, C. (1990): Ansehen, Karriere oder Sicherheit?, in: ZfB, 60. Jg., Nr. 11, S. 1159-1181; Süß, M. (1996): Externes Personalmarketing für Unternehmen mit geringer Branchenattraktivität, München; Wiltinger, K. (1997): Personalmarketing auf Basis von Conjoint-Analysen, in: ZfB, Ergänzungsheft 3, S. 55-79; Teufer, S. (1999): Die Bedeutung des Arbeitgeberimages bei der Arbeitgeberwahl, Wiesbaden; Franke, N. (2000): Personalmarketing zur Gewinnung von betriebswirtschaftlichem Führungsnachwuchs, in: Marketing ZFP, Vol. 22, Heft 1, S. 75-92; Holtbrügge, D., Rygl, D. (2002): Arbeitgeberimage deutscher Großunternehmen, in: Personal, Jg. 54, 10/2002, S. 18-21; sowie Kirchgeorg, M., Günther, E. (2006): Employer Brands zur Unternehmensprofilierung im Personalmarkt, HHL-Arbeitspapier Nr. 74, Leipzig. Für weitere wissenschaftliche Arbeiten zum Thema vgl. auch Lieber, B. (1995): Personalimage - Explorative Studien zum Image und zur Attraktivität von Unternehmen als Arbeitgeber, München oder Steinmetz, F. (1997): Erfolgsfaktoren für die Akquisition von Führungsnachwuchskräften, Mainz.

[393] Vgl. Kirchgeorg, M., Lorbeer, A. (2002): Anforderungen von High Potentials an Unternehmen - Eine Analyse auf der Grundlage einer bundesweiten Befragung von High Potentials und Personalentscheidern, HHL-Arbeitspapier Nr. 49, Leipzig, S. 42.

(vgl. Abb. 26): die Wahrnehmungslücke (1), die Umsetzungslücke (2), die Reali-
tätslücke (3), die Kommunikationslücke (4), unternehmensinterne Umsetzungs-
lücken im Sinne nicht umgesetzter Vorgaben der Unternehmensführung durch die
Mitarbeiter (5, 6 und 7) sowie die Identifikationslücke (8).[394] Ziel des Employer
Branding muss es nach Grobe sein, diese Lücken zu identifizieren und durch
entsprechende markenbezogene Maßnahmen zu schließen.

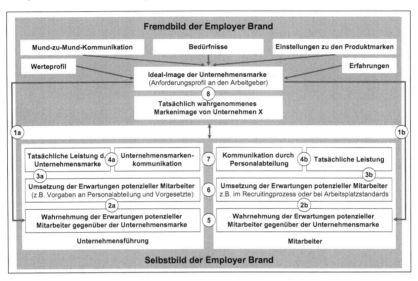

**Abb. 26: Gap-Modell der identitätsorientierten Führung der Employer Brand
nach Grobe[395]**

Grobe fokussiert in ihrer Arbeit auf drei Aspekte: Analyse der Arbeitgeberimages
von Unternehmensmarken bei High Potentials, Identifikation affektiver und kognitiver Einstellungskomponenten gegenüber einem Arbeitgeber sowie Untersuchung
des Einflusses ausgewählter psychographischer und soziodemographischer Konstrukte auf die Einstellungsbildung. Die Ergebnisse liefern fundierte Erkenntnisse
über die betrachteten Zielgruppen und bilden damit eine wertvolle Grundlage zur
Entwicklung und Führung einer Employer Brand. Grobe konzentriert sich in ihren

---

[394] Vgl. Grobe, E. (2003): Corporate Attractiveness - eine Analyse der Wahrnehmung von Unternehmensmarken aus der Sicht von High Potentials, HHL-Arbeitspapier Nr. 50, Leipzig, S. 76 f.
[395] Quelle: Ebenda, S. 76.

Aussagen jedoch auf die Zielgruppe der potenziellen Mitarbeiter und darunter spezifisch auf die Teilgruppe der High Potentials. Für einen ganzheitlichen Employer Branding-Ansatz müssten daher zusätzlich aktuelle Mitarbeiter sowie der Bereich der konsumentengerichteten Markenführung berücksichtigt werden.

3.4.2 Erklärungs- und Managementansätze aus der Praxis

Während wissenschaftliche Ansätze zum Employer Branding rar sind, finden sich in der Literatur Hinweise auf zahlreiche Ansätze zum Employer Branding aus der Praxis. Meist stammen sie von spezialisierten Marken- oder Personalmarketingagenturen und haben einen kommerziellen Hintergrund. Auch diese Ansätze haben sich häufig aus Zielgruppenbefragungen entwickelt, die das Ziel haben, den "beliebtesten Arbeitgeber" zu küren bzw. Anforderungen der Zielgruppen und Einstellungen zu bestimmten Unternehmen zu erfassen. Ebenso werden diese Erkenntnisse dazu genutzt, operative Personalmarketing- und insbesondere Kommunikationsempfehlungen für den Arbeitsmarkt zu definieren, um ein bestimmtes Arbeitgeberimage zu erschaffen bzw. zu verstärken. Abb. 27 gibt einen Überblick über eine Auswahl solcher Ansätze. Im Folgenden werden einige dieser Ansätze dargestellt und mit Blick auf den Anspruch eines Employer Branding im Rahmen einer ganzheitlichen Markenführung kritisch gewürdigt, das heißt, inwieweit sie die Employer und Consumer Branding Perspektive umfassen, alle Zielgruppen des Employer Branding mit in die Betrachtung einbeziehen und alle relevanten Einflussfaktoren und Gestaltungselemente des Markenführungsprozesses abbilden.

Zielgruppe	Erklärungsansätze (insb. Studien und Rankings)		Managementansätze	
	Anbieter	Eckpunkte des Ansatzes	Anbieter	Eckpunkte des Ansatzes
Potenzielle Mitarbeiter	Universum Communications	International angelegte Befragung von Absolventen (**"Universum Graduate Survey"**) über ihre Erwartungen und Präferenzen hinsichtlich ihrer Karriere sowie ihre Wunscharbeitgeber. Ableitung eines Rankings der "beliebtesten Arbeitgeber".	Universum Communications	**Fünfstufiger Prozess** zur Einführung einer Employer Branding-Strategie: Datenerhebung, Positionierung, Kommunikationsplanung, Materialerstellung und Umsetzung. Betonung auf **Konsistenz** zwischen Employer Brand und übergreifender Markenstrategie.
	Trendence Institut für Personalmarketing	Absolventenbefragung (sog. **Barometerstudien**) über ihre Anforderungen an einen Arbeitgeber und ihre Einschätzung unterschiedlicher Unternehmen; Erstellung von Ranglisten ("beliebtester Arbeitgeber"); Ableitung von Kommunikationsempfehlungen.	Publicis Berlin	**Vierstufiger Prozess**: Analyse, Strategieentwicklung, Umsetzungsplanung/ Umsetzung und Erfolgskontrolle. Herstellung von **Konsistenz** durch Einbezug der übergreifenden Markenstrategie des Unternehmens im Rahmen der Strategieentwicklung.
	Access	Befragung von Absolventen und Young Professionals über ihre Werte und Einstellungen (sog. **"Access Survey"**), Ableitung von Arbeitgeberprofilen.		
	Sophus	Abbildung des Entscheidungsverhaltens von Absolventen durch "**Choice-Modelling**", ein Conjoint-Messverfahren zum Matching von Unternehmensprofilen mit Anforderungsprofilen von Absolventen		
	Corporate Research Foundation in Zusammenarbeit mit der Zeitschrift "Karriere"	Jährliche Durchführung des **Wettbewerbs "Top Arbeitgeber"**. Erstellung von Arbeitgeberprofilen auf Basis von Unternehmensangaben. Informationsfunktion für potenzielle Mitarbeiter, aber keine Managementempfehlungen für das Employer Branding enthalten.		
Aktuelle Mitarbeiter	Institut "Greatplacetowork"	**Freiwilliger Wettbewerb** für Unternehmen, in dem die Arbeitgeberattraktivität auf Basis einer Mitarbeiterbefragung und einem Personal-Kultur-Audit erfasst wird. Erstellung von Ranglisten von Arbeitgebern. Ableitung von Maßnahmen zur Verbesserung des Arbeitsplatzangebotes möglich, aber keine Managementempfehlungen für das Employer Branding enthalten.	PA-Consulting	**Allgemein gültige Markenkernwerte** als Basis aller Entscheidungen und Handlungen im Unternehmen, d.h. **Konsistenz** durch einheitliche Positionierung gegenüber Kunden und Mitarbeitern
Potenzielle und aktuelle Mitarbeiter			Ansatz von Polomski	**Vorgehensmodell** aus 14 **Einzelschritten** zur Entwicklung der Employer Branding-Strategie. **Konsistenz** zwischen Employer und Consumer Branding durch einheitliche Grundbotschaft bei dennoch unterschiedlich ausgerichteten Inhalten.
			People in Business	**Einheitliche Positionierung** von Consumer und Employer Brand bei **gleichzeitiger Unterscheidung** einzelner **zielgruppenspezifischer Elemente**. Markenarchitektur als wesentlicher Einflussfaktor auf die Koordination.

Abb. 27: Überblick über Ansätze zum Employer Branding aus der Praxis[396]

Das **Trendence Institut für Personalmarketing**[397] führt jährlich verschiedene

---

[396] Quelle: Eigene Darstellung.
[397] Weitergehende Informationen zu diesem Ansatz finden sich beim Trendence Institut für Personalmarketing, Berlin: Unternehmenshomepage, im Internet unter www.trendence.de, Zugriff am 11.04.2006.

sog. Barometerstudien durch. Das sind repräsentative Befragungen von Absolventen über ihre Anforderungen an ihren Wunscharbeitgeber und ihre Einschätzung unterschiedlicher Unternehmen in Bezug auf verschiedene, für das Personalmarketing relevante Kriterien. Auf Basis strukturierter Imageprofile von Unternehmen als Arbeitgeber werden Ranglisten entwickelt, die die Attraktivität von Arbeitgebern abbilden sollen. Aus den gesammelten Informationen über die Bedürfnisse von Zielgruppen und die Wahrnehmung eines Unternehmens werden anschließend Kommunikationsempfehlungen für die Gewinnung neuer Mitarbeiter abgeleitet. Aus Sicht eines ganzheitlichen Markenmanagements ist bei diesem Ansatz insbesondere zu bemängeln, dass es keine Verknüpfung zur übergreifenden Markenstrategie des Unternehmens gibt. Darüber hinaus basieren die Empfehlungen auf einer rein externen Perspektive. Unternehmensinterne Zielgruppen werden ebenso wenig berücksichtigt wie die Unternehmensidentität und -kultur.

Weitere, in Ansatz und Aufbau ähnliche Befragungen potenzieller Mitarbeiter finden sich bei **Universum**[398], **Access**[399] und **Sophus**[400].

Im Unterschied zu diesen allein auf potenzielle Mitarbeiter ausgerichteten Ansätzen gibt es auch Konzepte, die sich auf Befragungen bei aktuellen Mitarbeitern stützen. Dies erfolgt zwar nicht explizit unter dem Begriff "Employer Branding", die Ansätze haben jedoch ebenso den Anspruch, Empfehlungen für die Verbesserung des Arbeitsplatzangebotes zu liefern. Eines der führenden Angebote stammt von

---

[398] Zum Universum Graduate Survey vgl. die Ausführungen im weiteren Verlauf des Abschnittes.

[399] Der Recruiting- und Personaldienstleister Access führt jährlich den "Access Survey" durch, eine repräsentative Befragung von Hochschulabsolventen und Young Professionals. Dabei werden Werte und Einstellungen der Befragten gemessen und daraus Arbeitgeberprofile erstellt, die Unternehmen eine Datenbasis über ihr eigenes Image und ein umfangreiches Benchmarking bietet. Unternehmen werden dabei in den beiden Dimensionen Bekanntheit (in %) und Attraktivität (Mittelwert von Einzelkategorien) bewertet und in ein Koordinatensystem mit diesen Ordinaten eingeordnet. Vgl. Access AG, Köln. Relevante Informationen im Internet unter http://recruiting.access.de/german/Recruiting/Studien/index.asp, Zugriff am 11.04.2006. Vgl. ferner Rust, H. (2002): Wohin wechseln?, in: managermagazin, 32. Jg., Nr. 3/2002, S. 214-224.

[400] Die Experten von Sophus, ein Coachinganbieter für Organisations- und Personalentwicklung, schlagen vor, das Entscheidungsverhalten von Absolventen durch ein "Choice Modelling" so realitätsnah wie möglich abzubilden. Dabei wird durch ein Conjoint-Messverfahren die Attraktivität von Unternehmen nicht auf Basis von Einzelkriterien ermittelt, sondern durch fiktive, aber realistische Gesamtprofile. Anschließend erfolgt ein Matching der Anforderungsprofile der Absolventen mit dem vorher erhobenen realen Unternehmensprofilen der teilnehmenden Unternehmen. Es fehlen jedoch konkrete Aussagen zur Gestaltung einer Employer Brand und zur Abstimmung mit der übergreifenden Markenstrategie. Vgl. Hinzdorf, T., et al. (2003a): Präferenzmatching zur Steuerung des Employer Branding, in: Personal, Jg. 55, Heft 08/2003, S. 18-20 und Hinzdorf, T., et al. (2003b): Employer Branding ist messbar, in: Personalwirtschaft, Heft 7/2003, S. 48 ff.

dem **Institut Greatplacetowork**®. Nach Auffassung dieses Institutes ist ein "great place to work" ein Arbeitsplatz, an dem Mitarbeiter "[...] trust the people they work for, have pride in what they do, and enjoy the people they work with."[401] Das Modell arbeitet mit fünf Kerndimensionen ("Credibility", "Respect", "Fairness", "Pride" und "Camaraderie"), die durch konkrete Beschreibungen hinterlegt sind. Jedes Jahr werden in verschiedenen Ländern auf Basis eines aufwendigen Bewerbungsverfahrens die besten Arbeitgeber identifiziert, in Deutschland bspw. in Zusammenarbeit mit der Zeitschrift CAPITAL.[402] Die Studie basiert auf zwei standardisierten Instrumenten: einer schriftlichen Mitarbeiterbefragung, in der Fragen zu den fünf genannten Dimensionen abgefragt werden, und einem Personal-Kultur-Audit, in dem Konzepte, Programme und Maßnahmen des Unternehmens im Personalbereich erfasst werden.[403] Die geschlossenen Fragestellungen zu den fünf Kerndimensionen erlauben zwar eine Klassifizierung der teilnehmenden Unternehmen in Rankings und geben darüber hinaus einen guten Einblick in erfolgversprechende Praktiken zur Gestaltung eines Unternehmens als attraktiver Arbeitgeber. Der Ansatz ist jedoch nicht der Markenführung zuzuordnen. Zum einen fehlt auch hier vor allem eine Berücksichtigung der übergreifenden Markenstrategie. Zudem lässt die einseitige Betrachtung aktueller Mitarbeiter keine gezielte Positionierung für die Zielgruppen der potenziellen Mitarbeiter zu.

Eine weitere interessante Studie wurde von der Corporate Research Foundation gemeinsam mit der Redaktion der Zeitschrift "Karriere" durchgeführt. Im Rahmen des **Wettbewerbs "Top Arbeitgeber 2005"**, wurden auf Basis von Unternehmensangaben Arbeitgeberprofile von 51 Unternehmen entlang eines umfassenden Kriterienkataloges angefertigt. Aus den Ergebnissen wurde ein entsprechendes Ranking mit den Toparbeitgebern erstellt.[404] Die Kernidee dieser Studie liegt darin, interessierten Bewerbern umfassende Informationen über Arbeitgeber zur Verfü-

---

[401] Great Place to Work Institute, San Francisco, Unternehmenshomepage: im Internet unter www.greatplacetowork.com, Zugriff am 13.04.2006, Rubrik "What makes a great place to work". Die Homepage bietet umfassende Informationen zum Unternehmen und seinem Modell.

[402] In Deutschland bewarben sich 2006 165 Unternehmen unterschiedlichster Größe (91 Unternehmen mit bis zu 500 Mitarbeitern, 64 Unternehmen mit bis zu 5.000 Beschäftigten und 10 Unternehmen mit mehr als 5.000 Arbeitnehmern), die besten 50 wurden in die Liste der "besten Arbeitgeber" aufgenommen. Vgl. o.V. (2006b): Deutschlands beste Arbeitgeber, im Internet unter http://www.capital.de/div/100002312.html, Zugriff am 13.04.2006.

[403] Vgl. hierzu ausführlich o.V. (2006b): Deutschlands beste Arbeitgeber, im Internet unter http://www.capital.de/div/100002312.html, Zugriff am 13.04.2006.

[404] Vgl. Corporate Research Foundation (Hrsg.) (2005): Top Arbeitgeber in Deutschland 2005, Bielefeld. Zu den Kriterien für die Beurteilung der Attraktivität von Unternehmen vgl. insbesondere S. 7 f. sowie S. 424 ff.

gung zu stellen. Dem Ranking ist aufgrund der geringen Fallzahl und der Freiwilligkeit der Teilnahme an dieser Studie aber allenfalls Indikatorfunktion zuzuweisen. Die Studie enthält auch keine Managementansätze für das Employer Branding. Sie kann aber im Rahmen einer Strategieentwicklung wertvolle Hinweise für die notwendige Abgrenzung von Wettbewerbern liefern.

Über diese arbeitsmarktspezifischen Untersuchungen hinaus gibt es zahlreiche Studien, die sich allgemein mit der Reputation von Unternehmen beschäftigen, ohne dabei einen konkreten Fokus auf die Zielgruppen der aktuellen und potenziellen Mitarbeiter zu haben. Zu nennen ist hier bspw. die Studie "The World's most respected companies 2004" von PWC und der Financial Times oder in Deutschland die alle zwei Jahre im Managermagazin veröffentlichten "Imageprofile".[405]

Beim **Vergleich der unterschiedlichen Rankings** ist festzustellen, dass die Topplatzierten aus den Graduiertenumfragen meist weniger gut in den Befragungen bei aktuellen Mitarbeitern abschneiden. Im Gegensatz dazu sind die von aktuellen Mitarbeitern oder unabhängigen Kommissionen nach festgelegten Kriterien gekürten "besten Arbeitgeber" häufig bei den Beurteilungen durch potenzielle Bewerber erst auf den hinteren Plätzen zu finden. Einer der Gründe könnte in der Selbstselektion der betrachteten Unternehmen bei den Mitarbeiterbefragungen liegen. Es könnte jedoch auch auf den Unterschied zwischen positiv belegter Vorstellungswelt von Absolventen über ihre Wunscharbeitgeber und den realistischeren Einschätzungen von Mitarbeitern zurückzuführen sein. Bemerkenswert ist bei der Betrachtung der unterschiedlichen Studien auch, dass im Vergleich mehrerer Jahre die Imagerankings meist ein hohes Maß an Beständigkeit aufweisen.[406]

Die bislang genannten praxisorientierten Ansätze liefern zwar eine Fülle von Informationen, die als Grundlage für die Entwicklung einer Employer Branding-Strategie zu nutzen sind, jedoch noch keine konkreten Handlungsmodelle. Diese finden sich erst in praxisorientierten Managementansätzen, die von verschiedenen Beratungsunternehmen angeboten werden. Im Folgenden werden einige dieser

---

[405] Vgl. PWC, Financial Times (2004): The World's most respected companies survey 2004, zu beziehen über www.pwcglobal.com, Zugriff am 14.12.2004. und Machatschke, M. (2006): Imageprofile 2006, in: managermagazin, 36. Jg., Nr. 2/2006, S. 74-83.
[406] Vgl. Grobe, E. (2003): Corporate Attractiveness - eine Analyse der Wahrnehmung von Unternehmensmarken aus der Sicht von High Potentials, HHL-Arbeitspapier Nr. 50, Leipzig, S. 11 sowie Machatschke, M. (2002): Vom Zauber der Marke, in: managermagazin, 32. Jg., Nr. 2/2002, S. 56.

Ansätze näher beleuchtet.[407]

Universum Communications ist ein schwedisches, international agierendes Unternehmen im Bereich der Personalmarktkommunikation und des Employer Branding.[408] Das Unternehmen führt jährlich den Universum Graduate Survey durch, eine Umfrage bei Absolventen der Wirtschafts-, Ingenieurs- und Naturwissenschaften in 19 Ländern Europas und den USA. Die Befragten geben darin Auskunft über ihre Erwartungen und Präferenzen bezüglich ihrer Karriere. Dabei kennzeichnen sie zunächst in einer Liste von 100 Unternehmen die, die ihnen bekannt sind und in einem zweiten Schritt solche, bei denen eine Bewerbung bzw. Anstellung in Erwägung gezogen würde. Schließlich wählen sie aus dem verbleibenden Set fünf ideale Arbeitgeber aus, bei denen eine Anstellung bevorzugt würde. Aus der Anzahl derjenigen, die ein Unternehmen als "präferierten Arbeitgeber" ausgewählt haben, ergibt sich schließlich die Position im Ranking.[409]

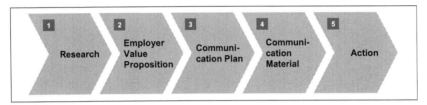

Abb. 28: Employer Branding-Modell von Universum[410]

Aufbauend auf den Ergebnissen des Graduate Surveys schlägt Universum zur Entwicklung und Umsetzung einer Employer Branding-Strategie einen Prozess in fünf Schritten vor, der in Abb. 28 dargestellt ist. Im ersten Schritt werden umfassende Daten erhoben und ausgewertet. Dazu gehören Befragungen der Ziel-

---

[407] Es ist davon auszugehen, dass die hier vorgestellte Auswahl keine erschöpfende Zusammenfassung aller angebotenen Modelle darstellt. Rückschlüsse darauf lassen sich bspw. aus den Veröffentlichungen einzelner Unternehmen zu ihren Employer Branding-Ansätzen gewinnen. Teilweise wird dort auf die Unterstützung von Beratungsunternehmen Bezug genommen. Entsprechende Hinweise auf Quellen finden sich im weiteren Verlauf dieses Abschnittes.

[408] Für Informationen zum Unternehmen und seinen Angeboten vgl. Universum Communications, Stockholm: Unternehmenshomepage, im Internet unter www.universumeurope.com, Zugriff am 11.04.2006.

[409] Vgl. Grobe, E. (2003): Corporate Attractiveness - eine Analyse der Wahrnehmung von Unternehmensmarken aus der Sicht von High Potentials, HHL-Arbeitspapier Nr. 50, Leipzig, S. 16 f.

[410] Quelle: Universum Communications (2005): Employer Branding Global Best Practices 2005, Stockholm, S. 120. Hier findet sich auch eine ausführliche Beschreibung des Ansatzes mit den einzelnen Stufen des Managementmodells. Vgl. ebenda, S. 120 ff.

gruppen am Arbeitsmarkt, Fokusgruppen und Interviews mit aktuellen und ehemaligen Mitarbeitern, Benchmarking-Studien und Medienrecherchen. Daraus wird die Positionierung, die sog. "Employer Value Proposition", abgeleitet. Laut Universum muss sie aus Werten bestehen, die das Unternehmen spezifisch in seiner Rolle als Arbeitgeber beschreiben, gleichzeitig realistisch einlösbar sind, den Anforderungen potenzieller und aktueller Mitarbeiter gerecht werden und eine ausreichende Differenzierung vom Wettbewerb ermöglichen.[411] Darüber hinaus wird darauf verwiesen, dass ein hohes Maß an Konsistenz zwischen der Employer Brand und anderen Markenbotschaften und -strategien zu gewährleisten ist: "The employer value proposition and the employer brand can not and should not be in any way separate from corporate strategy or corporate brand. They should be consistent and support each other in order to fulfil business objectives."[412] Dazu wird empfohlen, das Management in den Employer Branding-Prozess mit einzubeziehen, um eine enge Abstimmung mit der Strategie sicherzustellen. Weitere Hinweise über die Abstimmung zwischen Corporate und Employer Branding fehlen jedoch. Die letzten drei Schritte beziehen sich auf die Entwicklung und Umsetzung konsistenter Markenbotschaften gemäß der definierten Positionierung. Aufgrund der beschriebenen Verknüpfung zur Corporate Brand enthält dieser Ansatz zwar in seiner Anlage einen ganzheitlichen Aspekt. Die Notwendigkeit zur Koordination wird jedoch nur festgestellt, der Abstimmungsprozess aber nicht in seinen einzelnen Facetten aufgefächert und systematisch aufgezeigt.

Publicis Berlin, eine Marken- und Kommunikationsagentur, hat ebenfalls einen Ansatz zur Entwicklung und Umsetzung einer Employer Branding-Strategie entwickelt. Er besteht aus vier Schritten, beginnend mit einer Analyse ("Brand Context Analysis"), der Strategieentwicklung ("Brand Workshop"), der Umsetzungsplanung ("Connections Workshop") und – nach erfolgter Umsetzung im Markt – abschließend mit einer Erfolgskontrolle ("Data Workshop"). Der Ansatz ist in Abb. 29 abgebildet.

Die Analyse umfasst Unternehmens-, Markt- und Arbeitgebermarkenkontext und berücksichtigt dadurch auch die konsumentengerichtete Markenführung und die allgemeine strategische Ausrichtung des Unternehmens. Die gewonnenen Erkenntnisse über die Wahrnehmung der Unternehmensmarke gehen in die Definition der Employer Brand-Positionierung im zweiten Schritt des Ansatzes ein

---

[411] Vgl. Ebenda, S. 124.
[412] Ebenda, S. 125.

("Brand Workshop").[413] Über die Art der Abstimmung und die relevanten Einflussgrößen werden jedoch keine konkreten Angaben gemacht. Auch dieses Modell stellt somit in seiner Anlage einen ganzheitlichen Ansatz dar, ohne dass aber Einzelheiten über die Wirkungsmechanismen für die Abstimmung klar werden.

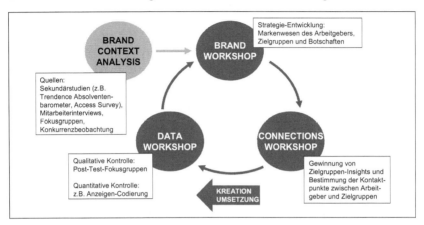

Abb. 29: Employer Branding-Kommunikationsmodell "La Holistic Difference" von Publicis Berlin[414]

Ähnlich stellt sich auch die Bewertung des Ansatzes von **PA-Consulting**, einer international agierenden Beratung aus Großbritannien, dar.[415] Grundlage des Employer Branding-Ansatzes von PA Consulting sind klar definierte und im Unternehmen anerkannte Kernwerte, die als Basis aller Entscheidungen und Handlungen dienen sollen. Dabei sind alle Aktivitäten nach drei Aspekten zu beurteilen: Schaffen sie Wert für Mitarbeiter, befähigen sie die Mitarbeiter dazu, das Markenversprechen gegenüber dem Kunden einzulösen und liefern die Entscheidungen einen guten "Return on Investment" für das Unternehmen? Der Ansatz ist in Abb. 30 dargestellt.

Im Gegensatz zu den vorher dargestellten Modellen konzentriert sich der Employer Branding Ansatz von PA Consulting auf aktuelle Mitarbeiter, lässt jedoch

---

[413] Vgl. Publicis Berlin (2005): Employer Branding, Berlin, zu beziehen über www.publicis-berlin.de, S. 8 ff.

[414] Quelle: Ebenda, S. 8 f.

[415] Vgl. PA Consulting (2002): Employer Brand - The new frontier for productivity and profit, PA Consulting, London, zu beziehen über www.paconsulting.com.

potenzielle Mitarbeiter außer Acht. Zudem unterstellt der Ansatz eine einheitliche Positionierung gegenüber Kunden und Mitarbeitern, ohne genaue Aussagen über mögliche Zielgruppendifferenzierungen zu treffen.

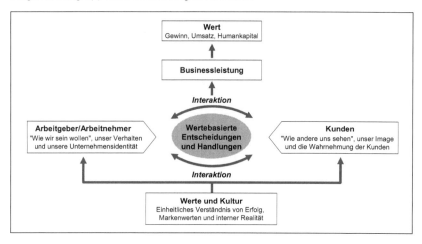

Abb. 30: "Employer Brand Model" von PA Consulting[416]

Einen weiteren Ansatz aus der Beratungspraxis stellt **Polomski** vor.[417] Sein Vorgehensmodell besteht aus vierzehn Einzelschritten. Er bezieht dabei u.a. Aspekte der Unternehmensstrategie, der Vision, Mission und Corporate Identity, eine detaillierte Analyse der Anforderungen wichtiger Stakeholdergruppen und eine Wettbewerber- und Umfeldanalyse mit ein und plädiert für eine enge Zusammenarbeit zwischen HR, Marketing und Unternehmenskommunikation. Sein Vorgehen mündet in einer Strategie, in der "Employee Value Proposition und Customer Value Proposition (...) auf ein- und derselben Positionierung fußen und dieselbe Grundbotschaft bei dennoch unterschiedlich ausgerichteten Inhalten und Zielgruppen ausgeben."[418] Zwar weist er im weiteren Verlauf seiner Ausführungen auf die Herausforderung dieser Aufgabe angesichts divergierender Anforderungen unter-

---

[416] Quelle: PA Consulting (2002): Employer Brand - The new frontier for productivity and profit, PA Consulting, London, zu beziehen über www.paconsulting.com, S. 3.

[417] Vgl. zu den folgenden Darstellungen dieses Ansatzes Polomski, S. (2005): Mehr als Marke: Employer Branding, in: Gaiser (Hrsg.): Praxisorientierte Markenführung: neue Strategien, innovative Instrumente und aktuelle Fallstudien, 1. Auflage, Wiesbaden, S. 473-490. Polomski macht keine Angaben darüber, für welches Beratungsunternehmen dieser Ansatz entwickelt wurde.

[418] Ebenda, S. 483.

schiedlicher Zielgruppen hin. Eine genaue Analyse der für diese Abstimmung notwendigen Determinanten unterbleibt jedoch.

Schließlich ist auf das Modell von **"People in Business"** zu verweisen, mit dem ähnlich wie bei Polomski eine einheitliche Kernpositionierung bei gleichzeitiger Unterscheidung einzelner Elemente zwischen Consumer und Employer Brand angestrebt wird.[419] Das Modell stellt einen integrierten Ansatz dar, der berücksichtigt "[...] that some brand qualities need to shine through every stakeholder's experience of the brand, while others need to be specifically designed to meet the different needs and aspirations of customers and employees."[420] Das Konzept ist daher den in Kapitel B.2.3 dargestellten Ansätzen zuzuordnen, die eine Koordination zwischen Employer und Consumer Branding durch eine gemeinsame Basis verfolgen. Abb. 31 stellt das Modell dar. Als wesentlicher Einflussfaktor auf die notwendige Koordination zwischen Consumer und Employer Brand wird die Gestaltung der Markenarchitektur genannt. Die Autoren unterscheiden dabei drei Optionen mit jeweils unterschiedlichen Auswirkungen auf den Abstimmungsbedarf:

- **"Monolithic"**: Die Organisation nutzt in allen Bereichen den gleichen Markennamen und die gleiche visuelle Identität (z.B. Deutsche Bank oder Roland Berger Strategy Consultants). In diesem Fall ist die Klärung der Beziehung zwischen Employer Brand und Consumer Brand erforderlich.

- **"Parent"**: Entweder existieren dabei eine übergeordnete Dachmarke und darunter liegende Company Brands (z.B. DaimlerChrysler mit Mercedes Car Group, Chrysler, Daimler Chrysler Financial Services etc.) oder eine Unternehmensmarke mit Produkt- und Familienmarken (z.B. L'Oréal mit Marken wie Vichy, Garnier und Armani Parfums). In beiden Fällen sind Employer Brand und Consumer Brand nicht identisch, so dass auch hier eine Abstimmung zwischen der absatz- und arbeitsmarktgerichteten Markenführung notwendig ist.

- **"Subsidiary"**: Als Employer Brand wird in diesem Fall eine Company Brand genutzt, die identisch mit der Consumer Brand ist, jedoch zu einem übergeordneten Konzern gehört und damit nicht die Corporate Brand selbst ist. (z.B. Allianz mit der Dresdner Bank). In diesem Fall ist sowohl eine Abstimmung mit der übergeordneten Corporate Brand als auch mit der konsumentengerichteten

---

[419] Vgl. ausführlich Barrow, S., Mosley, R. (2005): The Employer Brand, Chichester, S. 100 ff.
[420] Ebenda, S. 110.

Markenführung erforderlich.

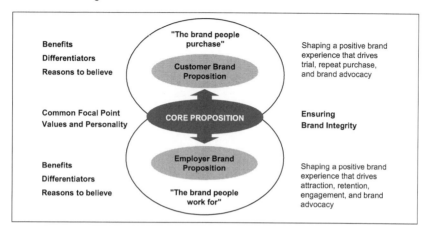

Abb. 31: Integriertes Markenmodell von "People in Business"[421]

Auch wenn das Modell von "People in Business" Unterschiede zwischen Consumer und Employer Brand explizit erlaubt, empfehlen die Autoren insgesamt, die Employer Brand so eng wie möglich an die konsumentengerichtete Markenstrategie anzugleichen, um Integrität und Glaubwürdigkeit zwischen interner und externer Markenführung sicherzustellen.[422] Aus Sicht eines Employer Branding im Rahmen einer ganzheitlichen Markenführung stellt der Ansatz in seiner Grundkonzeption einen guten Startpunkt dar. Zu bemängeln ist jedoch, dass nur die Markenarchitektur als Einflussfaktor auf den Koordinationsbedarf angeführt, eine umfassende Analyse aller relevanten Determinanten dagegen nicht geleistet wird.

Neben diesen kommerziell angebotenen Modellen von Beratungsfirmen zeigen zahlreiche Veröffentlichungen, wie sich Unternehmen in der Praxis mit dem Thema Employer Branding auseinandersetzen und zum Teil eigene Herangehensweisen entwickeln. Als Beispiele können **Philips**[423], **Axa**[424], die **Deutsche Post World Net**[425], **Sepracor**[426] oder **Thomas Cook**[427] genannt werden. Interessante

---

[421] Quelle: Barrow, S., Mosley, R. (2005): The Employer Brand, Chichester, S. 111.

[422] Vgl. ebenda, S. 112.

[423] Vgl. van Leeuwen, B., et al. (2005): Building Philips' employer brand from the inside out, in: Strategic HR Review, Vol. 4, Nr. 4, S. 16-19.

[424] Vgl. Higginbottom, K. (2003): Image conscious, in: People Management, Vol. 9, Nr. 3, S. 44-45.

[425] Vgl. Schulze, R., et al. (2005): Employer Branding, in: absatzwirtschaft, 1/2005, S. 92-94.

Einblicke gibt zudem die Universum-Studie "Employer Branding Best Practices", in der 50 internationale Unternehmen zu ihren Aktivitäten im Bereich Employer Branding Stellung nehmen.[428]

In Bezug auf eine Abstimmung der Markenführung zwischen Employer und Consumer Brand ist unter den in der Literatur beschriebenen Praxisbeispielen insbesondere der Ansatz der **Financial Times** von Interesse.[429] Aus der Erkenntnis heraus, dass die Marke "Financial Times" eine starke Signal- und Magnetwirkung auf Bewerber und Mitarbeiter ausübt und dadurch solche Mitarbeiter anzieht, die sich mit diesen Werten identifizieren, wurde ein Employer Branding-Modell entwickelt, das eine enge Verbindung zwischen Employer und Consumer Brand sicherstellt. Der Ansatz basiert auf vier Elementen, die gewährleisten, dass die nach außen transportierten Werte auch intern etabliert werden (vgl. Abb. 32):

- "Day-to-day experiences", d.h. die täglichen Erfahrungen, die ein Mitarbeiter im Unternehmen macht. Hierzu zählen bspw. Entscheidungsprozesse, Umgangston, Einflussmöglichkeiten und Zielvorgaben. Ziel ist es, die nach außen kommunizierten Versprechen auch tatsächlich einzulösen: "If the external rethoric is not mirrored internally, than a lack of credibility in leadership messages ensues and people quickly feel disempowered."[430]

- "The kind of people we hire", d.h. die Selektion, Entwicklung und Beförderung solcher Mitarbeiter, die die Werte der Financial Times repräsentieren und fördern.

- Die Bereitstellung der Ressourcen und Ausrichtung der Prozesse ("Resources and Processes"), um eine optimale Einlösung des Markenversprechens für den Kunden durch die Mitarbeiter zu ermöglichen.

---

[426] Sepracor ist ein Pharmaunternehmen aus den USA mit ca. 2.700 Mitarbeitern. Zum Employer Branding-Ansatz vgl. DeTore, R., Jackson, D. H. (2006): Managing Sepracor's employment brand, in: Strategic HR Review, Vol. 5, Nr. 6, S. 20-23.
[427] Vgl. Dalby, C. (2004): Developing an employer brand at Thomas Cook, in: Strategic HR Review, Vol. 3, Nr. 5, S. 16-19.
[428] Vgl. Universum Communications (2005): Employer Branding Global Best Practices 2005, Stockholm, S. 16-95.
[429] Vgl. Young, A. (2002): Aligning the FT's employer and consumer brands, in: Strategic HR Review, Vol. 2, Nr. 1, S. 12-16.
[430] Ebenda, S. 14.

- "Change and Development", d.h. die Art und Weise, wie sich das Unternehmen durch seine Strategie und die Mitarbeiter verändern und entwickeln kann.

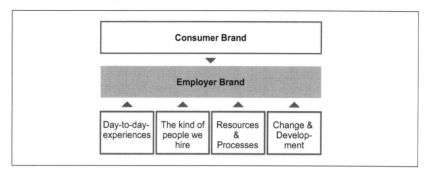

Abb. 32: Employer Branding-Ansatz der Financial Times[431]

Kernelement dieses Ansatzes ist somit eine weitgehende Anlehnung der Employer Brand an die konsumentengerichtete Markenführung. Er beinhaltet die Implementierung der Markenwerte der Financial Times nach innen und außen und fördert dadurch ein Höchstmaß an Konsistenz in der Markenwahrnehmung sowohl bei Kunden als auch bei potenziellen und aktuellen Mitarbeitern. Das Modell lässt jedoch keinen Spielraum für zielgruppenspezifische Differenzierungen in der Markenführung. Es ist im weiteren Verlauf der Arbeit zu untersuchen, ob ein solcher Ansatz auch für Unternehmen geeignet ist, die bspw. über ein komplexeres Markenportfolio verfügen als die Company Brand "Financial Times"[432] oder die bspw. am Absatzmarkt andere Zielgruppen ansprechen als am Arbeitsmarkt.

Bei einer **vergleichenden Analyse** aller vorgestellten Ansätze zum Employer Branding wird die bereits eingangs des Kapitels angesprochene Vielfalt der Herangehensweisen deutlich. **Viele** Autoren **thematisieren** bzw. fordern zwar eine **Koordination** zwischen arbeitsmarkt- und absatzmarktgerichteter Markenführung, **bleiben** aber eine **detaillierte Analyse** und Beschreibung der dafür notwendigen Schritte **schuldig**. Explizit behandelt wird Zielgruppendifferenzierung lediglich in dem Ansatz von "People in Business". Aber auch dort werden abgesehen von der

---

[431] Quelle: Ebenda, S. 13.

[432] Die Financial Times Group ist ein Unternehmen der Pearson plc. Die Financial Times wird in 18 Städten weltweit gedruckt und international gelesen. In Spanien, Frankreich und Deutschland erscheinen eigene Titel (z.B. FTD). Darüber hinaus verfügt das Unternehmen über einen 34%-Anteil an der Finanz-Website MarketWatch.com. Vgl. ebenda, S. 13.

Markenarchitektur keine weiteren Einflussfaktoren betrachtet, die bei der Koordination zwischen Employer und Consumer Branding zu berücksichtigen sind.[433]

Insgesamt lässt sich **zu den bisherigen Ansätzen** zum strategischen Employer Branding folgendes **Fazit** ziehen:

- Der **Schwerpunkt wissenschaftlicher Ansätze** liegt in der Befragung von Zielgruppen am Arbeitsmarkt, der Erfassung von Arbeitgeberimages und der auf Basis dieser Daten möglichen Ableitung von Kommunikationsempfehlungen. In der Praxis dagegen wird eine Vielzahl strategischer Managementmodelle zum Employer Branding angeboten.

- Bei vielen Unternehmen ist eine **mangelnde quantitative Fundierung** der Strategien zu konstatieren. Zwar beziehen sich die meisten Ansätze auf Befragungen, z.B. von High Potentials. Die Ergebnisse stellen jedoch nur einen Teil der notwendigen Datenbasis zur Verfügung. Marktforschungserkenntnisse zur übergreifenden Markenführung oder bspw. aus Mitarbeiterbefragungen werden nur selten genutzt. Insgesamt werden Entscheidungen beim Employer Branding oft eher gefühlsmäßig getroffen und weniger aufgrund von Forschungsergebnissen und Fakten. Zu diesem Ergebnis kommt auch die Universum-Studie "Employer Branding – Global Best Practices 2005".[434] Obwohl Employer Branding vor allem auf potenzielle Mitarbeiter und damit externe Zielgruppen fokussiert, verlassen sich viele Firmen auf eigene Einschätzungen und Erfahrungen anstatt auf Marktforschung. Dies deutet darauf hin, dass Unternehmen bisher im Employer Branding mit weniger fundierten und professionalisierten Ansätzen arbeiten als z.B. im Consumer und Corporate Branding.

- Insgesamt ist der Aspekt der **Differenzierung** von relevanten Wettbewerbern **noch nicht systematisch** im Employer Branding **etabliert**. Häufig ist eine Konzentration auf arbeitsmarkttypische, rationale bzw. funktionale Attribute zu verzeichnen. Emotionale und abstrakte Positionierungselemente werden selten verwendet.[435] Ein Grund dafür könnte sein, dass die meisten Studien zur Arbeit-

---

[433] Vgl. Barrow, S., Mosley, R. (2005): The Employer Brand, Chichester, S. 109 ff.

[434] Vgl. Universum Communications (2005): Employer Branding Global Best Practices 2005, Stockholm, S. 102 f.

[435] Zur Notwendigkeit, funktionale und emotionale Kriterien in der Positionierung der Employer Brand zu berücksichtigen, vgl. Lievens, F., Highhouse, S. (2003): The relation of instrumental and symbolic attributes to a company's attractiveness as an employer, in: Personnel Psychology, Vol. 56, Nr. 1, S. 75-102.

geberattraktivität mit ähnlichen Statement-Batterien und Kategorien arbeiten, so dass die Ergebnisse nur unwesentlich voneinander abweichen.

- Handlungsorientierte Anhaltspunkte für die **Abstimmung zwischen Employer und Consumer Branding** sind mit Ausnahme von "People in Business" **bei keinem** der analysierten Modelle **erkennbar.** Immerhin wird bei den meisten Ansätzen zumindest auf die Notwendigkeit einer Abstimmung oder – wie im Fall von Universum – auf die Notwendigkeit von Konsistenz aufmerksam gemacht. Insgesamt unterstreicht dies die Einschätzung von Mellor: "One problem with the employer branding approach is that it focuses on employees in isolation, without a link to the customer."[436]

- Dies könnte mit der **teilweise noch isolierten organisatorischen Verankerung** von Employer Branding in den Unternehmen zusammenhängen. Verantwortlich für Employer Branding ist in der Regel der HR-Bereich. Die bereits oben zitierte Universum-Studie ergab, dass in fast 90% der Unternehmen die HR-Abteilung in die Arbeit zum Employer Branding involviert ist, der Marketingbereich dagegen nur zu 51%, Corporate Communications immerhin zu 66%. Dabei ist bemerkenswert, dass mit zunehmender Unternehmensgröße das Involvement von Marketing- und Kommunikationsbereich zunimmt. Topmanagement ist in 60% der Fälle in Employer Branding-Aktivitäten eingebunden.[437]

Insgesamt lässt sich aus diesen Erkenntnissen **erhebliches Verbesserungspotenzial** für das Employer Branding ableiten. Hervorzuheben sind eine stärkere Koordination mit der absatzmarktgerichteten Markenführung ebenso wie mit der Unternehmensidentität und -kultur, eine konsequente Erweiterung des Employer Branding auf aktuelle Mitarbeiter und eine stärkere Emotionalisierung von Employer Brands, vor allem zur besseren Differenzierung gegenüber Wettbewerbern am Arbeitsmarkt. Darüber hinaus gilt es, alle als relevant identifizierten Einflussfaktoren und Gestaltungselemente in einem **wissenschaftlich fundierten Bezugsrahmen des Employer Branding** zusammen zu führen. Die Ableitung dieses Bezugsrahmens ist Inhalt des nun folgenden Kapitels.

---

[436] Mellor, V. (1999): Delivering brand values through people, in: Strategic Communication Management, Vol. 3, Nr. 2, S. 26.
[437] Vgl. Universum Communications (2005): Employer Branding Global Best Practices 2005, Stockholm, S. 101 f.

4. Einbettung des Employer Branding in eine ganzheitliche Markenführung

4.1 Interdependenzen als Ursache für den Koordinationsbedarf zwischen Employer und Consumer Branding

Zwischen Consumer und Employer Branding bestehen Schnittstellen, die eine integrierte Betrachtung beider Märkte im Rahmen der Markenführung erforderlich machen. Zu den wichtigsten **Schnittstellen** zählen die folgenden Punkte (vgl. auch die Ziffern in Abb. 33):

1. Die **übergreifende Klammer der Corporate Brand**, die Ausstrahlungseffekte sowohl für das Consumer als auch für das Employer Branding hat.

2. Die Rolle der **Mitarbeiter als Markenbotschafter** gegenüber Konsumenten und anderen Externen, insbesondere auch potenziellen Mitarbeitern.

3. **Wahrnehmungs- und Rollenüberschneidungen** zwischen den unterschiedlichen Stakeholdergruppen, die es unmöglich machen, die Darstellung und Kommunikation von Markenbotschaften zwischen den einzelnen Bezugsgruppen der Markenführung vollständig zu trennen.

4. Die **Anziehungs- und Identifikationsfunktion von Consumer Brands auf** potenzielle und aktuelle **Mitarbeiter**, die aufgrund ihrer Faszination für diese Marken den Wunsch haben, für das entsprechende Unternehmen zu arbeiten.

Diese Verknüpfungen zwischen Employer und Consumer Branding stellen **Interdependenzen** für die Markenführung dar. Von Interdependenzen wird in der betriebswirtschaftlichen Entscheidungslehre gesprochen, "[...] wenn das zielsetzungsgerechte Niveau einer Variablen vom Niveau einer anderen Variablen abhängt, d.h., wenn die zielsetzungsgerechte Lösung der Probleme nur bei simultaner Planung gefunden werden kann."[438] Für die hier behandelte Frage bedeutet dies, dass Entscheidungen über die Gestaltung und Führung der Employer Brand nur in Abstimmung mit dem Corporate bzw. Consumer Branding zielführend ist. Aus diesen Interdependenzen begründet sich somit der **Koordinationsbedarf**

---

[438] Adam, D. (1997): Planung und Entscheidung, 4. Auflage, Wiesbaden, S. 175. Adam spricht bei Interdependenzen auch von "Erfolgskopplungen". Zur Kopplung von Variablen in der Planung vgl. ausführlich ebenda, S. 168-193.

zwischen Employer und Consumer Branding.

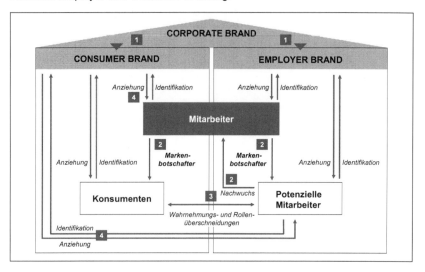

Abb. 33: **Interdependenzen zwischen konsumentengerichteter und**
mitarbeitergerichteter Markenführung[439]

Die aufgezeigten Interdependenzen werden im Folgenden in der Reihenfolge der
in der Abbildung genutzten Ziffern detailliert erläutert.

Übergreifende Wirkung der Corporate Brand (1)

Aus der Rezipientensicht ist die Corporate Brand, konkreter das Image, das Individuen von einem Unternehmen generell haben, nicht vollständig zu trennen von
dem Bild, das sie diesem Unternehmen als Anbieter von Produkten und Dienstleistungen einerseits und als Arbeitgeber andererseits zuordnen. Zwar kommen
Gatewood et al. zu dem Ergebnis, "[...] different groups have different images of
organizations and that an applicant group may have multiple images that are not
necessarily highly related."[440] Dennoch ist das Unternehmen immer ein übergreifender Identitätsanker. Selbst wenn am Absatzmarkt durch Produktmarken eine
weitgehende Trennung der Markenwahrnehmung erfolgt, ist Menschen, die sich

---

[439] Quelle: Eigene Darstellung.
[440] Gatewood, R. D., et al. (1993): Corporate image, recruitment image and initial job choice
decisions, in: Academy of Management Journal, Vol. 36, Nr. 2, S. 425.

intensiver mit einem Unternehmen auseinandersetzen, die Zugehörigkeit von Produktmarken zu diesem Unternehmen meist bekannt. Dies wird insbesondere auf Bewerber zutreffen, die ein Unternehmen als potenziellen Arbeitgeber in Betracht ziehen und entsprechend Informationen über ein Unternehmen sammeln.[441]

Aus der Sicht des Unternehmens entfaltet die Corporate Brand eine übergreifende Wirkung, da unternehmensspezifische Charakteristika sowohl für das Consumer als auch für das Employer Branding von Relevanz sein können. Sofern diese Charakteristika, d.h. insbesondere Identitäts- und Kulturmerkmale, in der Markenführung Berücksichtigung finden sollen, wirken diese Faktoren wie ein "inneres Band", das eine Koordination in der Gestaltung und Führung der Marke(n) erforderlich macht. Gerade Identitätsdimensionen bilden nach dem Verständnis der identitätsorientierten Markenführung die Grundlage aller markenbezogenen Entscheidungen. Da diese nicht beliebig zwischen den Zielgruppen variieren können, ergibt sich hieraus eine Interdependenz für die Markenführung.[442]

Mitarbeiter als Markenbotschafter (2)

Bereits in der Einführung (Kap. A.1) und in den folgenden Kapiteln wurde auf die wichtige Rolle von Mitarbeitern für die Markenführung hingewiesen. Diese wurde jedoch lange Zeit in Theorie und Praxis vernachlässigt. Noch 1999 konstatierte de Chernatony, "[...] much has been written about the interaction between brands and consumers, with less about the role of organisation's staff."[443] Auch heute scheint diesem Aspekt zumindest in der Praxis noch nicht die notwendige Aufmerksamkeit zuteil zu werden. 2004 ergab eine Studie, dass weniger als 50% der befragten Unternehmen Maßnahmen zum internen Markenmanagement durch-

---

[441] Vgl. Esch, F.-R., Bräutigam, S. (2004): Corporate- und Product Brands in die Markenarchitektur integrieren, in: Esch, et al. (Hrsg.): Corporate Brand Management, 3. Auflage, Wiesbaden, S. 134.

[442] Vgl. Meffert, H., Bierwirth, A. (2002): Corporate Branding - Führung der Unternehmensmarke im Spannungsfeld unterschiedlicher Zielgruppen, in: Meffert, et al. (Hrsg.): Markenmanagement - Grundfragen der identitätsorientierten Markenführung, 1. Auflage, Wiesbaden, S. 188. Zwar wird von einigen Autoren wie bspw. Balmer darauf hingewiesen, dass Unternehmen über multiple Identitäten verfügen können, jedoch wird auch hier eine Koordination und Abstimmung dieser Identitäten gefordert. Vgl. Balmer, J. M. T., Greyser, S. A. (2002): Managing the Multiple Identities of the Corporation, in: California Management Review, Vol. 44, Nr. 3, S. 75. Bierwirth sieht die Ausgestaltung multipler Identitäten für ein Unternehmen dagegen äußerst kritisch und interpretiert dies analog zur Humanpsychologie als krankhafte Erscheinung, vgl. Bierwirth, A. (2003): Die Führung der Unternehmensmarke, Frankfurt am Main, S. 104.

[443] de Chernatony, L. (1999): Brand Management through narrowing the gap between brand identity and brand reputation, in: Journal of Marketing Management, Vol. 15, Nr. 1-3, S. 157. Vgl. zudem die dort angegebenen Quellen.

führten.[444] Blumenthal beklagt hierzu, dass Markenführung nach wie vor als Marketingansatz verstanden werde, obwohl es vielmehr als Managementprozess zu sehen sei. Sie sieht im mangelnden Commitment von Topmanagement und Mitarbeitern zur Marke einen wesentlichen Grund für das Scheitern vieler Branding-Initiativen.[445]

Immerhin haben sich in der Zwischenzeit zahlreiche Autoren in der Wissenschaft dieser Thematik angenommen und sowohl theoretische als auch empirische Forschungsarbeiten vorgelegt.[446] Gestützt auf empirische Untersuchungen gehen viele Experten inzwischen sogar davon aus, dass das **Verhalten der Mitarbeiter einen stärkeren Einfluss auf die Markenwahrnehmung Externer ausübt als gezielte Kommunikationsmaßnahmen.**[447] Einer Studie der Markenagentur Interbrand zufolge lässt sich die Markenwahrnehmung von Kunden und anderen externen Bezugsgruppen zu über 80% auf das Verhalten der Mitarbeiter zurückführen.[448]

Besonders offensichtlich ist der Zusammenhang zwischen der Markenwahrnehmung der **Konsumenten** und dem Verhalten von Mitarbeitern in dienstleistungsintensiven Branchen, z.B. im Handel, im Gastgewerbe oder bei Unternehmens-

---

[444] Für diese Studie wurden 105 Brand Manager aus Deutschland befragt. Vgl. Burmann, C., Zeplin, S. (2005): Building brand commitment: A behavioural approach to internal brand management, in: Journal of Brand Management, Vol. 12, Nr. 4, S. 281. Zu ähnlichen Ergebnissen kam auch eine Studie in Großbritannien, vgl. Hemsley, S. (1998): Internal affairs, in: Marketing Week, London, Vol. 21, Nr. 5, S. 49 ff.

[445] Vgl. Blumenthal, D. (2002): "It's the people, stupid!" Why branding fails to inspire loyalty - and what you can do about it, im Internet unter http://allaboutbranding.com/index.lasso?article=280, Zugriff am 03.01.2005.

[446] Vgl. exemplarisch Blackston, M. (2000): Observations: Building brand equity by managing the brand's relationships, in: Journal of Advertising Research, Vol. 40, Nr. 6, S. 101-105, de Chernatony, L. (1999): Brand Management through narrowing the gap between brand identity and brand reputation, in: Journal of Marketing Management, Vol. 15, Nr. 1-3, S. 157-179 oder Bierwirth, A. (2003): Die Führung der Unternehmensmarke, Frankfurt am Main, S. 191 ff. Für einen ausführlichen Überblick über relevante Forschungsarbeiten zur internen Markenführung vgl. die entsprechenden Ausführungen und die dazu angegebenen Quellen in Kapitel B.2.2.

[447] Zu dieser Einschätzung kommen bspw. Mellor, V. (1999): Delivering brand values through people, in: Strategic Communication Management, Vol. 3, Nr. 2, S. 26 und Belz, C. (2005a): Komplexitätsmanagement durch professionelle Markenführung, in: Thexis, 22. Jg., Nr. 1, S. 5. Dies liegt vor allem an der höheren Glaubwürdigkeit von Mitarbeitern. Dagegen begegnen Konsumenten den Kommunikations- und Werbemaßnahmen eines Unternehmens eher mit Vorbehalten und Skepsis, vor allem bei Produkten, bei denen sie die Eigenschaften nicht oder nur schwer vor dem Kauf einschätzen können (d.h. Erfahrungs- und Vertrauensgüter). Vgl. Ford, G. T., et al. (1990): Consumer scepticism of advertising claims: Testing hypotheses from economics of information, in: Journal of Consumer Research, Vol. 16, Nr. 4, S. 433-441.

[448] Vgl. Colyer, E. (2003): Promoting brand allegiance within, im Internet unter http://www.brandchannel.com/start1.asp?id=171, Zugriff am 03.01.2005, sowie Vallaster, C. (2005): Versprochen ist versprochen, in: Harvard Business Manager, Oktober 2005, S. 110.

dienstleistungen. Dort ist schließlich der Mitarbeiter selbst die wesentliche Schnittstelle zwischen Kunden und Marke.[449] Doch auch in Unternehmen, in denen Produkte im Vordergrund stehen und sich der Kontakt zu Kunden häufig auf den Vertrieb, eine Hotline oder den Kundendienst beschränkt, prägen Mitarbeiter allein durch ihre täglichen Entscheidungen die Markenwahrnehmung der Konsumenten entscheidend mit. Das Verhalten der Mitarbeiter ist somit in jedem Fall eine der wichtigsten Quellen sowohl der Markenidentität als auch des Markenimages, da alle anderen Quellen letztlich auf Entscheidungen der Mitarbeiter zurückgehen.[450]

Mitarbeiter sind aber nicht nur für Kunden, sondern auch **für Interessenten und Bewerber** eine wichtige Schnittstelle zum Unternehmen. Sie sind einer Studie zufolge als Markenbotschafter der Employer Brand sogar die drittwichtigste Informationsquelle für Absolventen.[451] Verhalten und Kommunikation von Mitarbeitern im Rahmen von HR-Marketingaktivitäten und im Recruitingprozess selbst sind wichtige Einflussfaktoren auf die Wahrnehmung des Unternehmens durch die Bewerber. Dies setzt sich auch in der Kommunikation von Mitarbeitern über ihren Arbeitgeber im privaten Freundes- und Bekanntenkreis fort. In den letzten Jahren hat sich darüber hinaus zusätzlich das Internet als Kommunikationsplattform etabliert. In zahlreichen Diskussionsforen, Netzwerkplattformen oder in speziellen Online-Tagebüchern (sog. "Blogs") können Mitarbeiter Informationen über ein Unternehmen als Arbeitgeber einer breiteren Öffentlichkeit zugänglich machen. Dabei spielt es keine Rolle, ob diese Mitarbeiter noch angestellt oder bereits aus dem Unternehmen ausgeschieden sind.[452]

Mitarbeiter nehmen somit eine aktive Rolle in der Markenführung sowohl am Absatz- wie auch am Arbeitsmarkt ein. Koordinationsbedarf entsteht dadurch, dass

---

[449] Vgl. Kernstock, J., et al. (2004): Zugang zum Corporate Brand Management, in: Esch, et al. (Hrsg.): Corporate Brand Management, 1. Auflage, Wiesbaden, S. 19. Der Dienstleistungssektor nimmt in Deutschland ca. 70% des Bruttoinlandsproduktes ein – mit steigender Tendenz. Daraus kann die zunehmende Bedeutung von Mitarbeitern in der Markenführung abgeleitet werden, vgl. Schulz, R. (2004): Personalmanagement als internes Marketing, in: Baumgarth (Hrsg.): Marktorientierte Unternehmensführung, 1. Auflage, Frankfurt am Main, S. 301 f.

[450] Vgl. Meffert, H., Burmann, C. (2002b): Theoretisches Grundkonzept der identitätsorientierten Markenführung, in: Meffert, et al. (Hrsg.): Markenmanagement - Grundfragen der identitätsorientierten Markenführung, 1. Auflage, Wiesbaden, S. 63.

[451] Vgl. Universum Communications (2005): Employer Branding Global Best Practices 2005, Stockholm, S. 129.

[452] Vgl. bspw. Cable, D. M., et al. (2000): The sources and accuracy of job applicants' beliefs about organizational culture, in: Academy of Management Journal, Vol. 43, Nr. 6, S. 1078 f. oder Kennedy, S. H. (1977): Nurturing corporate images: Total communication or ego trip?, in: European Journal of Marketing, Vol. 11, Nr. 3, S. 158.

Employer Branding über den in Kapitel B.3.3 erläuterten Mechanismus des Wertefits Auswirkungen auf die Anziehung und Bindung bestimmter Mitarbeiter hat. Diese Mitarbeiter sind es dann, die die Markenbotschaft der Consumer Brand den Konsumenten und die Markenbotschaft der Employer Brand an potenzielle Mitarbeiter bestmöglich weiter geben müssen. Eine Abstimmung in der Markenführung zwischen Absatz- und Arbeitsmarkt ist daher notwendig, um sicher zu stellen, dass die Mitarbeiter beide Aufgaben zielführend wahrnehmen können.

Wahrnehmungs- und Rollenüberschneidungen bei den Stakeholdern (3)

Eine weitere Interdependenz resultiert aus der mangelnden Trennbarkeit der Markendarstellung im Consumer und Employer Branding. Es ist unmöglich, alle Markenbotschaften, d.h. bewusste und unbewusste Signale über die Marke, so gezielt auf einzelne Zielgruppen auszurichten, dass andere Zielgruppen diese Informationen nicht erhalten können.[453] Dies gilt insbesondere für Mitarbeiter, denn es ist davon auszugehen, dass jede nach außen gerichtete Markenbotschaft auch von Internen wahrgenommen und bewertet werden kann.[454] Andererseits ist kaum zu verhindern, dass nach innen gerichtete Markenbotschaften durch Kommunikation von Internen gegenüber Externen auch nach außen getragen werden.

Es bestehen jedoch nicht nur Überschneidungen in der Wahrnehmung von Markenbotschaften. Vielmehr ist insgesamt in vielen Branchen eine zunehmende Verflechtung und Interaktion zwischen Mitarbeitern und Externen wie Kunden, Zulieferern oder Behörden zu erkennen.[455] Häufig sind **einzelne Personen auch mehreren Stakeholdergruppen zuzuordnen**. Mitarbeiter können bspw. gleichzeitig als Konsument der Produkte, Mitglied spezieller Interessengruppen oder Anwohner Teil externer Bezugsgruppen sein. Anders herum können bspw. aus Kunden auch Bewerber und Mitarbeiter werden.

Wahrnehmungs- und Rollenüberschneidungen machen eine enge Abstimmung

---

[453] Als Gründe für die mangelnde Trennbarkeit von Markenbotschaften sind vor allem die inter- und intragruppenbezogene Kommunikation sowie der Informationstransfer durch Medien zu nennen. Vgl. Bierwirth, A. (2003): Die Führung der Unternehmensmarke, Frankfurt am Main, S. 55-57.

[454] Vgl. bspw. Gilly, M. C., Wolfinbarger, M. (1998): Advertising's internal Audience, in: Journal of Marketing, Vol. 62, Nr. 1, S. 69-88.

[455] Vgl. Hatch, M. J., Schultz, M. (1997): Relations between organizational culture, identity and image, in: European Journal of Marketing, Vol. 31, Nr. 5/6, S. 356 sowie Kiriakidou, O., Millward, L. J. (2000): Corporate identity: external reality or internal fit?, in: Corporate Communications, Vol. 5, Nr. 1, S. 50.

der markenbezogenen Aktivitäten zwischen Employer und Consumer Branding erforderlich, um zu vermeiden, dass als widersprüchlich wahrgenommene Botschaften die Wirkung der Markenführung bei den unterschiedlichen Zielgruppen am Absatz- und Arbeitsmarkt schwächen.[456]

Bezugsgruppenübergreifende Anziehungs- und Identifikationsfunktion (4)

Eine integrierte Betrachtung von Consumer und Employer Branding ist schließlich auch deshalb notwendig, weil **bezugsgruppenspezifische Markenbotschaften** oft **bezugsgruppenübergreifende Wirkungen** entfalten. Viele Consumer Brands üben auf potenzielle und aktuelle Mitarbeiter eine erhebliche Anziehungs- und Identifikationswirkung aus.[457] So sieht es bspw. die Firma Camper als besten Beweis für die Attraktivität ihrer Marke an, dass Menschen aus der ganzen Welt nach Mallorca übersiedeln möchten, um bei Camper zu arbeiten.[458] Auch Kraft Foods, am Absatzmarkt mit bekannten Marken wie Toblerone, Philadelphia oder Suchard vertreten, betont die Identifikationswirkung der Produktmarken auf die Mitarbeiter, wenngleich nach innen auch gleichzeitig die Unternehmensmarke Kraft Foods als Identifikationsanker genutzt wird.[459]

Auch verschiedene Studien weisen darauf hin, dass das Produktimage und die produktbezogene Unternehmenskommunikation ein wichtiger Faktor für die Entstehung eines Arbeitgeberimages ist.[460] In Befragungen zu den Anforderungen potenzieller Mitarbeiter an ihren Arbeitgeber wird diesem Aspekt zwar häufig im Vergleich zu anderen Kriterien nur eine mittlere bis geringe Wichtigkeit zugeordnet, jedoch ist allein die höhere Bekanntheit einer attraktiven Marke meist schon von Vorteil. Für viele Unternehmen ist daher die Bekanntheit und Ausstrahlungskraft ihrer Unternehmens- oder Produktmarken ein wichtiger Vorteil im

---

[456] Vgl. hierzu im folgenden Kapitel B.4.2 die Ausführungen zur Vermeidung von kognitiven Dissonanzen sowie die dazu angeführten Quellen.

[457] Vgl. bspw. Wiedmann, K. P. (2004): Markenführung und Corporate Identity, in: Bruhn (Hrsg.): Handbuch Markenführung, 2. Auflage, Wiesbaden, S. 1431.

[458] Vgl. Lieber, R. (2001): Schuhe mit Seele, in: Wirtschaftswoche, Nr. 19, 03.05.2001, S. 68.

[459] Vgl. Kernstock, J., et al. (2005): Interview: Interne Markenführung bei Kraft Foods Schweiz AG, in: Thexis, 22. Jg., Nr. 1, S. 11.

[460] Vgl. bspw. Cable, D. M., Graham, M. E. (2000): The determinants of job seekers' reputation perceptions, in: Journal of Organizational Behavior, Vol. 21, Nr. 8, S. 935 ff., Cable, D. M., et al. (2000): The sources and accuracy of job applicants' beliefs about organizational culture, in: Academy of Management Journal, Vol. 43, Nr. 6, S. 1076 ff. sowie Highhouse, S., et al. (1999): Assessing company employment image: an example from the fastfood industry, in: Personnel Psychology, Vol. 52, S. 153.

Wettbewerb um die "besten Köpfe".[461]

Auf der anderen Seite ist davon auszugehen, dass eine starke Employer Brand auch positive Wirkungen auf den Unternehmenserfolg am Absatzmarkt entfaltet. Viele Kunden – gerade in Business-to-Business-Märkten – wählen sehr genau aus, wessen Produkte sie kaufen und mit wem sie Geschäfte machen. Sie suchen nach Unternehmen mit hohen ethischen Standards, gesellschaftlichem Engagement und einer fairen und guten Behandlung der Mitarbeiter.[462] Positive Effekte können sich auch durch Kunden ergeben, die einem Unternehmen treu verbunden bleiben, weil sie an die Leistungsfähigkeit der Mitarbeiter glauben, fasziniert davon sind, wie das Unternehmen geführt wird und anerkennen, dass das Unternehmen ein guter und verantwortungsbewusster Arbeitgeber ist.[463] Oder aber es ergibt sich über die Zufriedenheit und Motivation der Mitarbeiter indirekt auch ein positiver Effekt auf die Zufriedenheit der Kunden.[464] Negative Auswirkungen sind dagegen zu befürchten, wenn eine schwache Employer Brand zum Verlust von Leistungsträgern führt.[465]

Die obigen Ausführungen zu den Interdependenzen machen deutlich, dass Employer Branding keine "Insellösung" mit einer reinen Ausrichtung auf den Arbeits-

---

[461] In der Studie von Kirchgeorg und Günther bspw. wird den Kriterien "Guter Ruf des Unternehmens" und "Gute Beurteilung der Produkte oder Dienstleistungen" Platz 25 bzw. Platz 31 von 46 Anforderungskriterien zugeordnet. Vgl. Kirchgeorg, M., Günther, E. (2006): Employer Brands zur Unternehmensprofilierung im Personalmarkt, HHL-Arbeitspapier Nr. 74, Leipzig, S. 25. In solchen Studien können jedoch nicht reale Entscheidungsprozesse von Absolventen nachvollzogen werden, in denen anderen Untersuchungen zufolge die Reputation des Unternehmens als wichtiger eingestuft wird. Vgl. bspw. Wiltinger, K. (1997): Personalmarketing auf Basis von Conjoint-Analysen, in: ZfB, Ergänzungsheft 3, S. 55-79. Zu den Vorteilen einer hohen Bekanntheit vgl. bspw. Holtbrügge, D., Rygl, D. (2002): Arbeitgeberimage deutscher Großunternehmen, in: Personal, Jg. 54, 10/2002, S. 21; Wiedmann, K. P. (2004): Markenführung und Corporate Identity, in: Bruhn (Hrsg.): Handbuch Markenführung, 2. Auflage, Wiesbaden, S. 1414.

[462] Vgl. Gayeski, D., Gorman, B. (2005): HR's role in developing brand personality, in: Strategic HR Review, Vol. 4, Nr. 3, S. 23.

[463] Vgl. Wiedmann, K. P. (2004): Markenführung und Corporate Identity, in: Bruhn (Hrsg.): Handbuch Markenführung, 2. Auflage, Wiesbaden, S. 1431. Noch deutlicher wird dieser Zusammenhang im umgekehrten Fall an Unternehmen, die ihren wirtschaftlichen Erfolg bei Kunden aufgrund schlechter Praktiken am Arbeitsmarkt gefährden. Ein Beispiel dafür ist Lidl, vgl. Stehr, C. (2006): Schluss mit Dumping, in: Karriere, Nr. 5/2006, S. 28-31.

[464] Das US-Unternehmen Sears fand bspw. heraus, dass zwischen 60 und 80% der Kundenzufriedenheit auf Mitarbeiterzufriedenheit zurückzuführen ist. Vgl. Barrow, S., Mosley, R. (2005): The Employer Brand, Chichester, S. 71 sowie Rucci, A. J., et al. (1998): The employee-customer-profit chain at Sears, in: Harvard Business Review, Vol. 76, Nr. 1, S. 82-97.

[465] In einer Studie konnte nachgewiesen werden, dass sich der Verlust von guten Mitarbeitern negativ auf die Kundenzufriedenheit auswirkt. Da Kundenzufriedenheit positiv mit der Profitabilität des Unternehmens korreliert, dient ein gutes Employer Branding so indirekt auch der Profitabilität des Unternehmens. Vgl. Brown, A., et al. (2003): Strategic talent retention, in: Strategic HR Review, Vol. 2, Nr. 4, S. 25 f.

markt sein darf, sondern umfassend mit der konsumentengerichteten Marken-führung abzustimmen ist. Einige Autoren gehen davon aus, dass sich aufgrund des zunehmenden Bewusstseins um diese Interdependenzen zukünftig ein **neues, insgesamt stärker menschenbezogenes Verständnis von Markenführung** ent-wickeln wird: "The emerging, more people-centric view, is that branding is about creating loyalty, motivation, and even missionary zeal among customers and employees alike."[466]

Als Grundlage für die folgenden Untersuchungen über die Koordination zwischen Employer und Consumer Branding werden im nächsten Kapitel zunächst die Ziele der Koordination herausgearbeitet.

4.2 Zielsetzungen der Koordination zwischen Employer und Consumer Branding

Wie im letzten Kapitel ausgeführt ergibt sich in der unternehmerischen Praxis Ko-ordinationsbedarf aus der Existenz von Interdependenzen zwischen unterschied-lichen Variablen bzw. Entscheidungstatbeständen. In dieser Arbeit stehen dabei die Gestaltungselemente der Markenführung am Absatz- und am Arbeitsmarkt im Mittelpunkt der Betrachtung. Die Koordination dieser Gestaltungselemente ist not-wendig, um zum einen die **Effektivität** – d.h. die Wirksamkeit der Markenführung im Sinne der Zielerreichung – und zum anderen die **Effizienz** der Markenführung, d.h. die Wirtschaftlichkeit der Maßnahmen im Sinne eines Input-Output-Verhält-nisses, sicherzustellen.[467]

Übergreifendes Ziel der Koordination ist, **Entscheidungen** in der absatz- und arbeitsmarktgerichteten Markenführung **so abzustimmen**, dass die **stakeholder-spezifischen Ziele bestmöglich erfüllt werden**. Diese wurden jeweils für die einzelnen Stakeholdergruppen bereits in Kapitel B.1.1 ausführlich behandelt (vgl. auch Abb. 4). Gäbe es keine Interdependenzen, so könnte die Wirkung der

---

[466] Blumenthal, D. (2002): "It's the people, stupid!" Why branding fails to inspire loyalty - and what you can do about it, im Internet unter http://allaboutbranding.com/index.lasso?article=280, Zugriff am 03.01.2005. Zu einer ähnlichen Aussage über eine zukünftig stärker mitarbeiterbe-zogene Markenführung kommt auch de Chernatony, L. (2001): A model for strategically building brands, in: Journal of Brand Management, Vol. 9, Nr. 1, S. 33.

[467] Vgl. Meffert, H. (2000): Marketing - Grundlagen marktorientierter Unternehmensführung, 9. Auflage, Wiesbaden, S. 1013 sowie die dort angegebenen Quellen.

Markenführung für jede der Zielgruppen separat am ehesten durch eine vollständige Ausrichtung auf die Werte und Anforderungen der jeweiligen Zielgruppe maximiert werden.[468] Die bestehenden Interdependenzen zwingen jedoch dazu, die Gestaltungselemente in der Markenführung aufeinander abzustimmen, denn die Maximierung der zielgruppenspezifischen Wirkung der Markenführung erfordert gleichzeitig ein gewisses Maß an Konsistenz zwischen absatz- und arbeitsmarktgerichteter Markenführung. Aufgrund der im letzten Kapitel erläuterten Art der Interdependenzen sind als **Ziele der Koordination** zu nennen:

- **Bündelung der Kräfte:** Durch eine "Orchestrierung" aller Markenbotschaften wird angestrebt, dass alle Zielgruppen über alle Kontaktpunkte hinweg ein in sich stimmiges und sich ergänzendes Vorstellungsbild von der Marke erhalten. Das Ziel, hierdurch eine verbesserte Markenwirkung zu erreichen, erhält seine Bedeutung vor allem aus der Interdependenz durch die Wahrnehmungs- und Rollenüberschneidungen. Psychologisch kann dies auch mit Lernprozessen erklärt werden, die Markenrezipienten durchlaufen.[469] Individuen – unabhängig ob am Arbeits- oder am Absatzmarkt – prägen ihr Vorstellungsbild von einer Marke auf Basis aller wahrgenommenen Botschaften und Erfahrungen. Die gegenseitige Verstärkung dieser Botschaften über alle Zielgruppen und Kontaktpunkte hinweg führt dazu, dass das Markenbild umso klarer und präziser wahrgenommen und eingeprägt werden kann.[470]

- **Synergieeffekte:** Durch die Koordination sollen positive Ausstrahlungseffekte der Markenführung zwischen Absatz- und Arbeitsmarkt erzeugt und genutzt werden. Bewerbern dienen sowohl Unternehmens- wie auch Produktimage als Signale für die Werte, die das Unternehmen verkörpert. Entsprechend prägen Unternehmens- und Produktimages auch die Attraktivität des Unternehmens als Arbeitgeber.[471] Bei aktuellen Mitarbeitern stärkt ein positives Image am Absatzmarkt die Identifikation und den Stolz, für dieses Unternehmen tätig zu sein.[472] Andererseits kann positive, gerade aber auch negative öffentliche Aufmerksamkeit über die Praktiken, die ein Unternehmen in seiner Funktion als Arbeitgeber

---

[468] Vgl. Bierwirth, A. (2003): Die Führung der Unternehmensmarke, Frankfurt am Main, S. 79 ff.

[469] Vgl. auch die Ausführungen zum Lernprozess in Kapitel B.2.2 und die dort genannten Quellen.

[470] Vgl. Barrow, S., Mosley, R. (2005): The Employer Brand, Chichester, S. 110 f.

[471] Vgl. Aiman-Smith, L., et al. (2001): Are you attracted? Do you intend to pursue? A recruiting policy-capturing study, in: Journal of Business and Psychology, Vol. 16, Nr. 2, S. 222.

[472] Vgl. bspw. Barrow, S., Mosley, R. (2005): The Employer Brand, Chichester, S. 111.

zeigt, das Image am Absatzmarkt beeinflussen.[473] Das Ziel der Koordination besteht darin, die wechselseitigen Imagetransfereffekte zu nutzen und damit nicht nur die Effektivität, sondern auch die Effizienz in der Markenführung zu steigern. Investitionen in den Image- und Reputationsaufbau am Absatzmarkt kommen auch dem Image am Arbeitsmarkt zugute und umgekehrt.

- **Zielgruppenübergreifender Wertefit:** Ziel der Koordination ist auch, solche Mitarbeiter anzuziehen und zu binden, die über einen möglichst hohen Fit zwischen ihrem eigenen Wertesystem und dem des Unternehmens verfügen und damit in der Lage und willens sind, als Markenbotschafter die Marke(n) bestmöglich nach außen zu repräsentieren.[474] Denn da Bewerber sich eher für Unternehmen entscheiden, die ihr eigenes Wertesystem teilen, führt eine abgestimmte Markenführung dazu, dass genau die gewonnen und gebunden werden, die das Markenversprechen auch bestmöglich an andere Stakeholder, insbesondere die Kunden, weitergeben können.[475]

- **Vermeidung von Dissonanzen:** Schließlich ist es Ziel der Koordination zu vermeiden, dass das Markenbild durch widersprüchliche Botschaften geschwächt wird. Dadurch könnte die Glaubwürdigkeit einer Marke nachhaltig er-

---

[473] Die Firma Nike führte z.B. nach öffentlichen Medienberichten über Kinderarbeit und schlechte Arbeitsbedingungen in ihren Produktionsstätten in Entwicklungsländern strikte Mindestvorgaben für Löhne und Arbeitsbedingungen ein. Vgl. Grayson, D., Hodges, A. (2004): Corporate Social Opportunity, Sheffield, S. 19. Ein weiteres Beispiel ist die Firma Lidl, die aufgrund ihres schlechten Arbeitgeberimages befürchtet, die ambitionierten Wachstumsziele nicht erreichen zu können, und sich daher eine grundlegende Imagekorrektur am Arbeitsmarkt zum Ziel gesetzt hat. Vgl. Stehr, C. (2006): Schluss mit Dumping, in: Karriere, Nr. 5/2006, S. 28-31. Diese Bemühungen erhielten allerdings einen Rückschlag, als im März 2008 aufgedeckt wurde, dass Lidl seine Mitarbeiter in den Filialen mit Hilfe von Kameras überwachen ließ. Das Arbeitgeberimage verschlechterte sich dadurch noch weiter, mit entsprechend negativen Auswirkungen auf die Gewinnung und Bindung von Mitarbeitern, insbesondere von Führungsnachwuchs. So verlässt bspw. trotz hoher Gehälter und attraktiver Zusatzleistungen für Hochschulabsolventen im Durchschnitt jeder vierte Nachwuchsmanager das Unternehmen noch im ersten Jahr wieder. Vgl. Hielscher, H. (2008): Lidl-Führungsnachwuchs auf der Flucht, im Internet unter http://www.wiwo.de/unternehmer-maerkte/lidl-fuehrungsnachwuchs-auf-der-flucht-272605/, Zugriff am 08.07.2008.

[474] Vgl. de Chernatony, L. (2002): Living the corporate brand: brand values and brand enactment, in: Corporate Reputation Review, Vol. 5, Nr. 2/3, S. 115 sowie Kunde, J. (2000): Corporate Religion, Wiesbaden, S. 114.

[475] Vgl. bspw. Young, A. (2002): Aligning the FT's employer and consumer brands, in: Strategic HR Review, Vol. 2, Nr. 1, S. 12 ff. sowie de Chernatony, L. (2002): Living the corporate brand: brand values and brand enactment, in: Corporate Reputation Review, Vol. 5, Nr. 2/3, S. 122. Vgl. ferner die Ausführungen zu den Auswirkungen eines Wertefits auf potenzielle und aktuelle Mitarbeiter in Kapitel B.3.3.

schüttert werden.[476] Die Gefahr einer Verwässerung des Markenimages durch widersprüchliche Wahrnehmungen und den dadurch bedingten Verlust an Vertrauen in das Markenversprechen wird im Rahmen der Konsumentenforschung mit dem **Auftreten von Dissonanzen** bei den Markenrezipienten begründet.[477] Diese Erklärungsansätze beruhen auf der Theorie der kognitiven Dissonanz von Leon Festinger, die zu den verhaltenswissenschaftlichen S-O-R-Modellen gezählt wird.[478] Unter einer kognitiven Dissonanz wird ein als unangenehm erlebter Zustand verstanden, der aus widersprüchlichen Erfahrungen oder Einstellungen in Bezug auf den gleichen Gegenstand hervorgeht.[479] Festinger geht davon aus, dass Individuen bemüht sind, ein dauerhaftes Gleichgewicht in ihrem kognitiven System zu schaffen und daher bestimmte Reaktionen zeigen, wenn die empfundene kognitive Dissonanz eine individuell unterschiedliche Toleranzschwelle überschreitet. Die im vorigen Kapitel dargestellten Interdependenzen zeigen, dass zwischen absatz- und arbeitsmarktgerichteten Markenbotschaften Zusammenhänge bestehen, die ein Markenrezipient integriert betrachtet und zu einem Gesamtbild über das Unternehmen zusammensetzt. Werden also nicht abgestimmte Markenbotschaften als widersprüchlich und damit als "Spannung" wahrgenommen, versuchen Individuen, diesen Widerspruch aufzulösen. Entsprechend werden beim Auftreten von kognitiven Dissonanzen **negative Konsequenzen** im Verhalten der Markenrezipienten **erwartet**:

– Bei **Konsumenten** können kognitive Dissonanzen zu weniger Konsum oder zu einem veränderten Empfehlungsverhalten führen.[480]

---

[476] Vgl. bspw. van Riel, C. B. M. (2003): The Management of Corporate Communication, in: Balmer, Greyser (Hrsg.): Revealing the Corporation, London, S. 164; Hatch, M. J., Schultz, M. (2001): Are the Strategic Stars Aligned for Your Corporate Brand?, in: Harvard Business Review, Vol. 79, Nr. 2, S. 128 ff.; Balmer, J. M. T. (2001a): From the Pentagon: A New Identity Framework, in: Corporate Reputation Review, Vol. 4, Nr. 1, S. 11 ff.

[477] Zur Gefahr von Dissonanzen bei nicht abgestimmten Markenversprechen vgl. bspw. Balmer, J. M. T., Greyser, S. A. (2002): Managing the Multiple Identities of the Corporation, in: California Management Review, Vol. 44, Nr. 3, S. 75.

[478] Zur Erläuterung des S-O-R-Modells vgl. Kapitel B.1.2 sowie die dort angegebenen Quellen.

[479] Festinger nutzt den Begriff "Dissonanz" als Synonym für den Begriff "Inkonsistenz". Vgl. Festinger, L. (1978): Theorie der kognitiven Dissonanz, Bern, Stuttgart, Wien, S. 16. Für eine ausführliche Erläuterung des Dissonanzbegriffes sowie der grundlegenden Hypothesen der Theorie der kognitiven Dissonanz vgl. ebenda, S. 22-42. Zur Konsistenz von Einstellungssystemen vgl. ferner Kroeber-Riel, W., Weinberg, P. (2003): Konsumentenverhalten, 8. Auflage, München, S. 182 ff.

[480] Vgl. Kroeber-Riel, W., Weinberg, P. (2003): Konsumentenverhalten, 8. Auflage, München, S. 182 ff.

- Für die Zielgruppe der **potenziellen Mitarbeiter** können ähnliche Auswirkungen angenommen werden wie für Konsumenten. Mangelnde Klarheit und Glaubwürdigkeit der Markenbotschaften verringern die Attraktivität des Unternehmens in den Augen potenzieller Bewerber und damit die Wahrscheinlichkeit einer Bewerbung bzw. einer Entscheidung für ein Unternehmen, zumindest bei Vorliegen mehrerer Angebote.[481]

- Nicht abgestimmte oder gar widersprüchliche Werteversprechen können zudem erhebliche negative Auswirkungen auf **Mitarbeiter** entfalten. Beurteilen sie die nach außen projizierten Botschaften als falsch, wenig vorteilhaft oder nicht erfüllbar, kann es zu Reaktionen kommen, die von Überforderung, sinkender Motivation und Leistungsbereitschaft über Zynismus und innerer Abkehr bis hin zu einer Kündigung reichen.[482]

Um die Markenführung möglichst wirkungsvoll für das Entscheidungsverhalten der unterschiedlichen Stakeholdergruppen auszugestalten, ist es somit die zentrale Herausforderung, die **unterschiedlichen Werte und Anforderungen** der Zielgruppen **möglichst spezifisch anzusprechen,** dabei gleichzeitig aber auch die **übergreifende Konsistenz** im Sinne einer widerspruchsfreien Wahrnehmung **sicherzustellen.**[483]

In der Literatur zur Koordination betrieblicher Entscheidungen werden grundsätzlich zwei Fragestellungen unterschieden: Zum einen, wie sich Koordinationsbedarf

---

[481] Vgl. Kirchgeorg, M., Lorbeer, A. (2002): Anforderungen von High Potentials an Unternehmen - Eine Analyse auf der Grundlage einer bundesweiten Befragung von High Potentials und Personalentscheidern, HHL-Arbeitspapier Nr. 49, Leipzig, S. 44.

[482] Vgl. bspw. Hatch, M. J., Schultz, M. (1997): Relations between organizational culture, identity and image, in: European Journal of Marketing, Vol. 31, Nr. 5/6, S. 362; Gilly, M. C., Wolfinbarger, M. (1998): Advertising's internal Audience, in: Journal of Marketing, Vol. 62, Nr. 1, S. 70; Blumenthal, D. (2002): "It's the people, stupid!" Why branding fails to inspire loyalty - and what you can do about it, im Internet unter http://allaboutbranding.com/index.lasso?article=280, Zugriff am 03.01.2005; Young, A. (2002): Aligning the FT's employer and consumer brands, in: Strategic HR Review, Vol. 2, Nr. 1, S. 14.

[483] Formal kann die Maximierung des Markenwertes – im Sinne einer bestmöglichen Erfüllung der mit der Marke bezweckten Wirkung bei den Zielgruppen – als Ziel der Markenführung betrachtet werden. Für die Anspruchsvielfalt der unterschiedlichen Zielgruppen eines Unternehmens sind jedoch die beschriebenen Interdependenzen zu berücksichtigen. Vor diesem Hintergrund leitet bspw. Bierwirth eine Zielfunktion mit einem koordinierten Markenwert als Oberziel der Markenführung ab. Vgl. ausführlich Bierwirth, A. (2003): Die Führung der Unternehmensmarke, Frankfurt am Main, S. 52 ff. Bierwirth schränkt jedoch ein, dass diese Zielfunktion aufgrund von Lösungsdefekten lediglich als theoretisches Idealziel dienen kann, jedoch keine Aussagen über das Ausmaß und inhaltliche Aspekte der Koordination zulässt. Vgl. ebenda, S. 61 f. Da genau dies jedoch Ziel und Inhalt der vorliegenden Arbeit ist, wird diesem Ansatz hier nicht weiter gefolgt.

verringern lässt, und zum anderen wie – der ersten Frage nachgelagert – verbleibender Koordinationsbedarf gedeckt werden kann.[484] Für eine ganzheitliche Markenführung ist daher zu analysieren, wie groß der Koordinationsbedarf zwischen Employer und Consumer Branding überhaupt ist und wodurch er beeinflusst wird. Im folgenden wird daher **untersucht, wie sich** verschiedene **Ausprägungen** der relevanten Einflussfaktoren (z.B. Zielgruppenwerte und -anforderungen) und die Wahl einzelner Gestaltungselemente der Markenführung (z.B. die Markenarchitektur) **darauf auswirken, ob der Koordinationsbedarf** zwischen Consumer und Employer Branding tendenziell **gering oder hoch ist.**

Der notwendige Übereinstimmungsgrad zwischen Consumer und Employer Branding zur Erzielung von Konsistenz kann dabei als **Kontinuum** zwischen einer **vollständigen Übereinstimmung aller Gestaltungselemente** der Markenführung einerseits und einer **vollständigen Separierung der Gestaltungselemente** andererseits aufgefasst werden. Als Gestaltungselemente sind dabei die Definition der Ziele inklusive der Segmentierung und Auswahl der Zielgruppen, die Gestaltung der Markenarchitektur, die Positionierung der Marke(n) und die operative Umsetzung zu nennen.

Bevor in Kapitel C der Koordinationsbedarf für das Employer Branding im Rahmen einer ganzheitlichen Markenführung ausführlich betrachtet werden kann, ist es notwendig, alle relevanten Einflussfaktoren und Gestaltungselemente in einem strukturierten Rahmen zu erfassen. Dies ist Inhalt des nun folgenden Kapitels.

4.3 Ableitung eines ganzheitlichen Bezugsrahmens für das Employer Branding

Um das Employer Branding in die Markenführung des Unternehmens einbetten zu können, bedarf es eines Bezugsrahmens, der alle relevanten Einflussfaktoren und Gestaltungselemente beinhaltet. Unter Einflussfaktoren werden die Ausprägungen relevanter, situativer Kontextfaktoren verstanden, die für die Gestaltung der Employer Branding-Strategie zwar von Relevanz, jedoch im Rahmen des Employer Branding nicht veränderbar sind. Sie sind innerhalb des Markenführungsprozesses

---

[484] Vgl. Meffert, H. (2000): Marketing - Grundlagen marktorientierter Unternehmensführung, 9. Auflage, Wiesbaden, S. 1013.

Inhalt der Analysephase. Als Gestaltungselemente werden dagegen die Teile des Markenführungsprozesses verstanden, bei denen im Rahmen des Employer Branding ein Entscheidungsbedarf besteht. Dies trifft auf die Elemente der Ziele- und Strategiedefinition sowie die operative Umsetzung der Strategie zu.

Konzeptionelle Grundlage des Bezugsrahmens ist das Grundkonzept der **identitätsorientierten Markenführung**. Kernelement der identitätsorientierten Markenführung ist die Verknüpfung von Markenidentität als Selbstbild der Mitarbeiter und Markenimage als Fremdbild der externen Zielgruppen.[485] Bei der integrierten Betrachtung sowohl des Absatz- als auch des Arbeitsmarktes ergeben sich damit drei Betrachtungsstränge: das Unternehmen selbst mit der Identität als Führungskonzept der Marke und jeweils der Arbeits- und der Absatzmarkt mit dem Markenimage als Marktwirkungskonzept bei den relevanten Zielgruppen (vgl. Abb. 34).[486]

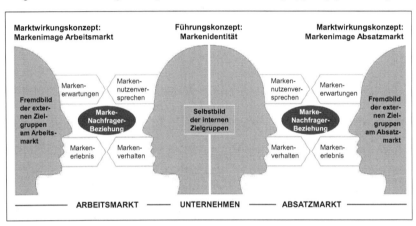

Abb. 34: Grundkonzept der identitätsorientierten Markenführung[487]

Als zweite wichtige Grundlage des Bezugsrahmens dient der **Markenführungs-**

---

[485] Zu den konzeptionellen Grundlagen der identitätsorientierten und der identitätsbasierten Markenführung, die eine Weiterentwicklung dieses Ansatzes darstellt, vgl. Meffert, H., et al. (2008): Marketing - Grundlagen marktorientierter Unternehmensführung, 10. Auflage, Wiesbaden, S. 358 ff. sowie die relevanten Ausführungen in Kap. B.2.2 und B.2.3.

[486] Da die Zielgruppe der ehemaligen Mitarbeiter zwar für das Employer Branding von Interesse, jedoch nicht ausschlaggebend für die Gestaltung der Employer Brand ist, wird sie für die Ausgestaltung der Markenstrategie nicht mit in die Betrachtung einbezogen. Erst im Rahmen der Umsetzung wird diese Zielgruppe wieder explizit in die Ausführungen mit aufgenommen.

[487] Quelle: I.A. Meffert, H., et al. (2008): Marketing - Grundlagen marktorientierter Unternehmensführung, 10. Auflage, Wiesbaden, S. 359.

prozess. Die erforderlichen Prozessschritte zur Entwicklung und Umsetzung einer Markenstrategie am Absatzmarkt sind in der Literatur ausführlich behandelt und wurden bereits in Kapitel B.1.4 aufgezeigt (vgl. Abb. 8). Der Prozess gliedert sich in fünf Hauptschritte: Analyse, Definition der Ziele, Festlegung der Strategie[488], Umsetzung und Markencontrolling, das wieder bei der Analyse ansetzt.

Markencontrolling stellt methodisch ein eigenständiges Themenfeld dar, aus dem sich keine Auswirkungen auf die Koordination in der Gestaltung und Umsetzung der Markenstrategie ergeben. Daher wird in dieser Arbeit aus Vereinfachungsgründen auf eine Betrachtung des Markencontrollings verzichtet.[489] Nicht betrachtet wird in dieser Arbeit auch die phonetische und graphische Gestaltung der Marke, d.h. Entscheidungen zum Markennamen und -design.[490] Diese Aspekte sind nicht als Entscheidungsfelder des Employer Branding anzusehen, da eine Nutzung der unternehmensweit geltenden Corporate Design-Richtlinien die Regel ist.

Der hier betrachtete Markenführungsprozess verkürzt sich dadurch auf die vier Hauptschritte Analyse, Ziele- und Strategiedefinition sowie Umsetzung. Wird dieser entlang der drei Betrachtungsstränge Unternehmen, Arbeits- und Absatzmarkt aufgefächert, ergibt sich die Struktur des in Abb. 35 abgebildeten Bezugsrahmens. Die Zusammenhänge zwischen den einzelnen Elementen sind mit Hilfe von Pfeilen kenntlich gemacht.

Aufgrund bereits etablierter Corporate und Consumer Branding-Strategien ist in der Praxis die **Entwicklung einer Employer Branding-Strategie** häufig **zeitlich nachgelagert**. Die absatzmarktgerichtete Markenführung ist dann Determinante für das Employer Branding. Die entsprechenden Elemente sind daher als Einflussfaktoren für die Gestaltung der Employer Brand zu analysieren, nicht jedoch selbst

---

[488] Als strategische Entscheidungselemente im Rahmen der Markenführung nennen Meffert et al. neben der Markenarchitektur und der Positionierung auch die Markenevolution. Damit ist ein langfristiger, bedingter und globaler Entwicklungsplan für eine Marke für die nächsten 2-5 Jahre gemeint. Auf dieses Element soll in dieser Arbeit jedoch aus Vereinfachungsgründen verzichtet werden. Vgl. Meffert, H., et al. (2008): Marketing - Grundlagen marktorientierter Unternehmensführung, 10. Auflage, Wiesbaden, S. 369 ff.

[489] Eine ausführliche Behandlung findet sich bspw. bei Kriegbaum, C. (2001): Markencontrolling, München oder Huber, F., et al. (2003): Ein Ansatz zur Steuerung der Markenstärke, in: ZfB, 73. Jg., H. 4, S. 337-370. Ein auf das Employer Branding ausgerichtetes Markencontrolling ist bislang kaum erforscht und stellt daher ein interessantes zukünftiges Forschungsfeld dar.

[490] Vgl. Meffert, H., Burmann, C. (2002c): Managementkonzept der identitätsorientierten Markenführung, in: Meffert, et al. (Hrsg.): Markenmanagement - Grundfragen der identitätsorientierten Markenführung, 1. Auflage, Wiesbaden, S. 80 ff. sowie Kranz, M. (2004): Die Relevanz der Unternehmensmarke, Frankfurt am Main, S. 193.

Gegenstand der strategischen Ausrichtung. Bei einer integrierten Markenführung dagegen, bei der bereits in der Entwicklung der Markenstrategien die Zielgruppen parallel und gleichberechtigt berücksichtigt werden, stellt die absatzmarktgerichtete Markenführung nicht nur ein Analyse-, sondern auch ein Gestaltungselement dar. Vorgehen und Bezugsrahmen sind in beiden Fällen identisch, sie führen jedoch eventuell zu unterschiedlichen Ergebnissen, da sich bei einem integrierten Ansatz andere Lösungsoptionen ergeben können. Für die weiteren Ausführungen wird jedoch unterstellt, dass das Employer Branding in eine bestehende Markenführung des Corporate und Consumer Branding einzubetten ist.

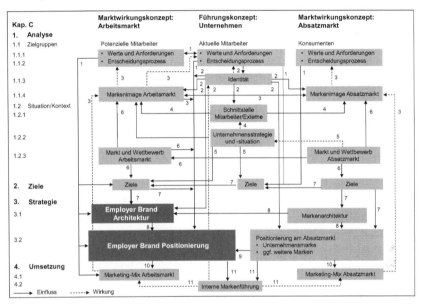

Abb. 35: Bezugsrahmen für ein strategisches Employer Branding im Rahmen einer ganzheitlichen Markenführung[491]

Der in Abb. 35 abgebildete Bezugsrahmen mit seinen Elementen und Verknüpfungen wird im Folgenden erläutert. Die Ziffern an den Pfeilen in der Abbildung

---

[491] Quelle: Eigene Darstellung. Die hell hinterlegten Felder stellen Analyseelemente dar, die dunkel markierten Felder die strategischen Gestaltungselemente. Aus Vereinfachungsgründen wird auf eine Differenzierung in aktuelle und potenzielle Konsumenten am Absatzmarkt abgesehen.

erlauben eine Zuordnung der Ausführungen zur Abbildung.[492] Eine ausführliche Betrachtung der einzelnen Elemente erfolgt jeweils in den links gekennzeichneten zugehörigen Unterkapiteln.

Einflussfaktoren bzw. Analyseelemente im Employer Branding-Prozess

- **Werte und Anforderungen** sowie **Entscheidungsprozesse** der Bezugs-gruppen **(1):** Werte und Anforderungen der potenziellen und aktuellen Mitar-beiter stellen eine der wichtigsten Grundlagen für die Definition der psychogra-phischen Markenziele für potenzielle und aktuelle Mitarbeiter dar: Sie dienen zur Segmentierung der Bezugsgruppen als Ausgangspunkt für die Auswahl der Zielgruppen für das jeweilge Unternehmen. Die Zielgruppensegmentierung wird zur Definition der Markenarchitektur benötigt. Schließlich sind die Werte und Anforderungen der Zielgruppen ein Ausgangspunkt für die Auswahl von Positio-nierungsdimensionen bei der Definition der Soll-Identität der Employer Brand. Mit Blick auf den Koordinationsbedarf mit der absatzmarktgerichteten Marken-führung sind auch die Werte und Anforderungen der Kunden zu analysieren, die Ausgangspunkt für die absatzmarktgerichtete Markenführung sind. Aus der Analyse der Entscheidungsprozesse werden Informationen über das Verhalten der Zielgruppen gewonnen, die vor allem für die operative Umsetzung der Employer Branding-Strategie von Bedeutung sind. Bspw. geht es um die Relevanz der Marke für die Entscheidung, das Involvement der Entscheider und relevante Entscheidungskriterien für die Arbeitgeberwahl bzw. den Kauf einer Marke. Für aktuelle Mitarbeiter bezieht sich der Entscheidungsprozess nicht auf die Arbeitgeberwahl selbst, sondern auf die Frage, bei einem Unternehmen zu bleiben oder es zu verlassen. Der Entscheidungsprozess für die Arbeitgeber-wahl wird vom Markenimage am Absatz- und am Arbeitsmarkt beeinflusst, für die Mitarbeiterbindung ist die Ist-Identität, d.h. die aktuelle Selbstwahrnehmung der Mitarbeiter, mit ausschlaggebend.

- **(Ist-)Identität (2):** Die Analyse der Ist-Identität, d.h. der tatsächlichen Wahrneh-mung des Unternehmens mit seinen wesensprägenden Charakteristika und der Unternehmenskultur durch die eigenen Mitarbeiter, ist eine Grundlage für die Definition einer glaubwürdigen und umsetzbaren Soll-Identität sowohl für den Arbeits- als auch für den Absatzmarkt. Das Selbstbild der Mitarbeiter von ihrem

---

[492] Im Bezugsrahmen sind einige Verknüpfungen innerhalb der absatzmarktgerichteten Marken-führung, die keine Relevanz für das Employer Branding besitzen, nicht explizit aufgezeigt.

Unternehmen beeinflusst darüber hinaus ihr Verhalten gegenüber Externen und prägt damit auch das Markenimage am Absatz- und am Arbeitsmarkt. Unterschiedliche Ist-Identitäten z.b. in verschiedenen Unternehmensbereichen sind bei der Definition der Markenarchitektur relevant. Des weiteren hat das Selbstbild der Mitarbeiter im Abgleich mit ihren Werten und Anforderungen an einen Arbeitgeber Rückwirkungen auf die Mitarbeiterzufriedenheit und damit auf die Mitarbeiterbindung. Die Ist-Identität wird u.a. geprägt durch Maßnahmen der internen Markenführung.

- **Analyse der Markenimages am Absatz- und am Arbeitsmarkt (3):** Das Markenimage, d.h. das Vorstellungsbild des Unternehmens in den Köpfen der relevanten externen Zielgruppen, ist ein Ausgangspunkt für die Definition der Employer Branding-Strategie, um Kontinuität und Glaubwürdigkeit in den Augen der Zielgruppen sicherzustellen. Das Markenimage bildet sich durch alle Kontaktpunkte mit der Marke, d.h. insbesondere durch die operativen Marketingmaßnahmen sowohl am Absatz- als auch am Arbeitsmarkt und den Kontakt mit den Mitarbeitern. Zudem gibt es eine Wechselwirkung zwischen Markenimage am Arbeitsmarkt mit dem Markenimage am Absatzmarkt, da das Unternehmen von den Zielgruppen in beiden Funktionen wahrgenommen wird.

- **Schnittstelle zwischen Mitarbeitern und Externen (4):** Aus den Schnittstellen zwischen Mitarbeitern und Externen und ihrer Ausgestaltung ergeben sich Anhaltspunkte darüber, wie wichtig die Rolle der aktuellen Mitarbeiter in der Vermittlung der Markenidentität ist und welche Anforderungen an sie als Markenbotschafter gestellt werden, durch die sie das Markenimage am Absatz- und am Arbeitsmarkt mit prägen. Die Ausgestaltung der Schnittstelle zwischen Externen und Internen hängt wesentlich vom Geschäftsmodell und der Unternehmensstrategie ab.

- **Unternehmensstrategie und -situation (5):** Die Strategie und die wirtschaftliche Entwicklung des Unternehmens, die u.a. vom Markt- und Wettbewerbsumfeld am Absatzmarkt abhängen, haben Auswirkungen auf den Bedarf und die gesuchte Qualifikation von Arbeitskräften. Dadurch werden insbesondere die Markenziele für aktuelle und potenzielle Mitarbeiter determiniert. Darüber hinaus prägt die Unternehmensstrategie und die Situation auch das Markenimage am Absatz- und am Arbeitsmarkt.

- **Markt und Wettbewerb am Absatz- und am Arbeitsmarkt (6):** Inhalt dieses Analysefeldes ist u.a., in welcher Branche bzw. in welchen Branchen das Unternehmen tätig ist, wer die wichtigsten Wettbewerber sind und wie diese mit ihrer Unternehmensmarke bzw. ihren Marken positioniert sind. Informationen über den Wettbewerb sind deshalb relevant, weil Wettbewerber am Absatzmarkt oft auch relevante Wettbewerber am Arbeitsmarkt sind. Informationen über das Markenimage von Wettbewerbern bei den relevanten Zielgruppen werden benötigt, um eine hinreichende Differenzierung in der Positionierung zu gewährleisten. Markt- und Wettbewerbsbedingungen am Arbeitsmarkt sind zudem bei der Definition der Markenziele am Arbeitsmarkt zu berücksichtigen, bspw. aufgrund bestimmter Engpässe bei potenziellen Mitarbeitern mit spezifischen Qualifikationen wie bspw. Ingenieure. Das Marktumfeld beeinflusst das Markenimage sowohl am Absatz- als auch am Arbeitsmarkt. Insbesondere das Branchenimage übt einen erheblichen Einfluss auf die Attraktivität eines Unternehmens in den Augen potenzieller und aktueller Mitarbeiter aus.[493]

- **Absatzmarktgerichtete** Markenführung: Die absatzmarktgerichtete **Markenarchitektur (8)** determiniert die Wahrnehmungsebenen für das Unternehmen und seine Produkte bei allen Stakeholdern und hat dadurch einen wesentlichen Einfluss auf die Definition der Markenarchitektur für die Employer Brand. Als letzter Einflussfaktor für die Definition der Positionierung der Employer Brand ist schließlich die **Positionierung (9)**, insbesondere die Soll-Identität am Absatzmarkt, zu berücksichtigen. Sie ist die inhaltliche Grundlage des absatzmarktgerichteten Profilierungsprozesses und damit Ausgangspunkt für die Wahrnehmung der Marke(n) durch die relevanten Zielgruppen.

Gestaltungselemente im Employer Branding-Prozess

- **Definition der Markenziele am Arbeitsmarkt (7):** Die Definition der psychographischen und ökonomischen Ziele der Markenführung am Arbeitsmarkt und dabei insbesondere die Segmentierung und Auswahl bestimmter Zielgruppen für die Markenführung sind eine wesentliche Grundlage für die Gestaltung der Markenarchitektur. Darüber hinaus stellen die für die ausgewählten Zielgruppen relevanten Werte und Anforderungen einen wichtigen Ausgangspunkt für die Auswahl von Positionierungsdimensionen dar. In den für den Absatzmarkt definierten Markenzielen spiegeln sich Vision und Vorstellung der Unternehmensleitung über die Kernwerte des Unternehmens bzw. seiner Produkte und

---

[493] Vgl. bspw. Cable, D. M., Graham, M. E. (2000): The determinants of job seekers' reputation perceptions, in: Journal of Organizational Behavior, Vol. 21, Nr. 8, S. 943.

Leistungen. Zudem sind hier die Zielgruppen der absatzmarktgerichteten Markenführung definiert. Die psychographischen und ökonomischen Ziele der Markenführung am Absatzmarkt wirken auf die Markenziele für aktuelle Mitarbeiter als Vorgabe für die Schaffung markenkonformen Verhaltens; darüber hinaus wirken sie auf die Markenarchitektur und die Positionierungsentscheidung für die absatzmarktgerichtete Markenführung.

- **Definition der Markenarchitektur am Arbeitsmarkt (8):** Mit der Entscheidung über die Employer Brand Architektur wird zum einen festgelegt, auf welcher Ebene der Organisationsstruktur die Employer Brand angesiedelt wird (Corporate oder Company Brands), zum anderen wird über mögliche Differenzierungen nach anderen Kriterien wie bspw. Funktionsbereichen entschieden. Damit wird determiniert, wie sich die Employer Brand strukturell in die Markenarchitektur des Unternehmens eingegliedert und ob unterschiedliche Zielgruppen am Arbeitsmarkt einheitlich oder differenziert angesprochen werden. Dies ist Grundlage der folgenden Positionierungsentscheidung.

- **Definition der Markenpositionierung am Arbeitsmarkt:** Die Ergebnisse aller Analysen und die Entscheidungen über die Markenziele am Arbeitsmarkt und die Markenarchitekturgestaltung münden in der Definition der Positionierung der Employer Brand. In der Positionierungsentscheidung wird die Soll-Identität der Marke konkretisiert und bestimmt, wie die Marke in Abgrenzung zum Wettbewerb von den Zielgruppen wahrgenommen werden soll.

- **Umsetzung der definierten Employer Branding-Strategie am Arbeitsmarkt (10):** Nach der Strategiedefinition ist eine umfassende Umsetzung des Markennutzenversprechens erfolgskritisch. Erst dadurch wird ermöglicht, dass sich die vom Unternehmen intendierte Markenwahrnehmung auch bei den Zielgruppen verankert und ihr Verhalten im Sinne der Markenziele prägt. Die externe Umsetzung umfasst die Gestaltung der Kontaktpunkte zwischen Employer Brand und Zielgruppen im HR-Marketing-Mix.

- **Umsetzung der Employer Branding-Strategie nach innen (11):** Die Umsetzung der definierten Markenstrategien sowohl für den Absatz- als auch für den Arbeitsmarkt erfolgt nach innen im Rahmen der internen Markenführung. Hierdurch wird eine Veränderung der Ist-Identität (aktuelle Selbstwahrnehmung der Mitarbeiter) hin zur intendierten Soll-Identität angestrebt. Da die Vermittlung des Markennutzenversprechens nach außen wesentlich von Entscheidungen und Verhaltensweisen der Mitarbeiter abhängt, ergibt sich ein Einfluss der internen Markenführung auf die externe Umsetzung der Markenstrategie.

Die dargestellten Elemente des Bezugsrahmens und ihre Verknüpfungen werden im folgenden Kapitel C detailliert analysiert und daraus Implikationen für den Koordinationsbedarf zwischen Employer und Consumer Branding abgeleitet.

C. Gestaltung und Umsetzung einer Employer Branding-Strategie im Kontext einer ganzheitlichen Markenführung

1. Analyse relevanter Einflussfaktoren auf das Employer Branding

1.1 Zielgruppenanalyse

1.1.1 Werte und Anforderungen der Zielgruppen

Mit der genauen Kenntnis der Werte und Anforderungen der möglichen Zielgruppen ist es möglich, die potenziellen und aktuellen Mitarbeiter **in möglichst homogene Teilgruppen zu segmentieren**[494] und die Positionierung der Employer Brand für die im Rahmen der Zieledefinition ausgewählten Zielgruppen mit relevanten und attraktiven Inhalten zu füllen.[495] Die große Bedeutung der Zielgruppenanalyse lässt sich aus den in Kapitel B.3.3 erläuterten Mechanismen des "Person-Organisation-Fit" ableiten. Danach führt die Projektion von Markenwerten dazu, dass sich solche Zielgruppen von der Marke besonders angezogen fühlen, die darin eine hohe Übereinstimmung zu ihren eigenen Werten sehen. Dies ist gerade für das Employer Branding von besonderer Relevanz. Denn während am Absatzmarkt bei Ausrichtung der Marke auf eine bestimmte Zielgruppe in der Regel kein Schaden eintritt, wenn sich auch andere, nicht zur definierten Zielgruppe gehörende Konsumenten angesprochen fühlen und die Marke kaufen[496], führt eine mangelnde Zielgruppenausrichtung am Arbeitsmarkt zu einer möglicherweise

---

[494] Unter Marktsegmentierung wird die Aufteilung eines Gesamtmarktes in möglichst homogene Teilgruppen von Entscheidungsträgern, sog. Marktsegmente, verstanden. Diese unterscheiden sich durch ihr Verhalten und ihre Reaktion auf Instrumentalvariablen des Marketings. Der Gesamtmarkt wird somit in intern homogene und extern heterogene Teilmärkte zerlegt. Vgl. Kroeber-Riel, W., Weinberg, P. (2003): Konsumentenverhalten, 8. Auflage, München, S. 214 ff. sowie Meffert, H. (2000): Marketing - Grundlagen marktorientierter Unternehmensführung, 9. Auflage, Wiesbaden, S. 235.

[495] Vgl. Grobe, E. (2003): Corporate Attractiveness - eine Analyse der Wahrnehmung von Unternehmensmarken aus der Sicht von High Potentials, HHL-Arbeitspapier Nr. 50, Leipzig, S. 1 sowie Kirchgeorg, M., Lorbeer, A. (2002): Anforderungen von High Potentials an Unternehmen - Eine Analyse auf der Grundlage einer bundesweiten Befragung von High Potentials und Personalentscheidern, HHL-Arbeitspapier Nr. 49, Leipzig, S. 6.

[496] Ausgenommen sind Marken, bei denen die Markencommunity, d.h. die Nutzergruppe, von Relevanz ist, z.B., weil sie einen wesentlichen Bestandteil der Faszination der Marke ausmacht. Ein Beispiel hierfür ist Harley-Davidson. Der firmeneigene Motorradclub mit über 270.000 Mitgliedern weltweit ist fester Bestandteil der Markenkultur. Vgl. Kunde, J. (2000): Corporate Religion, Wiesbaden, S. 17-24. Zu Markencommunities allgemein vgl. Algesheimer, R., et al. (2006): Die Wirkung von Brand Communities auf die Markenloyalität – eine dynamische Analyse im Automobilmarkt, in: ZfB, 76. Jg., Heft 9, S. 933-958.

problematischen Zusammensetzung des Bewerberpools.[497] Durch eine genaue Kenntnis der Werte und Anforderungen der möglichen Zielgruppen kann sichergestellt werden, dass durch Employer Branding nicht nur die Globalattraktivität des Unternehmens als Arbeitgeber gesteigert wird, sondern durch eine relevante und erstrebenswerte Positionierung **die "Richtigen"** für das Unternehmen interessiert und gewonnen werden können.[498] Die Zielgruppenanalyse dient somit dazu, das "Richtige" für die ausgewählten Zielgruppen in das Markenversprechen aufzunehmen. McGivern sagt daher über erfolgreiches Employer Branding: "It's all about delivering on the promise, but the promise has to be right in the first place."[499]

Um im Employer Branding die Werte und Anforderungen aller relevanten Bezugsgruppen zu berücksichtigen, sind Informationen über potenzielle Mitarbeiter ebenso zu erheben wie über aktuelle Mitarbeiter und Konsumenten. Hierzu greifen Unternehmen entweder auf vorhandene Studien zurück oder lassen eigene Marktforschungen durchführen.[500] Ziel dabei ist, ein Profil von jeder Bezugsgruppe mit folgenden Informationen zu erhalten:

- Wie sehen die Werteprofile der Zielgruppen aus, die eine psychographische Marktsegmentierung erlauben?

- Welche konkreten Anforderungen und Entscheidungskriterien an den Arbeitgeber bzw. das Produkt/die Dienstleistung haben die Zielgruppen für die jeweilige Entscheidungssituation (Arbeitgeberwahl, Arbeitgebertreue oder Kauf)?

Die Erkenntnisse über die potenziellen Zielgruppensegmente sollten zudem ergänzt werden durch soziodemographische Informationen.

Analyse der Bezugsgruppe der potenziellen Mitarbeiter

Für die Analyse der Zielgruppen ist zunächst eine Unterscheidung in **funktionale Nutzenkomponenten** einerseits und **emotionale Nutzenkomponenten**, "higher

---

[497] Vgl. Cable, D. M., et al. (2000): The sources and accuracy of job applicants' beliefs about organizational culture, in: Academy of Management Journal, Vol. 43, Nr. 6, S. 1083.

[498] Vgl. Hinzdorf, T., et al. (2003a): Präferenzmatching zur Steuerung des Employer Branding, in: Personal, Jg. 55, Heft 08/2003, S. 18. Wer die "Richtigen" für ein Unternehmen sind, ist im Rahmen der Zieledefinition festzulegen. Vgl. hierzu die Ausführungen in Kap. C.2.

[499] McGivern, L. (2005): Inside story, in: Utility Week, Vol. 23, Nr. 1, S. 26.

[500] Für einen Überblick entsprechender Studien vgl. Kapitel B.3.4.1 und B.3.4.2.

order values" (Wertesystem) bzw. "symbolic attributes" andererseits hilfreich.[501] Funktionale Benefits einer Marke befriedigen konkrete **Anforderungen** und Erwartungen der Zielgruppen und umfassen damit alle Aspekte des Markennutzenversprechens, die durch greifbare Angebote und Erfahrungen hinterlegt sind. Dies sind für Employer Brands in der Regel die aus den Studien zur Arbeitgeberattraktivität bekannten Kriterien wie Gehalt, Weiterbildungsmöglichkeiten oder Standortattraktivität. "Symbolic attributes" bzw. "higher order values" setzen dagegen an den **Werten** und langfristigen Überzeugungen an, die das Selbstkonzept des Individuums konstituieren: "Symbolic attributes are linked to people's need to maintain their self-identity, to enhance their self-image, or to express themselves."[502] Während die funktionalen Benefits somit eher eine Antwort darauf geben, was die Marke für den Mitarbeiter bietet, beziehen sich die emotionalen Benefits vor allem darauf, welche Gefühle die Employer Brand, d.h. die Zugehörigkeit zu diesem Unternehmen, auslöst. Emotionale Benefits werden auch als konkrete, oft "menschliche" Charakterzüge beschrieben, die Individuen Organisationen bzw. Marken zuordnen, bspw. Kreativität, Stil oder Pioniergeist.[503]

Die simultane Erfassung und spätere Berücksichtigung sowohl der Anforderungen der Zielgruppen hinsichtlich der funktionelan Nutzenkomponenten als auch der übergeordneten Wertesysteme in der Entwicklung der Employer Brand Positionierung ist vor allem aus zwei Gründen sinnvoll:

- **Anforderungskriterien** funktionaler Art sind relativ **leicht** durch Wettbewerber **kopierbar.** Sie stellen Aspekte dar, die heute in der Regel als Selbstverständlichkeit angesehen werden, zumindest bei großen Arbeitgebern. Wenn überhaupt, bieten sie nur einen sehr geringen Raum zur Differenzierung. Wertedimensionen dagegen sind stärker in der Identität des Unternehmens

---

[501] Vgl. zur Definition und Erläuterung von "functional and emotional benefits" sowie "higher order values" Barrow, S., Mosley, R. (2005): The Employer Brand, Chichester, S. 58 ff. Lievens und Highhouse sprechen in ähnlicher Form von "instrumental and symbolic attributes" einer Marke. Der Begriff "symbolic" wird umschrieben als Charaktereigenschaft oder Persönlichkeitsmerkmal und umfasst die von Barrow/Mosley angeführten "higher order values", hat allerdings einen stärkeren Bezug zu Statusaspekten durch eine sichtbare Assoziation mit der Marke. Vgl. Lievens, F., Highhouse, S. (2003): The relation of instrumental and symbolic attributes to a company's attractiveness as an employer, in: Personnel Psychology, Vol. 56, Nr. 1, S. 75 ff.

[502] Ebenda, S. 79. Vgl. zudem die dort angegebenen Quellen sowie die Ausführungen der Autoren auf S. 96.

[503] Speziell zur Auffassung von Marken als "Persönlichkeit" vgl. ausführlich Aaker, J. L. (1997): Dimensions of brand personality, in: Journal of Marketing Research, Vol. 34, Nr. 3, S. 347-356 sowie Fournier, S. (1998): Consumers and their brands: developing relationship theory in consumer research, in: Journal of Consumer Research, Gainesville, Vol. 24, Nr. 4, S. 343-373.

verankert und damit ein besserer Ansatzpunkt zur Differenzierung vom Wett-bewerb.[504]

- Bei der Entscheidungsfindung für oder gegen eine Bewerbung und später für oder gegen die Annahme eines Angebots spielen die **Gefühle**, die durch das Wertesystem des Individuums gesteuert werden, eine entscheidende Rolle. Hirnforscher gehen sogar davon aus, dass alle Entscheidungen letztlich Ge-fühlsentscheidungen sind, Ratio allenfalls moderierenden Einfluss ausübt.[505]

Die bisherigen Studien zur Arbeitgeberattraktivität und den dahinter liegenden Kriterien[506] befassen sich überwiegend mit den Anforderungen der Bezugsgruppen an die funktionalen Nutzenkomponenten, vernachlässigen aber oft die Erhebung übergeordneter Werteprofile.[507] Dabei ähneln sich die in den unterschiedlichen Studien zugrunde gelegten Kriterienraster in Struktur und Umfang, während die Ergebnisse variieren, je nachdem, welche Teilgruppen aus der gesamten Bezugs-gruppe potenzieller Mitarbeiter befragt wurden. Kirchgeorg vermutet als Grund für diese Unterschiede einen Einfluss auf die Ergebnisse aus den Kategorien "Werte", "Soziodemographie", "Studienfachrichtung" und "Mobilität".[508] Da sich seine Unter-suchungen allein auf die Zielgruppen der High Potentials beziehen, ist für allge-meine Untersuchungen bei allen potenziellen Mitarbeitern die Frage nach der Leistungs- und Karriereorientierung, die für High Potentials generell als hoch einzuschätzen ist, als fünfter Einflussfaktor hinzuzufügen.[509] Die am Lehrstuhl für Marketingmanagement der HHL – Leipzig Graduate School of Management seit einigen Jahren regelmäßig durchgeführte Untersuchung zu den Anforderungen

---

[504] Vgl. Lievens, F., Highhouse, S. (2003): The relation of instrumental and symbolic attributes to a company's attractiveness as an employer, in: Personnel Psychology, Vol. 56, Nr. 1, S. 76 sowie Barrow, S., Mosley, R. (2005): The Employer Brand, Chichester, S. 59.

[505] Vgl. Kast, B. (2006): Ich fühle, also bin ich, in: ZeitWissen, Nr. 2/2006, S. 6.

[506] Vgl. hierzu die Ausführungen in den Kapiteln B.3.4.1 und B.3.4.2.

[507] Zu diesem Ergebnis kommen bspw. Lievens, F., Highhouse, S. (2003): The relation of instrumental and symbolic attributes to a company's attractiveness as an employer, in: Personnel Psychology, Vol. 56, Nr. 1, S. 80. Sie weisen auf Basis einer empirischen Studie die Notwendigkeit einer Berücksichtigung sowohl instrumenteller wie auch symbolischer Attribute für die Attraktivität von Arbeitgebern auf. Vgl. zudem Kennedy, S. H. (1977): Nurturing corporate images: Total communication or ego trip?, in: European Journal of Marketing, Vol. 11, Nr. 3, S. 150 f. sowie die dort angegebenen Quellen.

[508] Vgl. Kirchgeorg, M., Lorbeer, A. (2002): Anforderungen von High Potentials an Unternehmen - Eine Analyse auf der Grundlage einer bundesweiten Befragung von High Potentials und Personalentscheidern, HHL-Arbeitspapier Nr. 49, Leipzig, S. 6 f.

[509] Dies zeigt sich auch darin, dass es Studien gibt, die explizit den Unterschied in den Anfor-derungen an einen Arbeitgeber zwischen High Potentials und durchschnittlichen Absolventen untersuchen. Vgl. bspw. Simon, H. (1984): Die Attraktivität von Großunternehmen beim kaufmännischen Führungsnachwuchs, in: ZfB, 54. Jg., Nr. 4, S. 324-345.

von High Potentials an ihren Arbeitgeber ist eine der wenigen Studien, die kognitive und affektive Einstellungskomponenten und damit funktionale Anforderungen und ergänzend die übergeordneten Werteprofile der Befragten analysiert.[510] Daher werden im Folgenden die in dieser Studie genutzten Kriterienraster für die Anforderungen und die Kategorien für die Werteprofile exemplarisch dargestellt.[511] In Abb. 36 sind in der rechten Spalte mögliche Anforderungskriterien an einen Arbeitgeber genannt, in der linken Spalte verdichtet zu übergeordneten Faktoren.[512]

Trotz der vergleichsweise ähnlichen Kriterienraster werden je nach befragter Zielgruppe und Fokus der Untersuchung immer wieder andere Kriterien als die wichtigsten für die Anziehungskraft und Attraktivität von Unternehmen identifiziert. Hohe Bedeutung erzielen immer wieder die Faktoren "gutes Arbeitsklima", "herausfordernde Aufgaben", "gute Aufstiegs- und Entwicklungsmöglichkeiten", "vielfältige Weiterbildungsmöglichkeiten", "Förderung der Mitarbeiter", sowie "Vertrauenswürdigkeit/Zukunftsfähigkeit des Unternehmens".[513] Darüber hinaus lässt sich in Studien mit High Potentials ein Trend beobachten, der auf eine Umorientierung von einer früher stärkeren Fokussierung auf die eigene Karriere hin zu mehr Berufs- und Lebensqualität hinweist.[514] Die genannten wichtigsten Anforderungskriterien können aufgrund ihrer allgemeinen Gültigkeit als arbeitsmarkttypische Werte bzw. Markttreiber aufgefasst werden. Nach diesen sollte ein Unternehmen streben, um

---

[510] Die Studie wird seit 2001 jährlich (mit Ausnahme 2004) in Kooperation mit e-fellows.net, dem ZEIT-Verlag und TNS Infratest durchgeführt. Für einen Überblick über die Forschungshistorie vgl. Kirchgeorg, M., Günther, E. (2006): Employer Brands zur Unternehmensprofilierung im Personalmarkt, HHL-Arbeitspapier Nr. 74, Leipzig, S. 8 f. Vgl. zudem Kirchgeorg, M., Lorbeer, A. (2002): Anforderungen von High Potentials an Unternehmen - Eine Analyse auf der Grundlage einer bundesweiten Befragung von High Potentials und Personalentscheidern, HHL-Arbeitspapier Nr. 49, Leipzig sowie Grobe, E. (2003): Corporate Attractiveness - eine Analyse der Wahrnehmung von Unternehmensmarken aus der Sicht von High Potentials, HHL-Arbeitspapier Nr. 50, Leipzig.

[511] Andere Studien verwenden ähnliche Kriterienkataloge, vgl. bspw. Sutherland, M. M., et al. (2002): Employer-of-choice branding for knowledge workers, in: South African Journal of Business Management, Vol. 33, Nr. 4, S. 17 ff. oder Wiltinger, K. (1997): Personalmarketing auf Basis von Conjoint-Analysen, in: ZfB, Ergänzungsheft 3, S. 66.

[512] Die übergeordneten Faktoren sind Ergebnis einer Faktoranalyse, in der die 46 Einzelkriterien zu voneinander unabhängigen Faktoren verdichtet wurden. Die Berechnungen erfolgten auf Basis der Ergebnisse der Befragung von 2.188 High Potentials bezüglich ihrer Einstellungen zu den einzelnen Anforderungen, vgl. Kirchgeorg, M., Günther, E. (2006): Employer Brands zur Unternehmensprofilierung im Personalmarkt, HHL-Arbeitspapier Nr. 74, Leipzig, S. 17 f.

[513] Vgl. ebenda, S. 28 f.; Aiman-Smith, L., et al. (2001): Are you attracted? Do you intend to pursue? A recruiting policy-capturing study, in: Journal of Business and Psychology, Vol. 16, Nr. 2, S. 222 (inklusive der dort angegebenen Studien); Ebel, B., Hofer, M. B. (2002): Das Unternehmen als Marke, in: Markenartikel, Nr. 3/2002, S. 64.

[514] Vgl. Kirchgeorg, M., Lorbeer, A. (2002): Anforderungen von High Potentials an Unternehmen - Eine Analyse auf der Grundlage einer bundesweiten Befragung von High Potentials und Personalentscheidern, HHL-Arbeitspapier Nr. 49, Leipzig, S. 11.

am Arbeitsmarkt im Kampf um die besten Mitarbeiter wettbewerbsfähig zu sein.[515]

Faktor	Anforderungskriterien (Faktorkomponenten)
Arbeitsklima	Ehrliches Arbeitsklima
	Gerechtes Arbeitsklima
	Gutes Arbeitsklima
	Unternehmen ist vertrauenswürdig
	Unternehmen ist sympathisch
Karriereperspektiven	Vielfältige Weiterbildungsmöglichkeiten
	Mitarbeiter werden gefördert
	Gute Aufstiegschancen
	Herausfordernde Aufgaben
	Internationalität
Zukunftsfähigkeit	Zukunftsfähigkeit Unternehmen
	Markterfolg Unternehmen
	Unternehmen ist erfolgreich
Kreativität & Innovation	Unternehmen ist kreativ
	Unternehmen ist innovativ
	Unternehmen ist modern
	Viele Freiheiten
Attraktivität	Attraktivität Produkte/Dienstleistungen
	Unternehmen in attraktiver Branche tätig
	Gute Beurteilung Produkte/Dienstleistungen
Sicherheit	Arbeitsplatzsicherheit
	Hohe Sozialleistungen/Altersvorsorge
Work-Life-Balance	Karriere mit Sabbatical/Teilzeit vereinbar
	Kinderbetreuung durch Unternehmen
	Balance zw. Berufs- und Privatleben
	Unternehmen praktiziert Umweltschutz
Unternehmensethik & Reputation	Kultur passt zu meinem Werteverständnis
	Ethische/Gesellschaftliche Verantwortung
	Persönlichkeit Inhaber/CEO/Vorstand
	Guter Ruf des Unternehmens
	Positive Berichterstattung in den Medien
Kompensation	Kompensation/Gehalt
	Zusatzleistungen (Firmenwagen etc.)
	Attraktiver Standort
	Viele Urlaubstage
Shareholder-Value-Orientierung	Börsenerfolg des Unternehmens
	Orientierung am Shareholder Value
	Aktienoptionen
	Gute Bewertung durch Analysten

Abb. 36: Anforderungen von High Potentials an ihren Arbeitgeber[516]

Jeder Mensch hat jedoch unterschiedliche Anforderungen und wird sich daher für

---

[515] Zum Konzept der branchentypischen Werte bzw. Markttreiber vgl. de Chernatony, L. (2001): A model for strategically building brands, in: Journal of Brand Management, Vol. 9, Nr. 1, S. 36.

[516] Quelle: I.A. Kirchgeorg, M., Günther, E. (2006): Employer Brands zur Unternehmensprofilierung im Personalmarkt, HHL-Arbeitspapier Nr. 74, Leipzig, S. 27.

ein solches Unternehmen interessieren und schließlich entscheiden, von dem er annimmt, dass seine Vorstellungen dort am besten erfüllt werden.[517] Die Bewertung von Unternehmen erfolgt jedoch wie oben beschrieben nicht allein auf Basis der genannten Anforderungskriterien, sondern wird überlagert durch das individuelle Wertesystem dieser Person. Abb. 37 stellt mögliche Dimensionen eines solchen Werteprofils dar (rechte Spalte), auch hier durch eine Faktoranalyse zu übergeordneten Faktoren verdichtet.

Faktor	Wertekategorien
"Geradlinigkeit"	Ehrlichkeit
	Loyalität
	Persönliche Ziele
	Verantwortung übernehmen
"Bildung"	Hohe Bildung
	Streben nach Wissen
	Kulturelles Interesse
"Open-minded"	Kreativität
	Neue Wege gehen
	Weltoffenheit
"Freizeit & Familie"	Viel Freizeit
	Ruhe und Entspannung
	Intensives Familienleben
	Zwischenmenschliche Beziehungen
"Hedonismus"	Statussymbole
	Hoher Lebensstandard
	Gutes Aussehen
	Gesellschaftliche Anerkennung
	Erfolg im Beruf
	Ein genussreiches Leben führen
	Finanzielle Sicherheit
"Sparsamkeit"	Sparsam leben
	Umweltbewusst leben
"Religiosität & Askese"	Religiöses Leben
	Traditionsbewusstsein
	Soziales Engagement
	Persönlicher Verzicht für die Gesellschaft

Abb. 37: Mögliche Items zur Erfassung von Werteprofilen[518]

Die Erfassung der Werteprofile ermöglicht eine **psychographische Segmentierung** der potenziellen Mitarbeiter in möglichst homogene Teilgruppen. Hierdurch wird die Auswahl und schließlich die Ansprache bestimmter Zielgruppen

---

[517] Vgl. Aiman-Smith, L., et al. (2001): Are you attracted? Do you intend to pursue? A recruiting policy-capturing study, in: Journal of Business and Psychology, Vol. 16, Nr. 2, S. 221.

[518] Quelle: I.A. Kirchgeorg, M., Günther, E. (2006): Employer Brands zur Unternehmensprofilierung im Personalmarkt, HHL-Arbeitspapier Nr. 74, Leipzig, S. 37.

innerhalb der gesamten Bezugsgruppe durch die Employer Brand ermöglicht. Die werteorientierten Segmente können durch spezifische **Anforderungen** an einen Arbeitgeber sowie **ergänzende soziodemographische Informationen** beschrieben werden.[519]

Die so oder ähnlich erfassten Werte und Anforderungen potenzieller Mitarbeiter, die in der Regel auf Basis direkter Befragungen mit sog. Rating-Skalen beruhen, haben in der relevanten Literatur allgemein Akzeptanz gefunden. Es sprechen jedoch einige methodische Aspekte gegen diese Art der Befragungstechnik. Insbesondere wird bemängelt, dass der unterbewusste Teil komplexer Entscheidungsprozesse nicht exakt und in vollem Umfang erfasst werden kann. Zudem lässt die Tendenz, in diesen Befragungen sozial erwünschte Antworten zu geben, Zweifel an der Validität der Ergebnisse aufkommen. Ein möglicher Ausweg aus dieser Problematik ist der Einsatz von Conjoint-Messungen oder Ansätze, die Werte und Anforderungen aus beobachtbarem Verhalten ableiten können.[520]

Analyse der Bezugsgruppe der aktuellen Mitarbeiter

Die zweite zu analysierende Bezugsgruppe ist die der aktuellen Mitarbeiter. Die Übereinstimmung ihrer Wertvorstellungen zu den Werten des Unternehmens und ihre konkreten Anforderungen sowie deren Erfüllung durch den Arbeitgeber determinieren wesentlich ihre Zufriedenheit und damit auch ihre Intention, ihrem Arbeitgeber treu zu bleiben. Zur Erfassung bieten sich die in fast allen Unternehmen regelmäßig durchgeführten Mitarbeiterbefragungen an. Zusätzlich können spezielle Befragungen (z.B. Fokusgruppen) und Exit-Interviews Aufschluss über Werte und Anforderungen von Mitarbeitern sowie ihre Erfahrungen liefern.

Auch für diese Bezugsgruppe sind Anforderungen im Sinne von affektiven und kognitiven Einstellungskomponenten zum Arbeitgeber einerseits und die Werte-

---

[519] In der Studie von Kirchgeorg und Günther werden auf Basis der Anforderungsprofile durch eine Clusteranalyse unterschiedliche Zielgruppensegmente gebildet und hinsichtlich ihrer Werteprofile beschrieben. Es werden vier Segmente unterschieden: die "Genügsamen", die "Anspruchsvollen", die "Balanceorientierten" und die "Eigennützigen". Vgl. Kirchgeorg, M., Günther, E. (2006): Employer Brands zur Unternehmensprofilierung im Personalmarkt, HHL-Arbeitspapier Nr. 74, Leipzig, S. 28 ff.

[520] Ein Beispiel für die Conjoint-Messung zeigt Wiltinger, K. (1997): Personalmarketing auf Basis von Conjoint-Analysen, in: ZfB, Ergänzungsheft 3, S. 54 ff. Ein Ansatz zur Messung von Werten auf Basis von Aussagen zu Verhalten und Einstellungen findet sich bei Bauer, A., et al. (2006a): Moment of truth - Redefining the CEO's Brand Management Agenda, 1. Auflage, Houndmills, Basingstoke, New York, S. 29 ff.

profile andererseits zu erfassen. Im Vergleich zu den potenziellen nehmen für aktuelle Mitarbeiter der konkrete Arbeitsplatz und das direkte Arbeitsumfeld eine tendenziell bedeutendere Rolle bei der Bewertung des Arbeitgebers ein als das Unternehmen als Ganzes.[521] Eine emotionale Bindung an den Arbeitgeber ergibt sich Barrow und Mosley zufolge durch "[...] the value they derive from the total work experience, including the inherent satisfaction they derive from the task they perform, the extent to which they feel valued by their colleagues, and their belief in the quality, purpose and values of the organisation they represent."[522] Diese Aussage wird durch die Ergebnisse einer US-Studie gestützt, in der die 100 beliebtesten Arbeitgeber[523] auf Gemeinsamkeiten hin untersucht wurden. Dabei wurden drei charakteristische Stärken identifiziert: "inspiring leadership", "adorable physical work environment" und "sense of purpose".[524] Entsprechend können diese Aspekte als arbeitsmarkttypische Werte für aktuelle Mitarbeiter aufgefasst werden, nach denen ein Unternehmen streben sollte, um als Arbeitgeber wettbewersfähig zu sein.

Das "Great Place to Work Institute" betrachtet auf Basis der Ergebnisse jahrelanger Studien die folgenden **Kriterien** als besonders wichtig, nach denen Mitarbeiter ihren Arbeitgeber beurteilen:[525]

• Vertrauen zwischen Mitarbeitern und Management,

• Offene Information und Kommunikation,

---

[521] Diese Bedeutungsverlagerung ist bereits im Recruitingprozess zu beobachten. Während in frühen Phasen des Prozesses die Globalattraktivität wichtiger ist, nehmen die Faktoren des jeweiligen Arbeitsplatzes mit zunehmendem Konkretisierungsgrad der Gespräche mit dem Unternehmen und im Rahmen der eigentlichen Entscheidung zu. Vgl. Aiman-Smith, L., et al. (2001): Are you attracted? Do you intend to pursue? A recruiting policy-capturing study, in: Journal of Business and Psychology, Vol. 16, Nr. 2, S. 233.

[522] Barrow, S., Mosley, R. (2005): The Employer Brand, Chichester, S. 59. Diese Aussage deutet bereits darauf hin, dass aktuelle Mitarbeiter möglicherweise andere Kriterien für die Bewertung der Employer Branding-Erfahrung anlegen als potenzielle Mitarbeiter, ein Aspekt, der in Kapitel C.1.3 im Rahmen des Entscheidungsprozesses näher betrachtet werden wird.

[523] Die Studie zu den 100 besten Arbeitgebern der USA wird jährlich vom Great Place to Work Institute durchgeführt und im Fortune Magazine publiziert, vgl. Levering, R. (2004): Creating a great place to work: Why it is important and how it is done, in: Corrections Today Magazine, August 2004, S. 86. Details finden sich auch im Internet unter www.greatplacetowork.com.

[524] Vgl. Lieber, R. B. (1998): Why employees love these companies, in: Fortune, Vol. 137, Nr. 1, S. 72 ff.

[525] Vgl. hierzu ausführlich Levering, R. (2004): Creating a great place to work: Why it is important and how it is done, in: Corrections Today Magazine, August 2004, S. 84 ff. sowie Levering, R., Moskowitz, M. (2006): What it takes to be #1, zu finden im Internet unter http://resources. greatplacetowork.com/article/pdf/why_genentech_is_1.pdf, Zugriff am 11.04.2006.

- Zugangsmöglichkeiten zum Topmanagement,

- Glaubwürdigkeit des Managements, die sich z.b. in der Bereitschaft spiegelt, auch harte und unangenehme Fragen offen und ehrlich zu beantworten,

- Das Einhalten von Versprechungen,

- Aufmerksamkeit und Würdigung von Leistung,

- Respekt und ein persönliches Interesse am Mitarbeiter als Person.

Ein Vergleich mit den weiter oben dargestellten Anforderungen potenzieller Mitarbeiter unterstreicht die Annahme, dass **emotionale Aspekte für Mitarbeiter** eine **noch wichtigere Rolle** spielen und das direkte Umfeld und die eigenen Erfahrungen in den Mittelpunkt der Betrachtung rücken.

Neben den Anforderungskriterien sind auch die **Werteprofile** aktueller Mitarbeiter zu analysieren. Grundsätzlich ist allein aufgrund der Größe und Vielschichtigkeit von Unternehmen davon auszugehen, dass unter den Mitarbeitern alle Arten von "Typen", d.h. Menschen mit sehr unterschiedlichen Werteprofilen, zu finden sind. Überdurchschnittlich häufig auftretende Profile bzw. Ausprägungen von Werten können jedoch wertvolle Hinweise auf die Unternehmenskultur liefern, die ja, wie in Kapitel A.2 definiert, auch als "geteilte Werte" ("shared values") der Unternehmensmitglieder verstanden werden kann. Schneider geht sogar davon aus, dass sich über einen Selbst-Selektionsmechanismus die Werteprofile der Mitarbeiter über die Zeit immer mehr angleichen.[526] Auch die Werteprofile können im Rahmen von Mitarbeiterbefragungen identifiziert werden. Idealerweise bedient sich das Unternehmen dabei der gleichen Methodik wie für die Befragung der potenziellen Mitarbeiter, um eine Vergleichbarkeit der Ergebnisse zu gewährleisten.

Mit den Werteprofilen der aktuellen Mitarbeiter ist ein Abgleich mit den Unternehmenswerten und den denkbaren Inhalten des Werteversprechens der Employer Brand möglich. Denn wie in Kapitel B.3.3 zur Wirkungsweise von Employer Brands aufgezeigt, wirkt eine wahrgenommene Kongruenz der Werte nicht nur auf die Anziehungskraft des Unternehmens für spezielle Zielgruppen am Arbeitsmarkt. Es ergeben sich auch positive Auswirkungen auf die Integration neuer Mitarbeiter, die

---

[526] Vgl. Schneider, B. (1987): The people make the place, in: Personnel Psychology, Vol. 40, Nr. 3, S. 437-453.

Identifikation mit dem Arbeitgeber, die Mitarbeiterzufriedenheit und die Mitarbeiterbindung (vgl. auch Abb. 24). In einer Studie konnte zudem gezeigt werden, dass nicht nur die Wertekongruenz zwischen Mitarbeiter und Gesamtunternehmen von Bedeutung ist, sondern für Zufriedenheit und Commitment eines Mitarbeiters auch die Wertekongruenz zwischen ihm und seinem Vorgesetzten.[527]

Analyse der Bezugsgruppen am Absatzmarkt

Um Aufschluss über den Koordinationsbedarf in der Markenführung zwischen Employer und Consumer Branding zu erlangen, ist es zusätzlich erforderlich, die Werteprofile und Anforderungen der Zielgruppen am Arbeitsmarkt mit denen der Zielgruppen am Absatzmarkt zu vergleichen. Die funktionalen Anforderungen, die das Unternehmen mit seinen Produkten und Dienstleistungen für die Kunden erfüllt, werden allein aufgrund der Unterschiedlichkeit zum Produkt "Arbeitgeberleistung" für die Zielgruppen am Arbeitsmarkt kaum Ähnlichkeiten aufweisen. Der Vergleich der Werteprofile zwischen (Ziel-)Kunden und (Ziel-)Mitarbeitern führt jedoch zu der Frage, ob die Individuen, die als Kunden angesprochen werden sollen, auch die sind, die aufgrund ihres Wertesystems auch Mitarbeiter des Unternehmens sein könnten. Denn eine **einheitliche Markenpositionierung** am Absatz- und am Arbeitsmarkt führt dazu, dass **auf der Werteebene die gleichen Zielgruppen angesprochen werden**. Idealerweise werden die Werteprofile der Konsumenten daher mit derselben Methodik erfasst wie die potenzieller und aktueller Mitarbeiter, um eine Vergleichbarkeit sicherzustellen.

Die **Ergebnisse der Expertengespräche** im Rahmen dieser Arbeit zeigen, dass diese Überlegungen im Employer Branding noch **weitgehend unberücksichtigt** bleiben. Die meisten befragten Unternehmen verlassen sich bei der Erfassung von Werteprofilen und Anforderungen **potenzieller Mitarbeiter** auf am Markt erhältliche **Studien**, eigene Marktforschungen sind selten.[528] Für **aktuelle Mitarbeiter**

---

[527] Meglino et al. untersuchen den Einfluss von gemeinsamen Werten auf die Interaktion zwischen Mitarbeitern. Untersucht und empirisch belegt wird, dass Mitarbeiter mit einem ähnlichen bzw. übereinstimmenden Wertesystem vergleichbare kognitive Prozesse und Gemeinsamkeiten in der Art der Kommunikation aufweisen und sich dadurch positive Effekte auf die Zusammenarbeit ergeben, insbesondere auf Koordination, Jobzufriedenheit und Commitment für die Organisation. Vgl. Meglino, B. M., et al. (1989): A work values approach to corporate culture: a field test of the value congruence process and its relationship to individual outcomes, in: Journal of Applied Psychology, Vol. 74, Nr. 3, S. 424 ff.

[528] Dies bestätigt auch die Studie von Universum Communications, nach der quantitative Marktforschung nur von 26% der Unternehmen genutzt wird, während sich die meisten Unternehmen nur auf interne Quellen verlassen. Vgl. Universum Communications (2005): Employer Branding Global Best Practices 2005, Stockholm, S. 103.

ergänzen z.B. RWE, die Deutsche Bank und Roche die Analyse um **interne Befragungen oder Fokusgruppen**, meist jedoch fokussiert auf Anforderungen. Mit Ausnahme der Deutschen Bank, bei der in internen Studien auch Wertedimensionen von Mitarbeitern abgefragt werden, werden Wertesysteme in der Regel nicht systematisch erfasst, möglicherweise aufgrund mangelnder Instrumente, die dies leisten könnten. Als Grund für eine fehlende Berücksichtigung der Perspektive aktueller Mitarbeiter wird zudem die unterschiedliche organisatorische Verantwortung für Mitarbeiterbefragungen im Konzern angegeben, bspw. von Daimler-Chrysler. Die Werteprofile und Anforderungen von **Kunden** gehen **bei fast keinem Unternehmen explizit** in die Entwicklung der Employer Brand ein. Als Gründe werden bspw. von L'Oréal die unterschiedlichen Interessenlagen von Kunden und Mitarbeitern in Bezug auf die Marke(n) genannt. Zudem sind auch hier organisatorische Aspekte ausschlaggebend – RWE, die Deutsche Bank, L'Oréal, DaimlerChrysler sowie Roche verweisen diesbezüglich auf die Verantwortung des produkt- bzw. konsumentengerichteten Marketings.

Die **Vorteile** des Ansatzes, sich für die Analyse von Werten und Anforderungen der Zielgruppen auf vorhandene Studien für potenzielle Mitarbeiter und Befragungen bzw. Fokusgruppen bei aktuellen Mitarbeitern zu konzentrieren, liegen darin, dass dieses Vorgehen relativ kostengünstig und die Ergebnisse schnell verfügbar sind. Zudem bieten die meisten Studien bei der Analyse potenzieller Mitarbeiter auch Aussagen über Wettbewerberprofile. Als **nachteilig** ist jedoch anzusehen, dass die Analyse der Zielgruppen nicht integriert erfolgt, relevante Informationen insbesondere über die Werteprofile häufig fehlen und aufgrund der unterschiedlichen Erhebungsverfahren keine Vergleichbarkeit der Ergebnisse gewährleistet ist.

Ein anderer Ansatz wurde daher von Roland Berger Strategy Consultants gewählt. Die Entwicklung der Consumer- und Employer Brand Positionierung erfolgte in einem **integrierten Verfahren**. Zunächst wurden alle relevanten Zielgruppen hinsichtlich ihrer Werteprofile und ihrer konkreten Anforderungen analysiert. Hierzu wurde das unternehmenseigene Markenstrategie-Instrument, der "rb Profiler", genutzt. Damit konnten auf Basis von Befragungen die Werteprofile der Zielgruppen unabhängig von spezifischen Entscheidungssituationen quantitativ gemessen werden. Zielgruppenspezifika und konkrete Anforderungen wurden durch zusätzliche Fragen abgedeckt. Die Marktforschung umfasste eine Befragung bei Kunden, selektiv ergänzt um Tiefeninterviews, eine online-basierte Mitarbeiterbefragung, an der ca. 80% der Mitarbeiter weltweit teilnahmen sowie Interviews mit externen High Potentials als potenzielle Mitarbeiter und mit Ehemaligen. Die Analyse der potenziellen Mitarbeiter wurde zudem abgerundet durch die Auswertung von Studien zur Arbeitgeberattraktivität. Aufgrund der durchgängigen Methodik war es in der späteren Entwicklung der Positionierung möglich, anhand einer einheitlichen Terminologie über relevante und differenzierende Positionierungsdimensionen zu diskutieren, die die Werte und Anforderungen aller ausgewählten Zielgruppen berücksichtigten. Die Einheitlichkeit der Ergebnisse aus den Studien am Absatz- und am Arbeitsmarkt deutete dabei auf einen hohen Koordinationsbedarf in der Markenführung hin.

Anforderungskriterien und Werte bei den jeweiligen Zielgruppen können jedoch auch höchst unterschiedliche Ausprägungen annehmen. Grobe stellt beispielsweise fest, dass von den Zielgruppen am Arbeitsmarkt eine gute Arbeitsatmosphäre das meistgenannte Anforderungskriterium in ihrer Studie war, Innovationskraft dagegen – ein möglicher und häufig genutzter Markenwert für den Absatzmarkt – das am seltensten genannte Kriterium bei offenen Nennungen.[529]

Für die Gestaltung der Employer Branding-Strategie ergibt sich aus den obigen Ausführungen die **Schlussfolgerung**, dass dann eine Abweichung von der absatzmarktgerichteten Markenstrategie in Betracht zu ziehen ist, wenn sich die Werteprofile der Bezugsgruppen zwischen Absatz- und Arbeitsmarkt erheblich unterscheiden. Sollen dagegen an beiden Märkten Menschen mit ähnlichen Werteprofilen angesprochen werden, besteht eine höhere Notwendigkeit zur Koordination in der Markenführung. Diese Überlegungen führen zu **Hypothese 1:**

Je ähnlicher sich die Bezugsgruppen am Absatz- und Arbeitsmarkt hinsichtlich ihrer Werteprofile sind, desto größer ist tendenziell der Koordinationsbedarf in der Markenführung. Unterscheiden sich die Bezugsgruppen dagegen erheblich voneinander, verringert sich dadurch der Koordinationsbedarf.

---

[529] Vgl. Grobe, E. (2003): Corporate Attractiveness - eine Analyse der Wahrnehmung von Unternehmensmarken aus der Sicht von High Potentials, HHL-Arbeitspapier Nr. 50, Leipzig, S. 34.

1.1.2 Entscheidungsprozesse

Die Analyse der Entscheidungsprozesse gibt Einblick in den Ablauf der Informationssuche, -verarbeitung und Entscheidungsfindung der Bezugsgruppen. Von Interesse ist dabei insbesondere, welche Kontaktpunkte ein Markenrezipient im Laufe des Entscheidungsprozesses mit der Marke hat, wer und wie viele Personen an der Entscheidungsfindung mitwirken, das Involvement[530] der Beteiligten und die Funktionen, die die Marke in den unterschiedlichen Stufen des Prozesses erfüllt.[531] Die Erkenntnisse aus diesem Analyseschritt sind notwendig, um in der Entwicklung der Positionierung die Werte und Anforderungen aller an der Entscheidung beteiligten Personen zu berücksichtigen und um in der Umsetzung sicherzustellen, dass das Werteversprechen an allen relevanten Kontaktpunkten präsent und konsistent erfüllt ist.

Für die **Arbeitgeberwahl** ist anzunehmen, dass es sich um einen längerfristigen Prozess handelt, der durch eine **ausführliche Informationsbeschaffung** und eine **intensive Auseinandersetzung** mit den zur Verfügung stehenden Alternativen gekennzeichnet ist.[532] Des Weiteren handelt es sich in der Regel um eine **Individualentscheidung**, abgesehen von Einflüssen aus dem direkten Umfeld des Bewerbers, z.B. durch den Lebenspartner oder andere Sozialkontakte, die vor allem bei Standortentscheidungen in die Entscheidungsfindung mit einbezogen werden dürften. Die Funktionen, die die Marke im Rahmen des Arbeitgeberwahlprozesses erfüllt, wurden in Kapitel B.3.2 bereits ausführlich behandelt. Danach dominieren in den Frühphasen des Entscheidungsprozesses die Funktionen der Risikoreduktion und der Informationseffizienz, gefolgt von einer im Laufe des Prozesses zunehmenden Rolle der Identifikationsfunktion. Abb. 38 stellt den Arbeitgeberwahlprozess für potenzielle und aktuelle Mitarbeiter exemplarisch dar.

---

[530] Zum Begriff des "Involvement" vgl. auch Kapitel B.1.2.

[531] Zu den Markenfunktionen vgl. die Darstellungen in Kapitel B.1.2 sowie die spezifisch für den Bereich des Employer Branding untersuchten Markenfunktionen in Kapitel B.3.2.

[532] Vgl. Kranz, M. (2004): Die Relevanz der Unternehmensmarke, Frankfurt am Main, S. 153 sowie Grobe, E. (2003): Corporate Attractiveness - eine Analyse der Wahrnehmung von Unternehmensmarken aus der Sicht von High Potentials, HHL-Arbeitspapier Nr. 50, Leipzig, S. 25 f.

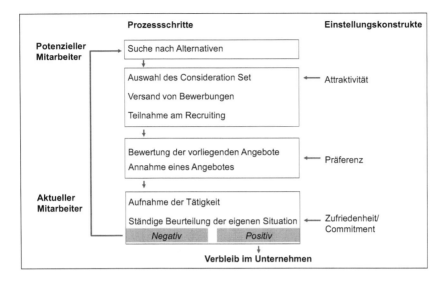

Abb. 38: Die Stufen des Arbeitgeberwahlprozesses für potenzielle und aktuelle Mitarbeiter[533]

Zu Beginn des Prozesses steht die **Suche nach geeigneten Unternehmen**, bei denen eine Bewerbung in Betracht gezogen wird. Hierfür ist zunächst Voraussetzung, dass ein Unternehmen dem Bewerber in diesem Stadium überhaupt bekannt ist und er auf dortige Möglichkeiten aufmerksam wird.[534] Aus der Gesamtheit aller Möglichkeiten bildet sich im zweiten Schritt aus den Unternehmen, die als hinreichend attraktiv eingeschätzt werden, das sog. "**Consideration Set**", d.h. die Gruppe von Unternehmen, bei denen eine Bewerbung erfolgt. Nach dem **Bewerbungsprozess**, in dem der Bewerber verschiedene Unternehmen kennen lernt und seinen Eindruck über diese Unternehmen vertieft, werden die vorliegenden Angebote auf ihre Attraktivität hin analysiert und zueinander in Beziehung gesetzt. Das bedeutet, dass der Bewerber ein relatives Markenimage von einem Unter-

---

[533] Quelle: Eigene Darstellung in entfernter Anlehnung an Wiltinger, K. (1997): Personalmarketing auf Basis von Conjoint-Analysen, in: ZfB, Ergänzungsheft 3, S. 57 ff. Zum Arbeitgeberwahlprozess vgl. ergänzend auch die Ausführungen von Herrmann, N., et al. (2005): Humankapital als Wettbewerbsfaktor - Wie wählen High Potentials ihre Arbeitgeber?, Munich Business School Working Paper 2005-06, München, S. 8 ff. sowie ausführlich das gesamte Kapitel III bei Teufer, S. (1999): Die Bedeutung des Arbeitgeberimages bei der Arbeitgeberwahl, Wiesbaden, S. 59 ff.

[534] Vgl. Kranz, M. (2004): Die Relevanz der Unternehmensmarke, Frankfurt am Main, S. 89 sowie Holtbrügge, D., Rygl, D. (2002): Arbeitgeberimage deutscher Großunternehmen, in: Personal, Jg. 54, 10/2002, S. 18 f.

nehmen in seiner Funktion als Arbeitgeber entwickelt. Auf Basis der anschließenden Bewertung bildet sich eine Präferenz heraus, auf deren Grundlage eine **Entscheidung** für die Annahme eines Angebotes getroffen wird. **Attraktivität** und **Präferenz** stellen somit die zentralen psychologischen Konstrukte im Kontext des Arbeitgeberwahlprozesses dar. Sie entstehen aus dem Abgleich der Werte und Anforderungen des Individuums mit der Wahrnehmung des Unternehmens.[535]

Die genaue Kenntnis des Prozesses der Entscheidungsfindung bietet für die Markenführung sowohl in der Strategiegestaltung als auch in der Umsetzung für das Employer Branding zahlreiche Ansatzpunkte. Forschungsergebnisse weisen bspw. darauf hin, dass **Bewerber in unterschiedlichen Phasen** des Bewerbungsprozesses die verschiedenen **Entscheidungskriterien** ihrer Arbeitgeberwahl **unterschiedlich gewichten**.[536] In einer Studie wurde die relative Bedeutung von den zwei auf den spezifischen Arbeitsplatz bezogenen Faktoren "Gehalt" und "Möglichkeit zur Entwicklung und Beförderung" und den zwei auf das Image des Unternehmens bezogenen Faktoren "Lay-off-Politik" und "ökologische Verantwortung" untersucht. Während die generelle Attraktivität des Unternehmens als Arbeitgeber am stärksten durch den Faktor der ökologischen Verantwortung bestimmt wurde, gefolgt von Lay-off-Politik und erst an dritter Stelle vom Gehalt, wurde die Intention, in diesem Unternehmen einen Arbeitsplatz tatsächlich anzunehmen, am stärksten durch das Gehalt geprägt. Die Ergebnisse unterstützen die Annahme, dass Bewerber das Image des Unternehmens als Signal bestimmter Charakteristika und Werte des Unternehmens nutzen und basierend auf dieser Einschätzung positive oder negative Gefühle entwickeln, die über eine mögliche Bewerbung entscheiden. Im Gegensatz zur generellen Attraktivität des Unternehmens in dieser frühen Phase des Recruitingprozesses wird später die Entscheidung über die Annahme eines Angebotes jedoch stärker auf Basis konkreter Arbeitsplatzcharakteristika gefällt.[537]

Während sich die Gewichtung der Entscheidungskriterien im Laufe des Prozesses ändert, bleibt anderen Studien zufolge die **übergeordnete Wahrnehmung des**

---

[535] Vgl. Wiltinger, K. (1997): Personalmarketing auf Basis von Conjoint-Analysen, in: ZfB, Ergänzungsheft 3, S. 58.

[536] Vgl. Aiman-Smith, L., et al. (2001): Are you attracted? Do you intend to pursue? A recruiting policy-capturing study, in: Journal of Business and Psychology, Vol. 16, Nr. 2, S. 232 ff.

[537] Vgl. ebenda, S. 233.

Unternehmens weitgehend stabil.[538] Zwar bietet der Recruitingprozess die Möglichkeit, dem potenziellen neuen Mitarbeiter einen tieferen Einblick in das Unternehmen, die personalbezogenen Angebote und die Unternehmenskultur zu geben. Doch die generelle Einstellung des Bewerbers zum Unternehmen und die Wahrscheinlichkeit, dass er ein mögliches Angebot auch tatsächlich annimmt, werden dadurch nur noch geringfügig beeinflusst.[539]

Entscheidet sich ein Bewerber für ein Unternehmen und wird damit zu einem **Mitarbeiter**, beginnt ein immer **wiederkehrender Prozess der Bewertung seiner Situation** und ein ständiger Abgleich zwischen Werten und Anforderungen einerseits und der Erfüllung dieser Vorstellungen durch das Unternehmen sowie den zukünftigen Perspektiven im Unternehmen andererseits. Die wichtigsten Einstellungskonstrukte in dieser Phase des Mitarbeiterlebenszyklus sind **Zufriedenheit** und **Commitment**, die sich aus einer positiven Beurteilung der Gesamt- und Individualsituation sowie der zukünftigen Perspektiven ergeben.[540] Werden die Vorstellungen dagegen nicht erfüllt, sinkt die Zufriedenheit, das Commitment zum Unternehmen nimmt ab. Im Ergebnis ist damit zu rechnen, dass ein solcher Mitarbeiter kurz- bis mittelfristig wieder in den Prozess der Alternativensuche eintritt.

Während für den Prozess der Arbeitgeberwahl abgesehen von geringfügigen individuellen Unterschieden eine weitgehende Übereinstimmung bei allen Bewerbern angenommen werden kann, unterscheiden sich **Entscheidungsprozesse auf der Kundenseite** von Unternehmen erheblich voneinander. Je nachdem, um welches Produkt bzw. um welche Dienstleistung es sich handelt, variieren die Prozesse zum Beispiel nach der **Anzahl der Beteiligten** und dem Involvement bei der Entscheidung. Während bspw. beim Kauf kurzlebiger Konsumgüter häufig nur der

---

[538] Vgl. Turban, D. B., Cable, D. M. (2003): Firm reputation and applicant pool characteristics, in: Journal of Organizational Behavior, Vol. 24, Nr. 6, S. 734 sowie die dort angegebenen Quellen.

[539] Zu dieser Einschätzung gelangen Lawler, E. E., et al. (1975): Job Choice and post decision dissonance, in: Organizational Behavior and Human Performance, Vol. 13, Nr. 1, S. 133 ff. sowie Powell, G. N. (1991): Applicant reactions to the initial employment interview: exploring theoretical and methodological issues, in: Personnel Psychology, Vol. 44, Nr. 1, S. 79. Vgl. auch Powell, G. N., Goulet, L. R. (1996): Recruiters' and applicants' reactions to campus interviews and employment decisions, in: Academy of Management Journal, Vol. 39, Nr. 6, S. 1634.

[540] Zum Zusammenhang zwischen Zufriedenheit bzw. Commitment und Mitarbeiterbindung vgl. bspw. Porter, L. W., et al. (1974): Organizational commitment, job satisfaction and turnover among psychiatric technicians, in: Journal of Applied Psychology, Vol. 59, Nr. 5, S. 603-609, Shore, L. M., Martin, H. J. (1989): Job Satisfaction and Organizational Commitment in Relation to Work Performance and Turnover Intentions, in: Human Relations, Vol. 42, Nr. 7, S. 625-638 sowie Cohen, A. (1993): Organizational commitment and turnover: A meta-analysis, in: Academy of Management Journal, Vol. 36, Nr. 5, S. 1140-1157.

Käufer selbst entscheidet, finden sich in vielen Business-to-Business-Märkten komplexe Entscheidungsprozesse, an denen auf Seiten der Einkäufer eine ganze Gruppe von Verantwortlichen beteiligt ist.[541] Für die Markenführung bedeutet dies, dass die Werte und Anforderungen aller an der Entscheidung Beteiligten in der Positionierung berücksichtigt werden sollten. Das **Involvement** ist eines der zentralen Konstrukte der Konsumentenforschung, nach der das Verhalten von Konsumenten gegliedert wird. Es bezeichnet die innere Beteiligung eines Individuums an einem Entscheidungsprozess.[542] Zwar handelt es sich dabei um eine kontinuierliche Größe, aus Vereinfachungsgründen werden aber meist nur die zwei Extreme "high involvement" und "low involvement" unterschieden. Entscheidungsprozesse mit "high involvement" sind durch intensive kognitive Prozesse gekennzeichnet, d.h. es erfolgt ein bewusster Abgleich des Markennutzenversprechens einer Marke mit den persönlichen Werten und Anforderungen. Als "Low-Involvement-Entscheidungen" werden dagegen solche Prozesse bezeichnet, in denen ohne besondere Überlegungen eine Entscheidung getroffen wird, bspw. bei Erstkäufen ohne vorherige Einstellungsbildung oder bei Gewohnheitskäufen.

Aus den **Expertengesprächen** ist ersichtlich, dass eine dezidierte Analyse der Entscheidungsprozesse von Bewerbern und Mitarbeitern im Rahmen des Employer Branding **bislang nur sehr selten** erfolgt. Allein die Deutsche Bank analysiert in Studien den Status ihrer Arbeitgebermarke von der Wahrnehmung über das Consideration Set, Sympathie, Identifikationspotenzial bis hin zur eigentlichen Bewerbung. Die Ergebnisse werden dazu genutzt, Kommunikationsmaßnahmen gezielt an den richtigen Stellen einzusetzen. Entscheidungsprozesse von Kunden wurden allerdings in keinem der Fälle betrachtet.

Die befragten Experten deuteten darauf hin, dass die aus der Analyse der Entscheidungsprozesse gewonnen Informationen über den Ablauf der Entscheidung, die relevanten Kontaktpunkte der Zielgruppen mit der Marke, die Funktionen der Marke sowie die Anzahl der Beteiligten und deren Involvement – wenn überhaupt – Hinweise für die operative Umsetzung des Markenversprechens ergeben.

---

[541] Wenn Kaufentscheidungen unter Mitwirkung mehrer Beteiligter entstehen, wird auch von "Buying Center" gesprochen. Vgl. Meffert, H. (2000): Marketing - Grundlagen marktorientierter Unternehmensführung, 9. Auflage, Wiesbaden, S. 137 ff.

[542] Zum Begriff des Involvement in Kaufentscheidungsprozessen vgl. Kroeber-Riel, W., Weinberg, P. (2003): Konsumentenverhalten, 8. Auflage, München, S. 175 sowie Baumgarth, C. (2001): Markenpolitik, 1. Auflage, Wiesbaden, S. 36 ff.

Erkenntnisse über den **Koordinationsbedarf** zwischen absatz- und arbeits-marktgerichteter Markenführung aufgrund von Unterschieden in den Entschei-dungsprozessen der Zielgruppen lassen sich auf dieser Basis **weder aus der Praxis noch aus den theoriegeleiteten Überlegungen** ableiten.

1.1.3 (Ist-)Identität

Nach dem Verständnis der identitätsorientierten Markenführung stellt die Identität eines Unternehmens als Selbstbild neben dem Image (Fremdbild) ein konstitu-ierendes Element einer Marke dar.[543] Sie ist Ausgangspunkt für die Entwicklung der zielgruppengerichteten Positionierung einer Marke und der Ausrichtung des Mitarbeiterverhaltens. Unter Identität bzw. Corporate Identity werden dabei die Charakteristika eines Unternehmens verstanden, "[...] that its members believe are central, distinctive and enduring."[544] Vor allem für Unternehmensmarken ist eine möglichst hohe Übereinstimmung zwischen der Positionierung, d.h. der Verdich-tung der Soll-Identität, und der Ist-Identität des Unternehmens – d.h. der tatsäch-lichen Selbstwahrnehmung der Mitabreiter – anzustreben, um Zielkonflikte und Irritationen bei den Zielgruppen zu vermeiden.[545] Diese können entstehen, wenn Mitarbeiter das von der Unternehmensführung nach außen kommunizierte Markenbild wahrnehmen, dazu jedoch in der täglich erlebten Ist-Identität eine Diskrepanz erkennen.[546]

Identitäts- und Kulturmerkmale können unterschiedlichen Quellen entspringen. Dazu gehören bspw. die Herkunft und Historie eines Unternehmens, bestimmte Kompetenzen und Stärken wie z.B. eine ausgeprägte Innovationsfähigkeit oder

---

[543] Vgl. bspw. Meffert, H. (2003): Identitätsorientierter Ansatz der Markenführung - eine entscheidungsorientierte Perspektive, Wissenschaftliche Gesellschaft für Marketing und Unternehmensführung e.V., Arbeitspapier Nr. 165, Münster, S. 5 ff.

[544] Pratt, M. G., Foreman, P. (2000): Classifying managerial responses to multiple organizational identities, in: Academy of Management Review, Vol. 25, Nr. 1, S. 20 sowie Albert, S., Whetten, D. A. (1985): Organizational Identity, in: Research in organizational behavior, Vol. 7, S. 264. Vgl. zudem die Ausführungen zur Begriffsdefinition in Kapitel A.2.

[545] Vgl. Stuart, H. (2001): The role of employees in successful corporate branding, in: Thexis, 18. Jg., Nr. 4, S. 48 ff.

[546] Vgl. Grobe, E. (2003): Corporate Attractiveness - eine Analyse der Wahrnehmung von Unternehmensmarken aus der Sicht von High Potentials, HHL-Arbeitspapier Nr. 50, Leipzig, S. 75.

zentrale Wertvorstellungen des Managements.[547] Diese stellen neben den Werten und Anforderungen der Zielgruppen wichtige Quellen für die Definition der Soll-Identität, d.h. für die Auswahl möglicher Positionierungsdimensionen dar.[548] Für das Employer Branding sind diese Faktoren besonders wichtig, da sie die **Erfahrungen der Mitarbeiter** in ihrer täglichen Arbeit **wesentlich prägen**. Glaubwürdigkeit, Darstellbarkeit und Authentizität der Employer Brand lassen sich daher nur erreichen, wenn die Soll-Identität der Employer Brand die Ist-Identität und die Unternehmenskultur reflektiert. Gleichzeitig bilden Identitäts- und Kulturmerkmale **Ansatzpunkte für die Differenzierung** gegenüber Wettbewerbern, da sie in der Regel in ihrer Kombination einzigartig und nur schwer zu kopieren sind.[549]

Zur Erfassung der Ist-Identität finden sich in der Literatur unterschiedliche Konzeptionalisierungen.[550] Für das Employer Branding ist dabei von besonderem Interesse, auf welche Art und Weise sich die Identität den internen und externen Stakeholdern eines Unternehmens darstellt. In der Literatur hat sich für diese Dimensionen der als **"Corporate Identity-Mix"** bezeichnete Dreiklang aus **"Behavior"**, **"Communications"** und **"Symbolism"** etabliert.[551] Es lassen sich darüber hinaus bei anderen Autoren auch erweitere Modelle finden.[552] Abb. 39 gibt einen umfassenden Überblick über die Elemente, in denen sich die Identität eines

---

[547] Meffert et al. zerlegen Markenidentität in insgesamt sechs Komponenten: Herkunft, Kompetenzen, Werte, Markenpersönlichkeit, Markenvision und Markenleistungen. Vgl. Meffert, H., et al. (2008): Marketing - Grundlagen marktorientierter Unternehmensführung, 10. Auflage, Wiesbaden, S. 361 ff.

[548] Vgl. de Chernatony, L. (2005): Surfacing values tension in corporate brands, in: Thexis, 22. Jg., Nr. 1, S. 18 f. sowie de Chernatony, L. (1999): Brand Management through narrowing the gap between brand identity and brand reputation, in: Journal of Marketing Management, Vol. 15, Nr. 1-3, S. 160. Auch andere Autoren weisen auf die Notwendigkeit hin, Markenwerte aus der Identität und Kultur eines Unternehmens abzuleiten, vgl. bspw. Bergstrom, A., et al. (2002): Why internal branding matters: the case of Saab, in: Corporate Reputation Review, Vol. 5, Nr. 2/3, S. 137, Balmer, J. M. T. (2005): Values, Promise and Behaviour: The Corporate Branding Triumvirate?, in: Thexis, 22. Jg., Nr. 1, S. 15 oder König, C. (2001): Vision and Shared Space: How Corporate Branding bonds business and the imagination, in: Thexis, 18. Jg., Nr. 4, S. 35.

[549] Vgl. de Chernatony, L. (2001): A model for strategically building brands, in: Journal of Brand Management, Vol. 9, Nr. 1, S. 37.

[550] Für einen Überblick über verschiedene Zugänge zum Corporate Identity Management vgl. Melewar, T. C., Jenkins, E. (2002): Defining the Corporate Identity Construct, in: Corporate Reputation Review, Vol. 5, Nr. 1, S. 77 ff.

[551] Vgl. van Riel, C. B. M., Balmer, J. M. T. (1997): Corporate identity: The concept, its measurement and management, in: European Journal of Marketing, Vol. 31, Nr. 5/6, S. 342. Der Artikel stellt auch verschiedene Methoden zur Erfassung der Corporate Identity dar.

[552] Balmer und Soenen schlagen bspw. einen Corporate Identity-Mix vor, der aus "Mind", "Soul" und "Voice" besteht und neben den ursprünglichen Elementen auch die unkontrollierbare Unternehmenskommunikation sowie strategische Dimensionen der Unternehmensführung mit einbezieht. Vgl. Balmer, J. M. T., Soenen, G. B. (1999): The Acid Test of Corporate Identity Management, in: Journal of Marketing Management, Vol. 15, Nr. 1-3, S. 74 ff.

Unternehmens erkennen lässt. Über die bereits oben aufgeführten Dimensionen Kommunikation, Symbolik und Verhalten hinaus werden dabei zusätzlich die prägenden Elemente der Unternehmenskultur sowie die marktlichen Rahmenbedingungen gezählt, die sich in Branchenfaktoren und in der individuellen Unternehmens- und Marketingstrategie des Unternehmens spiegeln.

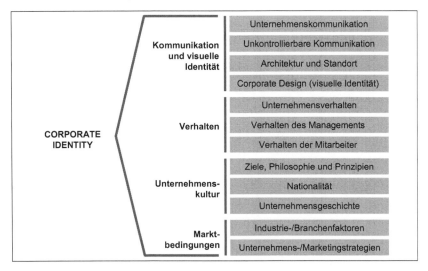

Abb. 39: Dimensionen des Corporate Identity Mix[553]

Eine zentrale Rolle im Corporate Identity Management nimmt die **Unternehmenskultur** ein.[554] Nach dem Verständnis von Downey folgt sie direkt aus den zentralen Bausteinen der Identität: "Corporate culture – which has been described as a company's shared values, beliefs and behaviour – in fact flows from and is the consequence of corporate identity."[555] Zur Unternehmenskultur sind dabei nicht nur Unternehmensphilosophie und Prinzipien bspw. in Bezug auf den Umgang mit-

---

[553] Quelle: I.A. Melewar, T. C., Jenkins, E. (2002): Defining the Corporate Identity Construct, in: Corporate Reputation Review, Vol. 5, Nr. 1, S. 81.

[554] Vgl. Baker, M., Balmer, J. M. T. (1997): Visual identity, trappings or substance?, in: European Journal of Marketing, Vol. 31, Nr. 5/6, S. 368 oder Melewar, T. C., Jenkins, E. (2002): Defining the Corporate Identity Construct, in: Corporate Reputation Review, Vol. 5, Nr. 1, S. 80.

[555] Downey, S. M. (1986/1987): The relationship between corporate culture and corporate identity, in: Public Relations Quarterly, S. 7.

einander zu zählen, sondern auch Unternehmensgeschichte und Nationalität.[556] Beide Aspekte können prägend für das Unternehmen und damit auch für die Erfahrungswelt der Mitarbeiter sein.

Die Elemente der Ist-Identität, vor allem die Unternehmenskultur, stellen **wichtige Ausgangspunkte für die Gestaltung der Markenführung** dar, unabhängig davon, ob es sich um die absatz- oder die arbeitsmarktgerichtete Markenführung handelt. Die Analyse der Ist-Identität entlang der in Abb. 39 aufgezeigten Dimensionen ist daher fester Bestandteil der Aktivitäten vor der Definition der Soll-Identität, die daran anschließend in der Positionierung verdichtet wird.

Methodisch bieten sich für diese Analyse einerseits Mitarbeiterbefragungen, Fokusgruppen und Exit-Interviews an, insbesondere zur Erfassung der Verhaltensdimension. Notwendig ist aber auch die Betrachtung der Vision und Mission des Unternehmens, ebenso die Berücksichtigung von Zielen und Prinzipien. Die historische Entwicklung und zukünftige Ausrichtung lassen sich anhand zentraler Eckpunkte der Unternehmensgeschichte und strategischer Entscheidungen rekonstruieren. Ebenfalls identitätsstiftende Elemente können sich aus der kulturellen Heimat eines Unternehmens ergeben, insbesondere durch die Nationalität. Zudem sollten Unternehmenskommunikation, Corporate Design und Architektur auf bestimmte Wertebotschaften hin untersucht werden.

Unter den im Rahmen der **Empirie** betrachteten Unternehmen sind DaimlerChrysler und Roland Berger zwei Beispiele für Unternehmen, die in ihrer Markenführung gezielt Ausprägungen der Ist-Identität in die Soll-Identität einbezogen haben. DaimlerChrysler bezieht sich mit dem Wert "Innovation", der Bestandteil der Corporate Brand und damit auch der identisch positionierten Employer Brand ist, auf den Erfindergeist des Unternehmensgründers, der das Unternehmen bis heute prägt. Gleiches gilt für Roland Berger Strategy Consultants mit dem Markenwert "Entrepreneurship".

Sind – wie im **Konzept der identitätsorientierten Markenführung** – Identitäts- und Kulturmerkmale in der Markenpositionierung sowohl am Absatz- als auch am Arbeitsmarkt verankert, besteht bereits aufgrund dieser gemeinsamen Basis ein **koordinierendes Element in der Markenpositionierung** zwischen **Employer**

---

[556] Zur Bedeutung der Nationalität von Unternehmen vgl. Kay, J. (2006): Hat Kapital eine Heimat?, in: Think:act, Sonderausgabe Januar 2006, S. 61-62.

und Consumer Branding. Die identitätsorientierte Markenführung kann daher auch der "kulturellen Koordination" zugeordnet werden.[557]

Diese Sichtweise vernachlässigt jedoch, dass Unternehmen in der Regel nicht nur über eine, sondern über **mehrere Ist-Identitäten** verfügen.[558] Dies wird insbesondere in Unternehmen mit komplexen Organisations- und Markenstrukturen der Fall sein. So stellen gerade große Konzerne wie DaimlerChrysler, Deutsche Bank und RWE fest, dass die interne Wahrnehmung des Unternehmens als Arbeitgeber in unterschiedlichen Organisationseinheiten sehr heterogen ist. Diese Erkenntnisse weisen auf unterschiedliche Kulturen und Ist-Identitätsdimensionen hin. Wie bereits in Kapitel B.2.2 dargestellt, differenzieren Albert und Whetten zwei verschiedene Arten von Multiplizität der Identitäten[559]: eine **ideographische Variante**, bei der einzelne Teile eines Unternehmens über eigene Identitäten verfügen, und eine **holographische Form**, bei der mehrere Identitäten über das gesamte Unternehmen ausgeprägt sind.[560] Mit Blick auf den Koordinationsbedarf in der Markenführung können sich in beiden Fällen Ansatzpunkte für eine Differenzierung in der Markenführung zwischen Absatz- und Arbeitsmarkt ergeben.

Verfügen einzelne **Unternehmensteile** über **starke eigene Ist-Identitätsmerkmale** in der Mitarbeiterwahrnehmung (ideographische Multiplizität), ist zu erwägen, diese auch jeweils spezifisch in der Soll-Identität der Employer Brand zu berücksichtigen. Eine solche Entscheidung könnte zur **Ausprägung von Submarken** innerhalb der Employer Brand Architektur mit Differenzierungen in den Markenpositionierungen führen. Verfügt dieses Unternehmen aber gleichzeitig am Absatzmarkt über eine Corporate Branding-Strategie, die auf einer einzigen Soll-Identität basiert, ergibt sich daraus eine Abweichung des Employer Branding von der übergreifenden bzw. absatzmarktgerichteten Markenführung. Dieses Szenario ist beispielsweise für große Konzerne wie Siemens denkbar, die über eine eigene

---

[557] Vgl. Bierwirth, A. (2003): Die Führung der Unternehmensmarke, Frankfurt am Main, S. 161 sowie Birkigt, K., Stadler, M. M. (1998): Corporate Identity - Grundlagen, in: Birkigt, et al. (Hrsg.): Corporate Identity: Grundlagen, Funktionen, Fallbeispiele, Landsberg/Lech, S. 41.

[558] Vgl. Pratt, M. G., Foreman, P. (2000): Classifying managerial responses to multiple organizational identities, in: Academy of Management Review, Vol. 25, Nr. 1, S. 18 sowie die dort angegebenen Quellen oder de Chernatony, L. (2002): Living the corporate brand: brand values and brand enactment, in: Corporate Reputation Review, Vol. 5, Nr. 2/3, S. 124. Eine ausführliche Betrachtung dieses Aspektes findet sich zudem in Kapitel B.2.2.

[559] Vgl. ausführlich Albert, S., Whetten, D. A. (1985): Organizational Identity, in: Research in organizational behavior, Vol. 7, S. 270 f.

[560] Beide Formen können nicht nur isoliert voneinander, sondern auch in Kombination auftreten, vgl. Pratt, M. G., Foreman, P. (2000): Classifying managerial responses to multiple organizational identities, in: Academy of Management Review, Vol. 25, Nr. 1, S. 21.

Beratungssparte verfügen. Aufgrund der sehr spezifischen Kultur- und Identitäts-merkmale von Beratungen könnte eine Abweichung in der Positionierung der Employer Brand sinnvoll sein, obwohl am Absatzmarkt die Corporate Brand Siemens dominiert und lediglich durch eine sog. Line Extension ("Management Consulting") ergänzt wird. Separate Arbeitgeberimageanzeigen sowie unterschied-liche Karriereseiten im Internet für den Siemens-Konzern und die Beratungssparte geben einen ersten Hinweis auf Abweichungen im Employer Branding. Zudem fin-den sich auf den Webseiten auch Hinweise auf abweichende Wertepositionie-rungen.[561] Auch für DaimlerChrysler Financial Services und die DaimlerChrysler Bank könnte dieser Aspekt zutreffen, denn es gibt bei DaimlerChrysler für die Financial-Services-Sparte eine eigene Employer Branding-Strategie.

Die Mitarbeiter nehmen hier die Eigenständigkeit des eigenen Unternehmensbe-reiches stärker wahr als die übergreifende Klammer der Soll-Identität der Corpo-rate Brand. Unterschiedliche Ist-Identitäten in einzelnen Unternehmensbereichen können somit für die Definition der Soll-Identität der Employer Brand höher priori-siert werden als eine übergreifende Corporate- bzw. Consumer Branding-Strate-gie, um Glaubwürdigkeit und Authentizität der Employer Brand sicher zu stellen. Diese Überlegung führt zu **Hypothese 2**:

Verfügt ein Unternehmen über Unternehmensbereiche, deren Ist-Identität (Selbstbild der Mitarbeiter) von der in anderen Unternehmensbereichen erheblich abweicht, und sollen diese Elemente der Ist-Identität auch trotz einer einheitlichen Soll-Identität der Corporate bzw. Consumer Brand am Absatzmarkt in die Soll-Identität der Employer Brand eingehen, verringert dies tendenziell den Koordinationsbedarf in der Markenführung.

Ähnliche Implikationen ergeben sich, wenn ein Unternehmen als Ganzes über un-terschiedliche Ist-Identitäten verfügt (holographische Multiplizität). Dies ist bspw. dann der Fall, wenn Mitarbeiter ihrem Unternehmen in seiner Funktion als Arbeit-

---

[561] Vgl. hierzu Siemens AG, Konzernleitbild, zu finden auf der Unternehmenshomepage im Internet unter http://www.siemens.com/index.jsp?sdc_p=l0o1050364t4umcd1032553n1050364s7fp#, Zugriff am 13.01.2007, für die Wertepositionierung des Konzerns. Zu den davon abweichenden Werten der Siemens Management Consultants vgl. Siemens Management Consulting, Mission und Werte, zu finden auf der Unternehmenshomepage im Internet unter https://www.smc.siemens.de/de/ueber_uns/mission_und_werte/index.php, Zugriff am 11.02.2007. Bezüglich der spezifischen Imageanzeigen vgl. bspw. Siemens Management Consulting, Arbeitgeberimageanzeige, in: High Potential, Ausgabe Dezember 2006/Januar 2007, S. 007.

geber andere Identitätsmerkmale zuordnen als in seiner Funktion als Anbieter von Produkten und Dienstleistungen. Es ist zu vermuten, dass dies vor allem bei Unternehmen der Fall sein wird, die aufgrund eines komplexen Markenportfolios am Absatzmarkt auf der Arbeitgeberebene nach eigenen Identitätsankern suchen. Von den in dieser Arbeit untersuchten Unternehmen sind dies L'Oréal und Roche. In diesen Fällen ist zu entscheiden, ob die Ist-Identität am Arbeitsmarkt für die Definition der Soll-Identität der Employer Brand höher priorisiert wird als die Ist-Identität am Absatzmarkt, so dass sich hier die Möglichkeit zur Differenzierung zwischen absatz- und arbeitsmarktgerichteter Markenführung ergibt. Als **Hypothese 3** kann somit formuliert werden:

Verfügt ein Unternehmen über unterschiedliche Ist-Identitäten am Arbeits- und am Absatzmarkt, verringert sich dadurch tendenziell der Koordinationsbedarf in der Markenführung.

Schließlich ist denkbar, dass auch solche **Identitätsmerkmale** zu einer Differenzierung in der Markenführung zwischen Arbeits- und Absatzmarkt führen, die gegenüber einer der Zielgruppen zwar einen wichtigen **Wettbewerbsvorteil** darstellen, andererseits **aber** die **Anforderungen an eine Markenpositionierung** am jeweils anderen Markt **nicht** in gleichem Maße **erfüllen**.

In Kapitel B.1.4 wurden die Anforderungen an eine Markenpositionierung ausführlich betrachtet. Demnach müssen die in der Positionierung enthaltenen Dimensionen differenzierend, relevant, darstellbar, erstrebenswert und klar sein (vgl. auch Abb. 11). Die Forderung nach Differenzierung wird im Rahmen der Wettbewerberanalyse in Kap. C.1.2.3 noch ausführlich betrachtet, die Forderung nach Klarheit ist unabhängig von Zielgruppe und Kontext zu erfüllen. Unterschiede können sich jedoch ergeben, wenn Identitätsmerkmale an den beiden Märkten zu einem unterschiedlichen Grad relevant, darstellbar oder erstrebenswert sind.

Identitätsstiftende Merkmale können sich bspw. aus der Historie des Unternehmens ergeben, aus einer wichtigen Erfindung oder aus bestimmten Fähigkeiten der Organisation. Möglicherweise verfügt ein Unternehmen in seiner Funktion als Arbeitgeber in den Augen der Mitarbeiter über eine besondere Stärke (Ist-Identität), die in der Positionierung der Employer Brand (Soll-Identität) berücksichtigt werden soll, da sie für die ausgewählten Zielgruppen am Arbeitsmarkt besonderes relevant ist. Diese Stärke ist jedoch gegenüber Konsumenten entweder nicht relevant oder möglicherweise gar nicht darstellbar, da sie sich nicht auf das Unternehmen als Anbieter von Produkten und Dienstleistungen bezieht. Dies kann dann

Anlass zu einer Differenzierung in der Markenführung zwischen Absatz- und Arbeitsmarkt sein. Ein **Beispiel** hierfür ist Roche. In der Positionierung der Employer Brand wird der Wert "Passion" genutzt, der bspw. für den außerordentlichen Einsatz und die Begeisterung der Mitarbeiter für ihre Arbeit steht. Der Wert ist jedoch nicht Bestandteil der absatzmarktgerichteten Markenführung in den dezentralen Einheiten. Diese Überlegungen führen zu **Hypothese 4:**

Verfügt ein Unternehmen über Identitätsmerkmale, die an einem der beiden Märkte (Absatz- oder Arbeitsmarkt) einen wichtigen Wettbewerbsvorteil darstellen, aber an dem anderen Markt nicht relevant, darstellbar oder erstrebenswert sind, ergibt sich dadurch ein Gestaltungsspielraum zur Differenzierung in der Markenführung, d.h. der Koordinationsbedarf wird tendenziell verringert.

Nachdem in diesem Kapitel die Ist-Identität und damit das Selbstbild der Mitarbeiter ausführlich betrachtet wurden, widmet sich das folgende Kapitel dem Markenimage am Absatzmarkt und am Arbeitsmarkt – d.h. dem Fremdbild der Marke.

1.1.4 Markenimages am Absatz- und am Arbeitsmarkt

Wahrnehmung wird in der Konsumentenforschung als ein Prozess der Aufnahme und Selektion von Informationen sowie deren Organisation (Gliederung und Strukturierung) und Interpretation aufgefasst.[562] Die **Wahrnehmung** verdichtet Wissen und Einstellung der Markenrezipienten zu einem **Fremdbild der Marke**, dem Markenimage. Bewerber und Konsumenten bilden sich dieses Image auf Basis aller ihnen zur Verfügung stehenden Erfahrungen und Informationen. Neben kognitiven Verarbeitungsprozessen spielen auch affektive Einstellungskomponenten eine wichtige Rolle.[563] Für die Gestaltung der Employer Branding-Strategie dient die Analyse des Markenimages bei den relevanten Zielgruppen zur Identifi-

---

[562] Vgl. Meffert, H. (1992): Marketingforschung und Käuferverhalten, 2. Auflage, Wiesbaden, S. 61 f.

[563] Diese Annahme folgt der Konsumentenverhaltensforschung, der das Verständnis zugrunde liegt, dass Kognition und Emotion bei der Bildung einer Einstellung zur Entscheidungsfindung miteinander interagieren. Zur Relevanz kognitiver und affektiver Wahrnehmungskomponenten bei der Arbeitgeberauswahlentscheidung vgl. Grobe, E. (2003): Corporate Attractiveness - eine Analyse der Wahrnehmung von Unternehmensmarken aus der Sicht von High Potentials, HHL-Arbeitspapier Nr. 50, Leipzig, S. 24 ff. sowie die dort angegebenen Quellen.

kation wahrgenommener Stärken und Schwächen.[564] Diese sind als **Ausgangs-punkt für eine glaubwürdige Weiterentwicklung** der Marke anzusehen. Mit Blick auf die Anforderungen an die Markenführung werden diese Informationen benötigt, um Glaubwürdigkeit, Authentizität und Kontinuität sicherzustellen.[565]

Die **Abfrage** des Markenimages **bei potenziellen Mitarbeitern** erfolgt häufig im Rahmen der oben bereits angeführten Studien zu den Anforderungen unterschiedlicher Zielgruppen an ihren zukünftigen Arbeitgeber. Neben der Wichtigkeit einzelner Anforderungen wird dabei erhoben, wie gut einzelne Unternehmen in diesen Kriterien bewertet werden. Dadurch werden Einschätzungen über Stärken und Schwächen des Unternehmens in den Augen der Befragten – in der Regel Hochschulabsolventen oder Young Professionals – gewonnen. Ergänzt um spezifische Fragen nach der Einschätzung der Unternehmenskultur (z.B. hierarchische Struktur vs. flache Entscheidungswege) wird daraus das Image des Unternehmens als Arbeitgeber bei diesen Zielgruppen abgeleitet.[566]

Für die **Zielgruppen am Absatzmarkt** ist zu analysieren, über welches Image das Unternehmen verfügt. Stehen aufgrund der Markenarchitektur einzelne Produktmarken im Vordergrund der Wahrnehmung, ist zudem der Zusammenhang in der Wahrnehmung zwischen Unternehmens- und Produktmarken zu untersuchen. Hintergrund für diese Analyse ist die Tatsache, dass das Image eines Unternehmens am Absatzmarkt bzw. in der Öffentlichkeit auch seine Wahrnehmung als Arbeitgeber beeinflusst.[567]

Im Rahmen der Analyse der Markenimages ist es auch von Interesse, wie sich dieses Image gebildet hat. Daher ist zu analysieren, welche Kriterien zur Imagebildung dienen und welche Quellen von den jeweiligen Zielgruppen genutzt werden.

---

[564] Balmer, der unterschiedliche Perspektiven auf die Identität eines Unternehmens unterscheidet, spricht diesbezüglich von der "conceived identity". Vgl. Balmer, J. M. T. (2001a): From the Pentagon: A New Identity Framework, in: Corporate Reputation Review, Vol. 4, Nr. 1, S. 74.
[565] Zu den Anforderungen an die Markenführung vgl. ausführlich Kap. B.1.4.
[566] Entsprechende Auswertungen und Arbeitgeberprofile bieten fast alle am Markt erhältlichen Arbeitgeberstudien an, bspw. Trendence, Universum und der Wettbewerb "Top-Arbeitgeber" für die potenziellen Mitarbeiter sowie die Wettbewerbe des Institutes "Great Place to Work" für aktuelle Mitarbeiter. Für einen Überblick vgl. die Ausführungen in Kap. B.3.4.2.
[567] Vgl. bspw. Cable, D. M., et al. (2000): The sources and accuracy of job applicants' beliefs about organizational culture, in: Academy of Management Journal, Vol. 43, Nr. 6, S. 1078. Grobe sieht darin ein wichtiges zukünftiges Forschungsfeld, vgl. Grobe, E. (2003): Corporate Attractiveness - eine Analyse der Wahrnehmung von Unternehmensmarken aus der Sicht von High Potentials, HHL-Arbeitspapier Nr. 50, Leipzig, S. 64.

Studien weisen darauf hin, dass Bewerber andere **Kriterien** bei der Entwicklung ihres Images von einem Unternehmen anlegen als andere Stakeholdergruppen. Im Rahmen von Reputationsstudien werden üblicherweise Kriterien wie bspw. Profitabilität, Innovationskraft oder die Demonstration sozialer Verantwortung genutzt.[568] Für Arbeitssuchende wird statt dessen basierend auf der Social Identity Theorie davon ausgegangen, dass "[...] the criteria job seekers use to evaluate an organization's reputation may be attributes related to their personal identity and needs, such as personal growth or the opportunity to work with compatible coworkers."[569]

Vor dem Hintergrund dieser Annahme konnten Cable und Turban zeigen, dass das Image eines Unternehmens bei Bewerbern vor allem durch die Branche, in der ein Unternehmen agiert, beeinflusst wird. Darüber hinaus wird das Image am Arbeitsmarkt durch die Bekanntheit des Unternehmens, die Profitabilität und die Einschätzungen hinsichtlich der Möglichkeit zur persönlichen Entwicklung und der Unternehmenskultur geprägt, soweit darüber Informationen von außen erhältlich sind.[570] Zusätzlich ist auf die Bedeutung des Produktimages und der produktbezogenen Unternehmenskommunikation für die Bildung des Arbeitgeberimages hinzuweisen.[571] Somit sind zwar einige der Beurteilungsdimensionen für alle Zielgruppen relevant, jedoch ergänzt jede Zielgruppe dieses Image um spezifische, nur für den jeweiligen Kontext relevante Faktoren.

Neben den Kriterien ist als weitere Erklärungsgrundlage für das Markenimage die Frage von Bedeutung, welche **Quellen zur Bildung des Images** genutzt werden

---

[568] In der vom Manager Magazin jährlich veröffentlichten Studie "Imageprofile" werden bspw. fünf Kriterien als zentral für das Unternehmensimage angesehen: Managementqualität, Innovationskraft, Kommunikation, Umweltorientierung und Solidität. Vgl. Teufer, S. (1999): Die Bedeutung des Arbeitgeberimages bei der Arbeiterwahl, Wiesbaden, S. 53 ff. In der von der Financial Times und PriceWaterhouseCoopers durchgeführten Studie "The world's most respected companies" werden die Kriterien "Corporate Governance", "social responsibility" und "innovation" angelegt. Vgl. PWC, Financial Times (2004): The World's most respected companies survey 2004, zu beziehen über www.pwcglobal.com, Zugriff am 14.12.2004.

[569] Cable, D. M., Graham, M. E. (2000): The determinants of job seekers' reputation perceptions, in: Journal of Organizational Behavior, Vol. 21, Nr. 8, S. 930. Hier findet sich auch ein Überblick über vorherige Forschungsarbeiten zu den Determinanten der Unternehmensreputation in den Augen von Jobsuchenden.

[570] Vgl. Cable, D. M., Graham, M. E. (2000): The determinants of job seekers' reputation perceptions, in: Journal of Organizational Behavior, Vol. 21, Nr. 8, S. 943.

[571] Vgl. bspw. Cable, D. M., et al. (2000): The sources and accuracy of job applicants' beliefs about organizational culture, in: Academy of Management Journal, Vol. 43, Nr. 6, S. 1076 ff. oder Highhouse, S., et al. (1999): Assessing company employment image: an example from the fastfood industry, in: Personnel Psychology, Vol. 52, S. 151 ff.

und wie korrekt die daraus resultierenden Einschätzungen sind. Es können vier mögliche Quellen unterschieden werden:[572]

- Die **vom Unternehmen ausgegebenen Informationen und Signale** über das Unternehmen generell und spezifisch in seiner Funktion als Arbeitgeber, bspw. auf der Website, in Broschüren, Presseerklärungen oder durch das Auftreten von Repräsentanten des Unternehmens.[573] Hierzu müssen in der Analysephase alle vom Unternehmen ausgegebenen Informations- und Kommunikationsmaterialien wie bspw. Recruiting-Broschüren, Internet-Auftritt und Unternehmenspräsentationen auf die darin enthaltenen Botschaften über das Unternehmen in seiner Funktion als Arbeitgeber überprüft werden. Darüber hinaus sind auch sämtliche an die Konsumenten und die allgemeine Öffentlichkeit gerichteten markenbezogenen Aktivitäten (Marketing-Mix, PR, Sponsoring etc.) auf ihre Aussagen hin zu analysieren.

- **Produkte oder Dienstleistungen des Unternehmens**, sofern mögliche Bewerber vor ihren Überlegungen über die Auswahl von Unternehmen für ihren Bewerbungsprozess mit den Produkten oder diesbezüglicher Unternehmenskommunikation in Kontakt gekommen sind. Dies trifft vor allem auf B2C-Unternehmen zu, weniger auf B2B-Unternehmen.[574]

- **Eigene Erfahrungen** mit dem Unternehmen als Arbeitgeber, z.B. durch Praktika.

- **Informelle Netzwerke, Erfahrungen** und **Berichte anderer** sowie **Sekundärberichte** in Medien, die nicht vom Unternehmen selbst gesteuert werden.

Die ersten beiden Quellen – Unternehmens- und Produktinformationen – sind zwar durch das Unternehmen steuerbar. Die dort postulierten Botschaften entsprechen aber nicht unbedingt der Realität. Es ist davon auszugehen, dass für Unterneh-

---

[572] Vgl. Cable, D. M., et al. (2000): The sources and accuracy of job applicants' beliefs about organizational culture, in: Academy of Management Journal, Vol. 43, Nr. 6, S. 1077 ff. Eine ähnliche Klassifizierung von Quellen nutzt auch Cornelissen, J. (2000): Corporate image: an audience centred model, in: Corporate Communications, Vol. 5, Nr. 2, S. 119-125.

[573] Balmer spricht diesbezüglich bei seiner Unterscheidung von Perspektiven auf Unternehmensidentität und -marke von der "communicated identity", die seiner Auffassung nach sowohl die kontrollierbare wie auch die nicht kontrollierbare Darstellung des Unternehmens bzw. seiner Marke umfasst. Vgl. Balmer, J. M. T. (2001a): From the Pentagon: A New Identity Framework, in: Corporate Reputation Review, Vol. 4, Nr. 1, S. 74.

[574] Eine detaillierte Betrachtung dieses Aspektes erfolgt in Kapitel C.1.2.1.

men ein hoher Anreiz besteht, eher vorteilhafte als in jedem Fall korrekte Informationen nach außen zu tragen. Damit ist jedoch die Gefahr verbunden, dass Bewerber, die aufgrund der vorher gesammelten Informationen ein Jobangebot annehmen, nach ihrem Eintritt feststellen, dass ihre Erwartungen nicht erfüllt werden, und sie das Unternehmen wieder verlassen.[575] Einschätzungen, die auf eigenen Erfahrungen oder Berichten anderer beruhen, werden daher in der Regel als glaubwürdiger wahrgenommen. Es konnte jedoch nicht empirisch nachgewiesen werden, dass diese Informationen auch tatsächlich korrekter sind.[576]

Bei der Analyse des Zusammenhangs zwischen der Wahrnehmung des Unternehmens als Arbeitgeber und den kommunizierten Markenbotschaften ist zudem zu beachten, dass **individuelle Informations- und Wahrnehmungsfilter** einen wesentlichen Einfluss auf die Markenwahrnehmung ausüben können. Menschen nutzen kognitive und affektive Strukturen, wenn sie sich einen Eindruck bzw. ein Bild von etwas verschaffen. Diese Strukturen sind internalisierte Schemata, die in der Regel durch soziale Lernprozesse und Anpassung bspw. in einem bestimmten Kulturraum geprägt wurden.[577] So kann ein und dieselbe Botschaft in Texten oder Bildern ganz unterschiedlich verstanden und interpretiert werden und zu entsprechend unterschiedlichen Images führen. Dies ist insbesondere von Unternehmen zu beachten, die die Entwicklung einer globalen Employer Brand planen.

Die **Expertengespräche** zeigen, dass die meisten Unternehmen zur Erfassung des Markenimages ebenso wie bei der Zielgruppenanalyse auf **externe Studien bei potenziellen Mitarbeitern** und – in seltenen Fällen – Marktforschungserkenntnisse aus der allgemeinen Konsumentenforschung vertrauen. Vor- und Nachteile stimmen daher mit den Ausführungen in Kap. C.1.1.1 überein. Die bei einigen Unternehmen **fehlende Berücksichtigung** der **Markenimages bei Kunden und** in der **Öffentlichkeit** ist an dieser Stelle jedoch ein großes Risiko, da das

---

[575] Vgl. Cable, D. M., et al. (2000): The sources and accuracy of job applicants' beliefs about organizational culture, in: Academy of Management Journal, Vol. 43, Nr. 6, S. 1076 sowie S. 1083.

[576] Eine Studie ergab sogar, dass Einschätzungen der Unternehmenskultur und der Werte eines Unternehmens von Bewerbern, die über eigene Erfahrungen durch Praktika verfügten, entweder gar nicht oder negativ mit der Korrektheit der Unternehmenswerte korreliert waren. Die Autoren weisen jedoch darauf hin, dass dieses Ergebnis aufgrund von Messproblemen der "Korrektheit" von Einschätzungen zusammenhängen könnte, denn es wurden Einschätzungen von Praktikanten mit Einschätzungen des Topmanagements verglichen. Vgl. Cable, D. M., et al. (2000): The sources and accuracy of job applicants' beliefs about organizational culture, in: Academy of Management Journal, Vol. 43, Nr. 6, S. 1083.

[577] Vgl. Bromley, D. B. (2001): Relationships between personal and corporate reputation, in: European Journal of Marketing, Vol. 35, Nr. 3/4, S. 320.

allgemeine Image des Unternehmens auch die Wahrnehmung potenzieller Mitarbeiter wesentlich prägt.

Der Vergleich der Markenimages bei den unterschiedlichen Bezugsgruppen gibt **Anhaltspunkte für den Koordinationsbedarf** in der Markenführung. Dabei ist zu untersuchen, ob und wie das aktuelle Image des Unternehmens am Absatzmarkt vom Image als Arbeitgeber abweicht. Turban und Cable gehen davon aus, dass die übergeordnete Reputation des Unternehmens nicht identisch mit dem Arbeitgeberimage sein muss, verweisen jedoch auf Studien, die belegen, dass diese beiden Images miteinander verknüpft sind.[578] Das aktuelle Markenimage ist Ausgangspunkt für eine glaubwürdige Weiterentwicklung der Marke. Unterscheiden sich die Images des Unternehmens in den Augen der betrachteten Zielgruppen, ohne sich dabei gegenseitig zu schwächen, deutet dies auf einen gewissen Spielraum auch für Unterscheidungen in der zukünftigen Positionierung der Employer Brand gegenüber der konsumentengerichteten Markenstrategie des Unternehmens hin. So ist es bspw. denkbar, dass ein Unternehmen am Absatzmarkt in den Augen der Konsumenten für Innovation, Kreativität und Exklusivität steht, während das Unternehmen als Arbeitgeber von potenziellen Mitarbeitern vor allem mit den Dimensionen Herausforderung, Dynamik und interessante Entwicklungsperspektiven wahrgenommen wird. In diesem Beispiel unterscheiden sich die Markenimages zwar in ihren Ausprägungen, aber sie schwächen sich nicht gegenseitig, da keine offensichtlichen Widersprüche vorliegen. Daraus abgeleitet wird **Hypothese 5:**

Unterscheiden sich die Markenimages am Absatz- und am Arbeitsmarkt in wichtigen Dimensionen, ohne dass sie sich gegenseitig schwächen, verringert dies tendenziell den Koordinationsbedarf zwischen absatz- und arbeitsmarktgerichteter Markenführung.

---

[578] Vgl. Turban, D. B., Cable, D. M. (2003): Firm reputation and applicant pool characteristics, in: Journal of Organizational Behavior, Vol. 24, Nr. 6, S. 747 f. sowie die dort angegebenen Studien.

1.2 Situations- und Kontextanalyse

1.2.1 Schnittstellen zwischen internen und externen Bezugsgruppen des Unternehmens

Für den Koordinationsbedarf zwischen konsumenten- und mitarbeiterorientierter Markenführung spielt es eine große Rolle, wie stark sich die Markenwahrnehmungen von Konsumenten und Mitarbeitern im Laufe der jeweiligen Entscheidungsprozesse überschneiden. Aus Sicht des Employer Branding sind dabei insbesondere folgende Fragen von Interesse:

- Welchen Kontakt haben potenzielle Mitarbeiter mit **Produkten und Dienstleistungen** des Unternehmens im Vorfeld einer Bewerbung?

- Welche **Rolle** spielen **Mitarbeiter** bei der Einstellungsbildung von potenziellen Mitarbeitern und Konsumenten gegenüber einer Unternehmensmarke und den jeweiligen Produktmarken?

Die Schnittstellen zwischen aktuellen und potenziellen Mitarbeitern und Konsumenten werden durch die Branche und das jeweilige **Geschäftsmodell** grob vorgegeben. In ihrer Detailgestaltung liegen sie in der Hand der jeweiligen Unternehmen. Darüber hinaus spielt die Größe eines Unternehmens und die damit verbundene **öffentliche Aufmerksamkeit** eine Rolle für die Schnittstellenbetrachtung. Denn selbst wenn keine direkte Schnittstelle zwischen Mitarbeitern und Kunden besteht, tritt bei großen, bekannten Unternehmen an diese Stelle eine Wahrnehmungsüberschneidung zwischen Mitarbeitern und Öffentlichkeit.

Die Möglichkeit, dass potenzielle Mitarbeiter ein Unternehmen bereits aus eigenen Erfahrungen mit Produkten und Dienstleistungen kennen, beeinflusst auch die Wahrnehmung dieser Unternehmen als Arbeitgeber.[579] Dies zeigt sich auch bei den im Rahmen dieser Arbeit untersuchten Unternehmen.

Roland Berger Strategy Consultants beispielsweise rekrutiert die meisten Mitarbeiter direkt von den Hochschulen, die bis dahin nicht selbst Kunde der Unternehmensberatung gewesen sein können und auch kaum mit den sehr gezielten

---

[579] Vgl. bspw. Cable, D. M., et al. (2000): The sources and accuracy of job applicants' beliefs about organizational culture, in: Academy of Management Journal, Vol. 43, Nr. 6, S. 1078 oder Turban, D. B., Cable, D. M. (2003): Firm reputation and applicant pool characteristics, in: Journal of Organizational Behavior, Vol. 24, Nr. 6, S. 734 sowie die dort angegebenen Quellen.

kundengerichteten Marketingaktivitäten in Kontakt gekommen sein dürften.[580] Ihr Markenimage basiert überwiegend auf Vorstellungen über die Branche generell und Erzählungen Bekannter, die eigene Erfahrungen mit dem Unternehmen gemacht haben, z.b. als Mitarbeiter selbst oder als Mitarbeiter eines Kunden. Dabei steht jedoch in der Regel Roland Berger als Arbeitgeber im Vordergrund. Entsprechend gering ist der aus diesem Einflussfaktor resultierende Koordinationsbedarf in der Markenführung. Andererseits sind die Mitarbeiter der Beratung das wesentliche Bindeglied zwischen den Kunden und der Unternehmensmarke "Roland Berger Strategy Consultants", wodurch sich wiederum ein hoher Koordinationsbedarf ergibt. Bei L'Oréal ist die Situation genau umgekehrt. Viele Bewerber interessieren sich gerade aufgrund eigener Erfahrungen und ihrer Begeisterung für die Produkte des Konzerns auch für einen Arbeitsplatz bei L'Oréal. Eine direkte Schnittstelle zwischen Mitarbeitern und Endkonsumenten stellt dagegen eher die Ausnahme dar. Wenn überhaupt eine Beratung zu den Produkten stattfindet, wird diese in der Regel durch zwischengeschaltete Händler übernommen.[581]

Generell ist davon auszugehen, dass potenzielle Mitarbeiter immer dann bereits im Vorfeld einer Bewerbung mit den Produkten eines Unternehmens persönlich in Kontakt kommen konnten, wenn es sich um solche handelt, die direkt an den Endkunden gerichtet sind (**Business-to-Consumer**). Einer der zentralen Vorteile für diese Unternehmen am Arbeitsmarkt liegt darin, dass sie über den direkten Kontakt der Zielgruppen am Arbeitsmarkt mit den Produkten oder durch die Wahrnehmung der konsumentengerichteten Marketingmaßnahmen eine hohe Bekanntheit erreichen. Unternehmen, deren Produkte bzw. Dienstleistungen nur anderen Unternehmen angeboten werden (**Business-to-Business**), können den Nachteil bei der Bekanntheit in der Regel nur durch Größe oder eine besondere Ausnahmestellung innerhalb ihrer Branche und die damit verbundene öffentliche Aufmerksamkeit ausgleichen. Allerdings erweist sich der Bekanntheitsvorteil von endkonsumentengerichteten Unternehmen dann als Nachteil, wenn Produktimage und Marketingmaßnahmen die Wahrnehmung des Unternehmens in den Augen

---

[580] Eine Ausnahme davon könnte sein, wenn Hochschulabsolventen im Rahmen eines Praktikums bei einem Unternehmen an einem Beratungsprojekt beteiligt waren und sich hierbei ein persönliches Bild von der Marke "Roland Berger" machen konnten. Kundengerichtete Marketingmaßnahmen sind dagegen abgesehen von der allgemeinen Öffentlichkeitsarbeit sehr gezielte Direktmarketingmaßnahmen.

[581] Dies gilt insbesondere für die über den Handel, Parfümerien und Apotheken vertriebenen Marken. Ausnahmen bilden die Bereiche, die über Mono-Brand-Stores vertrieben werden, z.B. The Body Shop oder teilweise auch die Marke Kiehl's sowie der Business-to-Business-Bereich.

relevanter Zielgruppen am Arbeitsmarkt eher negativ beeinflussen.

Die beschriebenen Verflechtungen durch die Überschneidung der Wahrnehmungen führen bezüglich des Koordinationsbedarfes zwischen Employer und Consumer Branding zu **Hypothese 6**:

Der Koordinationsbedarf verringert sich tendenziell, je weniger ein Unternehmen potenziellen Mitarbeitern bereits im Vorfeld einer Bewerbung als Anbieter von Produkten und Dienstleistungen bekannt ist und umgekehrt.

Wie bereits bei den beschriebenen Beispielen angedeutet, ergibt sich ein weiterer Einfluss auf den Koordinationsbedarf aus der **Schnittstelle zwischen Mitarbeitern und Konsumenten** bzw. Kunden des Unternehmens. Mitarbeiter spielen eine wesentliche Rolle als Markenbotschafter gegenüber Konsumenten.[582] Die Bedeutung dieser Rolle wird wesentlich von der Intensität der Interaktion zwischen Mitarbeitern und Kunden bestimmt. Diese hängt ebenso wie die oben beschriebene Schnittstelle zwischen potenziellen Mitarbeitern und den Produkten bzw. Dienstleistungen eines Unternehmens von der **Branche** und dem gewählten **Geschäftsmodell**, also der Art der Leistungserbringung, ab. Eine besonders hohe Interaktion zwischen Kunden und Unternehmen ist im Dienstleistungssektor und in vielen Business-to-Business-Branchen zu verzeichnen, die häufig jahrelange, enge Kundenbeziehungen pflegen. Ein geringerer Einfluss dagegen ist bei Produktmarken zu vermuten, da sich das Image hierbei stärker über das Produkt selbst und die produktbezogene Marketingkommunikation bildet. Einen Eindruck des Unternehmens als Arbeitgeber gewinnen die Konsumenten in diesem Fall allenfalls durch die allgemeine Berichterstattung. Bei Unternehmen jedoch, mit denen sie in direkter Interaktion stehen, können sie sich über die Mitarbeiter einen persönlichen Eindruck des Unternehmens als Arbeitgeber verschaffen.

Aktuelle Mitarbeiter sind jedoch nicht nur für Kunden, sondern auch für **potenzielle Bewerber** eine der wichtigsten Informationsquellen. Sutherland et al. sehen darin auf Basis empirischer Analysen sogar den wichtigsten Einflussfaktor auf die Imagebildung eines Unternehmens bei den Zielgruppen am Arbeitsmarkt.[583] Diese Schnittstelle ist unabhängig von Branche und Geschäftsmodell. Allenfalls die Größe eines Unternehmens mag eine Rolle spielen, da sich mit zunehmender

---

[582] Vgl. hierzu ausführlich Kapitel B.4.1.
[583] Vgl. Sutherland, M. M., et al. (2002): Employer-of-choice branding for knowledge workers, in: South African Journal of Business Management, Vol. 33, Nr. 4, S. 17.

Mitarbeiteranzahl auch die Kontakte zu potenziellen Mitarbeitern vervielfachen.

Aus diesen Überlegungen lässt sich hinsichtlich des Koordinationsbedarfes in der Markenführung **Hypothese 7** ableiten:

Je weniger sich die Markenwahrnehmung Externer (insbesondere Konsumenten und potenzielle Mitarbeiter) durch das Verhalten der Mitarbeiter prägt, desto geringer ist tendenziell der Koordinationsbedarf zwischen arbeits- und absatzmarktgerichteter Markenführung und umgekehrt.

1.2.2 Unternehmenssituation und -strategie

Der strategische Kontext und die Situation, in der sich ein Unternehmen aktuell befindet, beeinflussen das Personalmanagement und damit auch das Employer Branding. Aus der **strategischen Ausrichtung des Unternehmens** hinsichtlich der Geschäftsfelder, in die investiert oder desinvestiert wird, ergeben sich Vorgaben für die Anzahl und Qualifikation gesuchter Mitarbeiter. Für das Employer Branding sind diese Vorgaben insbesondere mit Blick auf die Priorisierung bestimmter Zielgruppen und deren Werte und Anforderungen von Bedeutung. Den engen Zusammenhang zwischen Unternehmenszielen bzw. strategischen Vorgaben und Employer Branding betonten auch alle befragten Experten.

Eng verknüpft mit der strategischen Ausrichtung ist die Gestaltung der Wertschöpfungskette[584] bzw. des **Geschäftsmodells**[585], mit dem Unternehmen agieren. Es determiniert im Wesentlichen das Umfeld und die Art der Aufgaben, die ein Unternehmen seinen Mitarbeitern bieten kann. L'Oréal als international größter Kosmetikkonzern bietet beispielsweise interessante Perspektiven in den Bereichen Marketing, Forschung und Entwicklung sowie internationale Karrieren. Das Arbeitsleben bei Roland Berger Strategy Consultants ist geprägt von einer großen

---

[584] Die Wertschöpfungs- bzw. Wertkette beschreibt die Stufen des betrieblichen Leistungserstellungsprozesses von der Beschaffung über die Produktion bis hin zum Vertrieb bzw. zum Kunden. Zum Konzept der Wertkette vgl. ausführlich Porter, M. E. (2000): Wettbewerbsvorteile - Spitzenleistungen erreichen und behaupten, 6. Auflage, Frankfurt/Main, S. 63-96.

[585] Als Geschäftsmodell kann die Konzeptionierung der Geschäftslogik eines Unternehmens bezeichnet werden, d.h. die Art und Weise, wie ein Unternehmen seine Geschäfte betreibt. Zum Konzept des Geschäftsmodells vgl. ausführlich Osterwalder, A., et al. (2005): Clarifying business models: origins, present, and future of the concept, in: Communications of the Association for Information Systems, Vol. 15, May 2005, S. 1-43.

Aufgabenvielfalt mit einer damit verbundenen "steilen Lernkurve" sowie dem Arbeiten in jungen, interdisziplinären Teams. Gleichzeitig bringt es die Rolle als Dienstleister mit sich, dass die Berater mit einem hohen Zeiteinsatz Lösungen gemeinsam mit den Kunden vor Ort erarbeiten, was eine regelmäßige Abwesenheit vom Wohnort bedeutet. Roche wiederum bietet als forschendes pharmazeutisches Unternehmen Mitarbeitern gerade im F&E-Bereich Raum für innovative Ideen und die unternehmerische Freiheit, diese in sog. "Ventures" zur Marktreife zu führen. Das Geschäftsmodell prägt somit das tägliche Aufgabenumfeld von Mitarbeitern ebenso wie Entwicklungsperspektiven im Unternehmen. Für das Employer Branding ergeben sich daraus Ansatzpunkte, wie das Arbeitsplatzangebot im Rahmen der Umsetzung der Employer Brand gestaltet werden kann.

Auswirkungen auf das Employer Branding ergeben sich auch aus aktuellen **wirtschaftlichen und strukturellen Herausforderungen**. Während Employer Branding in Expansions- und Wachstumsphasen auf die Einstellung und Bindung von Mitarbeitern ausgerichtet sein wird, stellt sich in Restrukturierungs- und Sanierungsphasen die Herausforderung, Commitment und Moral aufrecht zu erhalten sowie wichtige Leistungsträger auch in Phasen des Personalabbaus zu binden. Wieder andere Herausforderungen ergeben sich, wenn sich ein Unternehmen in einer organisatorischen Umstrukturierungsphase befindet, im Rahmen von Akquisitionen neue Unternehmensteile integrieren muss oder bei einer Fusion zwei ähnlich oder gleich starke Partner zu einer neuen Organisation verschmolzen werden. Die Entwicklung einer neuen, einheitlichen Identifikationsbasis für die Mitarbeiter dürfte in diesen Fällen eine wesentliche Aufgabe des Employer Branding darstellen.[586] In Veränderungssituationen wie M&A-Phasen, Reorganisationen oder Restrukturierungen stellt sich auch die Frage nach der Kontinuität in der Identitäts- und damit auch in der Markengestaltung. Um einen Veränderungsprozess zu unterstützen, könnte es bspw. sinnvoll sein, bewusst Veränderungen in der

---

[586] Brockdorff und Kernstock weisen darauf hin, dass eine mangelhafte Integration der Kultur- und Identitätsbasis von fusionierten Unternehmen häufig zum sog. "Merger-Syndrom" führt, unter dem Symptome wie Identitäts- und Autonomieverlust, Orientierungslosigkeit und Fusionsstress gefasst werden. Die Folgen sind häufig Wissensabfluss durch Verlust von Leistungsträgern, Verschlechterung der internen und externen Beziehungsnetzwerke und ein Verlust von Vertrauen und Reputation. Vgl. Brockdorff, B., Kernstock, J. (2001): Brand Integration Management - Erfolgreiche Markenführung bei Mergers & Acquisitions, in: Thexis, 18. Jg., Nr. 4, S. 57. Vgl. auch Hogg, M. A., Terry, D. J. (2000): Social Identity and self-categorization processes in organizational contexts, in: Academy of Management Journal, Vol. 25, Nr. 1, S. 133 f. oder Balmer, J. M. T., Dinnie, K. (1999): Corporate identity and corporate communications: the antidote to merger madness, in: Corporate Communications, Bradford, Vol. 4, Nr. 4, S. 182 ff.

Employer Branding-Strategie vorzunehmen, um zukünftig einen anderen Typus von Mitarbeiter anzusprechen, der den Veränderungsprozess entsprechend unterstützen kann.[587] Allerdings ist dies auch mit Risiken behaftet. Wenn es nicht gelingt, die angestrebten Veränderungen Wirklichkeit werden zu lassen, werden die durch die Employer Brand geweckten Erwartungen enttäuscht. Die Employer Brand verliert dann ihre Glaubwürdigkeit, die von ihr angezogenen Mitarbeiter werden sich in der Folge möglicherweise vom Unternehmen wieder abwenden.

Auch die Experten aus der Praxis bestätigen, dass die aus der Analyse der strategischen Ausrichtung und der aktuellen Unternehmenssituation gewonnenen Erkenntnisse wichtige Grundlagen für die Defintion der Ziele und Zielgruppen des Employer Branding und für die Gestaltung des Arbeitsplatzangebotes sind. Auswirkungen auf den Koordinationsbedarf in der Markenführung zwischen Arbeits- und Absatzmarkt lassen sich aus diesen Überlegungen jedoch nicht ableiten.

1.2.3 Markt und Wettbewerb

Der Markt- und Wettbewerbskontext, in dem ein Unternehmen agiert, stellt ebenfalls eine wichtige Rahmenbedingung für das Employer Branding dar. Markt- und Wettbewerbsbedingungen sind dabei sowohl für den Arbeits- als auch für den oder die Absatzmärkte zu betrachten, um mögliche Unterschiede und die daraus resultierenden Implikationen für die Markenführung aufzudecken.

Die Möglichkeit eines Unternehmens, den Bedarf an Mitarbeitern in der richtigen Anzahl und Qualifikation decken zu können, hängt auch von der aktuellen Arbeitsmarktsituation ab. Bei der **Analyse des Arbeitsmarktes** sind daher insbesondere Angebot und Nachfrage nach bestimmten Qualifikationen, die in den nächsten Jahren zu erwartende Entwicklung sowie die Marktdynamik zu analysieren. Hierzu können bspw. Studien zur demographischen Entwicklung, Projektionen über zu erwartende Absolventenzahlen bestimmter Fachrichtungen, Arbeitslosenquoten bestimmter Qualifikationsgruppen sowie arbeitsmarktrelevante Konjunkturdaten herangezogen werden. Stellt sich bei der Analyse heraus, dass eine bestimmte Gruppe potenzieller Mitarbeiter, z.B. Ingenieure, besonders rar ist, können sich

---

[587] Vgl. Cable, D. M., et al. (2000): The sources and accuracy of job applicants' beliefs about organizational culture, in: Academy of Management Journal, Vol. 43, Nr. 6, S. 1083.

daraus **Anhaltspunkte für die Priorisierung einzelner Zielgruppen** im Rahmen des Employer Branding ergeben.

Für die Gestaltung und insbesondere die Umsetzung einer Employer Branding-Strategie ist es zudem wichtig, **aktuelle Entwicklungen am Arbeitsmarkt**, z.B. in Bezug auf die Ansprache und Erreichung von Zielgruppen, zu kennen. Als Beispiele lassen sich hier die in den letzten Jahren aufgekommenen Recruiting-Messen, Online-Börsen oder Recruiting- und Personalmarketing-Events im Vergleich zu klassischen Print-Stellenmärkten in Zeitungen nennen.[588]

Die **Analyse des bzw. der Absatzmärkte**, auf denen ein Unternehmen tätig ist, umfasst vor allem die Aspekte, die das Personalmanagement in besonderem Maße beeinflussen: die Branche und aktuelle Marktentwicklungen .

Von der **Branche**, in der ein Unternehmen tätig ist, geht ein erheblicher Einfluss auf das Image eines Unternehmens als Arbeitgeber aus.[589] Je unbekannter das Unternehmen selbst ist, desto stärker ist der Einfluss des Branchenimages auf die Vorstellungen potenzieller Mitarbeiter. Unternehmen aus Branchen mit einer positiven Beurteilung können dies für sich als Bonus nutzen. Für Unternehmen aus weniger beliebten Branchen gibt es jedoch kaum Möglichkeiten, gegen die geringe Branchenattraktivität zu wirken.[590] Besondere Nachteile bei der Beurteilung durch potenzielle Mitarbeiter haben vor allem Unternehmen aus Branchen mit gesellschaftlichen Legitimationsschwierigkeiten wie bspw. Wehrtechnik, Tabak oder Chemie.[591]

Die unterschiedliche Attraktivität von Branchen spiegelt sich auch fast durchgehend in den Studien zu den beliebtesten Arbeitgebern wider, in denen z.B. für BWL-Studenten in Deutschland die ersten Plätze überwiegend von Automobilherstellern und Unternehmensberatungen belegt werden. Als besonders un-

---

[588] Vgl. Furkel, D., Jessl, R. (2006): Begleiter bei der Personalbeschaffung, in: Personalmagazin, 6/2006, S. 64-66 oder Grauel, R. (2007): Mitarbeiter verzweifelt gesucht, in: brandeins, 01/07, S. 14-15.

[589] Cable identifiziert in einer quantitativen Studie die Branche sogar als den wichtigsten Einflussfaktor auf die Wahrnehmung von Unternehmen bei potenziellen Mitarbeitern. Vgl. ausführlich Cable, D. M., Graham, M. E. (2000): The determinants of job seekers' reputation perceptions, in: Journal of Organizational Behavior, Vol. 21, Nr. 8, S. 943.

[590] Vgl. Kranz, M. (2004): Die Relevanz der Unternehmensmarke, Frankfurt am Main, S. 158 f.

[591] Vgl. Süß, M. (1996): Externes Personalmarketing für Unternehmen mit geringer Branchenattraktivität, München, S. 257.

attraktiv gelten hingegen Bauunternehmen oder Discounter.[592]

Süß analysiert in seiner Arbeit, wie Unternehmen aus weniger attraktiven Branchen den Nachteil, den sie durch die negative Voreinstellung auf Grund des Branchenimages bei potenziellen Mitarbeitern haben, in der Personalarbeit ausgleichen können. Er kommt dabei zu dem Ergebnis, dass dies vor allem durch Tätigkeitsspezifika und in Grenzen auch durch Unternehmensspezifika möglich sei. Als Kriterien mit der höchsten Kompensationswirkung identifiziert er "interessante Aufgabenstellungen", "hohes Gehalt", "hohe Chancen auf einen Auslandseinsatz", "gutes Betriebsklima" und "gute Karrieremöglichkeiten".[593]

Das Branchenimage ist somit ein relevanter Einflussfaktor für die Positionierung der Employer Brand. Implikationen, vor allem mit Blick auf die Gestaltung der Employer Brand Architektur, ergeben sich aber auch, wenn **ein Unternehmen** nicht nur in einer, sondern **in verschiedenen Branchen tätig** ist. So ist bspw. Daimler-Chrysler nicht nur in der Automobilbranche aktiv, sondern mit DaimlerChrysler Financial Services auch im Finanzsektor und mit der eigenen Beratungssparte auch im Consulting-Geschäft. Um Nachteile in der Bewerbergunst aufgrund einiger weniger attraktiver Branchen in ihrem Portfolio zu vermeiden, schlagen Cable und Graham vor, dass diese Unternehmen in ihrer Kommunikation gegenüber potenziellen Mitarbeitern solche Industriezweige in den Vordergrund rücken, die eine hohe Attraktivität genießen. Es besteht aber auch die Möglichkeit, durch übergreifende Reputationskampagnen das Image von Industrien als Arbeitgeber insgesamt zu verbessern.[594]

Ein interessantes Beispiel aus der Praxis für die Gestaltung einer Employer Branding-Strategie über mehrere Branchen hinweg ist die Deutsche Post World Net (DPWN). Die weltweit führende Logistikgruppe bearbeitet mit der Marke "Deutsche Post" den klassischen Markt für Briefe und mit der Marke "DHL" das

---

[592] Süß analysierte Mitte der 1990er die Attraktivität unterschiedlicher Branchen bei BWL-Studenten. Als besonders attraktiv wurden Unternehmensberatung, Medienbereich und Banken genannt, die Liste der unattraktivsten Branchen wird angeführt von Wehrtechnik, gefolgt von Öffentlichem Dienst und der Tabakindustrie. Vgl. ebenda, S. 149 ff. Zu ähnlichen Ergebnissen kommen auch Holtbrügge, D., Rygl, D. (2002): Arbeitgeberimage deutscher Großunternehmen, in: Personal, Jg. 54, 10/2002, S. 20 f.

[593] Vgl. Süß, M. (1996): Externes Personalmarketing für Unternehmen mit geringer Branchenattraktivität, München, S. 259.

[594] Als Beispiele nennen die Autoren dafür entsprechende Initiativen großer Discounter in den USA oder der National Restaurant Association. Vgl. Cable, D. M., Graham, M. E. (2000): The determinants of job seekers' reputation perceptions, in: Journal of Organizational Behavior, Vol. 21, Nr. 8, S. 943.

Express-Versandgeschäft sowie den gesamten Logistikbereich. Zudem ist der Konzern mit der "Postbank" im Financial-Services-Sektor tätig.[595] Diese Struktur spiegelt sich auch in der Employer Branding-Strategie wider: Für jede Marke wurde eine eigene Employer Brand entwickelt.[596] Der Konzern kann somit auf die besonderen Branchencharakteristika im Employer Branding gezielt eingehen.

Neben der Branche ergeben sich auch aus der **Entwicklung des Marktes** bzw. der Märkte, in denen ein Unternehmen agiert, Vorgaben für das Personalmanagement. Je nach Industriezweig sind bspw. die konjunkturelle Entwicklung, technologische Neuerungen sowie sonstige Innovationsaussichten und -zyklen, Veränderungen von Branchengrenzen oder regulatorische Eingriffe durch den Staat von besonderer Bedeutung für ein Unternehmen mit seinen eigenen Wachstumsperspektiven und strategischen Überlegungen. Für das **Employer Branding** sind vor allem die daraus resultierenden **Implikationen für die Anzahl und Qualifikation gesuchter Mitarbeiter** zu berücksichtigen.

Aus der Analyse aktueller Marktentwicklungen können sich auch interessante Ansatzpunkte für mögliche Differenzierungen in der Employer Branding-Strategie ableiten lassen. Denn mit der frühzeitigen Besetzung von Themen, die eine Branche zukünftig prägen oder möglicherweise sogar radikal verändern werden, können sich Unternehmen einen Vorsprung im Wettbewerb um die besten Talente erarbeiten. DaimlerChrysler bspw. besetzt in Recruiting-Anzeigen den Wert Innovation, indem auf Pionierleistungen wie die Entwicklung des Brennstoffzellenantriebs, Nachtsicht- und intelligente Assistenzsysteme oder elektro-pneumatische Bremssysteme hingewiesen wird. Die Gestaltung der automobilen Zukunft ist Kernthema der Personalmarketingkampagne "Pioneers welcome".

Wettbewerbsanalyse

In Kapitel B.1.4 wurde aufgezeigt, dass eine hinreichende Differenzierung vom Wettbewerb zu den wesentlichen Anforderungen an die Positionierung einer Mar-

---

[595] Vgl. Deutsche Post World Net, Unternehmenshomepage, im Internet unter: http://www.dpwn. de/dpwn?tab=1&skin=hi&check=yes&lang=de_DE&xmlFile=2006675, Zugriff am 21.01.2007

[596] Vgl. Universum Communications (2005): Employer Branding Global Best Practices 2005, Stockholm, S. 32 f.

ke zählt.[597] Um diese Anforderung zu erfüllen, bedarf es einer fundierten Analyse der Wettbewerber mit ihren Strategien und Positionierungsmerkmalen, um

- Solche Positionierungsmerkmale zu identifizieren, die alle Wettbewerber am Markt gleichermaßen besetzen. Diese können als arbeitsmarkttypische Werte bzw. **Markttreiber** angesehen werden, d.h. als notwendige Angebote, die jedes Unternehmen bieten muss, um im Markt zu konkurrieren.[598]

- **Positionierungslücken** zu identifizieren, d.h. Aspekte bzw. Werte, die zwar für die Zielgruppen von Relevanz sind, bislang aber kaum oder gar nicht von den wichtigsten Wettbewerbern adressiert werden. Sofern ein Unternehmen diese Werte glaubhaft besetzen kann, eignen sie sich für die oben angesprochene Differenzierung in der Markenpositionierung.[599]

Im Rahmen einer ganzheitlichen Markenführung muss die Analyse des Wettbewerbsumfeldes sowohl den **Arbeits-** als auch den **Absatzmarkt** einschließen. Dabei stehen insbesondere folgende Fragen im Mittelpunkt:

- Wer sind die wichtigsten Wettbewerber am Arbeitsmarkt, insbesondere über die Wettbewerber am Absatzmarkt hinaus? Welche Stellung nimmt das Unternehmen im Vergleich zu diesen Wettbewerbern in den verschiedenen Märkten ein?

- Wie positionieren sich diese Unternehmen als Arbeitgeber und generell als Unternehmen mit ihren Produkten und Dienstleistungen?

- Welche Angebote bzw. Werte finden sich bei allen Wettbewerbern am Arbeitsmarkt? Welche Markttreiber finden sich am Absatzmarkt?

Über die wichtigsten Wettbewerber am Absatzmarkt liegen in den meisten Un-

---

[597] Zur Bedeutung der Differenzierung im Rahmen einer Markenstrategie vgl. bspw. Aaker, D. A. (2003): The power of the branded differentiator, in: MIT Sloan Management Review, Vol. 44, Fall 2003, S. 83 sowie die Ausführungen in Kapitel B.1.4. Spezifisch für den Arbeitsmarkt vgl. Lievens, F., Highhouse, S. (2003): The relation of instrumental and symbolic attributes to a company's attractiveness as an employer, in: Personnel Psychology, Vol. 56, Nr. 1, S. 75 f.

[598] Vgl. de Chernatony, L. (2001): A model for strategically building brands, in: Journal of Brand Management, Vol. 9, Nr. 1, S. 36, Bauer, A., et al. (2006a): Moment of truth - Redefining the CEO's Brand Management Agenda, 1. Auflage, Houndmills, Basingstoke, New York, S. 67-71 sowie die Ausführungen in Kap. B.1.4.

[599] Keller spricht in diesem Zusammenhang auch von "Points-of-Parity" für Dimensionen, die eine Imitation der Positionierung von Wettbewerbern darstellen und "Points-of Difference", die eine wahrnehmbare und nachhaltige Differenzierung von Wettbewerbern ermöglichen. Vgl. Keller, K. L. (2003): Strategic Brand Management: Building, Measuring, and Managing Brand Equity, Upper Saddle River, S. 131 ff.

ternehmen umfangreiche Informationen vor. Sie sind im Employer Branding für die Analyse der Marktstruktur und deren Entwicklungsperspektiven – bspw. durch M&A-Aktivitäten – von Interesse. Denn Größe, Markterfolg und -position sowie die Zukunftsfähigkeit im Vergleich zu den Hauptwettbewerbern sind wichtige Determinanten für die Anziehungskraft auf potenzielle und aktuelle Mitarbeiter.[600]

Die **Eingrenzung der Wettbewerber am Arbeitsmarkt** ist im Vergleich zum Absatzmarkt **deutlich schwieriger.** Zwar wird dem Branchenimage eine gewisse Kanalisierungsfunktion im Entscheidungsprozess von Bewerbern zugeschrieben, die wenigsten Bewerber sind jedoch nur auf eine Branche fixiert.[601] Viele bewerben sich bei Unternehmen aus ganz unterschiedlichen Industrien. Für die Differenzierung des Unternehmens als Arbeitgeber ist jedoch die Identifikation der Hauptwettbewerber unerlässlich.[602] Neben Unternehmen aus der eigenen Branche kommen insbesondere solche in Frage, die ähnliche Tätigkeiten bieten, aufgrund ihres Profils die gleichen Zielgruppen ansprechen, durch eine regionale Nachbarschaft Bewerber im gleichen Einzugsgebiet anziehen oder in den Augen der Zielgruppen eine vergleichbare Attraktivität genießen.

Dies lässt sich auch anhand der in den **Expertengesprächen** betrachteten Unternehmen zeigen. L'Oréal vergleicht sich am Arbeitsmarkt nicht nur mit den großen Konsumgüterunternehmen, sondern sieht vor allem auch Automobilhersteller und Unternehmensberatungen als Wettbewerber am Arbeitsmarkt an. Für Roche ist zumindest für den Hauptsitz in der Schweiz neben den großen Pharmafirmen auch bspw. Nestlé zu beachten.

---

[600] In der Studie von Kirchgeorg und Günther ist "Zukunftsfähigkeit" unter den ersten Plätzen zu finden, Kriterien wie "Markterfolg" im Mittelfeld. Vgl. Kirchgeorg, M., Günther, E. (2006): Employer Brands zur Unternehmensprofilierung im Personalmarkt, HHL-Arbeitspapier Nr. 74, Leipzig, S. 25. Schneider weist zudem darauf hin, dass unternehmerischer Erfolg nicht nur durch Commitment und Leistung der Mitarbeiter erzeugt wird, sondern andersherum Unternehmenserfolg auch zu mehr Leistung und Commitment bei den Mitarbeitern führt. Vgl. Schneider, B., et al. (2003): Which comes first: Employee attitudes or organizational, financial and market performance?, in: Journal of Applied Psychology, Vol. 88, Nr. 5, S. 838.

[601] Zur Kanalisierungswirkung des Branchenimages vgl. Kirchgeorg, M., Günther, E. (2006): Employer Brands zur Unternehmensprofilierung im Personalmarkt, HHL-Arbeitspapier Nr. 74, Leipzig, S. 41 f.

[602] Zur Notwendigkeit einer Abgrenzung vom Wettbewerb im Employer Branding vgl. bspw. Highhouse, S., et al. (1999): Assessing company employment image: an example from the fastfood industry, in: Personnel Psychology, Vol. 52, S: 152 oder Rynes, S. L. (1991): Recruitment, job choice, and post-hire consequences: a call for new research directions, in: Dunnette, Hough (Hrsg.): Handbook of industrial and organizational psychology, 2. Auflage, Palo Alto, CA, S. 400.

Nach der Eingrenzung auf die wichtigsten Wettbewerber ist zum einen die **Markenpositionierung dieser Unternehmen** zu untersuchen, d.h., wie sie sich mit ihrer Identität generell und insbesondere als Arbeitgeber gegenüber potenziellen und aktuellen Mitarbeitern darstellen. Hierfür können alle zugänglichen Quellen der Unternehmenskommunikation auf entsprechende Markenbotschaften hin ausgewertet werden, z.B. Homepage, Broschüren und Unternehmenspräsentationen. Zum anderen ist das Markenimage dieser Unternehmen in den Augen der relevanten Zielgruppen zu analysieren. Spezifisch für den Arbeitsmarkt geben viele der in Kapitel B.3.4.2 aufgezählten Studien über die Attraktivität von Unternehmen als Arbeitgeber auch darüber Aufschluss.[603] Aus diesen Informationen lassen sich Rückschlüsse auf besondere Stärken und Schwächen der Unternehmen als Arbeitgeber ziehen, die Anhaltspunkte für Differenzierungsmöglichkeiten bieten können.

Aus den Ergebnissen der Analyse von Markenidentät und -image sind schließlich die Werteversprechen herauszufiltern, die von allen relevanten Wettbewerbern gemacht werden. Diese können als **Markttreiber** angesehen werden, d.h. als notwendige Angebote, die jedes Unternehmen bieten muss, um im Markt bestehen zu können.[604] Hierzu könnte im Arbeitsmarkt bspw. ein wettbewerbsfähiges Gehalt oder die Möglichkeit zum Auslandsaufenthalt gehören. Für die großen Unternehmensberatungen bspw. gelten häufig auch Angebote wie ein finanziertes Doktorandenprogramm oder die Möglichkeit zum MBA als Standard, ebenso Aspekte wie "vielfältige Herausforderungen", "schnelle Karrieren" oder "abwechslungsreiche Aufgaben". Zur Differenzierung vom Wettbewerb ist jedoch eine isolierte Analyse angebotener Arbeitsplatzcharakteristika und organisatorischer Aspekte nicht ausreichend. Lievens und Highhouse stellen dazu fest: "[...] most previous studies demonstrated that organizational attraction was influenced by applicants' perceptions of job and organizational characteristics such as pay, opportunities for advancement, location, career programs, or organizational structure. However, these job and organizational characteristics are probably less useful for organizations to help them differentiate from their competitors [...] because prospective applicants either perceive no differences among them [...] or because

---

[603] Vgl. die in Kap. B.3.4.2 dargestellten Studien, bspw. von Trendence, Universum Communications oder Access.
[604] Vgl. de Chernatony, L. (2001): A model for strategically building brands, in: Journal of Brand Management, Vol. 9, Nr. 1, S. 36, Bauer, A., et al. (2006a): Moment of truth - Redefining the CEO's Brand Management Agenda, 1. Auflage, Houndmills, Basingstoke, New York, S. 67-71 oder Keller, K. L. (1993): Conceptualizing, measuring and managing customer-based brand equity, in: Journal of Marketing, Vol. 57, Nr. 1, S. 6. Vgl. zudem Kapitel C.1.1.1.

there are simply not many differences to be perceived."[605] Die Analyse der Wettbewerber muss daher über diese Faktoren hinaus auch beinhalten, welche **Werte** diese Unternehmen verkörpern bzw. für sich in Anspruch nehmen, um damit bestimmte Zielgruppen mit ähnlichen Wertevorstellungen anzusprechen.

Die dargestellten Situations- und Kontextfaktoren, die als Rahmenbedingungen Einfluss auf das Employer Branding nehmen, haben auch **Auswirkungen auf den Koordinationsbedarf** zwischen Employer und Consumer Branding.

Als **Markttreiber** identifizierte Aspekte sollten in das Markennutzenversprechen aufgenommen werden, um den grundlegenden Anforderungen der Zielgruppen zu entsprechen. Wenn aber z.B. am Arbeitsmarkt ein Aspekt bzw. ein Wert in der Employer Brand-Positionierung von den Zielgruppen erwartet wird und dieser von allen Wettbewerbern besetzt wird, dieser Aspekt jedoch am Absatzmarkt für die relevanten Zielgruppen keine Bedeutung besitzt, kann es sinnvoll sein, in den jeweiligen Märkten Abweichungen im Markennutzenversprechen vorzunehmen. Da Markttreiber jedoch kein Potenzial zur Wettbewerbsdifferenzierung besitzen, kommt ihnen eher eine flankierende Rolle in der Positionierung zu.

Wichtige Informationen für die Positionierung der Employer Brand hinsichtlich der notwendigen **Differenzierung vom Wettbewerb** ergeben sich aber auch aus der Analyse der Wettbewerber. Am Arbeitsmarkt konkurriert ein Unternehmen auch mit Unternehmen, die am Absatzmarkt keine Wettbewerber darstellen. Entsprechend kann eine definierte Markenpositionierung am Absatzmarkt zwar im Vergleich zu den dortigen Wettbewerbern differenzierend sein, am Arbeitsmarkt jedoch aufgrund der dort abweichenden Wettbewerbsverhältnisse nicht. Zur wirksamen Differenzierung des Unternehmens als Arbeitgeber von den Wettbewerbern am Arbeitsmarkt sind dann ggf. Elemente in der Positionierung der Employer Brand aufzunehmen, die nicht Teil der Positionierung gegenüber Konsumenten sind. Diese Überlegung führt hinsichtlich des Koordinationsbedarfs in der Markenführung zu **Hypothese 8:**

Ist die am Absatzmarkt eingesetzte Positionierung aufgrund anderer und unterschiedlich positionierter Wettbewerber am Arbeitsmarkt nicht differenzierend, ergibt sich daraus ein Spielraum zur Abweichung in der Positio-

---

[605] Lievens, F., Highhouse, S. (2003): The relation of instrumental and symbolic attributes to a company's attractiveness as an employer, in: Personnel Psychology, Vol. 56, Nr. 1, S. 76.

nierung der Employer Brand, d.h. der Koordinationsbedarf in der Markenführung verringert sich tendenziell.

Im Umkehrschluss erhöht sich der Koordinationsbedarf allerdings nicht, nur weil
die Positionierung am Absatzmarkt auch am Arbeitsmarkt differenzierend ist. Es
besteht dann jedoch aus dem Aspekt der Wettbewerbsdifferenzierung heraus kein
Grund zu einer Abweichung in der Markenführung. Eine hohe Koordination ist in
diesem Fall vorzuziehen, um die Vorteile einer einheitlichen Markenführung an
beiden Märkten wie z.b. eine höhere Stringenz in der Markenwahrnehmung durch
die unterschiedlichen Stakeholdergruppen des Unternehmens zu nutzen.

Alle bislang in Kapitel C dargestellten Analyseelemente bilden die Grundlage für
die nun folgenden Gestaltungselemente des Employer Branding. Die erarbeiteten
Hypothesen über den Koordinationsbedarf in der Markenführung zeigen dabei
Gestaltungsspielräume für Differenzierungen auf, die sich in der nun folgenden
Definition der Markenziele, in der Gestaltung der Architektur und schließlich vor
allem in der Positionierung der Employer Brand wiederfinden werden.

2.   Definition der Markenziele

Nach der in Kapitel C.1. beschriebenen Analyse relevanter Einflussfaktoren folgt
die **Definition der Ziele** als erstes Gestaltungselement der Markenführung am
Arbeitsmarkt. Abgesehen von der Auswahl der Zielgruppen wird diesem Schritt **in
der Literatur** zum Markenführungsprozess **relativ wenig Raum gewidmet**. Bei
vielen Autoren wird er nicht einmal als eigenständiger Aspekt aufgeführt, insbesondere nicht im Kontext des Employer Branding.[606] Dies spiegelt sich auch in den
Antworten der befragten Experten. Als Zielsetzung für potenzielle Mitarbeiter wird

---

[606] Die Definition der Markenziele als expliziter Prozessschritt der Markenführung fehlt bspw. bei
Baumgarth, C. (2001): Markenpolitik, 1. Auflage, Wiesbaden, S. 113 ff. und Kapferer, J.-N.
(2004): The new strategic brand management: creating and sustaining brand equity long term,
3. Auflage, London. Meffert dagegen, dessen Markenführungsprozess in dieser Arbeit gefolgt
wird, führt diesen Schritt auf, vgl. Meffert, H., Burmann, C. (2002c): Managementkonzept der
identitätsorientierten Markenführung, in: Meffert, et al. (Hrsg.): Markenmanagement -
Grundfragen der identitätsorientierten Markenführung, 1. Auflage, Wiesbaden, S. 73 ff. In der
vorliegenden Literatur zum Employer Branding fehlt die Definition von Zielen für das Employer
Branding als Schritt der Markenführung in allen betrachteten Ansätzen. Vgl. bspw. Barrow, S.,
Mosley, R. (2005): The Employer Brand, Chichester oder Universum Communications (2005):
Employer Branding Global Best Practices 2005, Stockholm, S. 118 ff.

häufig die Etablierung einer dominierenden Stellung in den Köpfen der Zielgruppen genannt, meist als "Employer of Choice" bezeichnet.[607] L'Oréal und RWE bspw. sehen es als Ziel an, die "Richtigen" für das Unternehmen zu gewinnen und sie zu binden. Roland Berger Strategy Consultants und die Deutsche Bank nennen darüber hinaus auch qualitative Anforderungen an ihre Zielgruppen. Bei der Deutschen Bank ist es bspw. Ziel des Employer Branding, Kandidaten der Top-10% eines Bildungsjahrgangs zu gewinnen.

Eine **sorgfältige Formulierung der Ziele** einer Employer Branding-Strategie ist unbedingt notwendig. Strategische und daraus abgeleitete, klar formulierte operationalisierte Ziele geben den **Rahmen für die weitere Gestaltung der Strategie und die Umsetzung** vor und ermöglichen so eine Priorisierung von Optionen in der Entscheidungsfindung. Zielsetzungen der Markenführung allgemein und mögliche Zielsetzungen des Employer Branding im Speziellen wurden bereits in Kapitel B.1.1 bzw. B.3.1 ausführlich dargestellt (vgl. auch Abb. 4 sowie Abb. 21). Um klare Vorgaben für die weitere Gestaltung der Employer Branding-Strategie zu haben und zukünftig eine zielgerichtete Steuerung und Weiterentwicklung der Employer Brand durch ein Markencontrolling zu ermöglichen, sollten sowohl für potenzielle als auch für aktuelle und ggf. ehemalige Mitarbeiter insbesondere folgende Ziele konkretisiert werden:

- **Welche Zielgruppen** werden mit der Employer Brand spezifisch angesprochen, und wodurch zeichnen sich diese Zielgruppen hinsichtlich ihres **Werteprofils**, ihrer **Anforderungen** und soziodemographischer Faktoren aus?

- Welchen **Bekanntheitsgrad** wollen wir als Arbeitgeber bei den relevanten Zielgruppen am Arbeitsmarkt erreichen?

- Wie sollen sich quantitativ messbare Indikatoren der **Arbeitgeberattraktivität** verändern, bspw.

  - die Anzahl qualifizierter Bewerbungen von Interessenten mit einem guten Fit zum Unternehmen,

  - Annahmequoten bei Arbeitsplatzangeboten,

---

[607] Zum Begriff "Employer of Choice" vgl. Petkovic, M. (2004): Geschickte Markenpolitik, in: Personal, Heft 04/2004, S. 7.

- Platzierungen in Arbeitgeber-Imagerankings,

- Sympathie- und Identifikationswerte in Mitarbeiterbefragungen,

- durchschnittliche Mitarbeiterbindung,

- Abwesenheitszeiten von Mitarbeitern aufgrund von Krankheit,

- Neueinstellungen durch Referenzen von Mitarbeitern und Ehemaligen,

- Kosten pro Neueinstellung.

Die **Ziele** sind nach **Inhalt, Ausmaß, Zielgruppensegment** und **Zeitbezug** zu **operationalisieren**, damit eine Kontrolle und Steuerung im Rahmen des Marken-controlling möglich wird.[608] Eine entsprechende Zielformulierung im Rahmen des Employer Branding könnte bspw. lauten: "Wir wollen bei den Zielgruppen der High-Potentials (Top 10%) der deutschen Hochschulabsolventen in ingenieurs-wissenschaftlichen Fächern innerhalb der nächsten 12 Monate unseren Bekannt-heitsgrad als Arbeitgeber von heute 45% auf 70% steigern (gemessen an "Befragung x")." Für die Zielgruppe der aktuellen Mitarbeiter könnte eine Ziel-definition lauten: "Die durchschnittliche Verweildauer unserer Mitarbeiter wollen wir in den nächsten 3 Jahren um 10% steigern."

Bei der Festlegung der Ziele ist auf die **Ergebnisse der Analysephase** zurück-zugreifen. Einfluss haben insbesondere die Erkenntnisse über Werteprofile, Anfor-derungen und das Markenimage bei den Zielgruppen (Kap. C.1.1.1 und C.1.1.4) sowie aktuelle Marktentwicklungen (Kap. C.1.2.3), da diese Informationen Vor-gaben für das Profil und die Anzahl zu akquirierender bzw. zu bindender Mitar-beiter darstellen. Darüber hinaus sind zwei weitere Aspekte zu beachten: die Ziele der Employer Branding-Strategie sind zum einen in das übergeordnete Zielsystem des Unternehmens einzubetten, zum anderen müssen sie an der aktuellen Aus-gangslage ansetzen.

Zielsetzungen in einem Unternehmen sind meist als hierarchisches **Zielsystem** angelegt. Übergeordnete Ziele wie z.B. der Unternehmenszweck ("business mission") und die Unternehmensgrundsätze sind als Prämissen oder Leitlinien für den Prozess der Bildung und Auswahl von Strategien zu sehen, während konkrete

---

[608] Zur Operationalisierung von Zielen vgl. Meffert, H., et al. (2008): Marketing - Grundlagen marktorientierter Unternehmensführung, 10. Auflage, Wiesbaden, S. 246 ff.

inhaltliche Handlungsziele erst aus der übergreifenden Strategie des Unternehmens abgeleitet werden. Handlungsziele lassen sich in Oberziele (z.B. Marktleistungs- und Marktstellungsziele, Rentabilitätsziele oder auch Umweltziele), Funktionsbereichsziele, Zwischenziele für einzelne Geschäftsfelder und Unterziele (z.B. Marketing-Mix-Bereiche) unterscheiden.[609] Die Definition von Employer Branding-Zielen lässt sich dieser Systematik nach den HR-bezogenen Funktionsbereichszielen zuordnen. **Die übergeordneten Ziele des Unternehmens** determinieren die Anforderungen an Personalakquisition und -bindung.[610] Ein deduktives Vorgehen bei der Ableitung von Employer Branding-Zielen gewährleistet eine enge **Verzahnung** von **Employer Branding-** und **Unternehmensstrategie**. Ziel ist, dass das Employer Branding einen klaren Beitrag zu den Oberzielen des Unternehmens erbringt, z.B. für den langfristigen ökonomischen Erfolg des Unternehmens. Dabei können drei Einflussfaktoren einer starken Employer Brand auf den ökonomischen Erfolg des Unternehmens unterschieden werden, die vor allem durch ein höheres Mitarbeitercommitment ermöglicht werden: eine direkte Senkung der Recruiting-, Ausbildungs- und Abwesenheitskosten (durch Krankheit), eine Steigerung der Kundenzufriedenheit mit positiven Auswirkungen auf den Umsatz sowie ein direkter Einfluss auf Margen und Gewinn.[611]

Als weiterer Einflussfaktor auf die Zieledefinition der Employer Brand ist die **aktuelle Ausgangslage** des Unternehmens zu berücksichtigen. So ist bspw. die Entscheidung, ob die Steigerung der Bekanntheit oder die Schärfung des Images als Arbeitgeber im Vordergrund der Bemühungen des Employer Branding steht, erheblich von der aktuellen Bekanntheit des Unternehmens abhängig.[612] Ist zunächst eine Steigerung der Bekanntheit notwendig, könnte dies wiederum die Architektur-

---

[609] Zur Systematik von Zielsystemen vgl. bspw. ebenda, S. 237 ff.

[610] Vgl. Kirchgeorg, M., Lorbeer, A. (2002): Anforderungen von High Potentials an Unternehmen - Eine Analyse auf der Grundlage einer bundesweiten Befragung von High Potentials und Personalentscheidern, HHL-Arbeitspapier Nr. 49, Leipzig, S. 44.

[611] Vgl. hierzu ausführlich Barrow, S., Mosley, R. (2005): The Employer Brand, Chichester, S. 69-74 sowie die Ausführungen in Kapitel B.3.1.

[612] Die Konstrukte Markenbekanntheit und Markenimage werden in der Literatur häufig als die beiden wesentlichen verhaltenswissenschaftlichen Zielgrößen der Markenführung beschrieben, vgl. bspw. Keller, K. L. (1993): Conceptualizing, measuring and managing customer-based brand equity, in: Journal of Marketing, Vol. 57, Nr. 1, S. 3 ff. oder Kernstock, J., et al. (2004): Zugang zum Corporate Brand Management, in: Esch, et al. (Hrsg.): Corporate Brand Management, 1. Auflage, Wiesbaden, S. 15 ff. Dabei ist jedoch anzumerken, dass einer Studie von Holtbrügge und Rygl zufolge diese beiden Dimensionen am Arbeitsmarkt miteinander korreliert sind. Die Autoren konnten zeigen, dass ein gutes Arbeitgeberimage positiv mit dem Bekanntheitsgrad des Unternehmens korreliert, d.h., dass ein positives Arbeitgeberimage einen hohen Bekanntheitsgrad voraussetzt. Vgl. Holtbrügge, D., Rygl, D. (2002): Arbeitgeberimage deutscher Großunternehmen, in: Personal, Jg. 54, 10/2002, S. 21.

entscheidung (z.B. Bündelung der Wahrnehmung auf der Ebene der Unternehmensmarke) und vor allem auch die Umsetzungsmaßnahmen beeinflussen.[613] Des Weiteren hat auch die aktuelle Geschäftssituation Einfluss auf die Ziele, bspw. in Bezug auf die Anzahl und das Profil gesuchter Mitarbeiter. Für aktuelle Mitarbeiter sind mangelnde Bindung, Identifikation oder Motivation Indikatoren für Handlungsbedarf im Employer Branding, der in den Zielen zu berücksichtigen ist.

Besondere Bedeutung für die Gestaltung der Employer Branding-Strategie hat die Auswahl der mit der Marke anzusprechenden Zielgruppen. Im Rahmen der Analyse (vgl. Kapitel C.1.1.1) wurden die unterschiedlichen Werte und Anforderungen der potenziellen und aktuellen Mitarbeiter sowie der Konsumenten erhoben. Daraus können wertebasierte Zielgruppensegmente gebildet werden.[614] Mit der Definition der Markenziele sind nun aus dieser Gesamtheit aller Zielgruppen die **spezifischen (Teil-)Zielgruppen** mit ihrem spezifischen psychographischen und soziodemographischen Profil **auszuwählen, auf die die Markenführung am Arbeitsmarkt ausgerichtet werden soll.** Je nachdem, ob bspw. die Bemühungen des Employer Branding vor allem auf High Potentials beschränkt sind wie bei Roland Berger Strategy Consultants oder unterschiedlichste Zielgruppen angesprochen werden sollen wie bei DaimlerChrysler (Auszubildende, Hochschulabsolventen und Young Professionals), sind unterschiedliche Werte mit der Employer Brand anzusprechen. Die Auswahl von Zielgruppensegmenten, die mit der oder den Marken am Arbeitsmarkt angesprochen werden sollen, und ihre Beschreibung hinsichtlich ihrer Werte und Anforderungen sind somit eine wichtige Grundlage der Employer Branding-Strategie. Chambers stellt hierzu jedoch fest, dass die meisten Unternehmen kaum wissen, wen sie wirklich als Mitarbeiter haben wollen.[615] Die **empirischen Ergebnisse** dieser Arbeit deuten darauf hin, dass Unternehmen, die über ein vergleichsweise homogenes Aufgabenfeld verfügen wie bspw. Roland

---

[613] So hat bspw. Accenture 2001, als der alte Unternehmensname "Anderson Consulting" aufgegeben werden musste, ein Jahr lang die gesamte Arbeitgeberkommunikation einzig darauf verwandt, den neuen Markennamen bekannt zu machen und zu kommunizieren, dass Accenture ein großes Unternehmen ist. Erst in den darauffolgenden Jahren wurden wieder gezielt Imageelemente in die Kommunikation aufgenommen. Vgl. Henning, U., Fink, S. (2006): Accenture - Neue Recruitingwege: Employer Branding als integriertes Marketingtool, Vortrag im Rahmen der Konferenz "HR-Strategien 2010" - Employer Branding und Talent Management, EUROFORUM, 23./24.10.2006, Hamburg, Konferenzdokumentation.

[614] Vgl. bspw. Kirchgeorg, M., Günther, E. (2006): Employer Brands zur Unternehmensprofilierung im Personalmarkt, HHL-Arbeitspapier Nr. 74, Leipzig, S. 37 ff. oder Bauer, A., et al. (2006a): Moment of truth - Redefining the CEO's Brand Management Agenda, 1. Auflage, Houndmills, Basingstoke, New York, S. 44 ff.

[615] Vgl. Chambers, E. G., et al. (1998): The war for talent, in: McKinsey Quarterly, Nr. 3, S. 53.

Berger Strategy Consultants und L'Oréal, eher ihre Zielgruppe am Arbeitsmarkt klar eingrenzen. Stärker differenzierte Unternehmen, die Mitarbeiter für ganz unterschiedliche Bereiche, ggf. sogar unterschiedliche Branchen suchen, weisen dagegen auf die Notwendigkeit hin, für diese Unternehmensbereiche auch Bewerber mit ganz unterschiedlichen Profilen gewinnen zu müssen, wie z.b. die Deutsche Bank oder RWE. Bei der Deutschen Bank unterscheiden sich die Zielgruppendefinitionen der einzelnen Unternehmensbereiche sogar deutlich voneinander. Für Deutschland werden dabei drei Typen unterschieden:

- Dynamische und ambitionierte Kandidaten, inbesondere gesucht für den Bereich Investmentbank,

- Menschen, die ein besonderes Interesse daran haben, Wissen zu sammeln und zu erschließen – intern "Cocooner" genannt, und

- Menschen auf der Suche nach langfristigen Bindungen und Netzwerken bei einer ausgewogenen Work-Life-Balance, intern auch als "Vertrauensuchende" und "Teamworker" bezeichnet.

Jede dieser drei Gruppen zeichnet sich durch ein von den anderen abweichendes Werteprofil aus. Dies ist in der Ansprache durch die Employer Brand zu berücksichtigen. Die Deutsche Bank stellt daher aus den übergreifenden Werten des Unternehmens, die sowohl die Corporate Brand als auch die dazu korrespondierenden Elemente der Employer Brand prägen, für jede Zielgruppe unterschiedliche Aspekte in den Vordergrund. Für den dynamisch-ambitionierten Typ ist dies die Leistungsorientierung, für den "Cocooner" der Wert "Innovation" und für den Vertrauensuchenden sind dies die Werte "Vertrauen" und "Teamwork".

Koordinationsbedarf in der Markenführung im Rahmen der Zieledefinition

Mit der Definition der Ziele wird das erste Gestaltungselement des Employer Branding festgelegt, bei dem eine **Koordination** zwischen arbeits- und absatzmarktgerichteter Markenführung **erforderlich** ist. Dies geschieht u.a. durch die oben beschriebene Einbettung der Ziele des Employer Branding in das übergeordnete Zielsystem des Unternehmens. Dabei werden auch die Markenziele für den Absatzmarkt betrachtet. **Auswirkungen auf den Koordinationsbedarf** in der späteren Positionierungsentscheidung hat dabei insbesondere die Auswahl der Zielgruppe(n), da auf Basis der Werte und Anforderungen dieser Zielgruppen Positionierungsdimensionen zu wählen sind, die für diese Zielgruppe besonders relevant und attraktiv sind. Unterscheiden sich die ausgewählten Zielgruppen am

Absatz- und am Arbeitsmarkt signifikant voneinander, ist ggf. auch eine unterschiedliche Positionierung von Employer und Consumer Brand empfehlenswert. Vor dieser Herausforderung stehen insbesondere Unternehmen, die am Absatzmarkt Zielgruppen ansprechen, die nicht unbedingt auch als Mitarbeiter in Frage kommen. Dies betrifft bspw. DaimlerChrysler. Die Käufer der Automobile von DaimlerChrysler unterscheiden sich von potenziellen Mitarbeitern bereits durch ihr Alter und ihre persönlichen Interessen, die auf unterschiedliche Wertvorstellungen schließen lassen.[616] Die Personalmarketingaktivitäten von DaimlerChrysler konzentrieren sich in erster Linie auf die Werte und Anforderungen von Hochschulabsolventen und Auszubildenden. In Hypothese 1 (Kapitel C.1.1.1) wurde bereits dargelegt, dass Unterschiede in den Werteprofilen der Bezugsgruppen den Koordinationsbedarf verringern. Dies setzt sich konsequenterweise nach der Auswahl von (Teil-)Zielgruppen aus diesen Bezugsgruppen für die konkrete Gestaltung der Employer Branding-Strategie fort. Zusätzlich hat auch der Entwicklungsstand der Marken am Absatz- und am Arbeitsmarkt Einfluss auf die Definition von Markenzielen. Unterschiedliche Ausgangssituationen der Marken bspw. in Bezug auf Bekanntheit und Profilierungsstärke können somit auch zu unterschiedlichen Zielsetzungen führen. Aus diesen Überlegungen wird **Hypothese 9** abgeleitet:

Unterscheiden sich die Ziele der Markenführung und die ausgewählten Zielgruppen am Absatz- und am Arbeitsmarkt signifikant voneinander, verringert dies tendenziell den Koordinationsbedarf in der Markenführung.

3. Definition der Employer Branding-Strategie

3.1 Gestaltung der Employer Brand-Architektur

Nach der Definition der Ziele und Zielgruppen folgt die Gestaltung der Markenarchitektur. Hiermit ist zunächst aus der Perspektive des Arbeitsmarktes die Gestaltung der **Architektur der Employer Brand selbst** angesprochen. Aus der Perspektive des Unternehmens stellt sich aber gleichzeitig die Frage, wie die Em-

---

[616] Zu den unterschiedlichen Wertvorstellungen verschiedener Altersgruppen vgl. bspw. Bauer, A., et al. (2006a): Moment of truth - Redefining the CEO's Brand Management Agenda, 1. Auflage, Houndmills, Basingstoke, New York, S. 44 f.

ployer Brand in den **Kontext der übergreifenden Markenarchitektur des Unternehmens** eingebettet wird und welche Implikationen damit für den Koordinationsbedarf in der Markenführung zwischen Absatz- und Arbeitsmarkt verbunden sind.

Mit der Gestaltung der Markenarchitektur ist die Möglichkeit verbunden, **in gewissen Grenzen eine Trennung in der Wahrnehmung** der Marke bei **unterschiedlichen Zielgruppen** herbeizuführen.[617] Dies wird am Absatzmarkt von Unternehmen genutzt, die mit unterschiedlich positionierten Produktmarken unterschiedliche Kundengruppen ansprechen und gewinnen können.[618] Im Rahmen des Corporate Branding wird diese Überlegung auf die stakeholderübergreifende Führung der Unternehmensmarke übertragen. Auf Basis der Annahme, dass die verschiedenen Zielgruppen eine spezifische Beziehung zu den jeweiligen Unternehmens- und Markenhierarchieebenen besitzen, ermöglicht die Gestaltung der Markenarchitektur damit eine **Trennung in der Ansprache unterschiedlicher Stakeholdergruppen**. Es wird davon ausgegangen, dass die Unternehmensmarke vor allem auf Mitarbeiter, Investoren und die Öffentlichkeit fokussiert ist, während Produktmarken den Konsumenten als Anker für markenbezogene Assoziationen dienen. Nutzt ein Unternehmen diese unterschiedlichen Markenhierarchieebenen, werden die Interdependenzen in der Wahrnehmung der Marken eines Unternehmens zwischen den Zielgruppen zerschnitten oder zumindest reduziert.[619]

Architektur der Employer Brand

Die Überlegung, durch die Gestaltung einer spezifischen Architektur der Employer Brand auch am Arbeitsmarkt unterschiedliche Zielgruppen mit jeweils unterschiedlich positionierten Marken anzusprechen, ist bislang in der Literatur zum Employer Branding kaum vertreten. Stattdessen wird davon ausgegangen, dass Employer Branding eine Teilfunktion des Corporate Branding darstellt und damit Bezugs-

---

[617] Vgl. bspw. Esch, F.-R., Roth, S. (2004): Mehrmarkensysteme steuern und restrukturieren, in: Esch, et al. (Hrsg.): Corporate Brand Management, 1. Auflage, Wiesbaden, S. 151 oder die Ausführungen zur Markenarchitektur in Kap. B.1.4 und Kap. B.2.3.

[618] Beziehen sich die Produktmarken auf einen einzigen Produktbereich, wird auch von Mehrmarkenstrategien gesprochen, vgl. bspw. Meffert, H., Perrey, J. (2002): Mehrmarkenstrategien - Identitätsorientierte Führung von Markenportfolios, in: Meffert, et al. (Hrsg.): Markenmanagement - Grundfragen der identitätsorientierten Markenführung, Wiesbaden, S. 201-232 oder Esch, F.-R., Roth, S. (2004): Mehrmarkensysteme steuern und restrukturieren, in: Esch, et al. (Hrsg.): Corporate Brand Management, 1. Auflage, Wiesbaden, S. 149-171.

[619] Vgl. hierzu die Ausführungen und Quellenangaben in Kap. B.2.3.

objekt stets das Unternehmen selbst ist.[620] Die Expertengespräche im Rahmen dieser Arbeit haben jedoch gezeigt, dass insbesondere zwei Gründe für die Nutzung einer spezifischen Architektur der Employer Brand sprechen könnten:

• Einige Unternehmen stehen vor der Herausforderung, **sehr unterschiedliche Zielgruppen** am Arbeitsmarkt mit der Employer Brand ansprechen zu müssen. Dabei werden entweder für verschiedene Unternehmenssparten oder die diversen Funktionsbereiche ganz unterschiedliche Typen von Mitarbeitern mit entsprechend unterschiedlichen Werteprofilen benötigt. Somit suchen diese Unternehmen nach Möglichkeiten, diese auch gezielt und differenziert ansprechen zu können. Das Beispiel der Deutschen Bank, die zur Ansprache unterschiedlicher Zielgruppen jeweils einzelne Werte der Marke in den Vordergrund rücken, wurde bereits im vorigen Kapitel erläutert. Auch RWE sieht die Aufgabe, für die einzelnen Unternehmensbereiche sehr unterschiedliche Typen von Mitarbeitern zu gewinnen, als große Herausforderung für das Employer Branding an. Für die Zielgruppendefinition werden daher vor allem übergreifende Charakteristika, die für alle Unternehmensbereiche im Konzern gleichermaßen gelten, genutzt – bspw. die Motivation für die Arbeit und Ambition im Beruf, Aufrichtigkeit sowie eine gewisse Bodenständigkeit. Roche wiederum sucht nach Möglichkeiten, unterschiedliche Funktionsgruppen im Employer Branding gezielt anzusprechen, insbesondere Forscher und Mediziner. Dies geschieht jedoch nicht durch unterschiedliche Werte, sondern durch gezieltere Umsetzungsmaßnahmen. Ähnlich agiert auch Statoil in Bezug auf unterschiedliche Funktionen. Aufbauend auf einem einheitlichen Markennutzenversprechen der Employer Brand werden die konkreten Kommunikationsbotschaften nach Zielgruppen differenziert: "Branding to people with finance and economic degrees is done differently than branding to technical and engineering candidates."[621]

• Darüber hinaus stehen einige Unternehmen vor der Aufgabe, in der Gestaltung

---

[620] Vgl. bspw. Grout, J. (2002): How to ... recruit excellent people, in: People Management, Vol. 8, Nr. 9, S. 44, Universum Communications (2005): Employer Branding Global Best Practices 2005, Stockholm, S. 125 oder Kirchgeorg, M., Günther, E. (2006): Employer Brands zur Unternehmensprofilierung im Personalmarkt, HHL-Arbeitspapier Nr. 74, Leipzig, S. 6. Eine Ausnahme sind Barrow und Mosley. Sie thematisieren die Möglichkeit, Employer Branding auf unterschiedlichen Markenhierarchieebenen anzusiedeln. Vgl. hierzu die Ausführungen zum Modell von "People in Business" in Kap. B.3.4.2 sowie Barrow, S., Mosley, R. (2005): The Employer Brand, Chichester, S. 64 f. und S. 109 ff.

[621] Universum Communications (2005): Employer Branding Global Best Practices 2005, Stockholm, S. 88.

der Employer Brand ganz **unterschiedliche Unternehmensteile** zu koordinieren. Diese zeichnen sich in der Regel nicht nur durch **verschiedene Identitäten** aus, sondern führen häufig auch **eigene Marken in Form von Company Brands** unterhalb der Corporate Brand. Bspw. agieren viele Unternehmen mit jeweils unterschiedlichen Markenstrategien in mehreren Branchen gleichzeitig, möchten sich aber übergreifend als einheitlicher Arbeitgeber positionieren. Ein Beispiel dafür ist Roche. Das Unternehmen ist mit den Divisionen Pharma und Diagnostik in zwei Branchen vertreten, und in jeder Division werden unterschiedliche absatzmarktgerichtete Marken genutzt. Die Employer Brand dagegen ist auf der Unternehmensebene verankert. Nicht selten fehlt es solchen Unternehmen an einer definierten Markenstrategie auf Konzernebene, d.h. für die Corporate Brand, auf die das Employer Branding zurückgreifen könnte. Solche Unternehmensmarken mit einer Vielzahl von Geschäftsbereichen sind für die Anspruchsgruppen teilweise nur schwer greifbar.[622] Für die Gestaltung der Architektur der Employer Brand ist es daher von zentraler Bedeutung, auf welcher Markenebene die Assoziationen der potenziellen und aktuellen Mitarbeiter angesiedelt werden. Je mehr Unternehmensteile es zu koordinieren gilt, desto schwieriger wird es, eine einheitliche Employer Brand zu definieren, die bei allen Zielgruppen am Arbeitsmarkt intern wie extern zu einem klaren und glaubwürdigen Markenbild führt. Eine Profilierung von Employer Brands auf der Ebene der Company Brands oder durch Zusätze zur Corporate Brand könnte hier ein interessanter Ansatz sein.[623]

Vor dem Hintergrund dieser Überlegungen sind **drei Optionen zur Gestaltung der Architektur der Employer Brand** denkbar, die in Abb. 40 dargestellt sind.

---

[622] Vgl. Esch, F.-R., et al. (2004): Identität einer Corporate Brand erfassen und entwickeln, in: Esch, et al. (Hrsg.): Corporate Brand Management, 1. Auflage, Wiesbaden, S. 68. Kranz weist darauf hin, dass Unternehmen mit vielen Geschäftsbereichen den Möglichkeitsraum für eine Beschäftigung in diesem Unternehmen für Mitarbeiter erweitern. Aus der Komplexität lässt sich dabei durch eine höhere Bedeutung der Risikominimierungs- und Informationseffizienzfunktion eine höhere Relevanz der Unternehmensmarke ableiten. Zudem erhöht eine Unternehmensmarkenstrategie durch Bündelung aller Geschäftsfelder die Präsenz in den Medien, so dass diese Unternehmen ggf. bekannter bei den Zielgruppen am Arbeitsmarkt werden. Vgl. Kranz, M. (2004): Die Relevanz der Unternehmensmarke, Frankfurt am Main, S. 156.

[623] Kernstock et al. diskutieren diese Möglichkeit für den Absatzmarkt. Die Übertragung dieser Überlegungen auf den Arbeitsmarkt stellt einen interessanten Ansatz zukünftiger Forschungsarbeiten dar. Vgl. Kernstock, J., et al. (2004): Zugang zum Corporate Brand Management, in: Esch, et al. (Hrsg.): Corporate Brand Management, 1. Auflage, Wiesbaden, S. 12 f.

Optionen für die Bezugsebene der Employer Brand	Zu prüfende **Voraussetzungen**
Corporate Brand	• Corporate Brand als wichtigster Assoziationsanker bei den Zielgruppen am Arbeitsmarkt • Unternehmensweit Zielgruppenprofil am Arbeitsmarkt relativ einheitlich • Übergreifender Identitätskern für das Gesamtunternehmen
Company Brands	• Company Brands als dominierende Assoziationsanker in der Öffentlichkeit und bei den Zielgruppen am Arbeitsmarkt • Unterschiedliche Identitäten in den Unternehmensbereichen • Potenzielle/aktuelle Mitarbeiter für die einzelnen Unternehmensteile mit unterschiedlichen Werteprofilen
Submarken/ Line-Extensions	• Dominierende Corporate Brand, Unternehmensteile durch Zusätze (sog. Line Extensions) abgegrenzt • Unternehmensteile mit deutlich unterschiedlichen Identitäten • Zielgruppenprofile am Arbeitsmarkt ebenfalls mit erheblichen Unterschieden

Abb. 40: Optionen zur Gestaltung der Architektur der Employer Brand[624]

Die Nutzung der **Corporate Brand** für das Employer Branding bietet sich an, wenn sie den wesentlichen Identifikationsanker für Mitarbeiter darstellt, das Unternehmen über alle Bereiche hinweg über einheitliche oder zumindest ähnliche Identitätsmerkmale verfügt und die Zielgruppen am Arbeitsmarkt ein relativ einheitliches Werteprofil aufweisen.

Ist eine dieser Voraussetzungen nicht erfüllt, kann eine der beiden anderen Optionen in Betracht gezogen werden. So könnte die Nutzung von **Company Brands** empfehlenswert sein, wenn diese **stärker in der Öffentlichkeit** und entsprechend auch bei den Zielgruppen am Arbeitsmarkt verankert sind als die Corporate Brand. Ein Beispiel ist Altria. Zu diesem Konzern gehören die Unternehmen Philipp Morris und Kraft Foods sowie einige weitere Beteiligungen. Das Markenportfolio beinhaltet damit weltweit bekannte Marken wie Marlboro, Toblerone, Philadelphia oder Milka, die Unternehmensmarke "Altria" ist dagegen außerhalb der Finanzwelt nahezu unbekannt. Insgesamt beschäftigt der Konzern knapp 200.000 Mitarbeiter.[625] Der Name Altria soll das Streben nach "Höherem" ausdrücken, ein Image,

---

[624] Quelle: Eigene Darstellung.
[625] Details zum Unternehmen finden sich bei Altria, New York: Unternehmenshomepage, im Internet unter www.altria.com, Zugriff am 16.08.2006.

das von den Mitarbeitern und Aktionären positiv assoziiert wird. Als Identifikations-anker für die Mitarbeiter dienen die starken Produktmarken, aber auch die Company Brands. Die Konzernmarke Altria wird dagegen vor allem gegenüber Investoren und in politischen Debatten, z.b. zum Thema Rauchen, platziert. Insgesamt ermöglicht diese Form der Markenarchitekturgestaltung eine klare Trennung zwischen den verschiedenen Gesellschaften und Stakeholdern.[626]

Company Brands könnten zudem eine Alternative zur Corporate Brand sein, wenn in der Analyse erkannt wird, dass **Mitarbeiter in den einzelnen Unternehmens-bereichen** über **deutlich unterschiedliche Werteprofile** verfügen bzw. sehr unterschiedliche Zielgruppen angesprochen werden sollen (Kap. C.2). Durch Verankerung von Employer Brands auf der Ebene der einzelnen Company Brands könnte dann auf diese Unterschiede in der Positionierung spezifisch eingegangen werden. Nicht zuletzt könnte die Option gewählt werden, wenn sich die einzelnen **Unternehmensbereiche durch ihre Identität und Kultur klar voneinander abgrenzen lassen.** Dies ist z.B. oft bei diversifizierten Unternehmen zu beobachten, die durch eine Vielzahl von Unternehmenskäufen zu einem Portfolio unterschiedlicher Company Brands gelangt sind.[627] In diesem Fall könnte die Zusammenführung in einer einzigen Employer Brand zu erheblichen Schwierigkeiten in der Umsetzung führen, wenn definierte Markenwerte aufgrund dieser Unterschiede in einzelnen Unternehmensteilen nicht oder nur sehr schwer glaubwürdig umzusetzen sind. Ein Beispiel aus der Praxis hierfür ist die Deutsche Post World Net. Nach der Übernahme von DHL im Jahr 2003 wurden auf Basis umfangreicher Analysen entlang der Leistungsmarken Deutsche Post, DHL und Postbank Employer Brands auf der Ebene der einzelnen Company Brands definiert. Ziel war sicherzustellen, dass die einzelnen Employer Brands die jeweils richtigen Zielgruppen ansprechen, in ihrem Markenversprechen glaubwürdig sind und sich gleichzeitig von relevanten Wettbewerbern differenzieren.[628]

Weisen Zielgruppen oder die Identitäten einzelner Unternehmensteile erhebliche Unterschiede auf, verfügt das Unternehmen aber nur über eine Unternehmens-

---

[626] Vgl. ausführlich Kernstock, J., et al. (2005): Interview: Interne Markenführung bei Kraft Foods Schweiz AG, in: Thexis, 22. Jg., Nr. 1, S. 10 f.

[627] In einem solchen Fall plädiert auch Bierwirth für die Schaffung unterschiedlicher Identifikations-anker durch die Gestaltung der Markenarchitektur, vgl. Bierwirth, A. (2003): Die Führung der Unternehmensmarke, Frankfurt am Main, S. 150.

[628] Vgl. Universum Communications (2005): Employer Branding Global Best Practices 2005, Stockholm, S. 32 f. sowie Schulze, R., et al. (2005): Employer Branding, in: absatzwirtschaft, 1/2005, S. 93.

marke, könnten als dritte Option sog. **Line Extensions** genutzt werden, d.h. Namenszusätze zur Corporate Brand, um Unterschiede in der Employer Brand zu verdeutlichen.[629] Bereits weiter oben wurde im Zusammenhang mit unterschiedlichen Identitäten auf die Beispiele Siemens Management Consulting und Daimler-Chrysler Financial Services verwiesen. Da die Differenzierung in diesem Fall nur durch Zusätze zur Unternehmensmarke erfolgt, gelingt jedoch **allenfalls eine oberflächliche Entkopplung** der Wahrnehmungen der einzelnen Unternehmensteile. Somit sind hierdurch lediglich subtile Unterschiede in der Ansprache unterschiedlicher Zielgruppen möglich.

Koordinationsbedarf aufgrund der Markenarchitekturgestaltung

Mit der Wahl der Markenarchitektur sind zentrale **Implikationen für die Positionierung der Employer Brand(s)** verbunden, von der auch der **Koordinationsbedarf** zwischen Absatz- und Arbeitsmarkt abhängt.

Zum einen wird vorgegeben, für **welches Bezugsobjekt** die Positionierung zu definieren ist und an welche Zielgruppen sich die Employer Brand bzw. die unterschiedlichen Employer Brands richten sollen. Zum anderen hängt von der Entscheidung, auf welcher Ebene die Employer Brand innerhalb der Markenarchitektur des Unternehmens angesiedelt wird, ab, inwieweit eine **Abkopplung von der absatzmarktgerichteten Markenführung gelingen kann**. Zu unterscheiden ist für diese Betrachtung, ob ein Unternehmen am Absatz- und am Arbeitsmarkt mit der Unternehmensmarke, d.h. mit nur einer einzigen Marke auftritt, oder ob die Corporate Brand nicht für die konsumentengerichtete Markenführung genutzt wird. Entsprechend ergeben sich unterschiedliche Anforderungen an die Koordination in der Markenführung. Gibt es nur die Unternehmensmarke als Bezugsanker für alle Anspruchsgruppen, wird daraus von einigen Autoren die Forderung nach einer größtmöglichen Übereinstimmung in der Markenführung zwischen den einzelnen Stakeholdergruppen abgeleitet – bis hin zu einer einheitlichen Ausprägung aller Gestaltungselemente.[630] Mit unterschiedlichen Bezugsebenen am Absatz- und Arbeitsmarkt gibt es jedoch weniger Überschneidungen in der Wahrnehmung zwischen den Zielgruppen, so dass sich der Koordinationsbedarf in der Marken-

---

[629] Vgl. Kernstock, J., et al. (2004): Zugang zum Corporate Brand Management, in: Esch, et al. (Hrsg.): Corporate Brand Management, 1. Auflage, Wiesbaden, S. 13. Anderen Autoren sprechen dabei auch von "descriptive subbrands", vgl. bspw. Aaker, D. A., Joachimsthaler, E. (2000): Brand Leadership, New York, S. 115 ff.

[630] Vgl. die Ausführungen in Kapitel B.1.4 und B.2.2.

führung verringert. Zu beachten ist dabei jedoch, dass gerade potenzielle und aktuelle Mitarbeiter aufgrund ihres hohen Involvements das Unternehmen als Ganzes wahrnehmen und einen guten Überblick über das Unternehmen und seine Marke(n) haben.[631] Auf eine Koordination kann daher nicht ganz verzichtet werden.

Die vorangegangenen Überlegungen lassen sich durch die **Ergebnisse der Expertengespräche** festigen. Wie Abb. 41 zeigt, beziehen sich Unternehmen mit einer starken Unternehmensmarke auch im Employer Branding überwiegend auf die Positionierungsdimensionen der Unternehmensmarke.

Markenarchitektur am Absatzmarkt	Koordinationsformen zwischen Employer und Consumer Branding	Beispiele
Corporate Brand = Consumer Brand	Integrierte Entwicklung der Corporate und Employer Brand	**Roland Berger** Strategy Consultants
	Anlehnung der Employer Branding-Strategie an die Corporate Brand	RWE Deutsche Bank
Corporate Brand ≠ Consumer Brand	Anlehnung der Employer Branding-Strategie an die Corporate Brand	DAIMLERCHRYSLER
	Eigenständige Gestaltung der Employer Brand	Roche L'ORÉAL

Abb. 41: Koordinationsformen zwischen Employer und Consumer Branding in Abhängigkeit der Markenarchitektur des Unternehmens[632]

Roland Berger Strategy Consultants hat einen integrierten Ansatz gewählt und eine einheitliche Positionierung für Corporate (= Consumer) und Employer Brand parallel entwickelt. Bei RWE und der Deutschen Bank wird Employer Branding in einer nachgelagerten Position gesehen, d.h., die Positionierung folgt den definierten Werten der Unternehmensmarke. Auch DaimlerChrysler hat sich bewusst für diesen Weg entschieden, um die Corporate Brand zu stärken, obwohl der Konzern auch über starke Produktmarken verfügt. L'Oréal dagegen sieht angesichts des

---

[631] Vgl. Esch, F.-R., Bräutigam, S. (2004): Corporate- und Product Brands in die Markenarchitektur integrieren, in: Esch, et al. (Hrsg.): Corporate Brand Management, 3. Auflage, Wiesbaden, S. 134 sowie Meffert, H., et al. (2002a): Gestaltung der Markenarchitektur als markenstrategische Basisentscheidung, in: Meffert, et al. (Hrsg.): Markenmanagement - Grundfragen der identitätsorientierten Markenführung, 1. Auflage, Wiesbaden, S. 178.
[632] Quelle: Eigene Darstellung.

komplexen Portfolios an Produktmarken kaum Bedarf für eine Koordination in der Markenführung, ebenso Roche. Die Employer Brand wird entsprechend als gleichberechtigte Marke innerhalb des Markenportfolios betrachtet.

Die dargestellten Überlegungen lassen den Schluss zu, dass die Abkopplung der Wahrnehmung durch eine Markenarchitektur, die unterschiedliche Identifikationsanker am Absatz- und Arbeitsmarkt beinhaltet, den Koordinationsbedarf in der Markenführung vermindert. **Hypothese 10** lautet daher:

Agiert ein Unternehmen am Absatz- und am Arbeitsmarkt mit unterschiedlichen Marken, führt dies bei den relevanten Zielgruppen an den beiden Märkten zu unterschiedlichen Wahrnehmungs- und Identifikationsankern – hierdurch sinkt tendenziell der Koordinationsbedarf in der Markenführung.

3.2 Positionierung der Employer Brand

Die Markenpositionierung bildet den Kern der verhaltenswissenschaftlich orientierten Strategieformulierung.[633] Mit ihr wird die Soll-Identität der Marke definiert und in einem Werte- und Markennutzenversprechen verdichtet, das im Vergleich zu Wettbewerbsangeboten eine einzigartige Position in den Köpfen der Zielgruppen belegen soll. Hinsichtlich ihrer formalen Struktur kann die Positionierung als **Aussagensystem** aufgefasst werden, das als Ganzheit das Werteversprechen der Marke konkretisiert und ihren Charakter verständlich macht. Dieses Aussagensystem besteht aus mehreren Teilen, die die verschiedenen Facetten der Markenidentität ausdrücken. In Kapitel B.1.4 wurden diese Facetten in einer Markenpyramide bereits vorgestellt. Kernbestandteil der Positionierung ist demnach die Definition der **Markenwerte**, die sich zu einer charakteristischen Markenpersönlichkeit zusammenfügen. Die Markenwerte werden zudem in **emotionale und rationale Nutzendimensionen** übersetzt, die sich anhand greifbarer Beweise, sog. "reasons to believe", in den Markeneigenschaften nachweisen lassen.[634]

In der Positionierung münden alle bisherigen Analysen und Entscheidungen über die Employer Branding-Strategie. Insbesondere entscheidet sich in der Definition

---

[633] Vgl. Esch, F.-R. (2001): Markenpositionierung als Grundlage der Markenführung, in: Esch (Hrsg.): Moderne Markenführung, 3. Auflage, Wiesbaden, S. 235.
[634] Zur Markenpositionierung vgl. ausführlich die entsprechenden Darstellungen in Kapitel B.1.4.

der Soll-Identität und ihrer Verdichtung in einem Werteversprechen auch letztlich, wie stark die Employer Brand von der übergreifenden bzw. konsumentenge-richteten Positionierung der Unternehmens- und ggf. Produktmarken abweicht. Hierzu sind als letzte Determinanten für das Employer Branding die im Rahmen der strategischen Markenführung des Unternehmens formulierten **Soll-Identitäten der übergreifenden Corporate Brand sowie** ggf. vorhandener Company Brands und **konsumentengerichteter Marken zu betrachten.**

Um die Frage zu beantworten, ob die **Employer Brand** in ihrer Positionierung einen hohen oder gar vollständigen Übereinstimmungsgrad mit der konsumenten-gerichteten Markenpositionierung aufweisen sollte (**größtmögliche Konsistenz**), **oder** ob es Freiheitsgrade für eine eher eigenständige, stärker **zielgruppen-gerichtete Positionierung** gibt, können sich Employer Branding-Verantwortliche an den im Verlauf dieses Kapitels C erarbeiteten **Hypothesen** orientieren. Auf Basis situativer Faktoren erlauben sie eine Einschätzung über den notwendigen **Koordinationsbedarf** in der Markenführung.

In Abb. 42 sind die erarbeiteten Hypothesen mit den entsprechenden Ausprägun-gen, die tendenziell einen hohen oder einen niedrigen Koordinationsbedarf be-dingen, im Überblick dargestellt. Die aufgezeigten Zusammenhänge werden in der Realität **meist nicht eindeutig** auf einen hohen oder geringen Koordinations-bedarf hinweisen. Stattdessen ist davon auszugehen, dass widersprüchliche Aus-sagen aus der Analyse entstehen, d.h. dass einige Faktoren tendenziell für einen hohen, andere Faktoren dagegen für einen geringen Koordinationsbedarf sprech-en werden. In diesem Fall bedarf es einer **Abwägung** der einzelnen Faktoren **hinsichtlich ihres Einflusses auf die Wirkung der Markenführung bei den betrachteten Zielgruppen.** Dabei ist zu vermuten, dass je nach Ausprägung in der individuellen Situation eines Unternehmens den einzelnen Faktoren unter-schiedliche Bedeutungsgewichte für die Wirkung der Markenführung bei den rele-vanten Zielgruppen zukommen. Die empirische Untersuchung dieser Frage-stellung stellt einen interessanten Ansatz für die weitere Forschung dar. Im Rahmen dieser Arbeit wird jedoch auf eine Bewertung der einzelnen Faktoren hinsichtlich ihrer Wichtigkeit verzichtet. Wie bereits in Kapitel A.3 zur Zielsetzung der Arbeit ausgeführt, ist es ihr Anspruch, zur Theoriebildung insoweit beizu-tragen, dass das Spektrum der einzelnen Faktoren zunächst aufgezeigt und ihre grundsätzliche Einflussrichtung auf den Koordinationsbedarf analysiert wird.

Hypo-these	Ausprägungen		
1	Ähnlich/ einheitlich	◀ Werteprofile potenzieller / aktueller Mitarbeiter vs. Konsumenten ▶	Deutliche Unterschiede
2	Ähnlich/ einheitlich	◀ Ist-Identität einzelner Unternehmensbereiche vs. absatzmarktgerichtete Soll-Identität der Corporate Brand ▶	Deutliche Unterschiede
3	Ähnlich/ einheitlich	◀ Ist-Identität am Arbeitsmarkt vs. Ist-Identität am Absatzmarkt ▶	Deutliche Unterschiede
4	Nicht vorhanden	◀ Identitätsmerkmale, die gegenüber einer Zielgruppe einen Wettbewerbsvorteil darstellen, aber gegenüber der jeweils anderen Zielgruppe nicht relevant, darstellbar oder erstrebenswert sind ▶	Vorhanden
5	Ähnlich/ einheitlich	◀ Markenimage am Arbeitsmarkt vs. Markenimage am Absatzmarkt ▶	Deutliche Unterschiede
6	Hoch	◀ Bekanntheit des Unternehmens bei potenziellen Mitarbeitern als Anbieter von Produkten und Dienstleistungen ▶	Gering
7	Hoch	◀ Einfluss der Mitarbeiter auf die Markenwahrnehmung Externer ▶	Gering
8	Differen-zierend	◀ Eigene Positionierung am Absatzmarkt im Vergleich zur Positionierung der Wettbewerber am Arbeitsmarkt ▶	Nicht differenzierend
9	Ähnlich/ einheitlich	◀ Ziele der Markenführung sowie Werteprofile der ausgewählten Zielgruppen am Arbeits- vs. Absatzmarkt ▶	Deutliche Unterschiede
10	Ja	◀ Markenarchitektur: Employer Brand = Consumer Brand ▶	Nein

Tendenziell höherer Koordinationsbedarf ◀ **Positionierung der Employer Brand(s) in Relation zur Corporate Brand bzw. zu Consumer Brand(s)** ▶ Tendenziell geringerer Koordinationsbedarf

Abb. 42: Hypothesenmodell über den Koordinationsbedarf in der Markenführung zwischen Arbeits- und Absatzmarkt[635]

Die Ausführungen zum Koordinationsbedarf in den Kapiteln B.4.1 und B.4.2 zeigen, dass **Konsistenz** im Sinne einer widerspruchsfreien Kombination einzelner Markendimensionen[636] in der ganzheitlichen Markenführung eine wichtige Voraussetzung für die Wirksamkeit der Marken bei den Zielgruppen ist. Anhand der detaillierten Analysen in Kapitel C und den erarbeiteten Hypothesen wird jedoch deutlich, dass diese Konsistenz nur bei einem **hohen Koordinationsbedarf** eine weitgehende **Übereinstimmung in der Gestaltung der Markenführung** gegenüber den unterschiedlichen Bezugsgruppen erfordert. Bei einem **geringeren Koordinationsbedarf** können auch **andere Strategieoptionen** gewählt werden, ohne die übergreifende Konsistenz in der Wahrnehmung der Zielgruppen zu gefährden. Aus der Literatur und den untersuchten Beispielen im Rahmen der Expertengespräche lassen sich **drei Basisoptionen** für die Koordination der Markenführung in der Positionierungsentscheidung ableiten:

---

[635] Quelle: Eigene Darstellung.
[636] Vgl. zum Konsistenzbegriff die Ausführungen in Kapitel B.2.2.

1. Unabhängige Positionierung der Employer Brand:

Es ist denkbar, die Soll-Identität und Positionierung der Employer Brand weitgehend unabhängig von der absatzmarktgerichteten Markenführung zu gestalten. Die Nutzung eigener Positionierungsdimensionen für die Employer Brand in Abgrenzung zur konsumentengerichteten Markenführung und ggf. sogar zur Unternehmensmarke **setzt aber voraus**, dass nur ein **geringes Maß an Koordination** in der Markenführung erforderlich ist. Die unterschiedliche Positionierung und emotionale Aufladung wird in den Köpfen der unterschiedlichen Zielgruppen zu abweichenden Markenassoziationen führen. Für Unternehmen, die entlang der untersuchten Zusammenhänge in der ganzheitlichen Markenführung einen hohen Koordinationsbedarf aufweisen, ist eine solche Strategie somit ungeeignet.

Dagegen könnte sie vor allem für Unternehmen eine Option sein, die sich in ihrer absatzmarktgerichteten Markenführung auf Product oder Company Brands konzentrieren und daher über keine eigenständige Soll-Identität der Corporate Brand verfügen. Die inhaltliche Aufladung der unabhängig positionierten Employer Brand könnte sich vor allem auf Identitäts- und Kulturmerkmale des Unternehmens sowie Werte und Anforderungen der Zielgruppen der potenziellen und aktuellen Mitarbeiter stützen und damit sehr spezifisch für den Arbeitsmarkt gestaltet werden.

Von den in dieser Arbeit betrachteten Unternehmen ist **L'Oréal** ein Beispiel für diese Option. Die Employer Brand wird als eine gleichberechtigte Marke im Markenportfolio des Unternehmens betrachtet, parallel zu konsumentengerichteten Marken wie Garnier, Vichy, Armani Parfums und vielen anderen. Als **Kernwerte der Employer Brand** nennt L'Oréal ein kombiniertes Leistungsversprechen für schnelle, internationale und individuelle Karrierewege, die frühe Übernahme von Verantwortung und ein dynamisches, aufregendes Geschäft. Abgesehen vom groben Bezug zur Kosmetikbranche findet sich **keine Verknüpfung zu den absatzmarktgerichteten Marken**. Vielmehr ist die Employer Brand einzig auf die Werte und Anforderungen der Zielgruppen am Arbeitsmarkt zugeschnitten.

Ähnlich ist auch die Positionierung der Employer Brand von **Roche** zu sehen. Roche verfügt über ein unternehmensweit geltendes Set von Kulturwerten, jedoch nicht über eine definierte Soll-Identität für die Corporate Brand. Neben den Kulturwerten wurden bei der Entwicklung der Employer Brand somit nur die Werteversprechen der beiden Divisionen Pharma und Diagnostics betrachtet, soweit dies angesichts der Produkt- und Produktlinienmarken auf einer aggregierten Ebene möglich war. Die Positionierung der Employer Brand beinhaltet daher

Dimensionen, die anders als die Werte der absatzmarktgerichteten Marken übergreifend für das ganze Unternehmen gelten. Insbesondere hervorzuheben sind dabei die beiden Kernwerte "Leidenschaft" und "Fairness".

2. **Einheitliche Positionierungsdimensionen**, aber **unterschiedliche Interpretationen** auf der Ebene der rationalen und emotionalen Nutzenversprechen für den Absatz- und den Arbeitsmarkt:

Nach der in Kapitel B.1.4 vorgestellten formalen Struktur eines Positionierungsmodells (vgl. Abb. 10) entspricht dieser Ansatz einem einheitlichen System von Werten, jedoch mit unterschiedlichen Konkretisierungen auf der rationalen und emotionalen Nutzenebene. Diese beziehen sich dabei spezifisch auf die Anforderungen der unterschiedlichen Zielgruppen des Unternehmens am Arbeits- und am Absatzmarkt. Dieser Ansatz vereint zwei Anforderungen: Einerseits soll der Markenaufbau einer Unternehmensmarke zielgruppenübergreifend erfolgen. Andererseits ist aber der spezifische Informationsbedarf der unterschiedlichen Zielgruppen durch die rationalen und emotionalen Konkretisierungen des Markenversprechens zu befriedigen. Dies entspricht dem in Kapitel B.2.3 vorgestellten Ansatz zur identitätsorientierten Führung von Unternehmensmarken mit Hilfe einer Meta-Positionierung.[637]

Die sog. **"Core Proposition"** oder Meta-Positionierung enthält eine zentrale Kernidee, die dann **in unterschiedlicher Art und Weise für die jeweiligen Märkte interpretiert** wird.[638] Aus einem möglichst abstrakten Leitbild für die Unternehmensmarke werden dabei zielgruppenspezifische Interpretationen zur Koordination der unterschiedlichen Werte und Anforderungen der Bezugsgruppen abgeleitet. Die Konkretisierung des Leitbildes erfolgt in Unternehmensgrundsätzen, die die Grundwerte des Unternehmens als gebündelte Zielvorstellungen und Verhaltensweisen wiedergeben.[639]

---

[637] Vgl. Bierwirth, A. (2003): Die Führung der Unternehmensmarke, Frankfurt am Main, S. 88.

[638] Der Ansatz lässt sich darüber hinaus auch den in Kapitel B.2.3. genannten Überlegungen bspw. von van Riel, de Chernatony oder Wiedmann zuordnen. Vgl. van Riel, C. B. M. (2003): The Management of Corporate Communication, in: Balmer, Greyser (Hrsg.): Revealing the Corporation, London, S. 161-170, de Chernatony, L. (1999): Brand Management through narrowing the gap between brand identity and brand reputation, in: Journal of Marketing Management, Vol. 15, Nr. 1-3, S. 157-179 sowie Wiedmann, K. P. (2004): Markenführung und Corporate Identity, in: Bruhn (Hrsg.): Handbuch Markenführung, 2. Auflage, Wiesbaden, S. 1411-1439. Vgl. zudem die Ausführungen in Kapitel B.2.3.

[639] Vgl. Kranz, M. (2004): Die Relevanz der Unternehmensmarke, Frankfurt am Main, S. 195 f.

Dieser Idee entspricht das Modell der Beratungsfirma "People in Business", das in Abb. 43 dargestellt ist. Der Markenkern, gebildet aus der Markenpersönlichkeit und den zentralen Markenwerten, gilt dauerhaft und konsistent für das gesamte Unternehmen. Die Ausgestaltung mit konkreten Nutzendimensionen erfolgt jedoch differenziert nach den unterschiedlichen Zielgruppenbedürfnissen und den jeweiligen Marktbedingungen am Absatz- und Arbeitsmarkt.

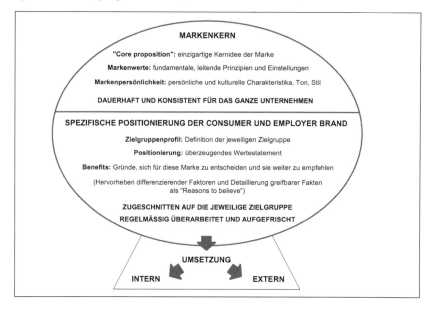

Abb. 43: Vorschlag für eine "Brand Platform", Positionierungsmodell der Beratungsfirma "People in Business"[640]

Von den im Rahmen dieser Arbeit betrachteten Unternehmen sind die Ansätze von Roland Berger Strategy Consultants und der Deutschen Bank am ehesten dieser Option zuzuordnen.

Die Positionierung von Roland Berger Strategy Consultants, die für den Absatz- und Arbeitsmarkt integriert entwickelt wurde, umfasst drei Kernwerte: "Entrepreneurship", "Partnership" und "Commitment to Excellence". Diese Werte gelten

---

[640] Quelle: I.A. Barrow, S., Mosley, R. (2005): The Employer Brand, Chichester, S. 114, Übersetzung durch die Verfasserin. Vgl. zudem die Ausführungen in Kapitel B.3.4.2.

unternehmensweit für alle Zielgruppen. In ihrer Interpretation wurden die drei Werte jedoch spezifisch auf die Werte und Anforderungen der Kunden, Mitarbeiter und Bewerber zugeschnitten. Die unterschiedlichen Bedeutungsfacetten dieser Werte für die drei Zielgruppen sind in Abb. 44 dargestellt.

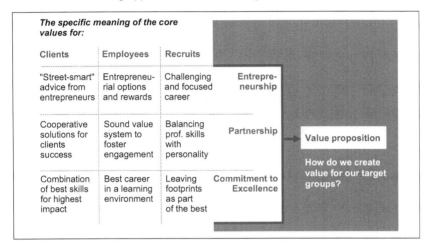

Abb. 44: Interpretation der Kernwerte für die unterschiedlichen Zielgruppen bei Roland Berger Strategy Consultants[641]

Ein solcher Ansatz kann eine Lösungsoption sein, wenn einerseits ein hoher Koordinationsbedarf zwischen Absatz- und Arbeitsmarkt identifiziert wurde, andererseits aber divergierende Zielgruppeninteressen eine hohe Differenzierung in der Ansprache erfordern.

Die Deutsche Bank verfolgt einen ähnlichen Ansatz. Für das gesamte Unternehmen gelten übergreifende Werte, die als Leitbild für das Verhalten der Mitarbeiter und der Organisation insgesamt dienen. Die Markenidentität wird durch die in Abb. 45 in der Mitte dargestellten vier Säulen konkretisiert. Sie beschreiben den Anspruch des Unternehmens an die Leistungserbringung für die Kunden. Gleichzeitig sind auf Basis der Anforderungen der Zielgruppen am Arbeitsmarkt die in Abb. 45 rechts aufgezeigten vier Elemente der Employer Brand definiert, die jeweils einer Säule der Markenidentität zugeordnet sind. Die Elemente der

---

[641] Quelle: Roland Berger Strategy Consultants.

Employer Brand stehen somit in einer Art "Mittel-Zweck-Beziehung" zur Unternehmensmarke. Dabei ist sowohl eine übergreifende Konsistenz als auch ein spezifischer Zuschnitt auf die Zielgruppenanforderungen gewährleistet.

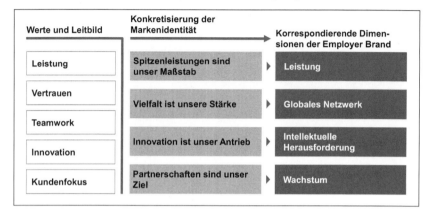

Abb. 45: Verknüpfung von Unternehmenswerten, Corporate und Employer Brand bei der Deutschen Bank[642]

3. Einheitliche Positionierung, d.h. Nutzung eines einzigen Werteversprechens für Absatz- und Arbeitsmarkt:

Unternehmen, die über eine starke Corporate Brand verfügen, nutzen häufig am Absatz- und am Arbeitsmarkt ein **einheitliches Set von Werten**. Sie folgen damit der in der Literatur weit verbreiteten Forderung, Corporate und Employer Brand nicht voneinander zu trennen.[643] In vielen Fällen übernehmen die für Employer Branding Verantwortlichen ein bereits bestehendes Set von Markenwerten der Unternehmensmarke. Diese Option ist insbesondere dann geeignet, wenn ein sehr hoher Koordinationsbedarf in der Markenführung zwischen Absatz- und Arbeitsmarkt festgestellt wurde. Mit einer einheitlichen Positionierung an beiden Märkten ist die Chance, ein hohes Maß an Konsistenz in der Außendarstellung und -wahr-

---

[642] Quelle: Eigene Darstellung in Anlehnung an Deutsche Bank AG, "Die Art, wie wir handeln", Unternehmenshomepage, im Internet unter http://www.deutsche-bank.de/de/downloads/company/DB_die_art_wie_wir_handeln.pdf, Zugriff am 11.04.2007, sowie auf Basis der Informationen aus dem Expertengespräch mit der Deutschen Bank.

[643] Vgl. bspw. Universum Communications (2005): Employer Branding Global Best Practices 2005, Stockholm, S. 125 oder Barrow, S., Mosley, R. (2005): The Employer Brand, Chichester, S. 112.

nehmung zu erzeugen, sehr groß. Allerdings besteht aufgrund der dominierenden Stellung der Konsumenten im Corporate Branding die Gefahr, dass die Werte und Anforderungen der Mitarbeiter und potenziellen Mitarbeiter in einer solchen Markenpositionierung nicht adäquat berücksichtigt werden.

Als Praxisbeispiele lassen sich DaimlerChrysler und RWE nennen. Bei **Daimler-Chrysler** werden für die Employer Brand die vier Kernwerte der Konzernmarke genutzt: globale Präsenz, starkes Markenportfolio, umfassendes Produktprogramm und Technologie- und Innovationsführerschaft. Diese übergreifenden Werte prägen die Konzernstrategie und somit alle Markenbereiche. Die konsequente Verankerung der Konzernmarke "DaimlerChrysler" am Absatz- und Arbeitsmarkt, ergänzt um die parallele Führung der Produktmarken (z.B. Mercedes Benz) am Absatzmarkt beruht auf einer strategischen Entscheidung des Konzerns.

Auch bei **RWE** stimmt die Positionierung der Employer Brand mit den definierten Werten der Corporate Brand überein. Die fünf Unternehmenswerte, die sowohl für Kunden als auch für Mitarbeiter gelten, sind "Kundenorientierung", "Leistung", "Zukunftsgestaltung", "Vertrauen" und "Zuverlässigkeit". Diese fünf Werte werden durch die Markenattribute "partnerschaftlich", "fürsorglich", "regional", "zukunftsorientiert", "stark" und "zuverlässig" konkretisiert. Die Markenwerte wurden auf Basis umfangreicher interner und externer Daten entwickelt. Insbesondere fand die Ist-Identität des Unternehmens Berücksichtigung. Die Werte der Positionierung dienen daher nicht nur als Markenversprechen an Kunden und Mitarbeiter, sondern auch als Verhaltenswerte der Unternehmenskultur.

Nach der Entscheidung für eine dieser drei grundsätzlichen Optionen erfolgt die konkrete Definition der Soll-Identität der Employer Brand und ihre wettbewerbsbezogene Verdichtung in einem Markennutzenversprechen. Wie für jede Marke gilt dabei auch für die Employer Brand, dass eine beinahe unbeschränkte Vielzahl möglicher Dimensionen existiert, die für die Positionierung genutzt werden könnten.[644] Zur Auswahl relevanter und geeigneter Inhalte sind die **Ergebnisse aller vorangegangenen Analysen und die Entscheidungen** über Markenziele/-zielgruppen und die Markenarchitektur **zu berücksichtigen**, wie sie in dem in Kapitel B.4.3 vorgestellten Bezugsrahmen für das Employer Branding aufgeführt sind (vgl. Abb. 35).

---

[644] Vgl. Esch, F.-R. (2001): Markenpositionierung als Grundlage der Markenführung, in: Esch (Hrsg.): Moderne Markenführung, 3. Auflage, Wiesbaden, S. 236.

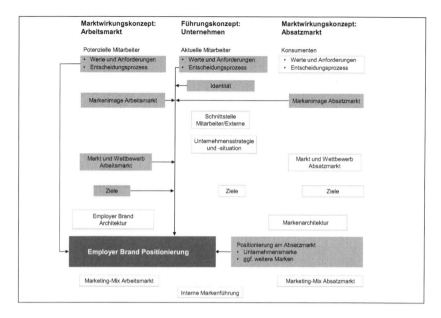

Abb. 46:   Mögliche Quellen für Positionierungsdimensionen der Employer Brand[645]

Die wichtigsten Quellen für mögliche **Positionierungsdimensionen der Employer Brand** sind in der Abbildung des Bezugsrahmens der ganzheitlichen Markenführung in Abb. 46 durch Schattierung gekennzeichnet. Hierzu zählen vor allem:

- Werte(profile) und Anforderungen der internen und externen Zielgruppen am Arbeitsmarkt,

- Dimensionen des aktuellen Markenimages sowohl am Arbeits- wie auch am Absatzmarkt, insbesondere wahrgenommene Stärken des Unternehmens,

- Identitäts- und Kulturaspekte, d.h. die Selbstwahrnehmung der Mitarbeiter über die wesensprägenden Charakteristika ihres Arbeitgebers,

- Werte, die entweder als "typische Elemente" einer Arbeitgeberpositionierung

---

[645] Quelle: Eigene Darstellung in Anlehnung an den in Kapitel B.4.3 entwickelten ganzheitlichen Bezugsrahmen. Zur besseren Sichtbarkeit wurde der Bezugsrahmen auf die Verknüpfungen reduziert, die direkt für die Positionierung der Employer Brand von Relevanz sind.

notwendig sind oder die besonders zur Differenzierung von relevanten Wettbewerbern geeignet sind, da sie noch von keinem Unternehmen besetzt werden,

- Elemente, die besonders wichtig sind, um die definierten Ziele zu erreichen bzw. die definierten Zielgruppen anzusprechen,

- Positionierungsdimensionen, die Teil der Ist-Identität am Absatzmarkt sind.

Um die definierten Ziele der Markenführung zu erreichen, sind bei der Entwicklung der Employer Branding-Strategie und dabei insbesondere bei der Definition der Soll-Identität spezifische Anforderungen zu berücksichtigen, die in Kapitel B.1.4 bereits ausführlich behandelt wurden (vgl. auch Abb. 11). Die Employer Brand muss die Werte und Anforderungen der Zielgruppen ansprechen, branchen- bzw. marktübliche Dimensionen beinhalten und darüber hinaus differenzierend, relevant, darstellbar, erstrebenswert und klar sein.

Für eine Entscheidung zur Nutzung einer einheitlichen Marke am Absatz- und Arbeitsmarkt ist daher bspw. die Dehnbarkeit einer Unternehmensmarke auf den Kontext des Arbeitsmarktes zu überprüfen, d.h. inwieweit das Markennutzenversprechen am Absatzmarkt auch am Arbeitsmarkt glaubwürdig eingelöst werden kann. Auch die Gefahr negativer "Spill-over-Effekte" in der Wahrnehmung zwischen Absatz- und Arbeitsmarkt ist abzuwägen.[646] Darüber hinaus ist in Betracht zu ziehen, inwieweit die unterschiedlichen Optionen **Auswirkungen auf die Bekanntheit** und Wahrnehmbarkeit des Unternehmens im Arbeitsmarkt haben und welche **Kosten** mit der Markenführung verbunden sind. So ist für eine parallele Führung mehrerer Employer Brands, z.B. auf Ebene der Company Brands, oder bei einer eigenständigen Positionierung der Employer Brand in Abgrenzung zur konsumentengerichteten Markenführung mit höheren Kosten zu rechnen, um eine gleich hohe Bekanntheit bei den Zielgruppen zu erzielen.

In der Praxis lassen sich immer wieder **ähnliche Fehler** beobachten, die diesen Anforderungen nicht gerecht werden und dadurch die Erreichung der gesteckten Ziele gefährden:[647]

- **Verzettelung:** Ein häufiger Fehler ist, zu viele Dimensionen in die Marken-

---

[646] Vgl. Kernstock, J., et al. (2004): Zugang zum Corporate Brand Management, in: Esch, et al. (Hrsg.): Corporate Brand Management, 1. Auflage, Wiesbaden, S. 39.

[647] Vgl. insgesamt Esch, F.-R. (2001): Markenpositionierung als Grundlage der Markenführung, in: Esch (Hrsg.): Moderne Markenführung, 3. Auflage, Wiesbaden, S. 251 ff.

positionierung aufzunehmen. Die Vielzahl möglicher Positionierungselemente macht es notwendig, sich auf einige wenige, für die Zielgruppen relevante Dimensionen zu fokussieren, um die Klarheit der Aussage sicher zu stellen.[648]

- **Beliebigkeit:** Im Bestreben, alle denkbaren Werte und Anforderungen potenzieller Mitarbeiter zu erfüllen, entwickeln einige Unternehmen eine Art "Ideal-Positionierung" für den Arbeitsmarkt. Damit wird aber nicht mehr deutlich, wofür die Marke eigentlich wirklich stehen soll. Zudem hat eine "Ideal-Positionierung" nur noch selten etwas mit der Ist-Identität des Unternehmens und damit der täglichen Realität gemein.[649] McGivern formuliert deshalb treffend, "[...] it is not possible to be all things to all people."[650]

- **Haften an Markt- und Branchenklischees:** Einige Entscheidungsträger beschränken sich bei der Entwicklung einer Markenidentität auf stereotype Positionierungsdimensionen. Im Rahmen des Employer Branding könnten dies bspw. Elemente wie "Internationalität", "Vielfalt der Aufgaben" oder "angemessenes Gehalt" sein.[651] Eine differenzierende Positionierung setzt jedoch voraus, vor allem einzigartige Markenwerte in den Vordergrund zu stellen.

- **Beschränkung auf sachliche Positionierungseigenschaften:** Einige Unternehmen nutzen fast ausschließlich sachliche Produkt- bzw. Unternehmenseigenschaften zur Positionierung ihrer Employer Brand. Damit gelingt es jedoch kaum, eine emotionale Bindung zwischen der Marke und den Zielgruppen aufzubauen. Zudem sind solche Positionierungen selten differenzierend, da sich die meisten sachlichen Produkt- oder Unternehmenseigenschaften nur unwesentlich zwischen den Unternehmen unterscheiden.[652]

Mit der Festlegung des Werteversprechens ist die Konzeption der Employer Branding-Strategie abgeschlossen. Ihre Wirkung entfaltet eine Marke aber erst, wenn sie von den Markenrezipienten auch klar, konsistent und glaubwürdig wahrgenommen wird. Hierzu bedarf es einer umfassenden Umsetzung im operativen "Tagesgeschäft" und in der Organisation. Diese Umsetzung umfasst zum einen alle relevanten Kontaktpunkte zwischen Marke und Zielgruppen in der Außendar-

---

[648] Vgl. auch ebenda, S. 236 und S. 238.
[649] Vgl. auch Kapferer, J.-N. (2004): The new strategic brand management: creating and sustaining brand equity long term, 3. Auflage, London, S. 99 und S. 113.
[650] McGivern, L. (2005): Inside story, in: Utility Week, Vol. 23, Nr. 1, S. 26.
[651] Vgl. hierzu auch die Ausführungen zu den arbeitsmarkttypischen Werten in Kapitel C.1.1.1.
[652] Vgl. auch Baumgarth, C. (2001): Markenpolitik, 1. Auflage, Wiesbaden, S. 116.

stellung, im Falle der Employer Brand also im HR-Marketing-Mix. Darüber hinaus ist auch eine Implementierung nach innen erforderlich, d.h. in den Denkmustern und Verhaltensweisen der Mitarbeiter. Mit diesen beiden Aspekten beschäftigen sich die folgenden Kapitel C.4.1 und C.4.2.

4. Operative Führung der Employer Brand

4.1 Umsetzung der Employer Branding-Strategie im HR Marketing-Mix

Nach der Definition der Markenidentität in der Positionierungsentscheidung und damit der Werte, mit denen das Unternehmen als Arbeitgeber assoziiert werden will, liegt die nächste Herausforderung in einer umfassenden **Umsetzung des Werteversprechens an allen relevanten Kontaktpunkten** zwischen Employer Brand und Zielgruppen. Kontaktpunkte sind Stimuli, die die Markenidentität vermitteln: "Brand touchpoints are all of the differrent ways that an organization's brand interacts with and makes an impression on customers, employees, and other stakeholders."[653] Jeder einzelne dieser Kontaktpunkte trägt zur Wahrnehmung der Employer Brand bei und ist daher eine Gelegenheit, das Markenimage zu stärken – oder aber auch zu schwächen.[654] Im Rahmen des Markenführungsprozesses stellt die operative Umsetzung somit ein wichtiges Bindeglied zwischen der Definition der Markenidentität und der Erzielung des gewünschten Markenimages dar.

In Kapitel B.1.4 wurden die Anforderungen an die Umsetzung einer Markenstrategie bereits ausführlich vorgestellt. Um die angestrebte Wirkung der Employer Brand bei den Zielgruppen zu erzielen, ist bei der Umsetzung auf **Konsistenz** der Botschaften gegenüber den Zielgruppen am Arbeitsmarkt zu achten und eine gewisse **Konstanz** über die Zeit sowie die **Präsenz** an allen Kontaktpunkten zu gewährleisten. Darüber hinaus ist die **Glaubwürdigkeit** der Markenbotschaften sicher zu stellen.[655] Employer Branding-Verantwortliche müssen somit die relevanten Kontaktpunkte identifizieren und mit spezifischen Maßnahmen das

---

[653] Dunn, M., Davis, S. (2003): Building brands from the inside, in: Marketing Management, Vol. 12, Nr. 3, S. 35.

[654] Vgl. Mitchell, C. (2002): Selling the brand inside, in: Harvard Business Review, Vol. 80, Nr. 1, S. 105.

[655] Zu den Anforderungen an die Umsetzung der Markenpositionierung vgl. Kapitel B.1.4.

Markenversprechen einlösen und erfahrbar machen.[656]

Zur systematischen Erfassung und Strukturierung dieser Kontaktpunkte bietet sich für das Employer Branding eine **Anlehnung** an die Struktur des Marketing-Mix aus dem **Dienstleistungsmarketing** an.[657] Zu den vier klassischen Instrumenten des Marketing-Mix "Product", "Price", "Place" und "Promotion" kommen drei weitere Instrumente hinzu: "People", "Processes" und "Physical Facilities".[658] Mit "People" ist die Schnittstelle zwischen Mitarbeitern und externen Zielgruppen angesprochen, die in Kap. C.4.2. ausführlich behandelt werden wird. Für den nach außen gerichteten HR-Marketing-Mix können daher sechs Handlungsfelder unterschieden werden: **Leistungsangebot** ("Product"), **Ausstattung** ("Physical Facilities"), **Entgeltpolitik** ("Price"), **Kanäle** ("Place"), **Prozesse** und **Kommunikation**. Dabei werden im Sinne einer ganzheitlichen Markenführung auch die ehemaligen Mitarbeiter wieder in die Betrachtung aufgenommen.

Abb. 47 zeigt die relevanten Kontaktpunkte auf, an denen sich die Wahrnehmung der Employer Brand durch potenzielle, aktuelle und ehemalige Mitarbeiter bildet. Die Ausführungen in diesem Kapitel beschränken sich dabei auf solche Kontaktpunkte, die ein Unternehmen tatsächlich gestalten kann. Es gibt weitere Kontaktpunkte, die das Unternehmen nicht oder kaum steuern kann, wie bspw. die Berichterstattung der Medien oder Mund-zu-Mund-Kommunikation und Blogs innerhalb der Zielgruppen.[659]

Wie in Abb. 47 deutlich wird, hat zwar jede Zielgruppe spezifische Kontaktpunkte mit der Employer Brand, es gibt jedoch auch zahlreiche **Überschneidungen**. Beispielsweise sind zumindest Informationen über Betriebsklima, Vergütungsmodelle oder Personalentwicklungsprogramme in der Regel auch bereits potenziellen Mitarbeitern zugänglich, so dass sie zur Markenimagebildung beitragen können.

---

[656] Vgl. Schulze, R., et al. (2005): Employer Branding, in: absatzwirtschaft, 1/2005, S. 94.
[657] Für einen Überblick über unterschiedliche Strukturierungen und Konzeptionalisierungen des Personalmarketings und seiner Instrumente vgl. bspw. Teufer, S. (1999): Die Bedeutung des Arbeitgeberimages bei der Arbeitgeberwahl, Wiesbaden, S. 14 ff.
[658] Vgl. Meffert, H., et al. (2008): Marketing - Grundlagen marktorientierter Unternehmensführung, 10. Auflage, Wiesbaden, S. 22.
[659] Vgl. Hölscher, A., et al. (2003): Der Charakter der Marke, in: Markenartikel, 4/2003, S. 42 sowie die Ausführungen im weiteren Verlauf dieses Kapitels.

	Leistungs-angebot	Ausstattung	Entgeltpolitik	Kanäle	Prozesse	Kommunikation
Potenzielle Mitar-beiter	• Stellen-angebote	• Stand-/ Einsatzorte	• Gehalts-niveau	• Karriere-Website • Broschüren/ Anzeigen • Hochschul-/ Karriere-messen • Recruiting-Workshops	• Recruiting-prozess	• Anzeigen/ Stellenaus-schreibungen • Allgemeine Arbeitgeber-imagewerbung • Öffentlichkeits-/ Pressearbeit

Aktuelle Mitar-beiter	• Arbeitsplatz-profil
	  – Aufgaben
	  – Kompeten-zen
	  – Mitarbeiter-status
	• Einarbeitungs-konzepte
	• Personal-entwicklung
	• Personalein-satzpolitik
		• Gebäude/ Anlagen
		• Einrichtung
		• Arbeitsmaterial
		• Stand-/ Einsatzorte
			• Vergütung
			• Sozial-leistungen
			• Fringe Benefits
			• Erfolgs-beteiligung
			• Arbeitszeit
			• Urlaubs-anspruch
				• Interne Kommuni-kations-medien	• Karriere-planung
					• Evaluation/ MbO-Prozess
					• Führungsstil/ Hierarchie-Verhalten
					• Betriebsklima/ Umgangston
					• Sonstige interne Prozesse
						• Interne Kommunikation
						• Öffentlichkeits-/ Pressearbeit

Ehemalige Mitar-beiter	• Alumni-Netzwerk • Alumni-Ver-anstaltungen • Zugang zu Un-ternehmens-ressourcen		• Pensionszah-lungen/ Be-triebsrenten • Zugang zu Unternehmens-ressourcen	• Interne Kommunika-tionsmedien • Spezifische Formate (z.B. Alumni-Website)	• Exit-Prozess • Alumni-Betreuung	• Alumnikommu-nikation • Öffentlichkeits-/ Pressearbeit

Abb. 47: Strukturierung der Kontaktpunkte zwischen Employer Brand und Zielgruppen am Arbeitsmarkt[660]

Die Umsetzung des Markenversprechens erfolgt durch die **Gestaltung der Kontaktpunkte** gemäß der definierten Markenpositionierung. Erst dadurch wird gewährleistet, dass die Zielgruppen die Employer Brand durch ihre Eindrücke und Erfahrungen auch im Sinne der definierten Soll-Identität wahrnehmen und sich dieses Bild in ihren Köpfen verankert. Abb. 47 macht dabei deutlich, dass Employer Branding weit mehr umfasst als kommunikative Maßnahmen. Es beinhaltet die **gesamte Ausrichtung des Unternehmens als Arbeitgeber**. Das Markenversprechen ist vor allem durch faktische Angebote zu untermauern: "The employer

---

[660] Quelle: Eigene Darstellung, in entfernter Anlehnung an Wunderer, R. (1999): Personalmarketing - die Kunst, attraktive und effiziente Arbeitsbedingungen zu analysieren, zu gestalten und zu kommunizieren, in: Bruhn (Hrsg.): Internes Marketing, 2. Auflage, Wiesbaden, S. 124 sowie Teufer, S. (1999): Die Bedeutung des Arbeitgeberimages bei der Arbeitgeberwahl, Wiesbaden, S. 14 ff.

brand is not about what you say, it is about what you do."[661] Die Gestaltung der einzelnen Kontaktpunkte wird im Folgenden näher beleuchtet. Dabei ist darauf zu achten, dass in der Umsetzung der Markenpositionierung nicht nur die **rationalen Komponenten** der Employer Brand präsent sind, sondern auch gerade die **emotionalen Nutzenkomponenten** transportiert werden. Rationale Aspekte stehen häufig in direktem Zusammenhang mit produkt- oder entgeltbezogenen Kontaktpunkten wie Arbeitsplatzsicherheit, Gehaltsfragen oder erfolgsorientierten Incentivierungssystemen. Emotionale Aspekte sprechen dagegen die intrinsischen Bedürfnisse z.b. nach Zugehörigkeit, Anerkennung und Selbstverwirklichung an.[662] Oft sind es diese emotionalen Faktoren, die einen Arbeitgeber von anderen Unternehmen in den Augen potenzieller und aktueller Mitarbeiter unterscheiden und dadurch in der konkreten Wahrnehmungssituation zu Präferenzen führen.[663]

Leistungsangebote des Arbeitgebers

Ein wesentlicher Bestandteil der Wahrnehmung eines Unternehmens als Arbeitgeber liegt in der Ausgestaltung des "**Produktes**" selbst, d.h. des eigentlichen Arbeitsangebotes an potenzielle und aktuelle Mitarbeiter. Dazu gehören vor allem die unterschiedlichen **Arbeitsplatzprofile** mit konkreten Aufgaben und Kompetenzen. Das erlebte "Produkt" der Mitarbeitererfahrung konkretisiert sich z.B. durch Themen- und Aufgabenvielfalt, Entscheidungs- und Gestaltungsfreiheit oder Personalentwicklungsangebote.

Die "Produktpolitik" gegenüber **Ehemaligen** besteht in der markengerechten Gestaltung eines konkreten Angebotes, das eine Bindung an den Ex-Arbeitgeber für diese Zielgruppen attraktiv macht. Dazu gehört z.B. die Bereitstellung einer aktuellen Adressdatenbank aller Ehemaliger. Viele Unternehmen laden Ehemalige auch zu besonderen Veranstaltungen ein, die Gelegenheit zur Kontaktpflege geben. Doch auch weitergehende Angebote sind denkbar, bspw. der exklusive

---

[661] Wigham, R. (2003): David Hail on internal marketing, in: Personnel Today, 08.04.2003, S. 35. Vgl. zudem Schulze, R., et al. (2005): Employer Branding, in: absatzwirtschaft, 1/2005, S. 93. Zur Notwendigkeit einer umfassenden Umsetzung der Employer Brand im gesamten HR-Management vgl. Gotsi, M., Wilson, A. (2001a): Corporate Reputation Management: "living the brand", in: Management Decision, London, Vol. 39, Nr. 2, S. 102 f.

[662] Vgl. Schulze, R., et al. (2005): Employer Branding, in: absatzwirtschaft, 1/2005, S. 94.

[663] Lievens und Highhouse weisen bspw. darauf hin, dass Bewerber auf einer rationalen Ebene häufig kaum Unterschiede zwischen mehreren Unternehmen oder auch zwischen konkreten Arbeitsplatzangeboten wahrnehmen können. Vgl. Lievens, F., Highhouse, S. (2003): The relation of instrumental and symbolic attributes to a company's attractiveness as an employer, in: Personnel Psychology, Vol. 56, Nr. 1, S. 76.

Zugang zu Studien, Datenbanken und anderen Wissensressourcen oder die Möglichkeit zur Teilnahme an Weiterbildungsmaßnahmen.[664]

Ausstattung

Auch die **Arbeitsbedingungen "vor Ort"** sind Gestaltungsfelder der Employer Brand, bspw. die technische Ausstattung des Arbeitsplatzes, Standort bzw. Einsatzgebiet und die Firmengebäude.[665] Ein interessantes Beispiel dafür ist Google mit seinem Hauptsitz in Mountain View im Silicon Valley. Als Ausdruck "gelebter Employer Brand" finden sich dort bspw. bunte Lego-Ecken, eine Billard-Lounge, ein Swimming-Pool und eine Carrera-Bahn, mit deren Hilfe die Programmierer ihr kreatives Potenzial anregen und ausschöpfen sollen. Das Gebäude selbst besteht aus Glaswürfeln, "Googleplex" genannt. Im Foyer stehen grüne Sofas und Lava-Lampen, Mitarbeiter in Jeans und T-Shirt legen die Wege zwischen den Gebäuden mit Elektro-Rollern zurück.[666] All diese Aspekte fügen sich zu einem besonderen Bild zusammen, das das Unternehmen in der Wahrnehmung potenzieller, aktueller und auch ehemaliger Mitarbeiter prägt.[667] Potenzielle Mitarbeiter können zwar durch kommunikative Maßnahmen z.B. in Stellenangeboten über entsprechende Ausgestaltungen informiert werden, haben aber in der Regel erst nach Aufnahme einer Arbeitstätigkeit die Möglichkeit, sich davon persönlich einen umfassenden Eindruck zu verschaffen. Allenfalls durch Ausstattung und Anmutung des Gebäudes können sie sich im Rahmen eines Recruiting-Gespräches beim potenziellen Arbeitgeber ein erstes Bild machen.

Entgelt-/Vergütungspolitik

Auch die Gestaltung der Entgeltpolitik trägt zur Profilierung als Arbeitgeber bei. Diese umfasst neben dem eigentlichen **Gehalt** auch **Arbeitszeit- und Urlaubs-**

---

[664] Vgl. Sertoglu, C., Berkowitch, A. (2002): Cultivating Ex-Employees, in: Harvard Business Review, Vol. 80, Nr. 6, S. 21.

[665] Vgl. Vallaster, C. (2005): Versprochen ist versprochen, in: Harvard Business Manager, Oktober 2005, S. 112.

[666] Vgl. Schubert, S., Stehr, C. (2007): Google - Wolken über Wunderland, im Internet unter http://www.karriere.de/psjuka/fn/juka/SH/0/sfn/buildjuka/cn/cn_artikel/bt/1/page1/PAGE_6/page2/PAGE_2149/aktelem/DOCUMENT_2540/oaobjid/22683/index.html, Zugriff am 10.01.2007.

[667] Ein Vergleich dieser Angebote mit einer definierten Positionierung der Employer Brand ist an dieser Stelle nicht leistbar. Auf seiner Website nutzt das Unternehmen unter anderem Begriffe wie Spaß, Inspiration, Innovation und Kreativität, um sich als Arbeitgeber zu beschreiben. Zudem versteht sich Google als ein Unternehmen, das die Freiheit eines Startups mit der Stabilität einer großen, profitablen Firma verbindet. Vgl. Google, Unternehmenshomepage, im Internet unter http://www.google.com/intl/en/jobs/index.html bzw. http://www.google.com/intl/en/jobs/reasons.html, Zugriff am 13.01.2007.

regelungen, **Sozialleistungen** und weitere **Vergünstigungen** wie bspw. Firmen-wagenpolitik und Erfolgsbeteiligungen. In den USA bspw. bieten einige Arbeit-geber Unternehmensanteile, unentgeltliche Arztbesuche, freie Kost, Kinderbetreu-ung oder bezahlte Sabbaticals an. Wieder ist Google, 2007 vom Magazin "For-tune" zum beliebtesten Arbeitgeber der USA gekürt, ein gutes Beispiel. Dort gibt es neben zahlreichen Kantinen und Kaffeebars auf dem Unternehmens-Campus auch einen Friseur, ein Fitness-Center, einen Waschservice für das Auto, einen Busshuttle für den Weg zur Arbeit, fünf Ärzte, einen Kindergarten sowie diverse Sprachkurse – und das alles für die Mitarbeiter kostenlos.[668] Ein weiteres Beispiel ist die Deutsche Bank: "Leistung", ein Kernwert der Marke, wird durch ein stark leistungsorientiertes Vergütungssystem glaubhaft umgesetzt. Leistungsorientie-rung und damit wertekonformes Verhalten zahlt sich so direkt für jeden Mitarbeiter aus. Bei Roland Berger Strategy Consultants beschreibt der Markenwert "Partner-ship" auch die Struktur der Anteilseigner: Das Unternehmen gehört zu 100% den Partnern des Unternehmens. Die Partner sind somit über ihre Anteile direkt am Erfolg und an der Wertsteigerung des Unternehmens finanziell beteiligt.

Entgeltbezogene Kontaktpunkte der Employer Brand mit **Ehemaligen** liegen einerseits in der klassischen Gestaltung von **Pensionszahlungen** und anderen Regelungen für Pensionäre. Darüber hinaus können aber für alle Ehemalige auch **geldwerte Vorteile** gewährt werden, bspw. die weiterhin kostenfreie oder er-mäßigte Nutzung unternehmenseigener Gebäude (z.B. Fitness- und Gesundheits-einrichtungen) oder ein vergünstigter Zugang zu Produkten und Dienstleistungen des Unternehmens. Auch der kostenfreie Zugang zu ansonsten kostenpflichtigen Wissensressourcen ist denkbar.

Kanäle

Mit der Entscheidung über den Kanal-Mix bestimmt ein Unternehmen über die Plattformen, über die es sich bei den relevanten Zielgruppen präsentiert. Für potenzielle Mitarbeiter stehen sowohl **klassische Kommunikationsmedien** wie bspw. Personalsuch- und Werbeanzeigen, Broschüren und das Internet zur Verfügung als auch **Formate**, die eine **persönliche Begegnung** zwischen

---

[668] Vgl. hierzu o.V. (2007): Gute Mutter Google, im Internet unter http://www.manager-magazin.de/koepfe/artikel/0,2828,458822,00.html, Zugriff am 10.01.2007. Nähere Informatio-nen finden sich darüber hinaus auch bei Google, Unternehmenshomepage, im Internet unter http://www.google.com/intl/en/jobs/index.html   bzw. http://www.google.com/intl/en/jobs/reasons.html, Zugriff am 13.01.2007.

Unternehmen und potenziellem Mitarbeiter beinhalten.[669] Hierzu zählen bspw. Hochschul- bzw. Karrieremessen und Recruitingworkshops. Während klassische Medien lediglich eine passive Form der Interaktion darstellen, spielt bei diesen Kanälen das Verhalten der Mitarbeiter eine zentrale Rolle für die glaubwürdige Darstellung der Employer Brand.[670]

Bei der Interaktion mit aktuellen Mitarbeitern steht den Unternehmen ein breites **Instrumentarium interner Kommunikationskanäle** zur Verfügung. Zum einen gibt es Medien und Formate, die im Unternehmen zentral erstellt werden wie bspw. Mitarbeiterzeitschriften, Newsletter, Mitarbeiterevents oder Verkaufs- und Promotiongegenstände wie bspw. Poster, Broschüren oder Mitarbeiterfilme. Davon abzugrenzen sind Kanäle der direkten Kommunikation, die "von oben nach unten" (kaskadierende Kommunikation) verlaufen oder hierarchieunabhängig sein können. Zu den Instrumenten der kaskadierenden Kommunikation zählen bspw. Workshops und Teambesprechungen, ein Beispiel für ein hierarchieunabhängiges Instrument ist das sog. "Story-Telling". Hierbei werden Geschichten von Mitarbeitern gesammelt und zur Verfügung gestellt, um ein gemeinsames Verständnis der Markenidentität zu entwickeln bzw. zu stärken.[671]

Viele der internen Medien können auch für die Zielgruppe der ehemaligen Mitarbeiter genutzt werden, bspw. Briefe vom Management und Mitarbeiterzeitschriften, ergänzt um spezifische Formate wie eine eigene Alumni-Website, Alumni-Events und personalisierte Kommunikation.[672]

Prozesse

Bei der Gestaltung des Leistungsangebotes und der Entgeltpolitik geht es vor allem um eine Umsetzung der Markenwerte in konkreten Angeboten und damit

---

[669] Vgl. bspw. Cable, D. M., et al. (2000): The sources and accuracy of job applicants' beliefs about organizational culture, in: Academy of Management Journal, Vol. 43, Nr. 6, S. 1077.

[670] Vgl. Turban, D. B., Dougherty, T. W. (1992): Influences of campus recruiting on applicant attraction to firms, in: Academy of Management Journal, Vol. 35, Nr. 4, S. 741.

[671] Zu den verschiedenen Kanälen der internen Kommunikation vgl. bspw. Burmann, C., Zeplin, S. (2005): Building brand commitment: A behavioural approach to internal brand management, in: Journal of Brand Management, Vol. 12, Nr. 4, S. 290 f., de Chernatony, L., et al. (2006): Communicating Services Brands' Values internally and externally, in: Service Industries Journal, Vol. 26, Nr. 8, S. 832 f. sowie George, W. R., Grönroos, C. (1999): Internes Marketing: Kundenorientierte Mitarbeiter auf allen Unternehmensebenen, in: Bruhn (Hrsg.): Internes Marketing, 2. Auflage, Wiesbaden, S. 60 f.

[672] Vgl. Sertoglu, C., Berkowitch, A. (2002): Cultivating Ex-Employees, in: Harvard Business Review, Vol. 80, Nr. 6, S. 21.

überwiegend objektiv nachprüfbaren Fakten. Im Gegensatz dazu sind bei der Definition der **Prozesse,** mit denen die Zielgruppen am Arbeitsmarkt in Berührung kommen, **markenkonforme Erfahrungen zu gestalten.** Ein Schlüssel hierzu ist neben der eigentlichen Definition der Prozesse das **Verhalten der Mitarbeiter.**[673]

Der erste Schritt potenzieller Mitarbeiter bei der Suche nach einem Arbeitgeber liegt in der **Informationssuche und -auswertung.** Die Gestaltung dieses Schrittes durch die Unternehmen erfolgt vor allem durch die Auswahl und Gestaltung der Kanäle, die oben bereits beschrieben wurden. Entscheidet sich ein Interessent nach diesen ersten Eindrücken für eine Bewerbung, schließt sich der **Recruitingprozess** an. Dieser ermöglicht eine gegenseitige Beurteilung zwischen Unternehmen und Bewerber, ob eine zukünftige Zusammenarbeit zustande kommt oder nicht. Der Recruitingprozess kann auch bezeichnet werden als "[...] matching process whereby the selector and the applicant judge whether the applicant's identities fit the organizational identity (and vice versa)."[674] In dieser Definition wird deutlich, dass es sich um einen zweiseitigen Prozess handelt. Nicht nur das Unternehmen sucht sich seinen zukünftigen Mitarbeiter aus, sondern auch der Bewerber entscheidet darüber, ob das Unternehmen ihm attraktiv genug erscheint.[675] Hierzu werden alle Anhaltspunkte, die im Laufe des Prozesses aufkommen, gesammelt, zu einem Gesamtbild zusammengesetzt und mit den eigenen Vorstellungen und Werten abgeglichen.[676]

Der Recruitingprozess umfasst dabei selbst eine Vielzahl von Kontaktpunkten.[677] In einem ersten Schritt zählt dazu die Entgegennahme der Bewerbungsunterlagen und die Form der Einladung zu einem Gespräch – oder aber die Art und Weise der

---

[673] Vgl. bspw. Bierwirth, A. (2003): Die Führung der Unternehmensmarke, Frankfurt am Main, S. 191 sowie ausführlich die Behandlung dieser Thematik in Kapitel C.4.2 dieser Arbeit.

[674] Herriot, P. (2002): Selection and self: Selection as a social process, in: European Journal of Work & Organizational Psychology, Vol. 11, Nr. 4, S. 388.

[675] Die Verteilung der "Machtverhältnisse" in diesem Entscheidungsprozess zwischen Unternehmen und Bewerber ist davon abhängig, wie gefragt die Fähigkeiten des Bewerbers sind. Je seltener und gefragter das Bewerberprofil, desto stärker wird seine Entscheidungsmacht sein. Vgl. ebenda, S. 389. Turban und Dougherty unterscheiden diesbezüglich in Auswahl- und Recruitingprozesse. Im ersten Fall liegt der Entscheidungsschwerpunkt beim Unternehmen, im zweiten beim Bewerber, den das Unternehmen durch eine entsprechend attraktive Darstellung gewinnen möchte. Vgl. Turban, D. B., Dougherty, T. W. (1992): Influences of campus recruiting on applicant attraction to firms, in: Academy of Management Journal, Vol. 35, Nr. 4, S. 740.

[676] Vgl. Herriot, P. (2002): Selection and self: Selection as a social process, in: European Journal of Work & Organizational Psychology, Vol. 11, Nr. 4, S. 391.

[677] Praxisnahe, pragmatische Empfehlungen zur Umsetzung der Employer Brand im Recruitingprozess macht bspw. Grout, J. (2002): How to ... recruit excellent people, in: People Management, Vol. 8, Nr. 9, S. 44 f.

Absage. Im weiteren Verlauf des Recruitingprozesses sind Aufbau, Kontext und Atmosphäre eines Recruitingtages bzw. -gesprächs entscheidende Punkte, die die Arbeitgeberwahrnehmung des potenziellen Mitarbeiters beeinflussen können.[678] Auch hierzu sind Verhalten und Äußerungen der Mitarbeiter von entscheidender Bedeutung. Sie verschaffen dem Bewerber einen Einblick in die Einstellungen, Werte und Normen des Unternehmens – vorausgesetzt, sie verhalten sich proto-typisch.[679] Studien legen sogar nahe, dass das Verhalten von Recruitern einen signifikanten Einfluss auf die Wahrscheinlichkeit ausübt, ob ein Bewerber ein Angebot bekommt und auch annimmt, und zwar jenseits individueller arbeitsplatzbezogener Faktoren.[680] Zum Abschluss des Recruitingprozesses sind schließlich Feedback an die Kandidaten und Nachbetreuung, z.B. im Rahmen nachfolgender Vertragsverhandlungen, weitere wichtige Kontaktpunkte, an denen die Soll-Identität der Employer Brand zu erkennen sein sollte.

Wenn ein neuer Mitarbeiter nach dem erfolgreichen Recruiting in ein Unternehmen eintritt, sind durch den vorangegangenen Prozess bereits Eindrücke und Erwar-tungen entstanden, die anschließend auch im Rahmen des Arbeitsverhältnisses zu erfüllen sind. Andernfalls ist zu befürchten, dass diese Mitarbeiter enttäuscht und demotiviert werden und deswegen entweder nicht den gewünschten Beitrag zum Unternehmenserfolg leisten oder das Unternehmen wenig später wieder ver-lassen.[681] Die wesentlichen Kontaktpunkte zwischen **aktuellen Mitarbeitern** und der Employer Brand auf der Prozessebene manifestieren sich in konkreten **Erfahrungen im Arbeitsalltag**, z.B. im Führungsstil, in den Karrierewegen oder in der Anerkennung von Leistungen durch Beförderungen oder anderen Formen der Belohnung. Ein Beispiel für ein Unternehmen, das die Leistung der Mitarbeiter im

---

[678] Vgl. Herriot, P. (2002): Selection and self: Selection as a social process, in: European Journal of Work & Organizational Psychology, Vol. 11, Nr. 4, S. 397. Einige Studien weisen darauf hin, dass sich die Globalattraktivität von Unternehmen in den Augen potenzieller Mitarbeiter durch den Recruitingprozess kaum verändern lässt. Immerhin ist aber anzunehmen, dass Bewerber den Recruitingprozess nutzen, um ihre Vorstellungen von einem Unternehmen abzurunden und zu vertiefen. Vgl. hierzu bspw. Lawler, E. E., et al. (1975): Job Choice and post decision dissonance, in: Organizational Behavior and Human Performance, Vol. 13, Nr. 1, S. 133 ff. sowie die Ausführungen zum Entscheidungsprozess bei der Arbeitgeberwahl in Kap. C.1.1.2.

[679] Zum Einfluss des Interviewers auf den Eindruck von Bewerbern über ein Unternehmen vgl. ausführlich Turban, D. B., Dougherty, T. W. (1992): Influences of campus recruiting on applicant attraction to firms, in: Academy of Management Journal, Vol. 35, Nr. 4, S. 739 ff. sowie Herriot, P. (2002): Selection and self: Selection as a social process, in: European Journal of Work & Organizational Psychology, Vol. 11, Nr. 4, S. 389 und 393.

[680] Vgl. Turban, D. B., Dougherty, T. W. (1992): Influences of campus recruiting on applicant attraction to firms, in: Academy of Management Journal, Vol. 35, Nr. 4, S. 741 und S. 760 sowie die dort zitierten Quellen.

[681] Vgl. bspw. Schulze, R., et al. (2005): Employer Branding, in: absatzwirtschaft, 1/2005, S. 94.

Rahmen der Mitarbeiterbeurteilungen anhand der definierten Werte der Employer Brand misst, ist der Versicherungskonzern Axa.[682] Auch Roland Berger Strategy Consultants hat das definierte Wertesystem in konkreten und für die Mitarbeiter spürbaren Regeln integriert. So spiegelt sich der Markenwert "Excellence" bspw. darin, dass der Zugang zu bestimmten Entwicklungsprogrammen wie dem vom Unternehmen mit finanzierten MBA- oder Doktorandenstudium von entsprechend guten Beurteilungen der Leistung abhängig ist. Bei L'Oréal wird der Anspruch der Employer Brand, schnelle, individuelle und internationale Karrieren zu bieten, anhand zahlreicher, konkreter Erfolgsgeschichten von Kollegen unmittelbar für jeden Mitarbeiter greifbar.

Im Idealfall werden im Rahmen der Markenumsetzung alle Prozesse und Organisationsstrukturen im Unternehmen auf den Prüfstand gestellt und ihr Beitrag zur Implementierung der definierten Soll-Identität analysiert.[683] Denn auch Prozesse wie bspw. Genehmigungs- und Abstimmungsverfahren oder einfache Serviceprozesse wie die Reisekostenabrechnung beeinflussen das Arbeitgeberimage. Stellen diese sich bspw. als besonders bürokratisch und kompliziert heraus, kann eine Positionierung der Employer Brand mit den Werten "Freiheit" oder "Modernität" unglaubwürdig werden. Nicht zuletzt prägen Betriebsklima und Umgangston das Arbeitgeberimage ganz erheblich. Hier wird die enge Verbindung zwischen Employer Brand und Unternehmenskultur sichtbar. Betriebsklima und Umgangston sind jedoch nur sehr schwer im Rahmen einer Markenumsetzung zu verändern. Hierzu bedarf es umfassender Veränderungsprozesse, die im folgenden Kapitel zur internen Umsetzung des Markenversprechens behandelt werden.

Die wichtigsten **Prozesse in Bezug auf Ehemalige** sind zunächst der **Exit-Prozess** und im weiteren Verlauf die **kontinuierliche Betreuung** durch das Unternehmen. Die Art und Weise, wie die Trennung von einem Unternehmen verläuft, wird die weitere Einstellung eines ehemaligen Mitarbeiters zum Unternehmen wesentlich mit prägen. Es ist daher wichtig, in dieser Phase durch einen professionellen Umgang mit der Situation die Grundlage für den zukünftigen Kontakt zu legen. Darüber hinaus können Exit-Gespräche auch wertvolle Informationen liefern, bspw. über die Gründe, die zur Kündigung geführt haben, über Sicht-

---

[682] Vgl. Higginbottom, K. (2003): Image conscious, in: People Management, Vol. 9, Nr. 3, S. 45.
[683] Vgl. Schulze, R., et al. (2005): Employer Branding, in: absatzwirtschaft, 1/2005, S. 94.

weisen zum Unternehmen und über zukünftige Pläne und Ziele.[684] Die **weitere Betreuung nach dem Austritt** aus dem Unternehmen bestimmt anschließend wesentlich die Intensität des weiteren Kontaktes. Mögliche Gestaltungselemente sind regelmäßige Newsletter mit Informationen zum Unternehmen, das Zusenden von Firmenpublikationen sowie das Herstellen von interessanten Kontakten innerhalb und außerhalb des eigenen Netzwerkes.[685]

HR-Kommunikationspolitik

Aufgabe der **Kommunikation** ist es, das Unternehmen als Arbeitgeber bei den Zielgruppen bekannt zu machen und über die besonderen Charakteristika und Werte im Sinne der Soll-Identität zu informieren. Dabei sind die Werte der Employer Brand in konkrete verbale Botschaften und Bildwelten zu übersetzen. HR-Kommunikation wird als eines der zentralen Handlungsfelder zur Umsetzung der Employer Brand bei potenziellen Mitarbeitern angesehen.[686] Es ist jedoch zu vermuten, dass die Wirkung von Kommunikationskampagnen im Vergleich zu anderen Kanälen, die das Image des Unternehmens in seiner Funktion als Arbeitgeber in den Köpfen der Zielgruppen prägen, eher gering ist. Zwar bietet die HR-Kommunikation die Möglichkeit, gezielt Informationen über das Unternehmen und sein Werte- und Leistungsversprechen als Arbeitgeber zu platzieren. Allerdings werden die Zielgruppen ähnlich wie am Absatzmarkt eher skeptisch hinsichtlich des Wahrheitsgehaltes dieser Aussagen sein.[687]

---

[684] Vgl. Sertoglu, C., Berkowitch, A. (2002): Cultivating Ex-Employees, in: Harvard Business Review, Vol. 80, Nr. 6,

[685] Die internationale Unternehmensberatung Bain & Company bspw., bei der ca. 70% der Ehemaligen Mitglieder des Alumni-Netzwerkes sind, bietet Kontakte zu Headhuntern und anderen Jobvermittlungen an. Vgl. o.V. (2001): Keeping in touch, in: Economist, Vol. 361, Nr. 8250, S. 56.

[686] Vgl. bspw. Kranz, M. (2004): Die Relevanz der Unternehmensmarke, Frankfurt am Main, S. 201. Die Kommunikation gegenüber aktuellen Mitarbeitern wird als Teil der internen Markenführung angesehen und daher im folgenden Kapitel behandelt.

[687] So weisen bspw. Cable et al. darauf hin, dass Unternehmen häufig versucht sind, in ihrer Arbeitsmarktkommunikation nur die positiven Seiten in den Vordergrund zu stellen, anstatt ein realistisches Bild zu zeichnen. Vgl. Cable, D. M., et al. (2000): The sources and accuracy of job applicants' beliefs about organizational culture, in: Academy of Management Journal, Vol. 43, Nr. 6, S. 1077. In der Marketingliteratur finden sich zahlreiche Studien, die sich mit der Skepsis von Konsumenten in Bezug auf Werbung beschäftigen. Ford kommt z.B. zu dem Ergebnis, dass Konsumenten besonders skeptisch sind, wenn sie den Wahrheitsgehalt der Werbung vor ihrer Entscheidung nicht überprüfen können. Dies trifft auch auf die Arbeitgeberwerbung zu. Vgl. Ford, G. T., et al. (1990): Consumer scepticism of advertising claims: Testing hypotheses from economics of information, in: Journal of Consumer Research, Vol. 16, Nr. 4, S. 438 sowie die in dem Artikel angegebenen Quellen.

HR-Kommunikation gegenüber **potenziellen Mitarbeitern** umfasst alle Maßnahmen, die dazu geeignet sind, gezielt Botschaften über das Unternehmen als Arbeitgeber bei den Zielgruppen zu verbreiten. Insbesondere gehört dazu auch die inhaltliche Gestaltung der Botschaften für die weiter oben beschriebenen Prozesse und Kanäle. Es können traditionelle **Kanäle** wie Imageanzeigen in geeigneten Publikationen, Stellenanzeigen oder Broschüren genutzt werden. Darüber hinaus haben sich in den letzten Jahren Recruitingmessen und -workshops etabliert. Auch ungewöhnlichere Wege wie bspw. Wettbewerbe für Studenten sind denkbar. Der L'Oréal Marketing Award "Brandstorm" ist dafür ein bekanntes Beispiel. Bei Ikea wird gelegentlich auch die Verkaufsfläche zum Kanal für gezielte Arbeitgeberimagewerbung.[688] Und General Mills nutzt mit großem Erfolg die Verpackung einer ihrer Marken, "Wheaties Cereal", für Recruitinganzeigen.[689] Besondere Bedeutung für die Kommunikation gegenüber potenziellen Mitarbeitern kommt aber der Karrierewebsite des Unternehmens zu.[690] Sie ist nicht nur Informations-, sondern auch Kommunikationsplattform, über die heute vor allem bei größeren Unternehmen bereits ein Großteil der Bewerbungen abgewickelt wird.

Neben der Auswahl des Kanal-Mix ist die wichtigste Aufgabe der HR-Kommunikation, die **Soll-Identität** der Employer Brand **in entsprechenden Kernbotschaften, Claims und Bildwelten umzusetzen.** Der Studie von Universum zufolge fließt in diesen Schritt bei vielen Unternehmen der Großteil des Employer Branding-Budgets.[691]

Die im Rahmen dieser Arbeit betrachteten Unternehmen liefern interessante Beispiele für die Umsetzung der Positionierung der Employer Brand in der Kommunikation. DaimlerChrysler z.B. stellt in seiner HR-Kommunikationskampagne (vgl. Abb. 48) gemäß der einheitlichen Positionierung von Corporate und Employer Brand eine direkte Verknüpfung zur konsumentengerichteten Markenführung her.

---

[688] Vgl. Universum Communications (2005): Employer Branding Global Best Practices 2005, Stockholm, S. 127.

[689] Vgl. ebenda, S. 40.

[690] Dies wird übereinstimmend von den im Rahmen dieser Arbeit befragten Experten bestätigt und zeigt sich auch in einer Befragung von 311 Arbeitssuchenden. Dabei wurde der Internetauftritt mit 256 Nennungen am häufigsten als Informationsquelle genutzt, gefolgt von Unternehmensbroschüren (144 Nennungen) und Freunden/Kommilitonen (122). Weniger genutzt wurden Recruitinganzeigen (102) und Kontaktmessen (98). Mehrfachnennungen waren in der Befragung möglich. Vgl. Kranz, M. (2004): Die Relevanz der Unternehmensmarke, Frankfurt am Main, S. 203.

[691] Vgl. Universum Communications (2005): Employer Branding Global Best Practices 2005, Stockholm, S. 130.

Abb. 48: Beispiele für Arbeitgeberimageanzeigen von DaimlerChrysler[692]

Mit dem Claim "Pioneers welcome" wird auf die führende Innovationskompetenz des Konzerns verwiesen, die mit der Erfindung des Automobils ihren Ursprung nahm und sich heute in zahlreichen, für die Industrie wegweisenden Innovationen fortsetzt. Auch die inhaltlichen Aussagen der Anzeigen beziehen sich auf Leistungsaspekte, die Bestandteil der einheitlichen Werte der Corporate und Employer Brand sind. Insbesondere werden die Technologie- und Innovationsführerschaft sowie das starke Markenportfolio betont. Die globale Präsenz findet ihren Niederschlag in der Darstellung von Menschen unterschiedlicher Herkunft in ihrer landestypischen Umgebung. Die dafür genutzten Bilder enthalten neben dem Claim das Gesicht eines realen Mitarbeiters sowie ein Produkt des Konzerns.

Auch die Deutsche Bank setzt auf eine enge Verknüpfung der Arbeitgeberimagekampagne mit der übergreifenden Markenführung. Im Mittelpunkt der Bilder steht das Logo der Deutschen Bank, das auch gegenüber aktuellen Mitarbeitern als Identifikationsanker etabliert worden ist (vgl. Abb. 49).

---

[692] Quelle: DaimlerChrysler AG.

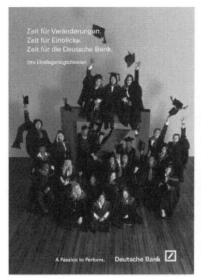

Abb. 49: Beispiele für eine Arbeitgeberimageanzeige und eine Broschüre der Deutschen Bank[693]

Als Claim nutzt die Deutsche Bank ebenso wie am Absatzmarkt "A passion to perform."

Weitere interessante Beispiele für die **Umsetzung** der Positionierung der Employer Brand in der Kommunikation liefern L'Oréal und Roland Berger Strategy Consultants mit den jeweiligen Karriereseiten ihrer Unternehmen im Internet.

L'Oréal grenzt im Gegensatz zu den beiden ersten Beispielen die Karrierewebsite klar von der konsumentengerichteten Kommunikation ab, wie dies auch in der Strategie vorgesehen ist (vgl. Abb. 50). Statt Produkte bzw. Marken des Konzerns finden sich hier "Köpfe". Mit den Claims "Sie haben Ihren eigenen Kopf" und "No frontiers for my career. That's my L'Oréality!" sowie dem dazugehörigen Einführungstext werden die Werte der Employer Brand "schnelle Karriere", "frühe Verantwortungsübernahme" und "internationale Karrieremöglichkeiten" direkt

---

[693] Quelle: Deutsche Bank AG.

angesprochen.[694]

Abb. 50: Startseite der Karrierewebsite von L'Oréal Deutschland[695]

Roland Berger nutzt für seine Karrierewebsite ebenso wie DaimlerChrysler für seine Anzeigen die eigenen Mitarbeiter als Botschafter. Der Claim, der sowohl am Absatz- als auch am Arbeitsmarkt genutzt wird, ist "It's character that creates impact". Damit werden als wesentlicher Fokus der Marke die Individualität und der Charakter der Mitarbeiter betont, ein Kernbestandteil des Markenverständnisses bei Roland Berger. Indem das Unternehmen individuelle Persönlichkeiten als Markenbotschafter nutzt, soll dem Bewerber ein glaubhafter Eindruck dieses Anspruchs vermittelt werden. Die Mitarbeiter sind auf der Website mit einem Foto abgebildet und nehmen zu verschiedenen Themen Stellung, die die Arbeitswelt und Kultur innerhalb der Organisation charakterisieren. Abb. 51 zeigt eine beispielhafte Seite der Karrierehomepage von Roland Berger.

---

[694] Vgl. L'Oréal Deutschland, Karriereseite der Unternehmenshomepage, im Internet unter http://www.loreal.de/_de/_de/career/career.aspx, Zugriff am 11.02.2007.
[695] Quelle: Ebenda, Zugriff am 11.02.2007.

Abb. 51: Auszug aus der Karrierehomepage von Roland Berger Strategy Consultants[696]

Neben den Kommunikationsmaßnahmen, die auf potenzielle Mitarbeiter gerichtet sind, können auch spezifische **Maßnahmen für Ehemalige** definiert werden, um deren Bindung an das Unternehmen zu erhalten. Inhalt, Gestaltung und persönlicher Zuschnitt der Kommunikation sollen den Ehemaligen Wertschätzung durch das Unternehmen vermitteln und sie über aktuelle Entwicklungen und Neuigkeiten bei ihrem früheren Arbeitgeber informieren.[697]

Im Rahmen der Kommunikation ist ergänzend auf die **Kanäle** und **Kontaktpunkte** zu verweisen, **die sich einer Kontrolle durch das Unternehmen entziehen.**[698] Hierzu gehören bspw. die Mund-zu-Mund-Kommunikation innerhalb und zwischen den Stakeholdergruppen, z.B. an der Universität oder in entsprechenden Blogs im

---

[696] Quelle: Roland Berger Strategy Consultants, Karrierewebsite, im Internet unter http://careers.rolandberger.de/rolandberger/ueber_uns/ueber_uns_kunst_strategie.htm, Zugriff am 11.02.2007.

[697] Zur Kommunikation gegenüber Ehemaligen vgl. Sertoglu, C., Berkowitch, A. (2002): Cultivating Ex-Employees, in: Harvard Business Review, Vol. 80, Nr. 6, S. 21.

[698] Vgl. Cornelissen, J. (2000): Corporate image: an audience centred model, in: Corporate Communications, Vol. 5, Nr. 2, S. 120.

Internet, sowie die Berichterstattung über das Unternehmen in den Medien.[699] Die Bedeutung dieser Kanäle ist als hoch einzuschätzen, entsprechend versuchen Unternehmen, diese zumindest etwas zu beeinflussen. So sieht bspw. RWE in redaktionellen Beiträgen ihrer Mitarbeiter in relevanten Fachzeitschriften einen wichtigen Beitrag, das Unternehmen in den Köpfen potenzieller neuer Mitarbeiter ins Bewusstsein zu rücken. Und Roche hat sich vorgenommen, Internet-Blogs, in denen über das Unternehmen berichtet wird, zu beobachten, um diesen Kanal gezielt für die Arbeitgeberimagewerbung nutzen zu können.

Eine **konsequente und umfassende Umsetzung** der Positionierung der Employer Brand nach einem definierten Raster, wie es Abb. 47 zeigt, ist **in der Praxis bislang eher die Ausnahme.** Vielmehr lässt sich bei vielen Unternehmen noch eine starke Konzentration auf kommunikative Maßnahmen verzeichnen.[700] Diese Beobachtung deckt sich mit den Aussagen der befragten Experten, die übereinstimmend in der **unternehmensweiten Umsetzung der definierten Strategie die größte Herausforderung des Employer Branding** sehen. Dies hat nicht zuletzt organisatorische Gründe: Je komplexer die Unternehmensstruktur, desto unabhängiger sind häufig dezentral angesiedelte Verantwortliche, die sich in ihren Gestaltungsmöglichkeiten nicht konsequent an die Vorgaben einer zentral definierten Positionierung halten. Ein weiteres Problem ist die Vielschichtigkeit der Kontaktpunkte zwischen Mitarbeitern und Employer Brand. Wahrscheinlich haben Employer Branding-Verantwortliche nur selten die Möglichkeit, alle Kontaktpunkte entsprechend der Markenidentität zu gestalten. Dies erfordert die Unterstützung des Topmanagements und aller betroffenen Bereiche.

Koordinationsbedarf im Rahmen der externen Markenumsetzung

Mit der Definition der Positionierung ist festgelegt, ob und in welcher Form die Employer Brand von den Werten der Consumer Brand abweicht. Diese Entscheidung bedingt gleichzeitig den Koordinationsbedarf in der Markenführung im Rahmen der

---

[699] Zur Bedeutung von Mund-zu-Mund-Kommunikation im Employer Branding vgl. bspw. Cable, D. M., et al. (2000): The sources and accuracy of job applicants' beliefs about organizational culture, in: Academy of Management Journal, Vol. 43, Nr. 6, S. 1078.

[700] Dies zeigt sich bspw. im Ansatz von Universum Communications, die in ihrem Employer Branding Model als Umsetzungsschritte lediglich die Entwicklung eines Kommunikationsplanes und der dazugehörigen Kommunikationsmaterialien vorschlagen. Vgl. Universum Communications (2005): Employer Branding Global Best Practices 2005, Stockholm, S. 120 ff. Auch einige der in dem Buch aufgeführten Praxisbeispiele zeigen eine starke Fokussierung der Umsetzung auf Kommunikation, darunter Aramark, S. 18 f., BBC, S. 20 f. und Johnson & Johnson, S. 50 f.

Umsetzungsmaßnahmen. Die obigen Ausführungen zur Umsetzung der Employer Brand an allen relevanten Kontaktpunkten machen zunächst deutlich, wie **wichtig** die **Konsistenz** in der Darstellung der Marke **innerhalb der einen Zielgruppe** – den potenziellen, aktuellen und ehemaligen Mitarbeitern – ist. Denn nur so ist sichergestellt, dass sich die Employer Brand tatsächlich klar und nachhaltig bei diesen Zielgruppen einprägt. **Gleichzeitig** ist jedoch auch eine **Konsistenz** mit den Markenbotschaften **gegenüber den anderen Bezugsgruppen** des Unternehmens **zu gewährleisten.**[701] Dies betrifft insbesondere die Kommunikationsmaßnahmen, da ihre Wirkung kaum auf nur eine Bezugsgruppe begrenzt werden kann.[702] Simms formuliert daher: "Companies that are good at internal marketing treat the consumer brand and the employer brand as two sides of the same coin and integrate their communications accordingly."[703] Gerade weil die einzelnen Bezugsgruppen des Unternehmens häufig unterschiedliche Kontaktpunkte mit der Consumer bzw. mit der Employer Brand haben, kann es an vielen Stellen zu widersprüchlichen Botschaften kommen.[704] Daher ist diesem Aspekt in der Umsetzung der Employer Brand besondere Aufmerksamkeit zu widmen.

Wie bereits in Kapitel B.2.2 diskutiert und durch die Ausführungen in Kapitel C weiter belegt, ist **Konsistenz** jedoch **nicht mit** einer **vollständigen Übereinstimmung** der Inhaltsdimensionen zwischen Employer und Consumer Branding **gleichzusetzen.**[705] Vielmehr ist die Koordination in der Strategiegestaltung von den Ausprägungen der Einflussfaktoren und den strategischen Entscheidungen

---

[701] In der Literatur wird nicht nur die inhaltliche, sondern auch die formale und zeitliche Konsistenz gefordert. Die formale Konsistenz bezieht sich auf die einheitliche Nutzung übergreifender Gestaltungsprinzipien des Corporate Designs, die eine Wiedererkennbarkeit des Unternehmens bei allen Bezugsgruppen sicherstellt. Mit der zeitlichen Dimension wird die Kontinuität von inhaltlichen und formalen Elementen angesprochen. Bierwirth begründet dies vor allem mit Rollenüberschneidungen zwischen den Stakeholdergruppen, die eine bezugsgruppenspezifische Ansprache verhindern. Vgl. Bierwirth, A. (2003): Die Führung der Unternehmensmarke, Frankfurt am Main, S. 187 f. oder Kranz, M. (2004): Die Relevanz der Unternehmensmarke, Frankfurt am Main, S. 202. Diese Arbeit konzentriert sich auf die inhaltliche Konsistenz in der Markenführung, die oben genannten Dimensionen bleiben daher ausgeklammert.

[702] Zur Koordination von Umsetzungsmaßnahmen im Rahmen der Unternehmenskommunikation vgl. Kranz, M. (2004): Die Relevanz der Unternehmensmarke, Frankfurt am Main, S. 201 f.

[703] Simms, J. (2003): HR or marketing: who gets staff on side?, in: Marketing, 24.07.2003, S. 24.

[704] Vgl. de Chernatony, L. (1999): Brand Management through narrowing the gap between brand identity and brand reputation, in: Journal of Marketing Management, Vol. 15, Nr. 1-3, S. 169. Mitchell weist darauf hin, dass widersprüchliche Botschaften zwischen Arbeits- und Absatzmarkt in der Wahrnehmung der Mitarbeiter die Integrität des Unternehmens beschädigen können, vgl. Mitchell, C. (2002): Selling the brand inside, in: Harvard Business Review, Vol. 80, Nr. 1, S. 100.

[705] Vgl. van Riel, C. B. M. (1995): Principles of Corporate Communication, Hemel-Hempstead, S. 47.

abhängig, wie sie im bisherigen Verlauf des Kapitels C dargestellt wurden und in Abb. 42 zusammengefasst sind. **Unabhängig vom Koordinationsgrad** muss sich aber immer ein **insgesamt stimmiges Gesamt-Markenbild** für das Unternehmen ergeben, das sowohl die Facette als Arbeitgeber als auch die des Anbieters von Produkten bzw. Leistungen an die Kunden umfasst.[706] Gerade wenn also in der Positionierung Abweichungen zwischen Employer und Consumer Brand festgelegt wurden (vgl. Kapitel C.3.2), sollte in der Umsetzung eine **Koordination der Maßnahmen** dahingehend erfolgen, dass **offensichtliche Widersprüche vermieden werden**.[707] Allerdings ist das nicht immer möglich. Ein Beispiel sind Discounter, deren Markenidentität zwar die Dimension "niedrige Preise" beinhaltet, die aber am Arbeitsmarkt vergleichsweise hohe Gehälter zahlen. Die Unternehmen versuchen damit, negative Aspekte des Jobangebotes wie z.B. eine hohe Arbeitsbelastung und ihre als gering angesehene Arbeitgeberattraktivität auszugleichen.[708]

Bei der Erarbeitung von nach außen gerichteten Umsetzungsmaßnahmen für die Employer Brand empfiehlt es sich daher, eine **Rückkopplung mit der absatzmarktgerichteten Markenführung** durchzuführen und die Markenbotschaften auf ihre Stimmigkeit zu überprüfen. Aus den Ergebnissen der Expertengespräche lassen sich hierfür zwei unterschiedliche Varianten ableiten:

• Die Umsetzungsmaßnahmen stehen **komplementär** zueinander, d.h. die Umsetzung der Employer Brand ergänzt die Markendarstellung des Unternehmens nach innen und außen um neue Aspekte und Botschaften. Einzig für die Unternehmensdarstellung wird dabei auf Faktoren der absatzmarktgerichteten Markenführung zurückgegriffen, nicht jedoch zur Positionierung als Arbeitgeber. Dies ist vor allem für die Unternehmen eine Option, die für die jeweiligen Zielgruppen unterschiedliche Markenbotschaften platzieren. Beispiele sind L'Oréal und Roche. Bei beiden Unternehmen erfolgt die absatzmarktgerichtete Markenführung spezifisch für bestimmte Produkte bzw. Produktlinien. Die Employer Brand dagegen wird übergreifend mit anderen Inhalten positioniert.

• Die Umsetzung am Absatz- und am Arbeitsmarkt ist bewusst **miteinander ver-**

---

[706] Vgl. Schulze, R., et al. (2005): Employer Branding, in: absatzwirtschaft, 1/2005, S. 93.

[707] Vgl. Kranz, M. (2004): Die Relevanz der Unternehmensmarke, Frankfurt am Main, S. 202.

[708] Vgl. Hielscher, H. (2008): Lidl-Führungsnachwuchs auf der Flucht, im Internet unter http://www.wiwo.de/unternehmer-maerkte/lidl-fuehrungsnachwuchs-auf-der-flucht-272605/, Zugriff am 08.07.2008.

flochten.[709] Bei einigen Unternehmen werden bspw. Mitarbeiter in den Mittelpunkt der konsumentengerichteten Kommunikationsmaßnahmen gestellt. Ein Beispiel ist der Autovermieter Avis mit seinem Claim "We try harder". Hierdurch soll gleichzeitig die Motivation der Mitarbeiter und das Image bei den Kunden gesteigert werden.[710] Auch die Ölgesellschaft Total bedient sich dieses Ansatzes. In einer Kampagne wird ein Mitarbeiter namens "Steve" gezeigt, wie er an einer Tankstelle Kunden mit ihren schweren Einkaufstüten hilft, sich um deren Kinder bemüht und sich natürlich um das Auto kümmert. Darunter eingeblendet wird der Slogan "You'll find people like Steve at all of our service stations." Kritisch dabei ist, dass diese Werbung nicht besonders glaubwürdig erscheint und sie die Mitarbeiter zudem erheblich unter Druck setzt. Entsprechende Kampagnen müssen daher immer durch interne Trainings- und Unterstützungsmaßnahmen begleitet werden.[711] Andere Unternehmen wiederum stellen ihre absatzmarktgerichteten Marketingmaßnahmen in den Mittelpunkt der HR-Maßnahmen. So ist die Begeisterung für Autos, Technik und Innovation auch zentrales Element der HR-Kommunikation bei DaimlerChrysler. Eine Verflechtung der absatz- und arbeitsmarktbezogenen Botschaften ergibt sich zudem auch dann, wenn die Umsetzungsmaßnahmen trotz möglicherweise leicht abweichender Positionierungsdimensionen an einer gemeinsamen Basis wie einer übergreifenden Unternehmensstory ansetzen.[712]

Die obigen Ausführungen machen deutlich, wie wichtig Mitarbeiter sowohl als Empfänger als auch als Botschafter der Markenführung sind. Die Verankerung dieser Markenbotschaften in den Denk- und Verhaltensweisen der Mitarbeiter im Rahmen der internen Markenführung ist daher Gegenstand des folgenden Kapitels.

---

[709] Mitchell bspw. empfiehlt, Kommunikationsmaßnahmen zu entwickeln, die beide Bezugsgruppen gleichermaßen ansprechen. Dabei soll der nach außen kommunizierte Anspruch etwas höher sein als das, was die aktuelle Realität erfüllt, damit die Mitarbeiter einen Anreiz haben, sich anzustrengen. Vgl. Mitchell, C. (2002): Selling the brand inside, in: Harvard Business Review, Vol. 80, Nr. 1, S. 103. Zur Berücksichtigung von Mitarbeitern in der konsumentengerichteten Kommunikation vgl. zudem Gilly, M. C., Wolfinbarger, M. (1998): Advertising's internal Audience, in: Journal of Marketing, Vol. 62, Nr. 1, S. 69-88.

[710] Vgl. Biel, A. L. (2001): Grundlagen zum Markenwertaufbau, in: Esch (Hrsg.): Moderne Markenführung, 3. Auflage, Wiesbaden, S. 79.

[711] Vgl. hierzu Barrow, S., Mosley, R. (2005): The Employer Brand, Chichester, S. 150 f.

[712] Vgl. van Riel, C. B. M. (2003): The Management of Corporate Communication, in: Balmer, Greyser (Hrsg.): Revealing the Corporation, London, S. 161-170. Auf diesen Ansatz bezieht sich bspw. auch Bierwirth, A. (2003): Die Führung der Unternehmensmarke, Frankfurt am Main, S. 187.

4.2 Umsetzung der Employer Branding-Strategie in der internen Markenführung

Die Ausführungen zur Umsetzung der Employer Brand im HR-MarketingMix oben beschreiben, wie durch gezielte Maßnahmen an allen Kontaktpunkten eine konsistente Wahrnehmung der Employer Brand zu gewährleisten ist. Die Verankerung der Markenwerte in nach innen und außen sichtbaren Merkmalen, Botschaften und Prozessen ist jedoch nur ein Teil der Markenumsetzung. Die zweite Herausforderung liegt darin, durch geeignete Maßnahmen die **Verinnerlichung der Markenwerte** in "den Köpfen und Herzen" und dadurch auch **im Verhalten der Mitarbeiter** zu fördern.[713] Dies wird in der Literatur unter dem Stichwort der "internen Markenführung"[714] diskutiert, alternativ finden sich auch die Bezeichnungen "Brand Engagement"[715] und "Brand Enactment."[716] Die interne Markenführung lässt sich als Teilbereich dem internen Marketing zuordnen, sofern internes Marketing als Funktion verstanden wird, die die innerbetriebliche Durchsetzung externer Marketingstrategien zum Ziel hat.[717] Mit der internen Markenführung ist aber auch der Maßnahmenbereich des Corporate Behavior angesprochen, der der Literatur zum Corporate Identity Management zuzurechnen ist. Corporate Behavior bezieht sich auf das Verhalten der Mitarbeiter und Führungskräfte, in einer erweiterten Interpretation auch auf das Verhalten des Unternehmens selbst.[718] Auch wenn diese Überlegungen zunächst auf die absatzmarktgerichtete Markenführung gerichtet waren, lassen sie sich auf das Employer Branding übertragen: "Companies seriously considering their employer brand should do so from an internal marke-

---

[713] Vgl. Mitchell, C. (2002): Selling the brand inside, in: Harvard Business Review, Vol. 80, Nr. 1, S. 99 sowie Bergstrom, A., et al. (2002): Why internal branding matters: the case of Saab, in: Corporate Reputation Review, Vol. 5, Nr. 2/3, S. 136.

[714] Zur internen Markenführung vgl. bspw. Burmann, C., Zeplin, S. (2005): Building brand commitment: A behavioural approach to internal brand management, in: Journal of Brand Management, Vol. 12, Nr. 4, S. 279-300 sowie ausführlich Zeplin, S. (2006): Innengerichtetes, identitätsbasiertes Markenmanagement. Entwicklung eines integrierten Erklärungsmodells, Wiesbaden.

[715] Vgl. bspw. Bauer, A., et al. (2006a): Moment of truth - Redefining the CEO's Brand Management Agenda, 1. Auflage, Houndmills, Basingstoke, New York, S. 137 ff.

[716] Vgl. bspw. de Chernatony, L. (2002): Living the corporate brand: brand values and brand enactment, in: Corporate Reputation Review, Vol. 5, Nr. 2/3, S. 114-132.

[717] Vgl. Herrmann, A., et al. (2002): Interne Markenführung - Verankerung der Markenidentität im Mitarbeiterverhalten, in: Journal für Betriebswirtschaft, Heft 5-6/2002, S. 187.

[718] Vgl. hierzu bspw. Kranz, M. (2004): Die Relevanz der Unternehmensmarke, Frankfurt am Main, S. 200 f. Zum Corporate Behavior als Teil des Corporate Identity Mix vgl. bspw. Melewar, T. C., Jenkins, E. (2002): Defining the Corporate Identity Construct, in: Corporate Reputation Review, Vol. 5, Nr. 1, S. 80 ff.

ting perspective, rather than from a purely HR perspective."[719]

In der internen Markenführung werden **absatz- und arbeitsmarktgerichtete Elemente** der Markenführung **zusammengeführt**: "Internal Branding refers to initiatives that attempt to align corporate culture and external brand."[720] Ziel ist es, eine emotionale Verbindung zwischen den Mitarbeitern und "ihren" Marken zu schaffen – seien es die Corporate Brand, die Employer Brand oder einzelne Produktmarken. Dadurch werden **Identifikation** und **Commitment** entwickelt und letztlich das **Verhalten der Mitarbeiter** nachhaltig **im Sinne der Markenwerte geprägt.** Interne Markenführung bezieht sich somit nicht nur auf die Leistungserbringung der Mitarbeiter für die Kunden, sondern muss auch die intrinsischen Bedürfnisse von Mitarbeitern nach Wertschätzung, Zugehörigkeit, Sicherheit, Gerechtigkeit und Selbstverwirklichung mit ansprechen.[721] Mit gezielten Maßnahmen wird daher im Rahmen der internen Markenführung daran gearbeitet, ein **gemeinsames Verständnis der Markenwerte** in der Organisation zu schaffen und die Bedeutung dieser Markenwerte für die Arbeit des Einzelnen abzuleiten.[722]

Bereits in Kapitel B.4.1 wurde ausgeführt, dass die zentrale Rolle der Mitarbeiter und damit die **Bedeutung** der internen Markenführung für die Stärke von Marken in der wissenschaftlichen Literatur zwar **inzwischen unbestritten ist**[723], in der

---

[719] Wigham, R. (2003): David Hail on internal marketing, in: Personnel Today, 08.04.2003, S. 35.

[720] Gayeski, D., Gorman, B. (2005): HR's role in developing brand personality, in: Strategic HR Review, Vol. 4, Nr. 3, S. 20. Teil der Unternehmenskultur ist auch das Verhalten der Mitarbeiter. Vgl. Kotter, J. P., Heskett, J. L. (1992): Corporate Culture and Performance, New York, S. 4 sowie die Ausführungen zur definitorischen Abgrenzung in Kapitel A.2.

[721] Bendapudi/Bendapudi bezeichnen diesen Aspekt im Rahmen der internen Markenführung als "Befriedigung der Seele", die notwendig ist, um die ganze Leidenschaft und das volle kreative Potenzial der Mitarbeiter zu erschließen. Vgl. Bendapudi, N., Bendapudi, V. (2005): Creating the living brand, in: Harvard Business Review, Vol. 83, Nr. 5, S. 131 f. Ähnlich äußern sich auch Schulze, R., et al. (2005): Employer Branding, in: absatzwirtschaft, 1/2005, S. 94.

[722] Vgl. Mitchell, C. (2002): Selling the brand inside, in: Harvard Business Review, Vol. 80, Nr. 1, S. 103 sowie Gayeski, D., Gorman, B. (2005): HR's role in developing brand personality, in: Strategic HR Review, Vol. 4, Nr. 3, S. 21.

[723] Vgl. Herrmann, A., et al. (2002): Interne Markenführung - Verankerung der Markenidentität im Mitarbeiterverhalten, in: Journal für Betriebswirtschaft, Heft 5-6/2002, S. 186 oder de Chernatony, L. (1999): Brand Management through narrowing the gap between brand identity and brand reputation, in: Journal of Marketing Management, Vol. 15, Nr. 1-3, S. 158. Auch Jacobs weist auf diese Gefahr hin und zeigt zehn Ansatzpunkte auf, wie dies durch Maßnahmen der internen Markenführung verhindert werden kann. Vgl. Jacobs, R. (2003): Turn employees into brand ambassadors, in: Aba Bank Marketing, Vol. 35, Nr. 3, S. 23 ff.

Praxis **aber häufig noch vernachlässigt** wird.[724] Obwohl einer Studie zufolge die Markenwahrnehmung von Externen zu über 80% durch die Mitarbeiter geprägt wird[725], schätzen Experten, dass Unternehmen weniger als 1% ihres Marketing-Budgets für interne Kommunikation ausgeben.[726] Als Ursache kommt nicht nur das mangelnde Bewusstsein der Unternehmen für die Bedeutung der Mitarbeiter im Rahmen der Markenführung in Frage.[727] Möglich ist auch, dass es an Wissen mangelt über die Art und Weise, wie diese Herausforderung anzugehen ist.[728]

Die Gespräche mit den Experten bestätigen, dass der internen Markenführung noch erheblich mehr Aufmerksamkeit gewidmet werden sollte. Insbesondere würde eine regelmäßige Überprüfung von Wissen und Zustimmung der Mitarbeiter zur Employer Brand begrüßt werden. Zwar gaben alle Befragten an, dass intern die Markenwerte intensiv kommuniziert werden. Fundierte Maßnahmen zur markenkonformen Veränderung von Verhalten, bspw. durch Training, oder auch ein intensiver interner Diskussionsprozess über Werte sind jedoch selten. Einzig Roland Berger Strategy Consultants hat im Zuge der Einführung der neuen Positionierung zunächst spezifische Seminare durchgeführt, bei denen Führungs-kräfte mit den Werten und ihrer Bedeutung für das Unternehmen vertraut gemacht wurden. Anschließend wurde diese Thematik in die regulären Führungskräfte-trainings mit aufgenommen.

Interne Markenführung kann auch aufgefasst werden als Konzept zur marken-konformen Ausgestaltung der Beziehungen zwischen Mitarbeitern und Externen mit Hilfe eines **wertebasierten Veränderungsprozesses**.[729] Die bisherigen For-

---

[724] Vgl. Wittke-Kothe, C. (2001): Interne Markenführung: Verankerung der Markenidentität im Mit-arbeiterverhalten, 1. Auflage, Wiesbaden, S. 2 oder Herrmann, A., et al. (2002): Interne Mar-kenführung - Verankerung der Markenidentität im Mitarbeiterverhalten, in: Journal für Betriebs-wirtschaft, Heft 5-6/2002, S. 186 f. sowie die dort zitierten Quellen.

[725] Vgl. Vallaster, C. (2005): Versprochen ist versprochen, in: Harvard Business Manager, Oktober 2005, S. 110.

[726] Vgl. Simms, J. (2003): HR or marketing: who gets staff on side?, in: Marketing, 24.07.2003, S. 23.

[727] Vgl. Vallaster, C. (2005): Versprochen ist versprochen, in: Harvard Business Manager, Oktober 2005, S. 110 f. oder Mitchell, C. (2002): Selling the brand inside, in: Harvard Business Review, Vol. 80, Nr. 1, S. 99.

[728] Vgl. Herrmann, A., et al. (2002): Interne Markenführung - Verankerung der Markenidentität im Mitarbeiterverhalten, in: Journal für Betriebswirtschaft, Heft 5-6/2002, S. 187.

[729] Zum Beziehungsgeflecht einer Marke und die Bedeutung der Mitarbeiter in diesem Zusammen-hang vgl. de Chernatony, L. (1999): Brand Management through narrowing the gap between brand identity and brand reputation, in: Journal of Marketing Management, Vol. 15, Nr. 1-3, S. 169 ff. Einen internen Veränderungsprozess zur Umsetzung einer Employer Brand nach innen fordern auch Schulze, R., et al. (2005): Employer Branding, in: absatzwirtschaft, 1/2005, S. 94.

schungen und Veröffentlichungen zur internen Markenführung beschäftigen sich überwiegend mit Beziehungen zwischen Mitarbeitern und Konsumenten. Vor dem Hintergrund einer spezifisch auf den Arbeitsmarkt ausgerichteten Markenführung im Rahmen des Employer Branding ist diese Perspektive um die **Beziehungen** zwischen den **Mitarbeitern untereinander** und zwischen **Mitarbeitern und potenziellen Mitarbeitern** zu erweitern.

Koordinationsbedarf im Rahmen der internen Markenführung

Interne Markenführung, egal ob sie sich auf die Consumer Brand oder auf die Employer Brand bezieht, richtet sich in beiden Fällen an nur eine Zielgruppe: die Mitarbeiter. Aufgrund dieses engen Beziehungsgeflechts darf internes Employer Branding nicht isoliert stehen, sondern muss sorgfältig auf die interne Markenführung zur Verankerung des konsumentengerichteten Markenversprechens abgestimmt werden. Auch hier gilt, dass zwar **Unterschiede denkbar**, **Widersprüche** jedoch **zu vermeiden** sind. Ansonsten drohen Vertrauensverlust oder sogar Überforderung.[730]

Stimmen Employer und Consumer Brand überein, ist per se ein hoher Koordinationsgrad gegeben, da für alle Zielgruppen nur ein einziges, einheitliches Werteversprechen zu verankern ist.

Wurden dagegen im Rahmen der Strategiedefinition Differenzierungen zwischen Employer und Consumer Brand festgelegt, so ist es nun Aufgabe der internen Markenführung, diese Unterschiede deutlich zu machen und ihre jeweilige Bedeutung für das Verhalten der Mitarbeiter zu klären. Wichtig dabei ist, Irritationen bei den Mitarbeitern und Unklarheiten über die Anforderungen, die die Markenführung an sie stellt, zu vermeiden. Nur dann kann letztlich eine klare, eindeutige Wahrnehmung der Marke bei den unterschiedlichen Bezugsgruppen des Unternehmens auch durch das Verhalten der Mitarbeiter sichergestellt werden. Um solche Unklarheiten und Missverständnisse zu vermeiden, bedarf es im Rahmen der internen Markenführung eines **integrierten Ansatzes** für Consumer und Employer Branding. Dabei müssen insbesondere die Zusammenhänge und die Unterschiede zwischen den beiden Markenführungsansätzen klar werden. Auf Basis der Expertengespräche und in Anlehnung an die Überlegungen bei der Koordination

---

[730] Sehen die Mitarbeiter in der intern kommunizierten Botschaft lediglich ein leeres Versprechen, das nicht die Realität widerspiegelt, führt dies häufig zu Unzufriedenheit und sogar Zynismus. Vgl. Barrow, S., Mosley, R. (2005): The Employer Brand, Chichester, S. 131.

der nach außen gerichteten Maßnahmen (vgl. Kap. C.4.1) können auch hier **zwei Alternativen** unterschieden werden:

- **Parallelität**: Employer Branding und Consumer Branding werden im Verständnis der Mitarbeiter klar voneinander abgegrenzt, ergänzen sich aber in ihren Aussagen. Während die interne Verankerung der Employer Brand sich mit der Frage befasst, "Wer und wie sind wir?", bezieht sich die interne Markenführung der Consumer Brand auf die Frage "Was bieten wir?"

- **Kausalität**: Hierbei stehen Employer und Consumer Brand in einer Mittel-Zweck-Beziehung. Die Art, wie das Unternehmen sich als Arbeitgeber positioniert, unterstützt dann die Leistungserbringung und damit auch die Einlösung des Markenversprechens für Konsumenten. Die beiden oben formulierten Fragen werden damit verbunden zu der Frage: "Wer und wie sind wir, um was zu bieten?" Zum Beispiel könnte "Flexibilität" als Wert der Employer Brand als Voraussetzung für den Wert "Individualität" in einer Consumer Brand etabliert werden. Die Aussage wäre dann: "Wir sind flexibel, damit wir unseren Kunden jederzeit spezifisch auf ihn zugeschnittene Lösungen anbieten können."

Definition von Maßnahmen im Rahmen der internen Markenführung

Nachdem die Beziehung zwischen absatz- und arbeitsmarktgerichteter Markenführung geklärt ist, bedarf es konkreter Maßnahmen für die integrierte interne Verankerung sowohl der Employer als auch der Consumer Brand. Dies ist jedoch nicht als Projekt, d.h. als einmalige Anstrengung aufzufassen, sondern vielmehr als langfristiger und kontinuierlicher Prozess, an dem dauerhaft zu arbeiten ist.[731]

Interne Markenführung kann auf der Maßnahmenebene grob in **zwei Handlungs-stränge** unterteilt werden: Vermittlung durch Kommunikation und Veränderung

---

[731] De Chernatony sieht ein wesentliches Problem darin, dass viele Corporate Branding-Programme von Mitarbeitern und Führungskräften als einmalige Aktivitäten gesehen werden. Vgl. de Chernatony, L. (2002): Living the corporate brand: brand values and brand enactment, in: Corporate Reputation Review, Vol. 5, Nr. 2/3, S. 128.

des Verhaltens im Sinne einer Transformation.[732] Durch interne Kommunikation ist zunächst sicherzustellen, dass alle Mitarbeiter das oder die Markenversprechen des Unternehmens gegenüber den verschiedenen Zielgruppen kennen und deren Bedeutung für sich selbst und die Organisation insgesamt verstehen.[733] Auf diese Weise wird ein gemeinsames Verständnis in der Organisation über die Anforderungen geschaffen, die die Markenführung an jeden einzelnen Mitarbeiter stellt. Mit Transformation sind dagegen alle Maßnahmen angesprochen, die sich explizit auf die Veränderung von Denk- und Verhaltensweisen der Mitarbeiter beziehen.

Der **Kommunikation** kommt im Rahmen der internen Markenbildung eine zentrale Rolle zu. Sowohl der Inhalt als auch in noch stärkerem Maße die Art und Weise, wie in einem Unternehmen kommuniziert wird, sind wichtige Determinanten zur Entwicklung von Stolz, Identifikation und Commitment von Mitarbeitern.[734] Um effektiv zu sein, sollte die interne Kommunikation insbesondere zwei Anforderungen erfüllen:

• **Verständlichkeit:** In der internen Kommunikation sind Marken so zu charakterisieren, dass die Mitarbeiter schnell und einfach verstehen können, was die Markenbotschaften des Unternehmens sind, wie diese zueinander in Beziehung stehen und was das konkret für das Unternehmen insgesamt und für jeden

---

[732] Meffert und Burmann sprechen in diesem Zusammenhang von der Vermittlung eines klaren Markenverständnisses als Identifikations- und Motivationsbasis sowie der Etablierung eines leitbildgerechten Verhaltens auf allen Hierarchieebenen. Vgl. Meffert, H., Burmann, C. (2002c): Managementkonzept der identitätsorientierten Markenführung, in: Meffert, et al. (Hrsg.): Markenmanagement - Grundfragen der identitätsorientierten Markenführung, 1. Auflage, Wiesbaden, S. 94. Burmann konkretisiert die von ihm als horizontale Dimension der Markenführung bezeichnete interne Markenführung später in vier Schritten: umfassende und transparente Kommunikation, Motivation der Mitarbeiter, aktives Vorleben der Markenidentität seitens der Unternehmens- und Markenführenden sowie Respektieren und Einbinden aller Mitarbeiter. Vgl. Burmann, C. (2004): Marken brauchen Führung, in: marketingjournal, Nr. 9/2004, S. 22. Bergstrom unterscheidet drei Aufgaben: "[...] communicating the brand effectively to employees; convincing them of its relevance and worth; and successfully linking every job in the organization to delivery of the brand essence." Bergstrom, A., et al. (2002): Why internal branding matters: the case of Saab, in: Corporate Reputation Review, Vol. 5, Nr. 2/3, S. 135.

[733] Vgl. de Chernatony, L. (2002): Living the corporate brand: brand values and brand enactment, in: Corporate Reputation Review, Vol. 5, Nr. 2/3, S. 119. Zur internen Kommunikation von Marken in den unterschiedlichen Kommunikationsdisziplinen sowie der notwendigen Abstimmung der Botschaften vgl. bspw. Kranz, M. (2004): Die Relevanz der Unternehmensmarke, Frankfurt am Main, S. 201 f.

[734] Vgl. Smidts, A., et al. (2001): The impact of employee communication and perceived external prestige on organizational identification, in: Academy of Management Journal, Vol. 44, Nr. 5, S. 1058 ff.

einzelnen Mitarbeiter selbst bedeutet.[735]

- **Integrität:** Um Widerstände, Gleichgültigkeit oder gar Zynismus zu vermeiden, müssen Inhalte und Art der Kommunikation geprägt sein von Offenheit, Ehrlichkeit und Glaubwürdigkeit.[736]

Für die Durchführung der internen Kommunikation steht eine Vielzahl von Kanälen zur Verfügung. Intranet, Aushänge und Mitarbeiterzeitschriften können zunächst eine passive Information der Mitarbeiter gewährleisten. Die reine Bereitstellung relevanter Informationen ist jedoch nicht als ausreichend, sondern vielmehr als Selbstverständlichkeit anzusehen. Parallel dazu ist es erforderlich, Wege zu finden, die Mitarbeiter in die Kommunikation aktiv einzubinden und ihnen die Möglichkeit zu geben, gehört zu werden und ihren Beitrag einbringen zu können. Erst ein solch partizipativer Ansatz führt dazu, dass sich Mitarbeiter mit den Markenwerten aktiv auseinandersetzen.[737] Diese Möglichkeit der Diskussion und direkten Auseinandersetzung mit dem Wertesystem des Unternehmens bieten bspw. informelle und formelle Gespräche, Abteilungs- und Bereichssitzungen oder auch bestimmte Rituale im Alltag.[738]

Die eigentliche **Veränderung von Einstellungen und Verhaltensweisen**, stellt eine weitaus schwierigere Herausforderung dar als die interne Kommunikation.[739] Denn wie alle Veränderungsprozesse benötigt dieser Vorgang Zeit, Veränderungsbereitschaft bei den Beteiligten und wirksame Maßnahmen, die zu einer nachhaltigen Verinnerlichung der Markenwerte in der Organisation und bei den Mitarbeitern führen.[740] Dabei sind auch **Widerstände** nicht auszuschließen. Es ist

---

[735] Vgl. de Chernatony, L. (2002): Living the corporate brand: brand values and brand enactment, in: Corporate Reputation Review, Vol. 5, Nr. 2/3, S. 127, Caborn, A. (2001): Pass on the message, in: Employee Benefits, September 2001, S. 12 sowie Bergstrom, A., et al. (2002): Why internal branding matters: the case of Saab, in: Corporate Reputation Review, Vol. 5, Nr. 2/3, S. 136.

[736] Vgl. Mitchell, C. (2002): Selling the brand inside, in: Harvard Business Review, Vol. 80, Nr. 1, S. 104.

[737] Zur Notwendigkeit, Mitarbeiter aktiv an Diskussionen zu den Markenwerten zu beteiligen vgl. ausführlich de Chernatony, L. (2002): Living the corporate brand: brand values and brand enactment, in: Corporate Reputation Review, Vol. 5, Nr. 2/3, S. 118 f.

[738] Vgl. Vallaster, C. (2005): Versprochen ist versprochen, in: Harvard Business Manager, Oktober 2005, S. 113 sowie Smidts, A., et al. (2001): The impact of employee communication and perceived external prestige on organizational identification, in: Academy of Management Journal, Vol. 44, Nr. 5, S. 2001.

[739] Vgl. Colyer, E. (2003): Promoting brand allegiance within, im Internet unter http://www.brand-channel.com/start1.asp?id=171, Zugriff am 03.01.2005.

[740] Zur den Schwierigkeiten kultureller Veränderungsprozesse vgl. Kotter, J. P., Heskett, J. L. (1992): Corporate Culture and Performance, New York, S. 4 ff. sowie S. 12.

sogar davon auszugehen, dass Mitarbeiter ebenso skeptisch und resistent hinsichtlich der kommunizierten Markenbotschaften sind wie Konsumenten. Während jedoch bei Konsumenten häufig die mangelnde Glaubwürdigkeit der Botschaften die Ursache für ihre Skepsis ist, lassen sich für Mitarbeiter auch noch andere Gründe anführen. Individuelle oder kulturell bedingte Veränderungsblockaden, die Angst vor Machtverlust oder auch Zynismus in Bezug auf ihr Vertrauen in die Motive des Unternehmens bzw. des Topmanagements sind klassische Ursachen für Blockaden in Veränderungsprozessen.[741]

Teil der internen Markenführung ist es daher auch, geeignete **Anreiz- und Sanktionsmechanismen** im Unternehmen zu etablieren, mit denen markenkonformes Verhalten von Mitarbeitern belohnt, nicht-konformes Verhalten dagegen "bestraft" wird. Voraussetzung ist, dass die Mitarbeiter einschätzen können, welche Entscheidungen und Handlungsweisen im Sinne der Markenidentität sind. Zudem müssen sie sich ihrer wichtigen Rolle in der Markenführung überhaupt bewusst und darüber hinaus überzeugt sein, dass die Erreichung der Unternehmens- und der daraus abgeleiteten Markenziele ohne ihre Unterstützung in Frage gestellt ist.[742] Ein interessantes Praxisbeispiel zu Sanktionsmechanismen für markenbezogenes Verhalten ist der Versicherungskonzern Axa. Markenkonformes Mitarbeiterverhalten ist dort fester Teil der Leistungsbeurteilung. So wird bspw. in den Jahresgesprächen, die Grundlage für Beförderungen sind, das Verhalten der Mitarbeiter analysiert und geprüft, wie es zu den Werten des Unternehmens passt.[743]

Abb. 52 zeigt unterschiedliche Anreize bzw. Sanktionsformen auf, die Mitarbeiter dazu bewegen können, sich gemäß der Markenidentität zu verhalten. Es kommen dazu sowohl monetäre als auch nicht-monetäre Formen in Frage.[744]

---

[741] Vgl. Blumenthal, D. (2002): "It's the people, stupid!" Why branding fails to inspire loyalty - and what you can do about it, im Internet unter http://allaboutbranding.com/index.lasso?article=280, Zugriff am 03.01.2005. Zu Änderungswiderständen im Rahmen der internen Markenführung vgl. zudem ausführlich Kapitel III.2 bei Wittke-Kothe, C. (2001): Interne Markenführung: Verankerung der Markenidentität im Mitarbeiterverhalten, 1. Auflage, Wiesbaden, S. 32-38.

[742] Vgl. ausführlich Wittke-Kothe, C. (2001): Interne Markenführung: Verankerung der Markenidentität im Mitarbeiterverhalten, 1. Auflage, Wiesbaden, S. 107.

[743] Vgl. Higginbottom, K. (2003): Image conscious, in: People Management, Vol. 9, Nr. 3, S. 45.

[744] Zu den unterschiedlichen Anreiz- bzw. Sanktionsformen vgl. Herrmann, A., et al. (2002): Interne Markenführung - Verankerung der Markenidentität im Mitarbeiterverhalten, in: Journal für Betriebswirtschaft, Heft 5-6/2002, S. 194 ff.

Monetäre Anreize/ Sanktionen, z.B. Bonuszahlungen	Nicht-monetäre **existenzielle** Anreize, z.B. Arbeitsplatz- sicherheit	**Ziele der internen Markenführung**
		Markenkonformes Mitarbeiterverhalten
Ziel: Aktive Unterstützung der Realisierung der angestrebten Markenpositionierung durch die Mitarbeiter → Zielbeitrag		Verankerung der Markenidentität bei internen und externen Zielgruppen
		Erreichung ökonomischer Ziele
Nicht-monetäre **soziale** Belohnung/Bestrafung, z.B. Anerkennung durch Vorgesetzte	Nicht-monetäre **selbst- bezogene** Belohnung/ Bestrafung, z.B. Selbstachtung	Existenzsicherung des Unternehmens

Abb. 52: Anreizmechanismen zur Förderung markenkonformer Verhaltensweisen von Mitarbeitern[745]

Drei zentrale Ansatzpunkte für Maßnahmen der internen Markenführung sind im Folgenden dargestellt:

- **Führungskultur:** Eine der wichtigsten Voraussetzungen für das Gelingen eines internen Veränderungsprozesses ist, dass die Mitglieder des Managements als Vorbilder fungieren. Erst wenn alle Führungskräfte in der Organisation durch ihr Verhalten und ihren Führungsstil ein klares Bekenntnis zu den Markenwerten ablegen, werden auch die Mitarbeiter ihr Verhalten an den vorgegebenen Zielen und Markenwerten ausrichten.[746]

- **Personalentwicklung:** Personalentwicklungsmaßnahmen dienen dazu, dass Mitarbeiter Fähigkeiten und Wissen erweitern und das Neuerlernte in ihrem eigenen Arbeitsumfeld anwenden. Trainings- und Coachingangebote bilden somit eine ideale Plattform, um mit den Mitarbeitern an der Verankerung von Werten in ihrem Verhalten zu arbeiten. Dabei geht es zum einen um die Thema-

---

[745] Quelle: In entfernter Anlehnung an das Instrumentalitätsmodell von Vroom, dargestellt bei Wittke-Kothe, C. (2001): Interne Markenführung: Verankerung der Markenidentität im Mitarbeiterverhalten, 1. Auflage, Wiesbaden, S. 106.

[746] Vgl. Vallaster, C. (2005): Versprochen ist versprochen, in: Harvard Business Manager, Oktober 2005, S. 114.

tisierung und Diskussion der Werte selbst, vor allem aber auch um die Rolle des Einzelnen für den Aufbau der Marke.[747] In fast jedem Unternehmen wird im Rahmen der Personalentwicklung ein umfangreiches Programm unterschiedlicher Weiterbildungsmaßnahmen angeboten. Zur Diskussion und Verankerung markenkonformer Verhaltensweisen kann daher meist auf bestehende Formate zurückgegriffen werden. Alternativ können auch spezifisch auf die Markenführung ausgerichtete Trainingsmaßnahmen konzipiert werden. Dies empfiehlt sich insbesondere bei größeren Veränderungsprozessen. So hat bspw. Roland Berger Strategy Consultants zur Implementierung des neuen Werteverständnisses gezielt Seminare zu diesem Thema mit Führungskräften durchgeführt.

- **Selektion:** Ein "Anlernen" von Einstellungen, Werten und Verhaltensweisen durch Trainingsmaßnahmen ist jedoch nur bedingt möglich. Daher kann über Selektionsmechanismen in der Mitarbeiterschaft sukzessive der Anteil derer erhöht werden, die über ein markenkonformes Wertesystem verfügen. Dieser Selektionsmechanismus kann entweder vom potenziellen bzw. aktuellen Mitarbeiter selbst ausgehen oder aber vom Unternehmen bewusst installiert werden. Aus der Perspektive des Mitarbeiters führt Employer Branding zu einer gewissen Selbstselektion, basierend auf der Erkenntnis, dass sich Individuen tendenziell bei einem solchen Unternehmen bewerben, ein Angebot annehmen und einem Arbeitgeber treu bleiben, dessen Werte sie teilen.[748] Das Unternehmen dagegen kann zum einen im Recruiting Markenwerte als Selektionskriterien einsetzen, d.h., dass tendenziell markenkonforme Mitarbeiter rekrutiert werden.[749] Zum anderen können für aktuelle Mitarbeiter Markenwerte Bestandteil der Leistungsbeurteilung sein und somit markenkonformes Verhalten über Beförderungen oder – im Extremfall – auch Entlassungen entscheiden.[750]

---

[747] Vgl. de Chernatony, L. (1999): Brand Management through narrowing the gap between brand identity and brand reputation, in: Journal of Marketing Management, Vol. 15, Nr. 1-3, S. 172.

[748] Vgl. hierzu ausführlich Kapitel B.3.3 sowie die dort angegebenen Quellen.

[749] Beispiele für markenorientierte Selektion sind British Petroleum und Virgin. Vgl. hierzu Colyer, E. (2003): Promoting brand allegiance within, im Internet unter http://www.brandchannel.com/start1.asp?id=171, Zugriff am 03.01.2005.

[750] Bei Axa wird in den Mitarbeiterbeurteilungen erfasst, ob das Verhalten eines Mitarbeiters den fünf definierten Werten des Unternehmens entspricht. Für die Mitarbeiter, die zwar ihre Geschäftsziele erreichen, aber dabei gegen Werte verstoßen, wird ein Entwicklungsprogramm aufgesetzt und der Fortschritt alle sechs Monate überprüft. Verhalten sie sich nach wie vor entgegen den Werten, werden sie gebeten, das Unternehmen zu verlassen. Der für HR zuständige Vorstand sagt dazu: "We have fired a lot of people over behavior. They were replaced by people who share our values." Vgl. Higginbottom, K. (2003): Image conscious, in: People Management, Vol. 9, Nr. 3, S. 44 f.

Insbesondere die Forderung nach einer **markenorientierten Recruitingpolitik** hat in der wissenschaftlichen Literatur weitgehende Verbreitung gefunden.[751] Damit verbunden ist die Annahme, dass Mitarbeiter, die über einen hohen Fit zu den Werten der Marke verfügen, weniger Aufsicht und Anleitung in ihrer täglichen Arbeit benötigen, da sie bereits von sich aus Verhaltensweisen zeigen, die mit den Zielen der Organisation übereinstimmen.[752] Im Idealfall heißt das, "[...] on-brand behavior becomes instinctive."[753] Zudem wird angenommen, dass Mitarbeiter, denen die Markenwerte viel bedeuten, eine hohe Identifikation mit dem Unternehmen aufweisen und dadurch härter arbeiten.[754]

Ein Beispiel für eine konsequente Ausrichtung des Recruitingprozesses an den Markenwerten ist die US-Fluggesellschaft Southwest Airlines. In Interviews werden alle Bewerber – vom Piloten bis zum Mechaniker – auf ihre Übereinstimmung mit sieben definierten Unternehmenswerten hin überprüft. Eingestellt werden nur solche Bewerber mit einem "perfect fit".[755] Auch die Unternehmensberatungsgesellschaft Booz Allen & Hamilton nutzt die Werte ihrer Employer Brand sowohl für die Auswahl im Recruiting als auch für die Beurteilungen im Beförderungsprozess.[756] Generell ist jedoch davon auszugehen, dass sich nur wenige Unternehmen finden, die im Recruiting Markenwerte als zentrale Auswahlkriterien nutzen. Die überwiegende Mehrheit ist von derart weitreichenden Maßnahmen zur Imple-

---

[751] Entsprechende Vorschläge finden sich bspw. übereinstimmend bei Burmann, C., Zeplin, S. (2005): Building brand commitment: A behavioural approach to internal brand management, in: Journal of Brand Management, Vol. 12, Nr. 4, S. 287, Kernstock, J., et al. (2005): Interview: Interne Markenführung bei Kraft Foods Schweiz AG, in: Thexis, 22. Jg., Nr. 1, S. 12, de Chernatony, L. (1999): Brand Management through narrowing the gap between brand identity and brand reputation, in: Journal of Marketing Management, Vol. 15, Nr. 1-3, S. 172, Bendapudi, N., Bendapudi, V. (2005): Creating the living brand, in: Harvard Business Review, Vol. 83, Nr. 5, S. 125 und Mitchell, C. (2002): Selling the brand inside, in: Harvard Business Review, Vol. 80, Nr. 1, S. 105.

[752] Vgl. de Chernatony, L. (2002): Living the corporate brand: brand values and brand enactment, in: Corporate Reputation Review, Vol. 5, Nr. 2/3, S. 129 f. sowie Stuart, H. (2002): Employee Identification with the Corporate Identity, in: International Studies of Management & Organization, Vol. 32, Nr. 3, S. 28-44 inklusive der dort angegebenen Quellen.

[753] Mitchell, C. (2002): Selling the brand inside, in: Harvard Business Review, Vol. 80, Nr. 1, S. 105.

[754] Vgl. ebenda, S. 99.

[755] Vgl. Mitchell, C. (2002): Selling the brand inside, in: Harvard Business Review, Vol. 80, Nr. 1, S. 105. Southwest Airlines wurde zwischen 1998 und 2001 vier Jahre in Folge vom Institut "Great Place to Work" unter die Top 4 Arbeitgeber der USA gewählt, 1998 sogar auf Platz 1. Seitdem fehlt das Unternehmen in den Listen, da auf eine Teilnahme an dem Wettbewerb verzichtet wurde. Die Listen der Top 100 US-Arbeitgeber finden sich bei Great Place to Work Institute, San Francisco, Unternehmenshomepage: im Internet unter www.greatplacetowork.com, Zugriff am 13.04.2006.

[756] Vgl. Universum Communications (2005): Employer Branding Global Best Practices 2005, Stockholm, S. 22.

mentierung ihrer Employer Brand noch weit entfernt. So konstatiert bspw. Vallaster, dass die Kriterien, ob Mitarbeiter zum Unternehmen passen oder nicht, bei genauerer Betrachtung häufig äußerst diffus sind, selbst wenn die Unternehmen angeben, dass sie den Fit potenzieller Mitarbeiter im Recruiting prüfen.[757]

Somit ist festzuhalten, dass zwar **in der Literatur umfassende Konzepte** zur internen Verankerung von Markenwerten vorliegen, **in der Praxis** diesbezüglich jedoch **noch erheblicher Handlungsbedarf** besteht.[758] Einschränkend ist an dieser Stelle jedoch zu **hinterfragen**, ob die **Vereinheitlichung von Wertesystemen** unter den Mitarbeitern in der Praxis tatsächlich **realisierbar** oder aber trotz ihrer Bedeutung für die Markenführung insgesamt überhaupt **wünschenswert** ist. So relativierte de Chernatony kürzlich seine Äußerungen aus früheren Veröffentlichungen, mit denen er vor allem eine Selektion von Mitarbeitern auf Basis von Markenwerten forderte: "Due to the rich clusters of values characterizing the personality of each individual, it is unlikely that everyone's values will align with the brand's values."[759] Er weist darauf hin, dass die mit der internen Markenführung angestrebte Identifikation der Mitarbeiter mit ihrem Unternehmen und ihr Verhalten gegenüber Externen nicht allein von der Übereinstimmung ihres Wertesystems mit den Markenwerten abhängen.[760] Ein weiterer wichtiger Einflussfaktor dafür ist

---

[757] Vgl. Vallaster, C. (2005): Versprochen ist versprochen, in: Harvard Business Manager, Oktober 2005, S. 110. Zu der gleichen Einschätzung gelangen auch Bendapudi, N., Bendapudi, V. (2005): Creating the living brand, in: Harvard Business Review, Vol. 83, Nr. 5, S. 125.

[758] Zu umfassenden, wissenschaftlich fundierten Ansätzen zur internen Markenführung vgl. bspw. Burmann, C., Zeplin, S. (2005): Building brand commitment: A behavioural approach to internal brand management, in: Journal of Brand Management, Vol. 12, Nr. 4, S. 279-300, Herrmann, A., et al. (2002): Interne Markenführung - Verankerung der Markenidentität im Mitarbeiterverhalten, in: Journal für Betriebswirtschaft, Heft 5-6/2002, S. 186-205, de Chernatony, L. (2002): Living the corporate brand: brand values and brand enactment, in: Corporate Reputation Review, Vol. 5, Nr. 2/3, S. 114-132 sowie Wittke-Kothe, C. (2001): Interne Markenführung: Verankerung der Markenidentität im Mitarbeiterverhalten, 1. Auflage, Wiesbaden. Aus der Unternehmenspraxis stammende Ansätze finden sich bspw. bei Mitchell, C. (2002): Selling the brand inside, in: Harvard Business Review, Vol. 80, Nr. 1, S. 99-105, Jacobs, R. (2003): Turn employees into brand ambassadors, in: Aba Bank Marketing, Vol. 35, Nr. 3, S. 22-26 oder Bergstrom, A., et al. (2002): Why internal branding matters: the case of Saab, in: Corporate Reputation Review, Vol. 5, Nr. 2/3, S. 133-142.

[759] de Chernatony, L. (2005): Surfacing values tension in corporate brands, in: Thexis, 22. Jg., Nr. 1, S. 19. Er schlägt verschiedene Methoden vor, mit deren Hilfe Unstimmigkeiten zwischen den Werten der Mitarbeiter und denen der Organisation aufgedeckt werden können. Zu früheren Aussagen über eine markenorientierte Recruitingpolitik vgl. de Chernatony, L. (2002): Living the corporate brand: brand values and brand enactment, in: Corporate Reputation Review, Vol. 5, Nr. 2/3, S. 115 sowie S. 127 oder de Chernatony, L. (2001): A model for strategically building brands, in: Journal of Brand Management, Vol. 9, Nr. 1, S. 41.

[760] Vgl. de Chernatony, L. (2005): Surfacing values tension in corporate brands, in: Thexis, 22. Jg., Nr. 1, S. 19.

bspw. auch, welches Ansehen das Unternehmen bei Externen genießt.[761] Denn wenn Mitarbeiter der Meinung sind, dass das Image ihres Unternehmens in der Öffentlichkeit negativ ist, führt dies aller Wahrscheinlichkeit nach zu Demotivation und einem verringerten Commitment.[762] Schließlich ist anzunehmen, dass die Identifikation von Mitarbeitern mit ihrem Arbeitgeber auch stets durch individuelle Faktoren beeinflusst wird, bspw. von der Einschätzung eines Mitarbeiters hinsichtlich der Wertschätzung durch Vorgesetzte und Kollegen, seiner Zukunftschancen im Unternehmen oder der Glaubwürdigkeit des Unternehmens insgesamt.

Schließlich stellt die bewusste Vereinheitlichung von Wertesystemen innerhalb der Mitarbeiterschaft für ein Unternehmen auch ein **strategisches Dilemma** dar. Denn einerseits wird durch diese Vereinheitlichung von Werten eine starke, **einheitliche Unternehmensidentät und -kultur** gefördert, mit einem hohen Grad an Übereinstimmung von Normen, Einstellungen und Verhaltensweisen. Andererseits wird dadurch aber auch die **Unterschiedlichkeit von Mitarbeitern beschnitten**, in der ein wichtiges kreatives Potenzial liegen kann.[763] Viele große Unternehmen wie bspw. American Express, Aramark, Citigroup oder GE nennen daher "Diversity" sogar als Kernmerkmal ihrer Employer Brand.[764] Die für die interne Umsetzung der Employer Brand Verantwortlichen müssen somit einen **Ausgleich anstreben** zwischen der notwendigen Übereinstimmung bzw. Identifikation der Mitarbeiter mit den Werten der Employer und Consumer Brands einerseits und der wünschenswerten Diversität andererseits.

Eine wichtige Voraussetzung für eine zukünftig stärkere Verankerung der Markenidentität nach innen ist die organisatorische Integration der Markenführung am Absatz- und am Arbeitsmarkt. Damit befasst sich das nun folgende Kapitel.

---

[761] Zum Zusammenhang von wahrgenommenem externem Prestige eines Unternehmens und der Mitarbeiteridentifikation vgl. ausführlich Dutton, J., et al. (1994): Organizational Images and Member Identification, in: Administrative Science Quarterly, Vol. 39, Nr. 2, S. 239-263, Mael, F., Ashforth, B. E. (1992): Alumni and their alma mater: a partial test of the reformulated model of organizational identification, in: Journal of Organizational Behavior, Vol. 13, Nr. 2, S. 103-123 sowie Smidts, A., et al. (2001): The impact of employee communication and perceived external prestige on organizational identification, in: Academy of Management Journal, Vol. 44, Nr. 5, S. 1051-1062.

[762] Vgl. de Chernatony, L. (2005): Surfacing values tension in corporate brands, in: Thexis, 22. Jg., Nr. 1, S. 19.

[763] Vgl. hierzu ausführlich Herriot, P. (2002): Selection and self: Selection as a social process, in: European Journal of Work & Organizational Psychology, Vol. 11, Nr. 4, S. 397.

[764] Vgl. Universum Communications (2005): Employer Branding Global Best Practices 2005, Stockholm, S. 17 (American Express), S. 19 (Aramark), S. 26 (Citigroup) sowie S. 39 (GE).

5. Implikationen einer ganzheitlichen Markenführung für die Markenorganisation

Die geforderte inhaltliche Koordination in der Markenführung setzt entsprechende organisatorische Rahmenbedingungen voraus. So sollte z.B. ein Employer Branding, das in die ganzheitliche Markenführung des Unternehmens eingebettet ist, nicht allein vom Personalbereich verantwortet werden, sondern mit anderen in der Organisation für Markenführung Verantwortlichen abgestimmt werden.

Unter Markenorganisation wird die Gestaltung der für die Markenführung relevanten Prozesse und Schnittstellen (**Ablauforganisation**) sowie die klare Zuordnung von markenbezogenen Aufgaben, Verantwortlichkeiten und Entscheidungskompetenzen zu bestimmten Funktionsträgern bzw. -bereichen verstanden (**Aufbauorganisation**).[765] Bei der funktionsbereichsübergreifenden Markenorganisation sind zudem Regelungen über die **Abstimmung** von Entscheidungen und Maßnahmen festzulegen. Wichtig ist somit, für eine ganzheitliche Markenführung alle relevanten **Entscheidungsträger** im Unternehmen miteinander **zu vernetzen**.

In der Literatur ist das Thema Markenorganisation bislang ein noch weitgehend **vernachlässigtes Forschungsfeld**.[766] Auch in der Praxis fehlt es häufig an klar benannten Verantwortlichkeiten. In vielen Unternehmen ist entweder gar keiner für Markenführung wirklich verantwortlich oder aber es gibt viele Verantwortliche, die jeweils unterschiedliche Ziele verfolgen.[767] Dies gilt erst recht für die bereichsübergreifende Perspektive einer ganzheitlichen Markenführung. Dabei ist die Bedeutung einer stärkeren Zusammenführung gerade von konsumenten- und mitarbeitergerichteter Markenorganisation längst erkannt: "Living the brand is where the marketing and human resources departments meet."[768] Bislang liegt darin jedoch

---

[765] Zu den Grundlagen der Organisation vgl. bspw. Olfert, K., Steinbuch, P. (2003): Organisation, 13. Auflage, Ludwigshafen, S. 25 ff.

[766] Vgl. bspw. Brecht, W., Häusler, J. (2005): Zum Scheitern verurteilt? Organisatorische Aspekte der Markenführung, in: Thexis, 22. Jg., Nr. 1, S. 21 oder Keller, K. L. (2001): Editorial: Brand research imperatives, in: Journal of Brand Management, Vol. 9, Nr. 1, S. 5. Detaillierte Ausführungen zur Markenorganisation finden sich bspw. bei Aaker, D. A., Joachimsthaler, E. (2000): Brand Leadership, New York, S. 319 ff. (Schwerpunkt: globale Markenorganisation), Dietz, S. (1973): Get more out of your brand management, in: Harvard Business Review, Vol. 51, Nr. 4, S. 127-136 (Fokus Markenorganisationen bei Konsumgüterherstellern) oder Aaker, D. A. (1996): Building strong brands, New York, S. 339 ff., der ausführlich unterschiedliche Optionen für die organisatorische Verankerung der konsumentenorientierten Markenführung und die dabei notwendige Koordination diskutiert.

[767] Vgl. ebenda, S. 343.

[768] Gofton, K. (2000): Putting staff first in brand evolution, in: Marketing, February 3, 2000, S. 30.

eine große Hürde für die stakeholderübergreifende Markenführung eines Unternehmens. Schon 1991 schrieb King, "[...] there tends to be a **barrier between personnel and marketing departments**, with different strands of theoretical background, consultants, research agencies, communication methods and this is surely wrong."[769] Und noch 2004 konstatierten Kernstock et al., dass nicht davon auszugehen sei, dass im Personalbereich die gleichen Vorstellungen über das Corporate Brand Management existieren wie im Marketing oder im Bereich der Öffentlichkeitsarbeit.[770]

Ein **Grund** dafür sind die bis heute häufig **zersplitterten Verantwortlichkeiten** für Markenführung, die gleichzeitig in Bereichen wie Produktmarketing, Unternehmenskommunikation, Personal und Investor Relations zu finden sind.[771] Verschärft wird die Problematik zusätzlich durch die meist an der Organisationsstruktur orientierte **Budgetverteilung**. Da in den meisten Unternehmen kein eigenes Budget für Markenführung existiert, werden diesbezügliche Investitionen und Ausgaben überwiegend selbstständig von den einzelnen Bereichen verantwortet und dabei auf unterschiedliche Spezialisten und externe Dienstleister verteilt.[772] Dies führt häufig dazu, dass die Arbeit der einzelnen Bereiche nur aus der eigenen Perspektive erfolgt, ohne eine übergreifende Koordination zu gewährleisten.[773]

Neben der weitgehenden Zersplitterung der Verantwortlichkeit liegt ein zweites Problem der Markenorganisation in der häufig **zu niedrigen Verankerung in der Organisation**. So schreiben Kernstock und Brekenfeld 2004: "Die Marke als Managementinstrument zur Steuerung des unternehmerischen Erfolges ist bis heute nicht in den Chefetagen angekommen."[774] Sie konstatieren weiter, dass nur in einem Drittel der Unternehmen die Verantwortung für die Unternehmensmarke

---

[769] King, S. (1991): Brand-building in the 1990s, in: Journal of Consumer Marketing, Vol. 8, Nr. 4, S. 48.

[770] Vgl. Kernstock, J., et al. (2004): Zugang zum Corporate Brand Management, in: Esch, et al. (Hrsg.): Corporate Brand Management, 1. Auflage, Wiesbaden, S. 49.

[771] Vgl. King, S. (1991): Brand-building in the 1990s, in: Journal of Consumer Marketing, Vol. 8, Nr. 4, S. 47 sowie Meffert, H., Bierwirth, A. (2002): Corporate Branding - Führung der Unternehmensmarke im Spannungsfeld unterschiedlicher Zielgruppen, in: Meffert, et al. (Hrsg.): Markenmanagement - Grundfragen der identitätsorientierten Markenführung, 1. Auflage, Wiesbaden, S. 199.

[772] Vgl. Belz, C. (2005a): Komplexitätsmanagement durch professionelle Markenführung, in: Thexis, 22. Jg., Nr. 1, S. 6.

[773] Vgl. Gayeski, D., Gorman, B. (2005): HR's role in developing brand personality, in: Strategic HR Review, Vol. 4, Nr. 3, S. 22.

[774] Vgl. Kernstock, J., Brekenfeld, A. (2004): Abgekoppelt: Die Marke als Placebo strategischer Entscheidungen, in: absatzwirtschaft, Nr. 10/2004, S. 40.

beim CEO liege, ansonsten vor allem auf der zweiten Führungsebene angesiedelt sei.[775] Aufgrund dieser mangelnden Priorisierung und der nur halbherzigen Integration des Corporate Brand Management "verpuffe" es weitgehend im Alltag unternehmerischer Hektik. Diese Aussage wird jedoch relativiert durch die Ergebnisse einer Studie zum Thema Markenbewertung. Dabei gaben 92% der 123 befragten Unternehmen an, dass wichtige Markenentscheidungen auf Vorstands- bzw. Geschäftsführungsebene getroffen werden. Jedoch wird auch in dieser Studie darauf hingewiesen, dass das Markenmanagement funktional überwiegend im Marketingbereich und nicht im Vorstand angesiedelt ist.[776]

Auch für die markenbezogenen Aufgaben des HR-Managements, insbesondere hinsichtlich der Verankerung der Marke(n) nach innen, besteht die **Notwendigkeit einer weitergehenden Priorisierung** durch die Unternehmensführung.[777] Wie eine Studie von Universum Communications von 2005 zeigt, ist bei 60% der Unternehmen das Topmanagement in Fragen zum Employer Branding zumindest eingebunden, in 43% der Fälle auch das regionale Management (vgl. Abb. 53).

---

[775] Auch Aaker ist der Meinung, dass Markenführung in der unternehmerischen Agenda Priorität haben müsse. Gleichzeitig gibt er jedoch zu bedenken, dass die Verortung des Themas beim CEO problematisch sein kann, da Markenführung dann neben anderen Verantwortlichkeiten steht und ggf. nicht die gebotene Aufmerksamkeit genießt. Vgl. Aaker, D. A. (1996): Building strong brands, New York, S. 342 und S. 346.

[776] Vgl. Sattler, H., PWC (2001): Praxis von Markenbewertung und Markenmanagement in deutschen Unternehmen, 2. Auflage, Frankfurt am Main, S. 13.

[777] Colyer unterstellt dabei eine schwache Position des HR-Bereichs in der Organisation und im Vorstand, so dass interne Markenführungsaktivitäten nur durch entsprechende Unterstützung aus dem Vorstand selbst zum Erfolg führen können. Vgl. Colyer, E. (2003): Promoting brand allegiance within, im Internet unter http://www.brandchannel.com/start1.asp?id=171, Zugriff am 03.01.2005.

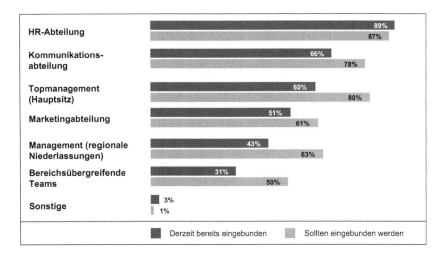

HR-Abteilung	89% / 87%
Kommunikations-abteilung	66% / 78%
Topmanagement (Hauptsitz)	60% / 80%
Marketingabteilung	51% / 61%
Management (regionale Niederlassungen)	43% / 63%
Bereichsübergreifende Teams	31% / 50%
Sonstige	3% / 1%

■ Derzeit bereits eingebunden   ■ Sollten eingebunden werden

Abb. 53: Häufigkeitsverteilung der Beteiligung unterschiedlicher
Abteilungen am Employer Branding[778]

Fast 90% der Unternehmen beteiligen den Personalbereich am Employer
Branding, immerhin noch 66% auch die Kommunikationsabteilung und 51% den
Marketingbereich. Bereichsübergreifende Teams gibt es jedoch nur in 31% der
Unternehmen. Der Wunsch, das (Top-)Management stärker in Employer Bran-
ding-Fragen einzubinden sowie funktionsbereichsübergreifende Teams zu bilden,
zeigt sich auch hier deutlich. Mit 20% fällt die Diskrepanz zwischen heutiger und
gewünschter Beteiligung bei den Bereichen Topmanagement, regionales Management und bereichsübergreifende Teams (19%) am größten aus. Diese Ergebnisse
decken sich mit den **Antworten der befragten Experten**. Zu trennen ist hierbei
jedoch die strategische Entwicklungsarbeit für die Employer Brand und die
anschließende operative Führung. Bei den meisten befragten Unternehmen stand
der Entwicklungsprozess zwar unter der Leitung des Personalbereiches, jedoch
waren Funktionsbereiche wie Marketing, Corporate Branding und Unternehmenskommunikation am Prozess beteiligt, wenn auch in unterschiedlicher Intensität. In
der operativen Arbeit der Umsetzung zeigen sich jedoch Unterschiede hinsichtlich
der Zusammenarbeit zwischen Corporate, Consumer und Employer Branding.

---

[778] Quelle: Universum Communications (2005): Employer Branding Global Best Practices 2005,
Stockholm, S. 102. Die Angaben stammen von 236 Unternehmen in 11 Ländern.

Eine **Gesamtverantwortung** in einer zentralen Markenfunktion sowohl für den Absatz- als auch den Arbeitsmarkt findet sich **bei keinem der Unternehmen**, vielmehr sind die Verantwortlichen jeweils unterschiedlichen Bereichen zugeordnet. Umso höhere Bedeutung kommt den **Abstimmungsprozessen** zu, insbesondere bei den Unternehmen, bei denen die Employer Brand-Positionierung den Werten der Unternehmensmarke bzw. der absatzmarktgerichteten Markenführung entspricht. Die Deutsche Bank und Roland Berger Strategy Consultants versuchen bspw., durch **Abstimmungen** in **funktionsbereichsübergreifenden Teams** eine Koordination in der Markenführung herzustellen. Bei RWE und DaimlerChrysler, ebenfalls mit einer übergreifenden Markenpositionierung von Corporate und Employer Brand, erfolgen Abstimmungen bislang mehr über **gute Beziehungen auf der Arbeitsebene** und anhand **einheitlicher Instrumente** (z.B. einheitliche Kernbotschaften in den Kampagnen) als über strukturell verankerte Mechanismen. Eine weitere Systematisierung und Intensivierung der Abstimmung wird jedoch aufgebaut. Bei L'Oréal und Roche dagegen, bei denen aufgrund der Markenarchitektur Employer und Consumer Branding weitgehende Unterschiede in der Positionierung aufweisen, ist die organisatorische Koordination deutlich geringer ausgeprägt. Allenfalls der Bereich Corporate Communications wird in Aktivitäten zum Employer Branding involviert, eine Abstimmung mit den operativen Marketingbereichen in den dezentralen Organisationseinheiten existiert nicht und ist aus Sicht der Experten auch nicht notwendig. Eine wichtige Ursache ist dabei nicht nur, dass einem für Employer Branding Verantwortlichen aus dem HR-Bereich im Marketing zahlreiche, meist dezentral angesiedelte Entscheider gegenüberstehen. Produktmarkenstrategien, gerade im Konsumgüter- und im Pharmamarkt, unterliegen einer sehr hohen Dynamik, während Employer Brands dagegen langfristig aufzubauen sind. Eine Koordination in der operativen Markenführung wäre daher für die Employer Brand sogar eher kontraproduktiv.

Gestaltung einer ganzheitlichen Markenorganisation

Die Beispiele aus der Praxis zeigen, dass die Gestaltung der Markenorganisation **von bestehenden Organisationsstrukturen** – insbesondere von der Ansiedlung der Marketingfunktion – **beeinflusst** wird. Während diese Aufgabe in einigen Unternehmen wie bspw. L'Oréal oder DaimlerChrysler sehr dezentral in den Produktbereichen angesiedelt ist, finden sich in anderen Unternehmen einzelne, zentrale Funktionsbereiche für Marketing bzw. Markenführung. Da im letzteren Fall eine deutlich geringere Anzahl von Schnittstellen zwischen Personal- und Produkt- bzw. Unternehmensmarketing existiert, ist davon auszugehen, dass dadurch auch die Zusammenarbeit zwischen diesen Bereichen erleichtert wird. Dies wird durch die Expertengespräche bestätigt. Im Gegensatz zu L'Oréal, Roche und Daimler-Chrysler verfügen RWE, Deutsche Bank und Roland Berger Strategy Consultants über zentrale Marketing- und Brandingfunktionen. Dies schafft einen geeigneten organisatorischen Rahmen für eine enge Abstimmung. Bei DaimlerChrysler wird die Stärkung einer Marketingfunktion auf Konzernebene als wünschenswert angesehen, um die Einheitlichkeit der Markenführung im Konzern zu stärken.

Darüber hinaus ist für die Markenorganisation bei einer ganzheitlichen Marken-führung das **Ausmaß des Koordinationsbedarfes** mit **entscheidend**. Während bspw. Unternehmen mit einem tendenziell geringen Koordinationsbedarf wie bspw. L'Oréal kaum organisatorische Schnittstellen zwischen Consumer und Employer Branding benötigen, sehen Unternehmen mit hohem Koordinations-bedarf wie bspw. Roland Berger Strategy Consultants in einem bereichsüber-greifenden Markenteam einen zentralen Erfolgsfaktor.

Aus der Literatur und den Expertengesprächen lassen sich für die aufbauorga-nisatorische Gestaltung einer integrativen Markenorganisation drei verschiedene Basisoptionen unterscheiden:

- **Zentral:** An zentraler Stelle, z.B. im Vorstand, wird ein übergreifend Verantwort-licher für Markenführung benannt, der die markenbezogenen Aktivitäten gegenüber allen Bezugsgruppen koordiniert. Die operative Verantwortung für die Umsetzung bleibt in den einzelnen Funktionsbereichen.[779]

- **Dezentral:** Die Verantwortung für Markenführung liegt in den Funktions-bereichen, Abstimmungen finden nur bei Bedarf statt, z.B. bei strategischen Markenentscheidungen oder bei der Entwicklung wichtiger Kampagnen.[780]

- **Team:** Die Verantwortung für Strategie und Umsetzung liegt bei einem be-reichsübergreifenden Markenteam, in dem alle für Markenführung Verantwort-

---

[779] Einen relativ hoch in der Hierarchie angesiedelten, übergreifenden Markenmanager fordern bspw. Riesenbeck und Perrey. Ihre Analyse beschränkt sich jedoch auf die Koordination unterschiedlicher Marken eines Unternehmens gegenüber Konsumenten, eine spezielle Betrachtung bezugsgruppenübergreifender Markenführung fehlt. Vgl. Riesenbeck, H., Perrey, J. (2004): Mega-Macht Marke, Frankfurt/Wien, S. 260 ff. Auch Esch und Wicke fordern, dass die Markenführung in der obersten Ebene des Unternehmens verankert sein muss. Vgl. Esch, F.-R., Wicke, A. (2001): Herausforderungen und Aufgaben des Markenmanagements, in: Esch (Hrsg.): Modernes Markenmanagement, 3. Auflage, Wiesbaden, S. 40.

[780] Diese Variante findet sich oft in der Praxis, bspw. bei DaimlerChrysler, L'Oréal und Roche.

lichen aus den unterschiedlichen Bereichen wie Marketing, HR, Unternehmenskommunikation, Investor Relations etc. vertreten sind.[781]

Neben der strukturorganisatorischen Verortung ist für eine enge Abstimmung
zwischen den Bereichen auch die **prozessuale Markenorganisation** auszu-
arbeiten.[782]

	CEO/Top-management	Marketing	Öffentlich-keitsarbeit	Personal-management	Externe Berater
Aufgaben *Übergreifend (Corporate Brand)*	• Werte • Leitlinien • Führung	• Koordination • Abstimmung des gesamten Markensystems	• Aufbau der Reputation • Verankerung der Marke in der Öffentlichkeit	• Verankerung der Corporate Brand nach innen • Einbringen der HR-Perspektive	• Unterstützungs-funktion • Kreativ-leistungen
Zielgruppen-spezifisch		• Konsumenten-gerichtete Füh-rung von Marken • Einsatz Marketing-instrumente		• Führung der Employer Brand • Einsatz HR-Marketing-instrumente	• Unterstützungs-funktion • Kreativ-leistungen
Verant-wortung	• Unternehmens-strategie (z.B. M&A's)	• Markenhierarchie • Kommunikation • Abstimmung mit Public Relations und Personal-management	• Kommunikation zu Aktionären, Öffentlichkeit und Interessen-gruppen	• Employer Branding-Strategie • Mitarbeiter-kommunikation • HR-Marketing	• Moderation • Kreativ-Input
Umsetzung	• Vorleben von Visionen • Stärken von Commitment zu den Werten	• Umsetzung der Markenpositio-nierung und der Kommunikations-strategie	• Aufbau von Kommunikations-kanälen • Ansprechpartner für Öffentlichkeit	• Umsetzung der Arbeitgeber-positionierung • Ansprechpartner für Mitarbeiter	• Marktforschung • Gestaltung • Kommunikation

**Abb. 54: Vorschlag zur Organisation und Aufgabenverteilung in einer
funktionsbereichsübergreifenden Markenorganisation[783]**

---

[781] Für diese Variante spricht sich bspw. King aus, der unter der Führung des CEO ein Team aus dem Produktionsdirektor (verantwortlich für Produkte und Services), dem Personaldirektor (Recruiting, Training und interne Markenführung), dem Kommunikations- und Marketingdirektor (Kommunikation, Marketing und Konsumentenforschung) sowie einem Brand Designer (Markenauftritt, Produktdesign etc.) vorschlägt. Vgl. King, S. (1991): Brand-building in the 1990s, in: Journal of Consumer Marketing, Vol. 8, Nr. 4, S. 49 f. Eine funktionsbereichsüber-greifene Task Force fordern auch Gayeski, D., Gorman, B. (2005): HR's role in developing brand personality, in: Strategic HR Review, Vol. 4, Nr. 3, S. 22. Brecht und Häuser sprechen mit Blick auf eine divisionsübergreifende Markenführung von einem sog. "Brand Board", vgl. Brecht, W., Häusler, J. (2005): Zum Scheitern verurteilt? Organisatorische Aspekte der Markenführung, in: Thexis, 22. Jg., Nr. 1, S. 22.

[782] Vgl. Belz, C. (2005a): Komplexitätsmanagement durch professionelle Markenführung, in: Thexis, 22. Jg., Nr. 1, S. 7.

[783] Quelle: I.A. Kernstock, J., et al. (2004): Zugang zum Corporate Brand Management, in: Esch, et al. (Hrsg.): Corporate Brand Management, 1. Auflage, Wiesbaden, S. 51.

Markenführung ist wie jede Managementaufgabe als permanenter Prozess zu verstehen.[784] Dazu sind Aufgaben, Abläufe, Berichtswege, Schnittstellen und Abstimmungsprozeduren zu definieren und zu implementieren.[785] Für die Koordination ist insbesondere die Aufgabenteilung zwischen den verschiedenen Unternehmensbereichen von Bedeutung.

In Abb. 54 wird eine mögliche Aufgabenverteilung für eine ganzheitliche Markenführung skizziert. Der Vorschlag zielt darauf ab, einerseits klare Verantwortlichkeiten zu schaffen, andererseits aber auch den Rahmen für die notwendige Koordination von Entscheidungen und Maßnahmen im Rahmen der ganzheitlichen Markenführung zu schaffen. Dafür sollte die strategische Verantwortung für die Markenführung beim Topmanagement angesiedelt werden. Wichtigste Aufgabe ist es, mit ihrem Commitment für die Unternehmensmarke bzw. die Marken des Unternehmens die Werte in die strategischen Entscheidungen des Unternehmens einzubeziehen und die Identität des Unternehmens "vorzuleben".[786] Der **Marketingbereich** könnte die Aufgabe der **übergreifenden Koordination** aller markenbezogenen Aktivitäten übernehmen. In enger Abstimmung mit dem Topmanagement sowie den Bereichen Öffentlichkeitsarbeit und Personal wird dabei die **strategische Entwicklungsarbeit** für die Markenführung verantwortet. Ebenso ist zu kontrollieren, dass die Markenpositionierung in den einzelnen Märkten effektiv und effizient umgesetzt und die Markenidentität nicht durch Fehler in der Innen- und Außendarstellung verwässert wird.[787] Die operative Ausführung dagegen sollte jeweils zielgruppenspezifisch in den Bereichen Marketing (Konsumenten), Öffentlichkeitsarbeit (allgemeine Öffentlichkeit) und Personal (potenzielle und aktuelle Mitarbeiter) liegen. Unterstützung ist bei Bedarf von externen Beratern erhältlich, z.B. für Kreativleistungen.

Zu den **koordinierenden Aufgaben** des **Marketingbereichs** gehören die Abstimmung mit den anderen Bereichen in strategischen Fragestellungen, die Umsetzungsverantwortung hinsichtlich der unternehmensweiten Einhaltung von Corporate Design-Richtlinien und ggf. auch die Koordination und Beauftragung

---

[784] Vgl. Brecht, W., Häusler, J. (2005): Zum Scheitern verurteilt? Organisatorische Aspekte der Markenführung, in: Thexis, 22. Jg., Nr. 1, S. 21.

[785] Für die Entwicklung einer Prozessorganisation vgl. Olfert, K., Steinbuch, P. (2003): Organisation, 13. Auflage, Ludwigshafen, S. 307 ff.

[786] Vgl. ebenda, S. 47. Mit Bezug zur Employer Brand vgl. Barrow, S., Mosley, R. (2005): The Employer Brand, Chichester, S. 152.

[787] Vgl. Aaker, D. A. (1996): Building strong brands, New York, S. 344.

externer Dienstleister. Zusätzlich liegt im Marketingbereich auch die strategische und operative Verantwortung für die konsumentengerichtete Markenführung.[788]

Der **Personalbereich** sollte in die übergreifende Markenführung die Perspektive der potenziellen und aktuellen Mitarbeiter einbringen. Gayeski und Gormann beklagen, dass häufig Markenentscheidungen in Unternehmen getroffen werden und der HR-Bereich erst danach informiert wird, anstatt in den Entscheidungsprozess eingebunden zu sein.[789] Im Rahmen einer ganzheitlichen Markenführung ist der Personalbereich daher idealerweise in die Entwicklungsarbeit und in wichtige Umsetzungsentscheidungen eingebunden. Die Kernaufgaben liegen darüber hinaus in der **Führung der Employer Brand** und – gemeinsam mit dem Marketing- und Kommunikationsbereich – in der **internen Verankerung** sowohl der **Consumer** als auch der **Employer Brand**.[790]

Während die Profilierung als Arbeitgeber nach innen und außen bereits als zentrale Aufgabe des Personalbereichs gilt[791], gewinnt die interne Markenführung erst an Bedeutung. Selbst große und markenfokussierte Unternehmen wie DaimlerChrysler und L'Oréal sehen darin noch einen großen Verbesserungsbedarf für die Zukunft.

Unterschiedliche Meinungen finden sich dagegen darüber, wer letztlich die Verantwortung für das innengerichtete Markenmanagement trägt. Während bspw. Esch et al. die Kommunikation der Markenbotschaft nach innen als Hauptaufgabe des Personalmanagements ansehen[792], unterstellt Mitchell, dass im Personalbereich die notwendigen Marketing- und Kommunikationskompetenzen für diese Aufgabe meist nicht hinreichend ausgebildet sind, so dass diese Aufgabe vor allem durch den Marketingbereich wahrgenommen werden sollte.[793] Ebenso denkbar ist jedoch auch eine gemeinsame Lösung wie bspw. bei der Firma Kraft

---

[788] Vgl. Kernstock, J., et al. (2004): Zugang zum Corporate Brand Management, in: Esch, et al. (Hrsg.): Corporate Brand Management, 1. Auflage, Wiesbaden, S. 48.

[789] Vgl. Gayeski, D., Gorman, B. (2005): HR's role in developing brand personality, in: Strategic HR Review, Vol. 4, Nr. 3, S. 20.

[790] Vgl. Kernstock, J., et al. (2004): Zugang zum Corporate Brand Management, in: Esch, et al. (Hrsg.): Corporate Brand Management, 1. Auflage, Wiesbaden, S. 49 f. oder Wigham, R. (2003): David Hail on internal marketing, in: Personnel Today, 08.04.2003, S. 35.

[791] Vgl. bspw. Petkovic, M. (2004): Geschickte Markenpolitik, in: Personal, Heft 04/2004, S. 8.

[792] Vgl. Kernstock, J., et al. (2004): Zugang zum Corporate Brand Management, in: Esch, et al. (Hrsg.): Corporate Brand Management, 1. Auflage, Wiesbaden, S. 49 sowie Stuart, H. (2001): The role of employees in successful corporate branding, in: Thexis, 18. Jg., Nr. 4, S. 48 ff.

[793] Vgl. Mitchell, C. (2002): Selling the brand inside, in: Harvard Business Review, Vol. 80, Nr. 1, S. 99 f. und S. 103.

Foods, bei der die interne Markenführung durch die Marketingabteilung mit Unterstützung des Personalbereichs verantwortet wird.[794]

Die Aufgaben der Abteilung für Öffentlichkeitsarbeit beziehen sich vorwiegend auf die allgemeine Unternehmenskommunikation, die den Aufbau der Reputation in der Öffentlichkeit zum Ziel hat.

Nach der Ansiedlung der verschiedenen Aufgaben und Verantwortlichkeiten sind **Entscheidungs- und Abstimmungsprozesse** zu definieren, die in der täglichen Arbeit der unterschiedlichen Unternehmensbereiche die Berücksichtigung der Markenwerte sicherstellen. Aus den Expertengesprächen lässt sich ableiten, welche Möglichkeiten sich bieten. Sowohl im Prozess der Strategieentwicklung als auch in der anschließenden operativen Markenführungsarbeit kann die Koordination zwischen Consumer und Employer Branding durch **bereichsübergreifende Teams** erfolgen. Während dies in der Entwicklungsphase noch bei allen Unternehmen genutzt wird, sind regelmäßige Abstimmungsroutinen und bereichsübergreifende Arbeitsgruppen in der operativen Arbeit selten. Entsprechende Ansätze finden sich nur bei der Deutschen Bank und bei Roland Berger Strategy Consultants. Daneben bieten sich als weitere verknüpfende Elemente die **Nutzung einer einheitlichen Methodik** für die Analysen und die darauf aufbauende Definition der Markenpositionierung (Roland Berger Strategy Consultants) sowie die gemeinsame Nutzung von Botschaften, Imagekampagnen und Bildwelten an (Deutsche Bank, z. T. auch DaimlerChrysler).

Eine enge organisatorische Koordination impliziert somit auch idealerweise eine **Vereinheitlichung von Instrumenten** (z.B. Marktforschungen). Hier besteht für das Employer Branding noch erheblicher Aufholbedarf. Die oben zitierte Studie von Universum Communications zeigt, dass gerade in der Informationsbeschaffung im Employer Branding überwiegend interne Quellen genutzt werden, während sich die konsumentengerichtete Markenführung überwiegend auf Marktdaten stützt.[795]

Abschließend ist darauf hinzuweisen, dass die Markenorganisation und die damit

---

[794] Vgl. Kernstock, J., et al. (2005): Interview: Interne Markenführung bei Kraft Foods Schweiz AG, in: Thexis, 22. Jg., Nr. 1, S .11.

[795] Dieser Studie zufolge nutzten nur 26% der befragten Unternehmen quantitative Marktforschung am Arbeitsmarkt als Quelle für ihre Employer Branding-Strategie. Vgl. Universum Communications (2005): Employer Branding Global Best Practices 2005, Stockholm, S. 103 f.

verbundenen **Zielvorgaben** und **Leistungsmessungen** auf **langfristige** Ziele **auszurichten** sind.[796] Denn Aufbau und Pflege von Marken benötigen Zeit, Geduld und Kontinuität. Bei den meist kurzfristigen Leistungskriterien in den Controlling-routinen von Unternehmen wird dies jedoch häufig nicht adäquat abgebildet.[797] Dabei lässt sich die Wichtigkeit dieser langfristigen Ausrichtung sogar empirisch zeigen. In einer Studie, in der die Unternehmen der 100 wertvollsten Marken mit sog. "Outsider Brands", d.h. wenig erfolgreichen Markenunternehmen, untersucht wurden, zeigt sich deutlich, dass die Manager der "Outsider Brands" stärker mit kurzfristigen Leistungszielen beschäftigt sind als die der Top-100-Marken, bei denen eher die langfristige Ausrichtung auf die Reputation des Unternehmens im Vordergrund steht.[798] Die Abstimmung von langfristigen Zielvorgaben, Mess-kriterien und Controllinginstrumenten zwischen Consumer und Employer Branding rundet damit die Gestaltung der Markenorganisation für eine ganzheitliche Markenführung ab.

---

[796] Vgl. Aaker, D. A. (1996): Building strong brands, New York, S. 344.

[797] Vgl. Hanser, P. (2004): Warum sich die Unternehmen selbst im Weg stehen; Interview mit Prof. David A. Aaker, in: absatzwirtschaft, Nr. 7/2004, S. 29.

[798] Vgl. Hankinson, P., Hankinson, G. (1999): Managing successful brands: an empirical study which compares the corporate culture of companies managing the world's top 100 brands with those managing outsider brands, in: Journal of Marketing Management, Vol. 15, Nr. 1-3, S. 149 und 152.

D.   Zusammenfassung und Ausblick

1.   Wesentliche Ergebnisse

Die Gewinnung und Bindung leistungsfähiger Mitarbeiter stellt für Unternehmen eine der zentralen Herausforderungen der Zukunft dar. Vor allem auf Grund der demographischen Entwicklung wird das Arbeitskräfteangebot in Deutschland in den nächsten Jahren deutlich sinken, die Nachfrage nach hoch qualifizierten Fach- und Führungskräften wird dagegen zunehmen. Vor diesem Hintergrund suchen Unternehmen nach Ansätzen, um sich im Wettbewerb um "die besten Köpfe" gut zu positionieren. Abgeleitet aus der konsumentengerichteten Markenführung hat sich hierzu in den letzten Jahren die Disziplin des **Employer Branding** entwickelt. Hierunter wird die gezielte Planung, Steuerung, Koordination und Kontrolle einer Marke für das Unternehmen in seiner Funktion als Arbeitgeber verstanden. Diese Marke – die Employer Brand – ist als Nutzenbündel zu verstehen, die das Unternehmen als Arbeitgeber mit spezifischen Nutzenmerkmalen versieht, die es in den Augen der Zielgruppen der potenziellen und aktuellen Mitarbeiter nachhaltig von anderen Arbeitgebern differenziert.

Employer Branding kann als Teilaspekt des **Corporate Branding**, also der Füh-rung der Unternehmensmarke, aufgefasst werden, da das Bezugsobjekt der Em-ployer Brand das Unternehmen selbst ist. Während sich jedoch Employer Bran-ding spezifisch an die Zielgruppen am Arbeitsmarkt und im Unternehmen richtet, ist es wesentliches Merkmal der Unternehmensmarke, dass sie alle Stakeholder des Unternehmens gleichermaßen anspricht.

Bei einer Marke kann nach dem Verständnis der identitätsorientierten Marken-führung, dem diese Arbeit folgt, ein Selbstbild der internen Zielgruppen – die Markenidentität – und ein Fremdbild der externen Zielgruppen – das Markenimage – unterschieden werden. Das Markenimage bildet sich auf der Grundlage aller von einem Unternehmen ausgesendeten Botschaften und aller individuellen marken-bezogenen Erfahrungen, auf die ein Individuum zurückgreifen kann. Einen Er-klärungsbeitrag zur Markenwirkung liefert die sog. Selbst-Kongruenz-Hypothese. Danach wählt ein Individuum tendenziell eine solche Marke, deren wahrge-nommenes Wertesystem dem eigenen situationsspezifischen Selbstkonzept und damit den eigenen Werten am ehesten entspricht. Dieser Zusammenhang lässt sich empirisch nicht nur für den Absatzmarkt, sondern auch für den Arbeitsmarkt nachweisen. In diesem Zusammenhang wird jedoch nicht von Selbstkongruenz, sondern von "Work-Value-Congruence" bzw. "Person-Organization-Fit" gesprochen. In verschiedenen Studien konnte gezeigt werden, dass sich Bewerber eher für ein Unternehmen interessieren und dort ein Angebot annehmen, wenn sie eine Übereinstimmung in den Werten zwischen dem Unternehmen und sich selbst wahrnehmen. Mitarbeiter mit einem guten Wertefit arbeiten sich schneller ein, weisen ein höheres Commitment auf und bleiben länger im Unternehmen. Die Übereinstimmung von Werten des Unternehmens, die in der Markenidentität der Employer Brand verankert sind, und den Werten eines potenziellen bzw. aktuellen Mitarbeiters ist somit erfolgskritisch für die Wirkung der Marke auf das Verhalten der Markenrezipienten. Aus diesen Überlegungen heraus folgt, dass **Employer Brands so zielgruppenspezifisch** wie möglich ausgerichtet sein müssen, **um** ihre **Wirkung** am Arbeitsmarkt **zu maximieren.**

Widersprüchliche Signale zu einer Marke gefährden allerdings ihre Anziehungs- und Wirkungskraft, da sie die Klarheit der Wahrnehmung und damit ihre Glaubwürdigkeit schwächen. Daher wird nach dem Verständnis der **identitätsorientierten Markenführung** eine möglichst hohe Übereinstimmung von Identität, d.h. dem Selbstbild, und dem Image, also dem Fremdbild der Marke gefordert. Hierzu wird eine **strikte Konsistenz** der Markenführung **nach innen und außen gefordert.** Unter Konsistenz wird die integrierte, innen- und außengerichtete Abstimmung aller Markeneigenschaften in Form einer nach innen und außen widerspruchsfreien Kombination einzelner Markeninhalte verstanden. Hieraus wird von einigen Forschern abgeleitet, dass die **Markenführung gegenüber den unterschiedlichen Bezugsgruppen** des Unternehmens **weitgehend einheitlich** zu erfolgen hat. Im Rahmen einer ganzheitlichen Markenführung, bei der mehrere Stakeholdergruppen zu berücksichtigen sind, steht dies jedoch einer möglichst zielgruppenspezifischen Ausrichtung entgegen. Es entsteht somit ein Spannungsfeld zwischen größtmöglicher Konsistenz auf der einen und größtmöglicher Zielgruppenorientierung auf der anderen Seite. Vor allem die übergreifende Wirkung der Corporate Brand und die Untrennbarkeit der Wahrnehmung eines Unternehmens zwischen den verschiedenen Bezugsgruppen schaffen Interdependenzen, die eine **Koordination** in der Markenführung erforderlich machen.

Die gezielte Ausrichtung auf die Zielgruppen am Arbeitsmarkt ist eine der wichtigsten Grundlagen des Employer Branding, um eine größtmögliche Effektivität in der Markenführung gegenüber potenziellen, aktuellen und ggf. auch ehemaligen Mitarbeitern zu erzielen. Durch die Forderung nach übergreifender Konsistenz zur Unternehmensmarke und zur konsumentengerichteten Markenführung wird jedoch die Gestaltungsfreiheit bei der Führung der Employer Brand eingeschränkt. Ziel dieser Arbeit war es daher, einen ganzheitlichen Bezugsrahmen für die Gestaltung und Führung der Employer Brand zu entwickeln und dabei zu ergründen, ob und unter welchen Bedingungen sie von der übergreifenden und der konsumentengerichteten Markenführung abweichen darf, ohne dass die Markenwirkung bei den relevanten Zielgruppen z.b. durch offenkundige Inkonsistenzen geschwächt wird. Hierzu folgte die Arbeit einem vierstufigen Vorgehen.

- Zunächst wurde das Spannungsfeld zwischen absatz- und arbeitsmarktgerichteter Markenführung **aus theoretischer Sicht** beleuchtet und die Notwendigkeit zur Koordination abgeleitet.

- Anschließend wurde ein **ganzheitlicher Bezugsrahmen** entwickelt, in dem alle Einflussfaktoren und Gestaltungselemente und ihre Verknüpfungen miteinander für die Definition und Führung einer Employer Brand aufgeführt wurden.

- Im nächsten Schritt wurde jedes Element des Bezugsrahmens dahingehend geprüft, welche Auswirkungen unterschiedliche Ausprägungen situativer Faktoren auf den Koordinationsbedarf haben. Für die Stufen der Analyse und der Strategieentwicklung einer Employer Brand wurden hieraus **Hypothesen über den Koordinationsbedarf** in der Markenführung entwickelt, insbesondere im Rahmen der Definition der Markenidentität und -positionierung.

- Schließlich wurden **Implikationen** einer ganzheitlichen Markenführung für die operative Umsetzung der Employer Brand nach innen und außen sowie für die organisatorische Gestaltung der Markenführung beleuchtet.

Ableitung der Notwendigkeit zur Koordination zwischen absatz- und arbeitsmarktgerichteter Markenführung

Bei der Führung einer Unternehmensmarke stellt sich die Herausforderung, unterschiedliche Stakeholdergruppen mit ihren teils gegensätzlichen Interessen und Anforderungen an ein Unternehmen zu berücksichtigen. Als wichtigste Bezugsgruppen werden in Theorie und Praxis übereinstimmend Konsumenten und Mitarbeiter genannt. Um dieses Spannungsfeld zwischen absatz- und arbeitsmarktgerichteter Markenführung hinsichtlich der Frage der Zielgruppenorientierung oder möglichst übergreifender Einheitlichkeit zur Sicherstellung von Konsistenz zu beleuchten, wurden zunächst **Aussagen aus der Literatur** zu dieser Thematik analysiert. In der Markenliteratur und hierbei insbesondere im Kontext der identitätsorientierten Markenführung herrscht Einigkeit darüber, dass die Markenführung gerade auf der Ebene von Corporate Brands eine bezugsgruppenübergreifende Wirkung entfaltet. Daher müssen alle nach innen und außen zum Ausdruck gebrachten Markenbotschaften des Unternehmens gegenüber allen Stakeholdern konsistent, d.h. widerspruchsfrei sein. Hieraus wird die Forderung abgeleitet, die Gestaltungselemente der Markenführung gegenüber den unterschiedlichen Bezugsgruppen einheitlich auszurichten. In der Literatur zur Corporate Identity finden sich ebenfalls zahlreiche Ansätze, die eine größtmögliche Konsistenz fordern. Allerdings gibt es auch eine Reihe von Autoren, die Abweichungen zwischen unterschiedlichen Bezugsgruppen für möglich oder sogar förderlich halten. Ausschlaggebend dafür ist die Überzeugung, dass die Ausprägung nur einer einzigen Identität in Unternehmen unrealistisch ist. Zudem vertreten einige Autoren die Auffassung, dass die einzelnen Stakeholdergruppen durchaus abweichende Images von einem Unternehmen in seinen verschiedenen Funktionen haben können, ohne dass dies zu einer Schwächung der Markenwahrnehmung führt.

Zur **Koordination** unterschiedlicher Stakeholderinteressen in der Markenführung wurden nach der Literaturanalyse **drei Ansätze** aufgezeigt.

- Zum einen wurde vorgeschlagen, die einzelnen **Stakeholdergruppen zu priorisieren** und die Markenführung anschließend an der wichtigsten Zielgruppe auszurichten. Dies beinhaltet aus Sicht des Employer Branding die Gefahr, dass sich die Markenführung eines Unternehmens überwiegend an den Konsumenten orientiert. Eine gezielte Berücksichtigung potenzieller und aktueller Mitarbeiter wäre damit nicht mehr gegeben, so dass die Wirkung der Employer Brand eingeschränkt wäre.

- Als zweiter Ansatz wurde vorgeschlagen, durch die Gestaltung der **Markenarchitektur** eine zumindest teilweise Entkopplung der Wahrnehmung der unterschiedlichen Ebenen zu erreichen. Während die Führung einer Unternehmensmarke eine undifferenzierte Zielgruppenansprache bedeutet, ermöglicht die Ausprägung von Produktmarken eine gewisse Trennung zwischen absatz- und arbeitsmarktbezogener Markenführung. In der Praxis ist dieser Ansatz jedoch problematisch, da sich trotz "optischer Trennung" der Markenebenen durch die Gestaltung der Architektur die Wahrnehmung der Bezugsgruppen nur schwer voneinander abkoppeln lässt.

- Als dritte Lösung wurde schließlich die Definition einer **Meta-Positionierung** vorgeschlagen. Die Koordination erfolgt dabei durch übergreifende, einheitliche Identitätsanker, die jeweils für die einzelnen Zielgruppen unterschiedlich interpretiert werden können.

Als **Ergebnis der Literaturanalyse** wurde festgestellt, dass für das Employer Branding zwar grundsätzlich eine Abweichung von der absatzmarktgerichteten Markenführung in Frage kommt, dies jedoch einer sorgfältigen Koordination bedarf, um der Forderung der identitätsorientierten Markenführung nach übergreifender Konsistenz im Sinne einer Vermeidung von Widersprüchen zu genügen. Als **Begründung für den Koordinationsbedarf** wurden vier **Interdependenzen** identifiziert.

- Die inhaltliche Ausrichtung der Unternehmensmarke stellt eine übergreifende Klammer dar, die Ausstrahlungseffekte sowohl auf das Consumer als auch auf das Employer Branding hat.

- Mitarbeitern kommt im Rahmen der Markenführung eine Doppelrolle zu – sie sind Zielgruppe des Corporate und Employer Branding, gleichzeitig aber auch als Markenbotschafter gegenüber Konsumenten und Mitarbeitern gestaltende Akteure der Markenführung.

- Wahrnehmungs- und Rollenüberschneidungen zwischen den unterschiedlichen Stakeholdergruppen eines Unternehmens machen eine Abkopplung der Markenführung zwischen diesen Gruppen unmöglich.

- Die konsumentengerichtete Markenführung hat eine übergreifende Anziehungs- und Identifikationswirkung auch auf Mitarbeiter.

Als **Ziele der Koordination** von absatz- und arbeitsmarktgerichteter Markenführung sind vier Aspekte zu nennen: die Steigerung der Effizienz durch eine "Orchestrierung" von Botschaften, die Realisierung von Synergieeffekten durch positive Ausstrahlungseffekte zwischen den beiden Märkten, die Schaffung eines zielgruppenübergreifenden Wertefits, durch den Mitarbeiter leichter die Markenwerte gegenüber Externen vermitteln können sowie die Vermeidung von Dissonanzen aufgrund widersprüchlicher Markenbotschaften.

Entwicklung eines ganzheitlichen Bezugsrahmens für das Employer Branding

Aufgrund der zunehmenden Bedeutung, die das Employer Branding in den vergangenen Jahren erfahren hat, ist inzwischen eine Reihe von Ansätzen zur Entwicklung und Führung einer Employer Brand verfügbar. Die Analyse dieser Ansätze ergab jedoch, dass bislang keine ganzheitlichen Modelle zur Verfügung stehen, die alle relevanten Einflussfaktoren und Gestaltungselemente des Employer Branding in Koordination mit der absatzmarktgerichteten Markenführung berücksichtigen. Vielmehr handelt es sich um Partialmodelle, die immer nur einzelne Facetten der Thematik behandeln. Vor diesem Hintergrund war die **Entwicklung eines ganzheitlichen Bezugsrahmens** erforderlich, der die bislang weitgehend getrennten Betrachtungsfelder der absatz- und arbeitsmarktgerichteten Markenführung zusammenführte und damit eine ganzheitliche, d.h. zielgruppenübergreifende Betrachtung der Markenführung im Unternehmen ermöglichte. Hierzu wurde der bislang eindimensionale, absatzmarktgerichtete **Markenführungsprozess um zwei Dimensionen erweitert**: die nach innen gerichtete und die arbeitsmarktorientierte Markenführung.

Der Bezugsrahmen beinhaltet entlang des Markenführungsprozesses die Elemente der Zielgruppen- und Kontext-Analysen, die Ziele- und Zielgruppendefinition sowie die Strategiedefinition mit der Gestaltung der Markenarchitektur und der Markenpositionierung. Darüber hinaus wird der operative Umsetzungsprozess betrachtet, am Absatzmarkt im Rahmen des operativen Marketing-Mixes, am Arbeitsmarkt mit dem HR-Marketing-Mix und nach innen mit der internen Markenführung. Der letzte Schritt im Markenführungsprozess, das Markencontrolling, wurde aus der Betrachtung ausgeschlossen.

Ableitung von Hypothesen über den Koordinationsbedarf

Die Höhe des Koordinationsbedarfs zwischen absatz- und arbeitsmarktgerichteter Markenführung hängt von den Ausprägungen unterschiedlicher situativer Faktoren entlang des entwickelten Bezugsrahmens ab. Entsprechend wurden Hypothesen dazu entwickelt, wie sich der Koordinationsbedarf bei unterschiedlichen Ausprägungen dieser Faktoren verhält. Unter einem hohen Koordinationsbedarf ist die Notwendigkeit einer weitgehenden Übereinstimmung der Gestaltungselemente in der Markenführung zu verstehen, während ein geringer Koordinationsbedarf einen Weg für Differenzierungen in der Markenführung eröffnet, insbesondere in der strategischen Gestaltung der Markenarchitektur und der Definition der Markenidentität und -positionierung. Die zunächst theoretischen Überlegungen wurden dabei durch Erkenntnisse aus der Praxis gestützt.

Als erstes wurden die **Werte und Anforderungen** der potenziellen und aktuellen Mitarbeiter sowie die der Konsumenten betrachtet. Da die Markenführung sowohl am Absatz- als auch am Arbeitsmarkt dann die höchste Wirkung erzeugt, wenn sie möglichst genau die Werte und Anforderungen der einzelnen Zielgruppen trifft, ließ sich **Hypothese 1** ableiten: Der Koordinationsbedarf sinkt tendenziell, wenn sich die Bezugsgruppen am Absatz- und Arbeitsmarkt in ihren Werteprofilen erheblich voneinander unterscheiden.

Als nächstes wurden die unterschiedlichen **Entscheidungsprozesse** am Arbeits- und am Absatzmarkt betrachtet. Von Relevanz für die Markenführung sind sie bspw. über die Anzahl und das Involvement der Beteiligten, ihre unterschiedlichen Kontaktpunkte mit der Marke sowie die durch die Marke erfüllten Funktionen. Die Entscheidung für einen Arbeitgeber ist in der Regel eine Einzelentscheidung, die durch ein hohes Involvement und sorgfältiges Abwägen der Entscheidungsalternativen gekennzeichnet ist. Am Absatzmarkt finden sich dagegen auch bspw. Spontankäufe oder institutionelle Einkaufsprozesse in Unternehmen, bei denen zahlreiche Entscheider und Beeinflusser in der Markenführung berücksichtigt werden müssen. Anhaltspunkte aus dieser Analyse ergeben sich inbesondere für die operative Gestaltung von Marketinginstrumenten, bspw. entlang der Kontaktpunkte mit der Marke während des Entscheidungsprozesses. Direkte Auswirkungen auf den Koordinationsbedarf zwischen Arbeits- und Absatzmarkt in der strategischen Gestaltung der Markenführung konnten dagegen nicht abgeleitet werden.

Als nächster Aspekt im Rahmen der Analysephase wurde der Einfluss der **Ist-Identität** und der **Unternehmenskultur** auf den Koordinationsbedarf bei einer ganzheitlichen Markenführung untersucht. Im Rahmen der identitätsorientierten Markenführung ist die Ist-Identität, d.h. die Wahrnehmung der Mitarbeiter von ihrem Unternehmen sowohl als Arbeitgeber als auch als Anbieter von Produkten und Dienstleistungen eine der wichtigsten Grundlagen bei der Gestaltung der Markenstrategie. Ziel ist es, eine möglichst hohe Übereinstimmung zwischen der verdichteten Soll-Identität in der Positionierungsentscheidung und der tatsächlichen Ist-Identität sicher zu stellen. Starke Marken entstehen nach dem Verständnis der identitätsorientierten Markenführung, wenn Identität (Selbstbild) und Image (Fremdbild) übereinstimmen.

In der Realität verfügen Unternehmen jedoch oft nicht nur über eine, sondern über multiple Identitäten. Zum einen können unterschiedliche Unternehmensteile über eine eigene Identität verfügen (ideographische Multiplizität), zum anderen kann ein Unternehmen auch als Ganzes unterschiedliche Ist-Identitäten z.B. in seinen verschiedenen Funktionen als Anbieter und als Arbeitgeber ausprägen (holographische Multiplizität). Bei der Gestaltung der Employer Brand kann die Berücksichtigung dieser unterschiedlichen Identitätsausprägungen von zentraler Bedeutung sein, da die Mitarbeiter in ihrem täglichen Kontakt mit dem Unternehmen die in der Employer Brand verdichtete Soll-Identität als Markennutzenversprechen an sie mit der wahrgenommenen Realität vergleichen werden. Bei einer übergreifenden Corporate Brand können diese unterschiedlichen Ist-Identitäten jedoch kaum berücksichtigt werden. Sollen diese Unterschiede daher spezifisch in der Employer Brand aufgenommen werden, eröffnen sich daraus Ansätze für Differenzierungen in der Markenführung zwischen Absatz- und Arbeitsmarkt. Dies führt zu **Hypothese 2**, die besagt, dass sich der Koordinationsbedarf tendenziell verringert, wenn ein Unternehmen über Unternehmensbereiche mit eigenständigen Identitäten verfügt, die trotz einheitlicher Corporate bzw. Consumer Brand in der Gestaltung der Employer Brand berücksichtigt werden sollen.

Weichen die Charakteristika, die Mitarbeiter ihrem Unternehmen in seiner Funktion als Arbeitgeber zuschreiben, von den Identitätsmerkmalen als Anbieter von Produkten und Dienstleistungen erheblich ab, ist dies ebenso ein möglicher Ansatz zur Differenzierung zwischen Consumer und Employer Branding. Dabei ist zu entscheiden, ob für die Definition der Soll-Identität der Employer Brand die Ist-Identität als Arbeitgeber höher priorisiert wird als die Ist-Identität als Anbieter. Dabei können sich gerade Unternehmen im Employer Branding auf ihre Arbeitgeberidentität fokussieren, die am Absatzmarkt aufgrund eines komplexen Markenportfolios über keine klar ausgeprägte Unternehmensidentität verfügen. Entsprechend wurde als **Hypothese 3** formuliert, dass sich der Koordinationsbedarf tendenziell verringert, wenn ein Unternehmen über unterschiedliche Ist-Identitäten am Absatz- und am Arbeitsmarkt verfügt.

Schließlich wurde in **Hypothese 4** abgeleitet, dass sich der Koordinationsbedarf tendenziell dann verringert, wenn ein Unternehmen über spezifische Identitätsmerkmale verfügt, die an einem Markt (Absatz- oder Arbeitsmarkt) einen besonderen Wettbewerbsvorteil darstellen, an dem jeweils anderen Markt aber nicht relevant, darstellbar oder erstrebenswert sind.

Anschließend wurde der Koordinationsbedarf aufgrund der **Markenimages** am Absatz- und am Arbeitsmarkt untersucht. Das aktuelle Markenbild bei den externen Zielgruppen ist als Ausgangspunkt für eine glaubwürdige Weiterentwicklung eines Markenbildes zu verstehen, so dass Unterschiede in der Wahrnehmung des Unternehmens als Anbieter von Produkten und Leistungen und in seiner Funktion als Arbeitgeber Spielräume zur Differenzierung in der Markenführung eröffnen. Dies gilt jedoch nur, wenn diese Unterschiede nicht widersprüchlich sind und sich nicht gegenseitig in ihrer Wirkung schwächen, sondern an beiden Märkten zu wünschenswerten Wahrnehmungen führen. Analog zu Hypothese 3 aus Sicht der internen Zielgruppen besagt **Hypothese 5** mit Blick auf die externen Zielgruppen, dass bei signifikanten Unterschieden der Markenimages am Absatz- und am Arbeitsmarkt der Koordinationsbedarf sinkt, sofern diese Unterschiede nicht offensichtlich widersprüchlich sind und damit eine Schwächung der Marke bewirken könnten.

In Kapitel 1.2 wurden anschließend mit der Situations- und Kontextanalyse relevante Rahmenbedingungen für das Employer Branding betrachtet. Mit Blick auf die **Schnittstelle zwischen internen und externen Bezugsgruppen** des Unternehmens wurden die Überschneidungen der Wahrnehmungen zwischen Absatz- und Arbeitsmarkt im Rahmen der jeweiligen Entscheidungsprozesse untersucht. In Abhängigkeit von Branche, Größe und Geschäftsmodell haben potenzielle Mitarbeiter vor ihren Überlegungen über mögliche Arbeitgeber Zugang zu Informationen über ein Unternehmen in seiner Funktion als Anbieter von Produkten und Dienstleistungn am Absatzmarkt. Dies trifft vor allem auf Unternehmen in Business-to-Consumer-Märkten sowie auf große, allgemein bekannte Unternehmen zu. Dieses Wissen prägt auch die Einstellungen zu einem Unternehmen als Arbeitgeber und weckt auf Basis der konsumentengerichteten Markenführung bestimmte Vorstellungen bei potenziellen, aber auch aktuellen Mitarbeitern, die im Employer Branding zu berücksichtigen sind. Entsprechend besagt **Hypothese 6**, dass der Koordinationsbedarf tendenziell sinkt, wenn ein Unternehmen potenziellen Mitarbeitern im Vorfeld einer Bewerbung als Anbieter von Produkten und Leistungen nicht oder kaum bekannt ist.

Die zweite Schnittstelle zwischen internen und externen Bezugsgruppen neben den Produkten sind die Mitarbeiter selbst. In Abhängigkeit von der Art der Leistungserbringung eines Unternehmens, die von der Branche und dem Geschäftsmodell determiniert wird, kommt den Mitarbeitern in ihrem Kontakt zu Kunden eine wichtige Rolle als Markenbotschafter zu. Gleichzeitig sind Mitarbeiter auch wichtige Multiplikatoren der Employer Brand. Ihre Botschafterrolle können Mitarbeiter umso besser ausfüllen, je stärker sie sich selbst mit den Werten identifizieren, für die das Unternehmen steht. Da eine Employer Brand über den Mechanismus des "Person-Organization-Fit" eine gewisse Zielgruppe als Mitarbeiter mit den projizierten Markenwerten anspricht, wird damit auch ihre Fähigkeit determiniert, diese Werte "zu leben" und an Externe weiterzugeben. Haben die Mitarbeiter jedoch kaum Kontakt zu den Kunden, nimmt die Bedeutung ihrer Rolle als Markenbotschafter am Absatzmarkt ab. Hieraus ergibt sich **Hypothese 7**: je weniger sich die Markenwahrnehmung Externer durch das Verhalten der Mitarbeiter prägt, desto geringer ist tendenziell der Koordinationsbedarf zwischen Employer und Consumer Branding.

Im Anschluss an die Schnittstelle zwischen internen und externen Bezugsgruppen des Unternehmens wurde der Einfluss der **Unternehmenssituation** und der **strategischen Ausrichtung** auf das Employer Branding betrachtet. Hieraus ergeben sich wichtige Vorgaben für das Personalmanagement, insbesondere hinsichtlich der Anzahl und Qualifikation der gesuchten Mitarbeiter, die mit in die Definition der Ziele und Zielgruppen der Employer Brand eingehen müssen. Von dem oder den unterschiedlichen Geschäftsmodellen, mit denen ein Unternehmen am Markt agiert, ist zudem u.a. das eigentliche Arbeitsangebot abhängig, d.h. welche Aufgaben Mitarbeitern angeboten werden können und wie die Aufgabenerbringung ausgestaltet ist. Die Ergebnisse dieses Analyseschrittes sind somit zwar wichtige Grundlagen für die Employer Branding-Strategie, Anhaltspunkte über den Koordinationsbedarf in der Markenführung zwischen Arbeits- und Absatzmarkt ließen sich jedoch weder aus den theoretischen Überlegungen noch aus den Gesprächen mit den Experten aus der Praxis ableiten.

Schließlich wurden in Kapitel B.1.2.3 **Markt- und Wettbewerbskontext** als Einflussfaktoren auf die Markenführung betrachtet. Koordinationsbedarf wurde dabei insbesondere durch die notwendige Differenzierung gegenüber Wettbewerbern festgestellt. Differenzierung ist wichtig, um aus der Vielzahl der Entscheidungsalternativen als Marke heraus zu treten und bei den Zielgruppen Präferenzen zu bewirken. Hieraus begründet sich **Hypothese 8:** Der Koordinationsbedarf in der Markenführung nimmt tendenziell ab, wenn die am Absatzmarkt eingesetzte Markenpositionierung bspw. einer Corporate Brand am Arbeitsmarkt nicht differenzierend ist, weil das Unternehmen dort andere und damit auch anders positionierte Wettbewerber hat als am Absatzmarkt.

Mit der **Definition der Markenziele** und der **Festlegung der Zielgruppen** begann die Betrachtung der zweiten Stufe des Markenführungsprozesses. Bereits in Hypothese 1 wurde festgehalten, dass Unterschiede in den Werten und Anforderungen von Bezugsgruppen an den betrachteten Märkten den Koordinationsbedarf tendenziell verringern. Dies setzt sich in Hypothese 9 mit der Auswahl spezieller (Teil-)Zielgruppen aus den Bezugsgruppen fort. Ebenso bedingen unterschiedliche Ausgangssituationen und Entwicklungsstände der Marken am Arbeits- und Absatzmarkt möglicherweise Differenzierungen in der Markenführung, bspw. wenn das Unternehmen zwar als Anbieter von Leistungen bei seinen Zielgruppen am Absatzmarkt bekannt und gut positioniert ist, bei potenziellen Mitarbeitern als Arbeitgeber dagegen weitgehend unbekannt bzw. nicht profiliert ist. **Hypothese 9** besagt daher, dass sich der Koordinationsbedarf tendenziell verringert, wenn sich Ziele und ausgewählte Zielgruppen am Absatz- und am Arbeitsmarkt signifikant voneinander unterscheiden.

Als nächster Schritt im Markenführungsprozess wurde die **Gestaltung der Markenstrategie** selbst betrachtet. Dieser besteht aus der Definition der Markenarchitektur und der Markenpositionierung. Für die Wahl der **Markenarchitektur** der Employer Brand selbst wurden drei verschiedene Optionen identifiziert. Zum einen kann die Corporate Brand als Bezugsobjekt des Employer Branding genutzt werden, wenn die Unternehmensmarke der wichtigste Assoziationsanker für potenzielle und aktuelle Mitarbeiter ist, ein übergreifender Idenitätskern als Arbeitgeber vorhanden ist und das gesuchte Zielgruppenprofil von Mitarbeitern unternehmensweit relativ einheitlich ist. Denkbar ist aber auch, Company Brands unterhalb einer Konzernmarke als Bezugspunkte für das Employer Branding zu nutzen, sofern diese die dominierenden Wahrnehmungsanker für die Geschäftsaktivitäten des Unternehmens in den Augen der internen und externen Zielgruppen darstellen. Weitere Voraussetzungen könnten sein, dass die Company Brands über eigene Ist-Identitäten verfügen oder sich die gesuchten Mitarbeiter für die unterschiedlichen Firmen innerhalb eines Konzerns in ihren Werten und Anforderungen deutlich voneinander unterscheiden. Schließlich wäre es möglich, bei einer dominierenden Corporate Brand einzelne Unternehmensbereiche durch Line Extensions zumindest leicht in der Wahrnehmung der potenziellen und aktuellen Mitarbeiter abzugrenzen, bspw. wenn diese Teile sich durch eigenständige Ist-Identitäten klar von anderen Bereichen unterscheiden.

Die Wahl der Markenarchitektur spielt auch eine zentrale Rolle für den Koordinationsbedarf in der Markenführung. Während bei einer Unternehmensmarke die Markenwahrnehmungen aller Stakeholder auf nur ein Bezugsobjekt gerichtet sind, können durch eine differenzierte Markenarchitektur wie bspw. Produktmarken am Absatzmarkt und die Unternehmensmarke am Arbeits- und Finanzmarkt Wahrnehmungsüberschneidungen zwischen Arbeits- und Absatzmarkt zumindest teilweise vermieden werden. **Hypothese 10** besagt daher, dass der Koordinationsbedarf tendenziell sinkt, wenn das Unternehmen an den beiden Märkten mit unterschiedlichen Marken agiert.

Für die letzte Entscheidung im Rahmen der Strategiegestaltung der Employer Brand – die Entwicklung der Positionierung mit der Definition der Soll-Identität und ihrer Verdichtung in einem Werteversprechen – sind die oben genannten Hypothesen im Einzelfall zu prüfen, um festzustellen, wie groß der Spielraum für eine Abweichung der Positionierung der Employer Brand von der absatzmarktgerichteten Markenführung ist. Dabei können die Ergebnisse widersprüchliche Hinweise auf den Koordinationsbedarf geben. Daher wird eine **Priorisierung** der Einflussfaktoren und Gestaltungselemente notwendig sein, die sich aus ihrem vermuteten Einfluss auf die Wirkung der Markenführung bei den betrachteten Zielgruppen ableiten lässt.[799]

Auf Basis dieser Überlegungen lassen sich für die Positionierung der Employer Brand in Abstimmung mit der absatzmarktgerichteten Markenführung drei **Basisoptionen** identifizieren:

• Eine **unabhängige Positionierung**, sofern der Koordinationsbedarf als niedrig einzustufen ist.

• Die Nutzung **gemeinsamer Markenwerte**, die aber mittels **unterschiedlicher Interpretationen** für den Absatz- und Arbeitmarkt ein Mindestmaß an Differenzierung ermöglicht.

• Eine **einheitliche Positionierung**, mit der ein Höchstmaß an Konsistenz am Absatz- und Arbeitsmarkt erzielt werden kann.

Bei den ersten beiden Optionen, d.h. wenn Differenzierungen in der Positionierung bzw. in ihrer Interpretation erfolgen, ist darauf zu achten, dass keine offensichtlichen Widersprüche der Werteversprechen gegenüber den unterschiedlichen Zielgruppen die Glaubwürdigkeit der Markenführung zu erschüttern drohen. Die für die Markenführung Verantwortlichen können daher zur Steuerung der Markenführung versuchen, eine Toleranzzone zu identifizieren, innerhalb derer eine Differenzierung erfolgen kann, ohne dass dies von den Bezugsgruppen als widersprüchlich empfunden wird. Die Grenzen dieser Toleranzzone könnten bspw. mit Hilfe

---

[799] Die empirische Analyse der Gewichtung einzelner Elemente des Bezugsrahmens für die Ableitung des Koordinationsbedarfs stellt eine Fragestellung für zukünftige Forschungsarbeiten dar.

von Befragungen der Zielgruppen untersucht werden.[800]

Die im Rahmen der Expertengespräche betrachteten Unternehmen zeigen, dass in der **Praxis** strategische Überlegungen zur Koordination zwischen absatz- und arbeitsmarktgerichteter Markenführung bislang nicht umfassend erfolgen. So konzentrieren sich die meisten Unternehmen beim Employer Branding in der Zielgruppenanalyse einzig auf potenzielle und ggf. noch aktuelle Mitarbeiter – Zielgruppen am Absatzmarkt bleiben dabei unberücksichtigt. Einzige Ausnahme unter den betrachteten Unternehmen ist Roland Berger Strategy Consultants – hier wurden Consumer- und Employer Branding-Strategie im Rahmen eines integrierten Corporate Branding Prozesses entwickelt (Kap. C.1.1.1). Entscheidungsprozesse potenzieller Mitarbeiter werden einzig von der Deutschen Bank analysiert, um auf dieser Basis Kommunikationsmaßnahmen zu planen, jedoch werden auch hier andere Bezugsgruppen nicht betrachtet (Kap. C.1.1.2). Auch Unterschiede im Image am Absatz- und am Arbeitsmarkt werden kaum berücksichtigt – wiederum mit Ausnahme von Roland Berger bezieht keines der Unternehmen das Markenimage des Unternehmens am Absatzmarkt in die Gestaltung der Employer Brand ein (Kap. C.1.1.4).

Entlang der in Kapitel A.3 vorgestellten Differenzierung der Unternehmen nach Markenarchitektur und B2C-/ B2B-Fokus können aber auch interessante Unterschiede in der strategischen Gestaltung der Employer Brand identifiziert werden.

In der Praxis scheint die übergreifende Markenarchitektur des Unternehmens einen dominierenden Einfluss auf die Gestaltung der Employer Branding-Strategie auszuüben. Bei Corporate Branding-Strategien erfolgt bei allen betrachteten Unternehmen – Deutsche Bank, RWE, Roland Berger Strategy Consultants – eine hohe Koordination durch Nutzung einheitlicher Markenwerte am Arbeits- und Absatzmarkt, höchstens differenziert durch unterschiedliche Interpretationen für die einzelnen Zielgruppen. Von den Unternehmen, bei denen Corporate und Con-

---

[800] Diese Überlegung geht auf den Ansatz einer "zone of tolerance" im Dienstleistungsmarketing zurück. Zeithaml et al. definieren zwischen der gewünschten und einer noch akzeptablen Service-Qualität eine Toleranzzone, innerhalb derer ein Unternehmen die Kundenerwartungen erfüllt, so dass diese die Dienstleistung nachfragen. Vgl. bspw. Zeithaml, V. A., et al. (1996): The Behavioral Consequences of Service Quality, in: Journal of Marketing, Vol. 60, Nr. 2, S. 35. Ähnliche Überlegungen lassen sich aus der Theorie der kognitiven Dissonanz begründen. Danach sind negative Konsequenzen im Verhalten der Bezugsgruppen zu erwarten, wenn sie Differenzierungen in der Markenführung als Spannung, d.h. als kognitive Dissonanz wahrnehmen, die eine individuelle Toleranzschwelle überschreitet. Vgl. hierzu Kapitel B.4.2.

sumer Brand nicht einheitlich sind, wählt DaimlerChrysler aus strategischen Gründen auch eine hohe Koordination mit einer einheitlichen Positionierung, während Roche und L'Oréal ihre Employer Brand weitgehend unabhängig von den Produktmarken positionieren (Kap. C.3.1).

Organisatorische Aspekte eines Unternehmens, die sich oft auch in der Markenarchitektur spiegeln, spielen insbesondere im Zusammenhang mit der Analyse der Ist-Identität(en) eine wichtige Rolle (Kap. C.1.1.3). Unternehmen wie L'Oréal und Roche, die am Absatzmarkt über keine übergreifende, strategisch geführte Marke verfügen, erlangen in den Augen der internen Zielgruppen offenbar eher eine eigene Ist-Identität als Arbeitgeber, die sich von der Ist-Identität als Anbieter von Leistungen unterscheidet. Und DaimlerChrysler verfügt für den Bereich Financial Services über eine eigenständige Employer Branding Strategie, da sich dieser aufgrund einiger Besonderheiten – u.a. einer eigenständigen Ist-Identität – von anderen Konzernbereichen deutlich abgrenzen lässt. Bei der Deutschen Bank und RWE dagegen werden Besonderheiten einzelner Unternehmensbereiche nicht mit Hilfe einer Submarken-Struktur in der Employer Branding-Architektur berücksichtigt, sondern im Rahmen der Zielgruppendefinition. Da für die einzelnen Unternehmensbereiche Menschen mit unterschiedlichen Werten gesucht werden, erfolgt hierbei eine zumindest oberflächliche Differenzierung durch Betonung unterschiedlicher Facetten der einheitlichen Corporate und Employer Brand in der operativen HR-Kommunikation (Kap.C.2).

Die Unterscheidung in Unternehmen mit einem primär B2C-gerichteten Geschäftsmodell und solchen, die vor allem Geschäftskunden bedienen (B2B), ist insbesondere im Rahmen der Schnittstellenbetrachtung zwischen internen und externen Zielgruppen von Interesse (Kap. C.2.1). Die Ausprägung dieses Einflussfaktors auf den Koordinationsbedarf scheint jedoch durch andere Faktoren wie bspw. die Rolle der Mitarbeiter als Markenbotschafter oder die Markenarchitektur überlagert zu werden, da sich die betrachteten Unternehmen in ihrer Employer Branding Strategie nicht an diesem Faktor auszurichten scheinen. Bei Unternehmen wie L'Oréal und DaimlerChrysler sind die Produkte stark prägend auch für das Arbeitgeberimage bei potenziellen Mitarbeitern, während B2B-Unternehmen wie Roche und Roland Berger Strategy Consultants von den betrachteten Zielgruppen eher direkt als Arbeitgeber gesehen werden, weil sie die Produkte und Dienstleistungen gar nicht kennen bzw. nicht beurteilen können. L'Oréal aber bspw. führt die Employer Brand trotz dieser Ausprägung, die auf einen hohen Koordinationsbedarf schließen lässt, weitgehend unabhängig von den unterschiedlichen Consumer Brands. Dies wird u.a. ermöglicht durch die Markenarchitektur und die relativ geringe Rolle der Mitarbeiter als Markenbotschafter. Da die Produkte in der Regel über den Handel vertrieben werden, gibt es kaum direkte Schnittstellen zwischen den internen und externen Bezugsgruppen.

Insgesamt lässt sich als Fazit der Expertengespräche feststellen, dass Unternehmen in der Praxis ihre Employer Branding-Strategien in Abhängigkeit ihrer individuellen Voraussetzungen in der übergreifenden Markenführung gestalten und dabei zumindest immer einzelne Elemente der im Bezugsrahmen dargestellten Zusammenhänge berücksichtigen. Eine dominierende Rolle spielen dabei vor allem die Markenarchitektur des Unternehmens (L'Oréal, Roche, RWE und Deutsche Bank), strategische Entscheidungen über die Durchsetzung einer Unternehmensmarke (DaimlerChrysler) oder die enge Verzahnung zwischen Kunden des Unternehmens und Mitarbeitern als Markenbotschafter im Dienstleistungssektor bei Roland Berger Strategy Consultants.

Ableitung von Implikationen für die operative Markenführung und die Markenorganisation

Damit die in der Positionierung definierten Markenwerte der Employer Brand auch richtig wahrgenommen werden, ist eine konsequente Umsetzung entlang aller Kontaktpunkte, die potenzielle, aktuelle und ehemalige Mitarbeiter mit dem Unternehmen haben, notwendig. Die Gestaltung dieser Kontaktpunkte umfasst den gesamten **HR-Marketing-Mix**, d.h. das eigentliche Leistungsangebot ("Produkt"), die Ausstattung (Physical Facilities), die Entgelt- und Vergütungspolitik, sämtliche Prozesse und Kanäle sowie die HR-Kommunikationspolitik. Dabei ist gemäß der Anforderungen an die Markenführung wichtig, dass die über diese einzelnen Kontaktpunkte gesendeten Botschaften an die Zielgruppen am Arbeitsmarkt konsistent sind. Darüber hinaus sind die operativen Maßnahmen auch mit der konsumentengerichteten Markenführung abzustimmen, damit offensichtliche Widersprüche in der Außendarstellung und in der Wahrnehmung bei den unterschiedlichen Zielgruppen vermieden werden. Je größer der Koordinationsbedarf zwischen Employer und Consumer Brand, desto stärker müssen auch die Umsetzungsmaßnahmen aufeinander abgestimmt werden. Bei einem geringeren Koordinationsbedarf und entsprechend unterschiedlich ausgestalteten Markenstrategien am Absatz- und Arbeitsmarkt können dagegen auch die Botschaften in der Umsetzung stärker voneinander abweichen.

Neben der nach außen gerichteten Umsetzung kommt der **internen Verankerung** des Markenversprechens der Employer Brand in den Köpfen und im Verhalten der Mitarbeiter besondere Bedeutung zu. Mitarbeiter müssen als Markenbotschafter sowohl das Markenversprechen der Consumer Brand gegenüber Kunden als auch das Versprechen der Employer Brand gegenüber potenziellen Mitarbeiter glaubwürdig transportieren. Damit wird deutlich, wie wichtig eine einfache und leicht verständliche Verzahnung von Employer und Consumer Branding in der internen Markenführung ist. Differenzierungen sind zwar in Abhängigkeit vom Koordinationsgrad in der Strategiegestaltung möglich, offensichtliche Widersprüche sind jedoch auch hier zu vermeiden. Zudem müssen die Unterschiede und Zusammenhänge zwischen mitarbeiter- und kundengerichtetem Wertesystem deutlich gemacht werden. Die Aussagen können sich entweder ergänzen ("Parallelität"), oder sie stehen in einer Mittel-Zweck-Beziehung ("Kausalität"), d.h. die Art, wie sich das Unternehmen als Arbeitgeber versteht, unterstützt und ermöglicht die markenkonforme Leistungserbringung in der Kundeninteraktion.

Voraussetzung für die Koordination der Markenführung zwischen Absatz- und Arbeitsmarkt sind geeignete **organisatorische Rahmenbedingungen**. In der Praxis sind die Verantwortlichkeiten für den Absatz- und den Arbeitsmarkt in der Regel in unterschiedlichen Abteilungen angesiedelt. Aber je größer der Koordinationsbedarf, desto enger muss auch die organisatorische Vernetzung der im Unternehmen für Markenführung Verantwortlichen gestaltet werden. In Abhängigkeit vom Koordinationsbedarf kommen drei Optionen für die Markenorganisation in Betracht: ein zentraler Verantwortlicher, der die Markenführung gegenüber allen Stakeholdergruppen koordiniert, ein fest installiertes Team, das alle wichtigen Entscheidungen gemeinsam trifft und in der operativen Arbeit die notwendige Koordination sicherstellt oder dezentral in den Funktionsbereichen angesiedelte Verantwortliche, die bei Bedarf wichtige Entscheidungen miteinander koordinieren.

Die **Antwort auf die zentrale Fragestellung dieser Arbeit** zum Spannungsfeld zwischen stakeholderspezifischer Ausrichtung und übergreifender Konsistenz in der Markenführung gegenüber dem Absatz- und dem Arbeitsmarkt lässt sich abschließend wie folgt zusammenfassen:

- Um die Wirkung der Markenführung bei den Zielgruppen sowohl am Absatz- als auch am Arbeitsmarkt zu maximieren, können **Differenzierungen** in der Gestaltung der Employer und Consumer Brand vorgenommen werden. Dies erfordert jedoch eine sorgfältige Koordination.

- Der Koordinationsbedarf ist abhängig von der Ausprägung relevanter Einflussfaktoren und Gestaltungselemente im Markenführungsprozess. Entlang der entwickelten zehn Hypothesen ist zu prüfen, ob tendenziell ein hoher oder ein eher geringer **Koordinationsbedarf für die Gestaltung der Markenstrategie** und dabei insbesondere für die Definition der Soll-Identität bzw. der Positionierung besteht. Dabei ist insgesamt sowohl gegenüber den verschiedenen Zielgruppen am Absatz- und am Arbeitsmarkt einzeln als auch insgesamt eine übergreifende Konsistenz der Markenbotschaften im Sinne einer Vermeidung von offensichtlichen Widersprüchen sicher zu stellen.

- Auch in der **operativen Markenführung** sind die Maßnahmen sowohl nach außen als auch nach innen so zu gestalten, dass ein stimmiges Gesamtbild der Marken des Unternehmens an den verschiedenen Märkten sichergestellt wird.

Die Arbeit vertieft damit das Verständnis der identitätsorientierten Markenführung um den Aspekt einer stakeholderübergreifenden Markenführung, in der die unterschiedlichen Zielgruppen gleichberechtigt behandelt werden. Die in der identitätsorientierten Markenführung geforderte Konsistenz gegenüber allen Zielgruppen wurde mit dem Ziel, die markenspezifische Wirkung an den jeweiligen Märkten zu maximieren, differenziert beleuchtet und der erforderliche Koordinationsgrad in Abhängigkeit unterschiedlicher situativer Faktoren identifiziert.

Diese Arbeit legt damit eine Grundlage für die weitere theoretische Hinterlegung des Employer Branding. Mit den Erkenntnissen können zukünftig aber auch Employer Branding-Strategien in der Praxis spezifischer auf die Besonderheiten des Arbeitsmarktes ausgerichtet und damit in ihrer Wirkung maximiert werden, ohne die übergreifende Konsistenz mit der absatzmarktgerichteten Markenführung aus den Augen zu verlieren. Die Arbeit kann somit als Handlungsleitlinie für die Entwicklung einer starken Employer Brand dienen, denn "[...] strong brands do not just happen. Rather, they result from the creation of winning brand strategies and brilliant executions from committed, disciplined organizations."[801]

---

[801] Aaker, D. A. (1996): Building strong brands, New York, S. 358.

2. Ausblick und Ansatzpunkte für die weitere Forschung

Employer Branding ist noch ein vergleichsweise junges Forschungsfeld, in dessen Rahmen diese Arbeit den Aspekt der Koordination mit der absatzmarktgerichteten bzw. übergreifenden Markenführung des Unternehmens als Schwerpunkt behandelt. Dabei musste aufgrund der hohen Komplexität der Thematik, die sich bspw. in der Vielzahl der möglichen Ausprägungen der Einflussfaktoren und Gestaltungselemente zeigt, an einigen Stellen eine Fokussierung der Betrachtung vorgenommen werden. Zudem ist die vorliegende Arbeit unter den ersten Beiträgen zur wissenschaftlichen Diskussion, die das Thema "Employer Branding" aus der klassischen Markenperspektive behandelt. Vor diesem Hintergrund sind die erarbeiteten **Ergebnisse kritisch zu würdigen** und es ist **auf** noch **offene Fragestellungen hinzuweisen**, denen sich zukünftige Forschungsvorhaben widmen können.

Die weitere wissenschaftliche Auseinandersetzung mit den im Rahmen dieser Arbeit angesprochenen Fragestellungen wird zu neuen, fundierten wissenschaftlichen Erkenntnissen führen. Diese werden sowohl zu einem zunehmend besseren Verständnis der theoretischen Zusammenhänge als auch zu einer weiteren Professionalisierung des Employer Branding in der Unternehmenspraxis beitragen.

In der vorliegenden Arbeit wurde ein Bezugsrahmen entworfen, der Employer Branding in die übergeordnete Markenführung des Unternehmens einordnet. Um die Komplexität der Betrachtung beherrschbar zu halten, wurden einige Annahmen getroffen und bestimmte Aspekte aus der Betrachtung ganz ausgeblendet. Zukünftige Forschungsansätze ergeben sich daher zunächst aus der **Weiterentwicklung des vorgestellten Gestaltungsrahmens für das Employer Branding**:

- Aufgrund der vorherrschenden Unternehmenspraxis wird in der Arbeit implizit unterstellt, dass die Gestaltung des Employer Branding vor dem Hintergrund einer bestehenden Markenführung im Unternehmen erfolgt, die entweder auf die Corporate Brand oder sogar ganz auf den Absatzmarkt ausgerichtet ist. Daher ist die absatzmarktgerichtete bzw. übergreifende Markenführung als Determinante im Bezugsrahmen aufgeführt. Interessante Forschungsperspektiven ergeben sich jedoch aus der Möglichkeit, **Corporate, Consumer und Employer Branding bereits in der Entwicklung integrativ anzugehen** und so bspw. auch Rückwirkungen der Employer Brand auf die Gestaltung der Consumer Brand mit in die Überlegungen aufzunehmen. Im Bezugsrahmen für das Employer Branding ist Consumer Branding dann nicht mehr als Determinante, sondern als integratives Gestaltungselement zu interpretieren.[802]

- Das vorgestellte Modell stellt einen sicherlich umfangreichen, möglicherweise jedoch nicht erschöpfenden Ansatz dar. Nachfolgende Forscher sind daher dazu aufgerufen, das **Modell um weitere Elemente zu erweitern** und Aussagen hinsichtlich des Koordinationsbedarfes in der Markenführung in Abhängigkeit weiterer situativer Faktoren zu entwickeln.

- Ebenfalls denkbar ist die Erweiterung des Gestaltungsrahmens um weitere relevante Stakeholdergruppen, z.B. Finanzinvestoren. So könnte sukzessive ein **Gesamtmodell für die ganzheitliche Markenführung** unter **Berücksichtigung aller relevanten Zielgruppen** der Markenführung entstehen.

In der Arbeit werden auf Basis theoretischer Überlegungen und Beobachtungen aus der Praxis Aussagen über den Koordinationsbedarf entwickelt. Die dabei dargestellten Zusammenhänge sind in weiteren Forschungsarbeiten einer tieferen **empirischen Überprüfung** zu unterziehen. Erst auf dieser Basis lässt sich dann sukzessive eine "Theorie des Employer Branding" entwickeln.[803] Dabei sind insbesondere folgende Aspekte zu untersuchen:

- Zunächst sollte **jede einzelne Hypothese** zum Koordinationsbedarf in weiteren empirischen Verfahren auf ihren Aussagengehalt überprüft werden. Die im Rahmen dieser Arbeit durchgeführten Expertengespräche wurden zwar zur Unterstützung der aus der Theorie abgeleiteten Überlegungen herangezogen. Sie sind jedoch aufgrund der geringen Fallzahl als nicht repräsentativ anzusehen. Es ist daher erforderlich, weitere Forschungen **mit einer größeren Zahl von Unternehmen** durchzuführen.

- In der Arbeit wird davon abstrahiert, dass den verschiedenen **Einflussfaktoren und Gestaltungselementen** für das Employer Branding **unterschiedliches Gewicht zukommt**. Der Koordinationsbedarf in der Markenführung insgesamt ist letztlich die Summe aus sich gegenseitig verstärkenden, möglicherweise aber auch abschwächenden Einzelzusammenhängen. Konkret heißt dies, dass

---

[802] Ein Beispiel für dieses Vorgehen ist Roland Berger Strategy Consultants.

[803] Für eine wissenschaftstheoretische Fundierung einer solchen Hypothesenprüfung und zur Entwicklung einer strukturierten Theorie vgl. ausführlich Martin, A. (1989): Die empirische Forschung in der Betriebswirtschaftslehre, Stuttgart, S. 29 ff. Unter einer "Theorie" wird in diesem Zusammenhang ein hypothetisch-deduktives Aussagensystem verstanden. Vgl. ebenda, S. 38.

bei fast jedem Unternehmen, das den Bezugsrahmen für die Führung der Employer Brand nutzt, die Ausprägungen einiger Elemente für einen geringen, andere dagegen gleichzeitig für einen hohen Koordinationsbedarf sprechen werden. In dieser Situation ist für die Definition der Strategie letztlich entscheidend, welche Elemente für das Unternehmen von größerer Bedeutung sind. Hier sind zukünftige Forscher aufgefordert, die **Wirkungszusammenhänge der einzelnen Einflussfaktoren und Gestaltungselemente** weiter zu untersuchen und vor allem die **Stärke der** verschiedenen **Elemente auf die Wirkung** der Employer Brand bei den Zielgruppen **empirisch zu bemessen**. Damit könnten die Entscheidungsprozesse der Unternehmen in Bezug auf den Koordinationsgrad zukünftig noch besser begründet werden.

- Schließlich kann auch die **Wirksamkeit unterschiedlicher Gestaltungen von Employer Branding-Strategien insgesamt** empirisch überprüft werden. Dabei wäre insbesondere die Analyse verschiedener Indikatoren zur Attraktivität von Arbeitgebern aus der Sicht potenzieller und aktueller Mitarbeiter vor und nach der Einführung einer Employer Branding-Strategie interessant. Denn erst die weitere empirische Fundierung des Nutzens, den Unternehmen aus dem Employer Branding ziehen können, wird zu einer stärkeren Priorisierung des Themas auf der Corporate Agenda führen. Damit verbunden ist dann auch eine bessere finanzielle und personelle Ausstattung dieses Themas, die bislang in den meisten Unternehmen weit hinter den Kapazitäten für die absatzmarktgerichtete Markenführung zurückliegt.

Neben der Weiterentwicklung und empirischen Überprüfung des im Rahmen dieser Arbeit entwickelten Ansatzes zum Employer Branding bietet das noch junge Forschungsfeld des Employer Branding zahlreiche weitere Forschungsfragen. Aus **methodischer Sicht** erscheinen dabei insbesondere die folgenden Themen vielversprechend:

- Die Annahmen dieser Arbeit hinsichtlich der Attraktivität von Employer Brands für bestimmte Zielgruppen gründen sich auf eine große Anzahl unabhängig voneinander durchgeführter, empirischer Studien zum **"Person-Organization-Fit"** bzw. zur "Work-Value-Congruence". Diese Studien deuten alle in einer für die Wissenschaft seltenen Einigkeit auf die positiven Effekte einer Wertekongruenz hin. Ein interessantes Forschungsvorhaben könnte es daher sein, die vorhandenen empirischen Forschungserkenntnisse zu diesem Thema quantitativstatistisch zu integrieren. Eine solche **Metaanalyse**, ähnlich wie sie 2006 von Bauer et al.[804] für den Selbstkongruenzeffekt in der Konsumentenforschung durchgeführt wurde, könnte die Validität der vorliegenden Studien weiter untermauern, aber auch neue Erkenntnisse zur Varianz der Auswirkungen eines "Person-Organization-Fit" bei verschiedenen situativen Faktoren näher beleuchten.

- Die Zusammenführung von Consumer und Employer Branding in einer **ganzheitlichen Markenführung** bedarf der **Entwicklung geeigneter Instrumente**. Zur Erforschung von Konsumentenbedürfnissen und -werten sowie der darauf aufbauenden, strategischen Positionierung von Marken steht eine große Anzahl elaborierter Markenstrategie-Instrumente zur Verfügung.[805] Diese sind jedoch in der Regel ausschließlich für die Markenführung am Absatzmarkt geeignet. Im Employer Branding ist zunächst generell ein Aufholbedarf für die Nutzung strategischer Markenführungsinstrumente zu konstatieren: "Companies spend large sums on employer branding, but decisions are often based on instinct rather than research. Research is mainly used for evaluation of strategies, not for decisions about strategies."[806] Es stehen zwar verschiedenste Ansätze zur Verfügung – meist kommerzielle Zielgruppenbefragungen, aus denen Empfehlungen abgeleitet werden. Diese sind jedoch immer nur Teillösungen: so werden entweder nur potenzielle oder nur aktuelle Mitarbeiter befragt, wichtige Dimensionen wie Identität und Kultur fehlen häufig. Zudem sind sie ausschließlich auf den Arbeitsmarkt fokussiert. Damit zukünftig eine ganzheitliche Markenführung "aus einem Guss" gelingen kann, sollten Instrumente entwickelt und genutzt werden, die dazu geeignet sind, Markenstrategien am Absatz- und am Arbeitsmarkt integriert zu entwickeln und umzusetzen.

Neben der Methodik bieten auch die einzelnen **Elemente des Markenführungsprozesses** im Employer Branding selbst Ansatzpunkte für die weitere Forschung:

---

[804] Vgl. hierzu ausführlich Bauer, H. H., et al. (2006b): Übereinstimmung von Marken- und Konsumentenpersönlichkeit als Determinante des Kaufverhaltens - Eine Metaanalyse der Selbstkongruenzforschung, in: Zeitschrift für betriebswirtschaftliche Forschung, Bd. 58, Nr. 7, S. 838-863.

[805] Bei Schimanski sind zahlreiche dieser Instrumente vorgestellt, vgl. Schimansky, A. (2004): Der Wert der Marke - Markenbewertungsverfahren für ein erfolgreiches Markenmanagement, München.

[806] Universum Communications (2005): Employer Branding Global Best Practices 2005, Stockholm, S. 104.

- Die Idee, auch für das Employer Branding eine spezifische **Markenarchitektur** zu entwickeln, ist bislang in der Wissenschaft kaum beleuchtet worden. In der Praxis dagegen haben einige Unternehmen diesen Weg entweder bereits beschritten oder denken über entsprechende Möglichkeiten nach. Zukünftige Forscher sollten daher in weiteren Arbeiten die vorgestellten Modelle ggf. um **weitere** denkbare **Optionen** erweitern, **Vor- und Nachteile** analysieren und das **Erfolgspotenzial** der Alternativen empirisch überprüfen. Da die Führung einer Employer Brand auf der Unternehmensebene im Vergleich zu mehreren Employer Brands – bspw. auf Ebene der Company Brands – Synergien bietet, muss dabei insbesondere eine Abwägung zwischen der zielgruppenbezogenen Effektivität der Markenführung und ihrer Effizienz erfolgen.

- Intensiver Forschungsbemühungen bedarf es außerdem auf dem Gebiet des Employer Brand-**Controllings.** Die Entwicklung von Planungs- und Steuerungsmechanismen auf Basis quantitativer Methoden zur Erfassung psychographischer und ökonomischer Markenwirkungen am Arbeitsmarkt steht noch am Anfang. Gleiches gilt für die ganzheitliche Markenführung: Perspektivisch ist eine Integration des Employer Brand-Controlling in ein übergeordnetes Markencontrolling einerseits und in das Controllingsystem des Unternehmens insgesamt anzustreben. Insbesondere ist damit auch die Erweiterung der **Markenwertforschung** um Aspekte des Employer Branding angesprochen, die in einer Weiterentwicklung zu einem "total brand value" münden sollte.[807]

- Die parallele Verankerung von Consumer und Employer Brand im Denken und Handeln der Mitarbeiter durch die **interne Markenführung** ist für den Erfolg der Marken von herausragender Bedeutung, stellt für Unternehmen in der Praxis aber eine große Herausforderung dar. Während es in der Literatur an Handlungsempfehlungen zur internen Verankerung der Consumer Brand nicht mangelt, sind **integrierte Ansätze für Consumer und Employer Branding** gerade für Unternehmen, deren Employer Brand von der absatzmarktgerichteten Markenführung abweicht, noch kaum behandelt.

- Auch Konzepte zur **organisatorischen Verankerung der Markenführung** sind bislang in der Markenforschung weitgehend vernachlässigt worden. Dies gilt

---

[807] Zur Entwicklung eines stakeholderübergreifenden "Markenwertes" vgl. Jones, R. (2005): Finding sources of brand value: Developing a stakeholder model of brand equity, in: Journal of Brand Management, Vol. 13, Nr. 1, S. 13 ff. sowie S. 29.

erst recht für das Employer Branding. Forschungsbedarf besteht somit in zweifacher Hinsicht. Zum einen sind die in Bezug auf den **Personalbereich** relevanten organisatorischen Fragestellungen zu beantworten. Dazu gehört die prozessuale und strukturelle Gestaltung der Employer Branding-Arbeit der HR-Abteilung, insbesondere in Bezug auf die Umsetzungsmaßnahmen im operativen Tagesgeschäft. Zum anderen bedarf es aber auch der übergreifenden Entwicklung einer Markenorganisation, die nicht nur den Personalbereich, sondern alle im Unternehmen mit Markenführung befassten Einheiten einschließt. Denn durch eine ganzheitliche Markenführung, die der inhaltlichen Koordination bedarf, entsteht auch eine große Anzahl organisatorischer Schnittstellen, es sind Abstimmungsprozesse und Eskalationspfade zu definieren. Hier sind Organisationsforscher und Markenexperten gleichermaßen gefordert, über Modelle nachzudenken, die als **stakeholderübergreifende Markenorganisation** für die ganzheitliche Markenführung des Unternehmens geeignet sind.

- Die vorliegende Arbeit abstrahiert aus Vereinfachungsgründen von internationalen Zusammenhängen im Employer Branding. Die Erweiterung der Betrachtung um diesen Aspekt führt zu einer weiteren Komplexität, da bspw. abweichende Identitäts- und Kulturausprägungen, Länderspezifika und teilweise völlig unterschiedliche Marktpositionen und -gegebenheiten zu berücksichtigen sind. Die Expertengespräche in dieser Arbeit zeigen jedoch, dass viele Unternehmen in der Praxis ihre Employer Brand als globale Marke entwickeln und den Ländern lediglich in der Umsetzung gewisse Freiheiten einräumen. Roche, Deutsche Bank und Roland Berger Strategy Consultants sind gute Beispiele dafür. Zukünftige Forschungsvorhaben sollten daher die **internationalen Aspekte des Employer Branding** sowohl in der Entwicklungs- als auch in der Umsetzungsphase näher beleuchten.

- Schließlich sind weitere Forschungsanstrengungen notwendig, um unterschiedliche Anforderungen an das **Employer Branding in spezifischen Unternehmenssituationen** besser verstehen zu können. Unternehmerische Veränderungsprozesse wie bspw. Restrukturierungen und Integrationsphasen nach M&A-Transaktionen haben weitreichende Auswirkungen auf das Personalmanagement, die im Employer Branding abzubilden sind. Eine vertiefende Betrachtung strategischer, operativer und organisatorischer Implikationen solcher Rahmenbedingungen für das Employer Branding kann somit dazu beitragen, Unternehmen auf ihrem Weg zu mehr Wettbewerbsfähigkeit zu unterstützen.

Die lange Liste möglicher Forschungsansätze, die sicherlich nicht erschöpfend ist, macht deutlich, dass sowohl Employer Branding als auch die ganzheitliche Markenführung noch weitgehend unerschlossene Wissensgebiete darstellen. Forschungsergebnisse und Vorschläge aus der Wissenschaft werden jedoch nur dann ihren vollen Nutzen entfalten, wenn sich die Unternehmen diese Erkenntnisse zu Eigen machen und darauf aufbauend tragfähige Konzepte entwickeln und implementieren. Erst dann ist ein wichtiger Schritt dahingehend getan, Mitarbeitern die gebotene Priorisierung zukommen zu lassen und sie tatsächlich als die "Quelle des Erfolges" eines Unternehmens anzuerkennen.

Anhangverzeichnis

Anhang 1: Fragebogen für die Experteninterviews

Um die in dieser Arbeit behandelten Forschungsfragen auch aus der Praxis-perspektive zu beleuchten, wurden im **Frühjahr 2006** Gespräche mit Employer Branding-Verantwortlichen aus sechs Unternehmen geführt. **Ziele** der Experten-gespräche waren:

- **Erfahrungen** und **Know-how** von Employer Branding-Experten aus der Praxis aufzunehmen,

- **Besonderheiten** und **Herausforderungen** des Employer Branding vor dem Hintergrund individueller Gegebenheiten verschiedener Unternehmen zu erfassen und

- die **Relevanz** der Handlungsempfehlungen sicherzustellen.

Im Folgenden wird zunächst anhand des Fragebogens Inhalt und Ablauf der Ex-pertengespräche dargestellt. Daran anschließend werden in Anhang 2 die betrach-teten Unternehmen und ihr Zugang zum Employer Branding in einem kurzen Profil portraitiert.

Fragebogen:

Die Interviews mit den Employer Branding-Experten wurden anhand eines semi-strukturierten Fragebogens durchgeführt. Aufbau und Inhalt dieser Gespräche werden im Folgenden aufgezeigt.

Zu Beginn der Gespräche wurden zunächst kurz die Themenstellung der Arbeit und die Ziele der Expertengespräche vorgestellt. Kernbestandteil der Gespräche war anschließend der Bericht der Experten über die Employer Branding-Arbeit in ihrem Unternehmen anhand von insgesamt 30 Fragen, die sich auf fünf Themen-blöcke verteilten. Abb. 55 zeigt den inhaltlichen Aufbau der Gespräche. Der Schwerpunkt lag auf den Blöcken A, B und C. Die Fragen in den Bereichen D und E wurden flankierend behandelt.

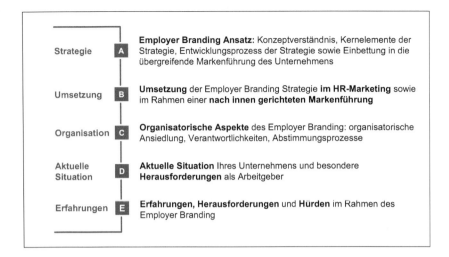

Abb. 55: Inhalt und Aufbau der Expertengespräche[808]

Zur Orientierung bezüglich des Inhaltes der Gespräche ist im Folgenden der Fragebogen dargestellt. Aufgrund der individuellen Prägung der Gespräche wurden nicht in jedem Gespräch alle Fragen behandelt.

---

[808] Quelle: Eigene Darstellung.

Fragebogen

A. Employer Branding-Ansatz

Begriffsverständnis und Ziele

1. Konzeptverständnis
- Was verstehen Sie unter Employer Branding?
- Arbeiten Sie mit diesem Begriff bzw. Konzept?
- Wenn ja, seit wann?

2. Ziele des Employer Branding
- Welche Zielsetzungen und Erwartungen verbinden Sie mit dem Konzept des Employer Branding
  > ... in Bezug auf potenzielle Mitarbeiter?
  > ... in Bezug auf aktuelle Mitarbeiter?
- Gibt es einen expliziten Zusammenhang zwischen den Employer Branding-Zielen und allgemeinen strategischen Zielen des Unternehmens?

Kernelemente der Employer Branding-Strategie

3. Zielgruppen
- Welche Kriterien sollten "ideale Kandidaten" erfüllen?
- Welche persönlichen Werte sollte der "ideale Kandidat" haben?
- Inwieweit unterscheiden sich Ihre Zielgruppen am Arbeitsmarkt von den Zielgruppen am Absatzmarkt?

4. Markenarchitektur
- Gibt es unterschiedliche Employer Brands in den verschiedenen Unternehmensbereichen?
- Wenn ja, warum?
- Gibt es einen unterschiedlichen Ansatz zwischen verschiedenen Zielgruppen im Sinne einer Markenarchitektur? (z.B. Fachkräfte vs. Managementkräfte vs. Support-Funktionen?)

5. Positionierung
- Was sind die Kernwerte der Employer Brand?
- Wie sehen evtl. Differenzierungen in der Positionierung aus
  > zwischen Divisionen/Bereichen
  > zwischen unterschiedlichen Zielgruppen
  > zwischen internationalen Bereichen?

Übergreifende Markenstrategie, Identität und Kultur des Unternehmens

6. **Aktuelle Markenstrategie (am Absatzmarkt)**
   - [Individuelle Darstellung der Markenarchitektur und der definierten Markenwerte für den Absatzmarkt bzw. für die Corporate Brand]
   - Gibt es darüber hinaus eine definierte Markenpositionierung? Mit welchen Kernwerten?

7. **Corporate Identity (subjektive Ist-Identität)**
   - Was sehen Sie als zentrale und besondere Charakteristika Ihres Unternehmens?

8. **Unternehmenskultur**
   - Welche Werte würden Sie als Basis der Unternehmenskultur in Ihrem Unternehmen nennen (z. B. als Grundlage des Umgangs miteinander)?

9. **Mitarbeiterwahrnehmung (objektive Ist-Identität)**
   - Welche Wahrnehmung haben aktuelle Mitarbeiter von ihrem Unternehmen? Gibt es Unterschiede zu anderen Bezugsgruppen (Kunden, pot. Mitarbeiter)?

Entwicklung der Employer Branding-Strategie

10. **Prozess**
    - Beschreiben Sie bitte kurz den Prozess der Employer Branding-Strategieentwicklung.

11. **Methodik**
    - Kam eine besondere Methodik bzw. ein Instrument zum Einsatz? Bitte erläutern Sie dies kurz.

12. **Team**
    - Wer war in die Entwicklung involviert?

Berücksichtigung spezifischer Informationen bei der Entwicklung der Employer Branding-Strategie

13. **HR-Sphäre**
    - Bitte erläutern Sie jeweils, wie und auf Basis welcher Informationen diese Elemente in der Employer Branding-Strategie berücksichtigt wurden.
    > Anforderungen potenzieller Mitarbeiter an einen Arbeitgeber.
    > Persönliches Werteprofil potenzieller Mitarbeiter.
    > Wahrnehmung Ihres Unternehmens als Arbeitgeber durch potenzielle Mitarbeiter (Image am Arbeitsmarkt).
    > Entscheidungsprozess bei der Arbeitgeberwahl.

> Positionierung anderer Unternehmen als Arbeitgeber (Wettbewerb).
> Trends im HR-Markt.
> Spezifische Employer Branding- bzw. HR-Ziele.

14. **Unternehmenssphäre**

   – Bitte erläutern Sie jeweils, wie und auf Basis welcher Informationen diese Elemente in der Employer Branding-Strategie berücksichtigt wurden.
   > Anforderungen aktueller Mitarbeiter an ihren Arbeitgeber.
   > Persönliche Werteprofile aktueller Mitarbeiter.
   > Wahrnehmung Ihres Unternehmens als Arbeitgeber durch Mitarbeiter (Ist-Identität): Unternehmenswerte, besondere Stärken und Schwächen.
   > Unternehmenskultur.
   > Rolle der Mitarbeiter als Markenbotschafter/Schnittstelle zu Kunden.
   > Mitarbeiterbezogene HR-Ziele.

15. **Absatzmarktsphäre**

   – Bitte erläutern Sie jeweils, wie und auf Basis welcher Informationen diese Elemente in der Employer Branding-Strategie berücksichtigt wurden.
   > Werteprofile und Anforderungen der Konsumenten/Kunden.
   > Kaufentscheidungsprozess.
   > Aktuelle Markenwahrnehmung des Unternehmens am Markt (Image am Absatzmarkt).
   > Positionierung/Wahrnehmung von Wettbewerbern.
   > Marktentwicklungen.
   > Unternehmens-/Geschäftsziele.
   > Bestehende Markenarchitektur.
   > Definierte Marken-/Unternehmenswerte.

B. Umsetzung der Employer Brand nach innen und außen

Umsetzung im operativen HR-Marketing

16. **Kontaktpunkte der Employer Brand**

   – Was sind Ihrer Erfahrung nach die wesentlichen Kontaktpunkte zwischen Zielgruppe und Unternehmen, durch die sich potenzielle Bewerber ein Bild Ihres Unternehmens machen?
   – Gibt es bei Ihnen eine Systematisierung der Kontaktpunkte zur Umsetzung der Employer Brand?

17. **Herausforderungen**

   – Was sehen Sie als die zentralen Herausforderungen in der Umsetzung für eine starke und konsistente Employer Brand an?

18. Umsetzung der Markenwerte im HR-Marketing-Mix

Abb. 56: Ausgewählte Elemente des HR-Marketing-Mix[809]

- Bitte erläutern Sie für die einzelnen Kontaktpunkte, ob und wie sich jeweils die Positionierung bzw. die Werte der Employer Brand darin wiederfinden.
- Nutzen Sie die Unternehmensmarke bewusst in Ihrer Außendarstellung am Arbeitsmarkt?
- Greifen Sie in der Umsetzung Ihrer Employer Brand auf Elemente der übergreifenden Markendarstellung Ihres Unternehmens zurück?

Verankerung der Employer Brand bei den aktuellen Mitarbeitern (interne Markenführung)

19. Schnittstelle Mitarbeiter – Kunden

- Welche Rolle spielen die Mitarbeiter Ihres Unternehmens für die Außenwahrnehmung Ihrer Marke...
  > bei Konsumenten?
  > bei potenziellen Bewerbern?
- Was sind dabei die wesentlichen Kontaktpunkte?

20. Interne Markenführung

- Gibt es eine nach innen gerichtete Markenführung in Ihrem Unternehmen, d.h. ein klares Bekenntnis zu bestimmten Werten und eine systematische Umsetzung gegenüber Mitarbeitern?
- Welche Maßnahmen gibt es intern, um die Marke(n)
  a) bekannt und

---

[809] Quelle: Eigene Darstellung.

b) lebendig zu machen?

– Werden Wissen und Einstellungen der Mitarbeiter zum Thema Werte und Markenführung regelmäßig überprüft? Wenn ja, wie?

C. Organisatorische Aspekte des Employer Branding

21. Strukturen
– Wer ist bei Ihnen für die Markenführung verantwortlich?
> Für Konsumenten
> Für Bewerber
> Für Mitarbeiter
– An wen berichten die jeweils für die Markenführung Verantwortlichen?
– Gibt es eine übergreifende Koordination?

22. Aufgaben
– Welche Aufgabenverteilung gibt es bezüglich Employer Branding zwischen zentralen und dezentralen Funktionen?
– Was sind Ihre Kernaufgaben in Ihrer Verantwortung für das Thema Employer Branding?
– Sehen Sie Überschneidungen in den Aufgaben unterschiedlicher Verantwortlicher gegenüber den verschiedenen Zielgruppen? Wenn ja, welche?
– Würden Sie gerne an der organisatorischen Gestaltung des Employer Branding etwas ändern? Wenn ja, was?

23. Prozesse
– Erfolgt eine Abstimmung der Strategie und der Aktivitäten (z.B. in der Kampagnenentwicklung) zwischen den Verantwortlichen für die einzelnen Zielgruppen? Wenn ja, welche?
– Sehen Sie bezüglich der Zusammenarbeit zwischen den für Markenführung verantwortlichen Funktionen Verbesserungsbedarf? Wenn ja, was würden Sie gerne ändern?

24. Instrumente
– Welche Instrumente der Markenstrategieentwicklung und -steuerung nutzen Sie?
– Gibt es ein etabliertes Instrument zum Markencontrolling?

D. Derzeitige Situation des Unternehmens als Arbeitgeber

25. Stellenwert des Employer Branding
– Welche Rolle spielt die Gewinnung und Bindung von Mitarbeitern intern?

– Was sind dabei die größten Herausforderungen für Ihr Unternehmen?

– Welche Auswirkungen ergeben sich aus der wirtschaftlichen Situation des Unternehmens auf Ihre Employer Branding-Aktivitäten, gerade in Bezug auf High Potentials?

26. Arbeitgeberattraktivität

– Welches Ansehen genießt Ihr Unternehmen Ihrer Meinung nach bei potenziellen Mitarbeitern, welches bei Ihren aktuellen Mitarbeitern?

– Welche Charakteristika werden Ihrem Unternehmen zugeschrieben?

– Worauf basiert dieses Image Ihrer Meinung nach? (Ursachen/Quellen etc.)

– Würden Sie dieses Image gerne ändern? Wenn ja, wie?

– Welche Rolle spielen die Marke/die Marken des Unternehmens?

27. Bewerberverhalten

– Wie viele Bewerbungen erhalten Sie monatlich (Ø)?

– Wie zufrieden sind Sie mit der Anzahl und mit der Qualität der Bewerber?

– Welcher Prozentsatz der Bewerber mit einem Angebot sagt zu?

– Mit welchen Vorstellungen fangen neue Mitarbeiter in Ihrem Unternehmen Ihrer Meinung nach an?

– Werden diese Erwartungen erfüllt?

28. Mitarbeiterverhalten

– Wie gut ist die Mitarbeiterbindung?

– Aus welchen Gründen verlassen Mitarbeiter das Unternehmen?

– Welche Rolle spielen Ihrer Erfahrung nach enttäuschte Erwartungen von einem ursprünglich vorhandenen Vorstellungsbild des Unternehmens?

E. Erfahrungen, Herausforderungen, Hürden

29. Erfolgsfaktoren

– Was sind Ihrer Meinung nach die zentralen Erfolgsfaktoren des Employer Branding?

30. Herausforderungen und Hürden

– Welche Herausforderungen sehen Sie...

> intern

> extern

> in der Abstimmung mit anderen Unternehmensbereichen

Anhang 2: Kurzportraits der befragten Unternehmen

1. DaimlerChrysler AG, Stuttgart, 02.03.2006

2. Deutsche Bank AG, Frankfurt, 22.02.2006

3. L'Oréal Deutschland, Düsseldorf, 24.02.2006

4. F. Hofmann-La Roche Ltd. (Roche), Basel (CH), 12.04.2006 (telefonisch)

5. Roland Berger Strategy Consultants, München, 22.03.2006

6. RWE AG, Essen, 23.02.2006

1. DaimlerChrysler AG

Gesprächspartnerin: Sylvia Reck, Executive Management Development, Leiterin Personalmarketing

Branchen: Automobil, Finanzdienstleistungen (u.a.)

Hauptsitze: Stuttgart, Deutschland und Auburn Hills, Michigan/USA

Anzahl Beschäftigte: 360.385 (weltweit; Stand: Jahresende 2006)[810]

Konzernbereiche: Mercedes Car Group (Business-to-Consumer), Chrysler Car Group (Business-to-Consumer), Nutzfahrzeuge (Business-to-Business) und Financial Services (Business-to-Consumer und Business-to-Business)

Markenstrategie

Markenarchitektur: Corporate Brand "DaimlerChrysler", Company und Product Brands (z.B. DaimlerChrysler Bank, Mercedes-Benz) (vgl. Abb. 57)

Positionierung: Für die **Corporate Brand** "DaimlerChrysler" wurde eine einheitliche Positionierung entwickelt, die weltweit umgesetzt wird. Im Wortlaut heißt es:

"Mit einzigartigen Produkten, starken Marken, globaler Ausrichtung, zukunftsweisenden Innovationen, hoch engagierten und qualifizierten Mitarbeitern und einer hervorragenden Ergebnissituation verfolgen wir das ehrgeizige Ziel, die Nummer 1 in der Automobilindustrie zu werden. Unsere Strategie basiert auf vier Säulen:

– **Globale Präsenz**, denn nur ein global aufgestelltes Unternehmen kann die weltweit vorhandenen Wachstumspotenziale nachhaltig erschließen.

– **Ein starkes Markenportfolio**, denn nur mit einem

---

[810] Vgl. DaimlerChrysler AG (2007): Commitment to Excellence - Geschäftsbericht 2006, Stuttgart, S. U2.

vollständigen, hoch attraktiven Markenportfolio von der Volumen- bis zur Luxusmarke umspannen wir fast alle wichtigen Kundensegmente.

– **Ein umfassendes Produktprogramm**, denn die Wünsche unserer Kunden sind der Motor für unsere Produktentwicklung. Wir verfügen heute über ein umfassendes Programm, welches kontinuierlich weiterentwickelt wird, um nahezu jedem Kunden ein auf seine Bedürfnisse zugeschnittenes Produkt anbieten zu können.

– Und die **Technologie- und Innovationsführerschaft**, denn Innovation ist und bleibt unsere größte Stärke und der Wettbewerb entscheidet sich über das bessere Produkt. Dafür arbeiten wir schon heute an den Fragen von morgen."[811]

Für die **Marken unterhalb der Corporate Brand**, z.B. Mercedes-Benz, Jeep oder Orion, sind unabhängig davon **eigene Markenpositionierungen** definiert.

---

[811] DaimlerChrysler AG, "Unsere Positionierung", Unternehmenshomepage, im Internet unter http://career.daimlerchrysler.de/dc/wms/dc/index.php?re_gion=1&ci=33&close=yes&language=1, Zugriff am 11.04.2007.

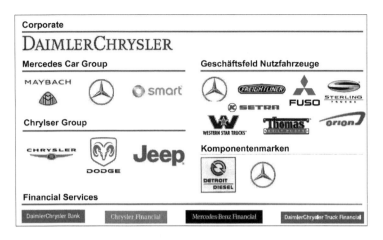

Abb. 57: Markenportfolio von DaimlerChrysler[812]

Employer Branding[813]

Zielsetzung: DaimlerChrysler als Arbeitgeber weltweit bekannt zu machen, d.h. die strategisch relevanten Zielgruppen für DaimlerChrysler zu gewinnen und zu binden.

Zielgruppen: Technisch orientierte Studenten (70% technisch, 30% kaufmännisch); Schüler (Ausbildungsberufe) und junge Berufstätige ("Young Professionals"); nicht im Fokus des Employer Branding stehen langjährige Berufstätige ("Professionals").

Architektur: Es gibt **eine einheitliche Employer Brand**, die für alle Zielgruppen gilt. In der Umsetzung wird nach Zielgruppen unterschieden (z.B. durch spezifische Broschüren).

Positionierung: Die Markenwerte der Employer Brand **entsprechen den definierten Markenwerten der Corporate Brand**.

---

[812] Quelle: I.A. DaimlerChrysler AG (2007): Commitment to Excellence - Geschäftsbericht 2006, Stuttgart, S. 3.
[813] Angaben aus dem Interview.

2. Deutsche Bank AG, Frankfurt

Gesprächspartner: Ralf Rudolf, Director, Head of Graduate Recruitment & Training, Germany

Dörthe Mehlhorn, Graduate Recruitment & Training; Campus Relations & Marketing, Germany

Branche: Finanzdienstleistungen

Hauptsitz: Frankfurt am Main, Deutschland

Anzahl Beschäftigte: 68.849 (weltweit; in Vollzeitkräfte umgerechnet; Stand: 31.12.2006)[814]

Konzernbereiche: Corporate and Investment Bank (Business-to-Business); Private Clients and Asset Management (v.a. Business-to-Consumer); Corporate Investments (eigenes Beteiligungsgeschäft)

Markenstrategie

Markenarchitektur: Corporate Brand "Deutsche Bank"

Positionierung: Die Positionierung der Corporate Brand besteht aus Markenfundament und Unternehmenswerten (vgl. Abb. 58). Die Werte dienen auch als Leitlinie für das Handeln der Mitarbeiter.

---

[814] Vgl. Deutsche Bank AG (2007): Neue Märkte - neue Möglichkeiten: Jahresbericht 2006, Frankfurt a.M., S. 3.

Abb. 58: Unternehmens- und Markenwerte der Deutsche Bank AG[815]

Employer Branding[816]

Zielsetzung: Die besten 10% eines Bildungsjahrganges für die Deutsche Bank interessieren und gewinnen; aktuelle Mitarbeiter langfristig binden, einen kritischen Umgang miteinander etablieren und Innovationskraft der Mitarbeiter fördern.

Zielgruppen: Für die Geschäftsbereiche bestehen erhebliche Unterschiede in der Zielgruppendefinition. Für Deutschland lassen sich drei unterschiedliche "Typen" beschreiben:

- der "Investmentbanker" – jemand, der ambitioniert und karriereorientiert ist;

- der "Cocooner" – jemand, der Wissen ansammelt und erschließt;

- der "Teamworker" – jemand, der nach langfristigen Bindungen und einer ausgewogenen "Work-Life-Balance" sucht.

Insgesamt wird zudem viel Wert auf Diversity gelegt.

---

[815] Quelle: Deutsche Bank AG, "Die Art, wie wir handeln", Unternehmenshomepage, im Internet unter http://www.deutsche-bank.de/de/downloads/company/DB_die_art_wie_wir_handeln.pdf, Zugriff am 11.04.2007.
[816] Angaben aus dem Interview.

Architektur:	Es gibt **eine einheitliche Employer Brand**. Je nach Unternehmensbereich sollen aber die unter Zielgruppen skizzierten Typen unterschiedlich stark angesprochen werden. Im Employer Branding werden daher jeweils unterschiedliche Werte aus der übergreifenden Positionierung in den Vordergrund gerückt. Für den "Investmentbanker" ist dies die Leistungsorientierung, für den "Cocooner" Innovation und für den "Teamworker" sind es die Werte Vertrauen und Teamwork.
Positionierung:	Es sind vier Kernwerte definiert, die eng mit den Werten der Corporate Brand verknüpft sind.[817] Die Employer Brand-Werte sind:

– Leistung

– Globales Netzwerk

– Intellektuelle Herausforderung

– Wachstum.

---

[817] Zur Verknüpfung von Corporate und Employer Brand bei der Deutschen Bank vgl. auch die Ausführungen in Kapitel C.3.2 sowie Abb. 45.

3. L'Oréal Deutschland, Düsseldorf

Gesprächspartnerin:	Marion Perissutti, Corporate Recruitment
Branche:	Kosmetik
Hauptsitz:	Düsseldorf, Deutschland
Anzahl Beschäftigte:	52.080 (weltweit; 2005); 2.000 in Deutschland (2006)[818]
Konzernbereiche:	Consumer Products, Luxusprodukte und Apotheken-kosmetik (alle Business-to-Consumer), professionelle Produkte (Business-to-Business)

Markenstrategie

Markenarchitektur: Company Brands und Produktmarken, keine definierte Corporate Brand. Die zum Markenportfolio gehörenden Marken sind in Abb. 59 dargestellt.

Abb. 59: Markenportfolio L'Oréal Deutschland[819]

Positionierung: Jede Marke verfügt über eine eigene Positionierung.

---

[818] Vgl. L'Oréal Deutschland, Zahlen und Fakten, im Internet unter http://www.loreal.de/_de/_de/ kurzportrat/zahlen/zahlen.aspx, Zugriff am 11.04.2007.

[819] Quelle: L'Oréal Deutschland, Markenportfolio, im Internet unter http://www.loreal.de/_de/_de/ index.aspx, Zugriff am 11.04.2007.

Employer Branding[820]

Zielsetzung: Die "Richtigen" für L'Oréal als Mitarbeiter zu gewinnen.

Zielgruppen: Gemeinsam ist allen L'Oréal-Mitarbeitern ein internationales Profil für das L'Oréal-Netzwerk, zudem eine offene und kommunikative Art. L'Oréal pflegt eine sehr "bunte" und diverse Kultur, Transfers zwischen Marken und Ländern werden aktiv gefördert.

Aus funktionaler Sicht sucht L'Oréal Deutschland Mitarbeiter vor allem für die Bereiche Marketing/Vertrieb und Controlling, zudem Logistik, Public Relations und Wirtschaftsingenieure.

Architektur: Die Employer Brand wird einheitlich als Corporate Brand geführt. Für alle Funktionsbereiche werden Menschen mit ähnlichen, d.h. zu L'Oréal passenden Werten gesucht.

Positionierung: Kernelemente der Employer Brand sind:

– Schnelle Karrieren/frühe Verantwortung

– Internationale Möglichkeiten

– Dynamisches und aufregendes Business

– Individuelle Karrieren über Funktionen, Marken und Länder hinweg.

Die Employer Brand wird unabhängig von den Produktmarken geführt. Diese fungieren jedoch als "Türöffner" bei den Zielgruppen, da sie Interesse und Begeisterung wecken.

---

[820] Angaben aus dem Interview.

310

4.   F. Hofmann-La Roche Ltd. (Roche), Basel (CH)

Gesprächspartner: Christoph Thoma, Leitung Corporate Human Resources

Branchen: Pharmazeutische Industrie, In-Vitro-Diagnostik

Hauptsitz: Basel, Schweiz

Anzahl Beschäftigte: 74.372 (weltweit; in Vollzeitkräfte umgerechnet; Stand: 31.12.2006).[821]

Konzernbereiche: Pharmazeutische Industrie, Diagnostik

Markenstrategie

Markenarchitektur: Corporate Brand "Roche", Company Brands "Roche Pharma" und "Roche Diagnostics", Produkt(linien)-marken (z.B. Tamiflu, AccuChek). Die Markenstruktur mit ausgewählten Marken ist in Abb. 60 aufgezeigt.

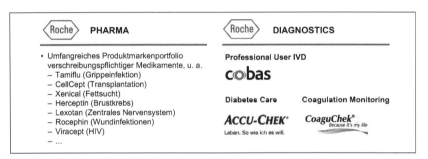

Abb. 60:   Ausgewählte Marken von Roche[822]

Positionierung: Für die Corporate Brand "Roche" liegt keine strategi-

---

[821] Vgl. Roche (2007): Business Report 2006, Basel, S. 78.

[822] Quelle: Informationen zu den Pharma-Produkten finden sich bei Roche, Produktportfolio Pharmadivision, im Internet unter http://www.roche.com/home/products/prod_rx.htm, Zugriff am 11.04.2007. Informationen zum Markenportfolio der Diagnostikdivision sind erhältlich unter Roche, Produktportfolio Diagnostikdivision, im Internet unter http://www.roche.com/home/products/prod_diag.htm, Zugriff am 11.04.2007. Derzeit werden in der Diagnostikdivision über die nächsten Jahre hinweg alle existierenden Produktmarken, die im Business-to-Business-Geschäft liegen, unter die neue Dachmarke "cobas" integriert.

sche Markenpositionierung vor. In den Geschäftsbereichen sind für die Produkte bzw. Produktlinien teilweise
Markenstrategien definiert, (z.B. AccuChek und cobas
in der Diagnostikdivision).

Employer Branding[823]

Zielsetzung: Die auf Wachstum ausgerichtete Unternehmensstrategie dadurch zu unterstützen, dass Mitarbeiter in aus-
reichender Anzahl, mit der richtigen Qualifikation und
dem passenden Werteverständnis gewonnen und
gebunden werden.

Zielgruppen: Bei der Zielgruppendefinition stehen funktionale Aspekte im Vordergrund. Gesucht werden vor allem Natur-
wissenschaftler, Mediziner und Pharmazeuten für Forschung, Entwicklung und Vertrieb.

Architektur: Es gibt eine konsistente Aussage über das Unternehmen, die im Claim "We innovate Healthcare" zum
Ausdruck kommt. Die Employer Brand wird zentral geführt, allerdings gibt es einzelne Aspekte, die spezifisch
für die beiden Divisionen ausgerichtet werden.

Positionierung:[824] Kernelemente der Employer Brand sind:

- Höchste Qualität und Sicherheit

- Premiumanspruch

- Technologie- und Innovationsorientierung

- Teamwork, Zusammengehörigkeitsgefühl

- Fairness, "sich um andere kümmern"

- Enthusiasmus, Begeisterung und Identifikation.

---

[823] Angaben aus dem Interview.
[824] Stand: März 2006. Anfang 2007 wird die Employer Branding-Strategie von Roche überarbeitet.

5. Roland Berger Strategy Consultants, München

Gesprächspartner: Sven Breipohl, Leiter Corporate Recruitment and HR Marketing

Branchen: Consulting

Hauptsitz: München, Deutschland

Anzahl Beschäftigte: ca. 1.700 weltweit (Stand: Ende 2006)[825]

Geschäftsbereiche: 23 Ländergesellschaften, in Deutschland zusätzlich Unterteilung in Competence Center

Markenstrategie

Markenarchitektur: Corporate Brand "Roland Berger Strategy Consultants"

Positionierung: Die Positionierung beinhaltet drei Kernwerte, die unternehmensweit verankert werden (vgl. Abb. 61).

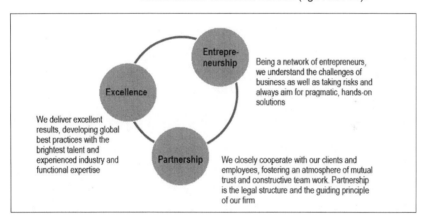

Abb. 61: Positionierung von Roland Berger Strategy Consultants[826]

---

[825] Vgl. Roland Berger Strategy Consultants, "Our company profile", im Internet unter http://www.rolandberger.com/company/en/html/figures/23-figures.html, Zugriff am 11.04.2007.

[826] Quelle: Roland Berger Strategy Consultants.

Employer Branding[827]

Zielsetzung: Die besten Mitarbeiter anziehen und binden, bestmögliche Beratungsleistungen und Ergebnisse für die Kunden ermöglichen sowie Stolz, Spaß und Identifikation bei den Mitarbeiter verankern.

Zielgruppen: Hochschulabsolventen aller Fakultäten und Young Professionals mit ausgezeichneten akademischen Leistungen, Praxiserfahrung durch Praktika bzw. Berufstätigkeit sowie Auslandserfahrung.

Architektur: Es gibt nur eine einheitliche Corporate Brand, keine Unterschiede nach Ländern und Competence Center.

Positionierung: Die Positionierung der Employer Brand stimmt mit den Werten der Corporate Brand überein. Beide Markenstrategien wurden integriert entwickelt und umgesetzt.

---

[827] Angaben aus dem Interview.

6. RWE AG, Essen

Gesprächspartnerin: Annette K. Nimzik, Personalentwicklung Konzern

Branchen: Energie

Hauptsitze: Essen, Deutschland

Anzahl Beschäftigte: 68.534 (umgerechnet in Vollzeitstellen, Stand: 31.12.2006)[828]

Führungsgesell-
schaften: RWE Power, RWE Dea, RWE Energy, RWE Systems, RWE npower, RWE Trading, RWE Gas Midstream[829]

Markenstrategie

Markenarchitektur: Corporate Brand "RWE", Company Brands als Namenszusätze zur Corporate Brand (Line Extensions)

Positionierung: Die Corporate Brand beruht auf einem definierten Set von Unternehmenswerten:[830]

– **Kundenorientierung** – Wir engagieren uns in den Regionen, in denen wir tätig sind, und kümmern uns aktiv um die Bedürfnisse unserer Kunden.

– **Leistung** – Wir bieten Höchstleistung in allen Geschäftsfeldern. Jeder von uns ist stolz auf seinen Beitrag zum Unternehmenserfolg.

---

[828] Vgl.. RWE AG, Investition in Innovation und Wachstum - Geschäftsbericht 2006, Essen, S. 4.

[829] Stand: 01.01.2007, vgl. ebenda, S. 3. Weitere Informationen zu Konzernunternehmen finden sich bei der RWE AG, Konzernunternehmen, zu finden im Internet unter http://www.rwe.com/ generator.aspx/konzern/konzernstruktur/konzernunternehmen/language=de/id=24672/konzern-unternehmen-page.html, Zugriff am 11.04.2007.

[830] RWE AG, Unternehmenswerte, zu finden im Internet unter http://www.rwe.com/generator.aspx/ konzern/mitarbeiter-karriere/so-denken-wir/rwe-leitbild/language=de/id=151760/rwe-leitbild.html, Zugriff am 11.04.2007.

- **Zukunftsgestaltung** – Wir erkennen frühzeitig neue Entwicklungen und gestalten sie mit. Dabei vergessen wir nie unsere traditionellen Stärken.

- **Vertrauen** – Wir behandeln andere so, wie wir selbst behandelt werden wollen. Ein offener und zeitnaher Dialog ist eine Selbstverständlichkeit.

- **Zuverlässigkeit** – Wir halten, was wir versprechen, und unterstützen uns gegenseitig beim Erreichen gemeinsamer Ziele.

Die Unternehmenswerte sind Teil eines Markenmodells, das das Leistungsversprechen konkretisiert.

Employer Branding[831]

Zielsetzung: Am Arbeitsmarkt Aufmerksamkeit generieren, an Attraktivität gewinnen und die "Richtigen" für RWE gewinnen. Für aktuelle Mitarbeiter Identifikationsgefühl, Loyalität und Bindung stärken.

Zielgruppen: Je nach Unternehmensbereich werden unterschiedliche "Typen" gesucht. Übergreifend ist wichtig, dass RWE-Mitarbeiter Leidenschaft für ihren Beruf fühlen. Zudem sollten sie bodenständig, aufrichtig und offen sein.

Architektur: Die Wertewelt der RWE AG gilt für alle Unternehmensbereiche und alle Mitarbeiter. Allerdings benötigt jedes Konzernunternehmen einen anderen "Typus" Mitarbeiter. In der Umsetzung der Employer Brand bedarf es daher zum Teil unterschiedlicher Botschaften.

Positionierung: Die Employer Brand-Werte stimmen mit denen der Corporate Brand überein. Einige Werte wurden aber von den einzelnen Abteilungen spezifisch für ihre eigene Situation konkretisiert.

---

[831] Angaben aus dem Interview.

Literaturverzeichnis

A

Aaker, D. A. (1996): Building strong brands, New York.

Aaker, D. A., Joachimsthaler, E. (2000): Brand Leadership, New York.

Aaker, D. A. (2003): The power of the branded differentiator, in: MIT Sloan Management Review, Vol. 44, Fall 2003, S. 83-87.

Aaker, J. L. (1997): Dimensions of brand personality, in: Journal of Marketing Research, Vol. 34, Nr. 3, S. 347-356.

Abratt, R. (1989): A New Approach to the Corporate Image Management Process, in: Journal of Marketing Management, Vol. 5, Nr. 1, S. 63-76.

Access AG, Köln. Relevante Informationen im Internet unter http://recruiting. access.de/german/Recruiting/Studien/index.asp, Zugriff am 11.04.2006.

Adam, D. (1997): Planung und Entscheidung, 4. Auflage, Wiesbaden.

Aiman-Smith, L., et al. (2001): Are you attracted? Do you intend to pursue? A recruiting policy-capturing study, in: Journal of Business and Psychology, Vol. 16, Nr. 2, S. 219-237.

Ainspan, N., Dell, D. (2001): Engaging your Employees through your brand, The Conference Board, Report No. 1288.

Albert, S., Whetten, D. A. (1985): Organizational Identity, in: Research in organizational behavior, Vol. 7, S. 263-295.

Algesheimer, R., et al. (2006): Die Wirkung von Brand Communities auf die Markenloyalität – eine dynamische Analyse im Automobilmarkt, in: ZfB, 76. Jg., Heft 9, S. 933-958.

Allport, G. (1937): Personality: A psychological interpretation, New York.

Altria, New York: Unternehmenshomepage, im Internet unter www.altria.com, Zugriff am 16.08.2006.

Ambler, T., Barrow, S. (1996): The Employer Brand, in: Journal of Brand Management, Vol. 4, Nr. 3, S. 185-206.

Andresen, T., Nickel, O. (2001): Führung von Dachmarken, in: F.-R. Esch (Hrsg.): Moderne Markenführung, 3. Auflage, Wiesbaden, S. 639-668.

Arnold, H. (2004): Ehemalige Mitarbeiter - Brachliegendes Potenzial, in: HR-Today, Nr. 03/2004, S. 3-4.

Arnold, H. J., Feldman, D. C. (1982): A Multivariate Analysis of the Determinants of Job Turnover, in: Journal of Applied Psychology, Vol. 67, Nr. 3, S. 350-360.

Axelrod, E. L., et al. (2001): War for talent, part two, in: McKinsey Quarterly, Nr. 2, S. 9-12.

B

Baker, M., Balmer, J. M. T. (1997): Visual identity, trappings or substance?, in: European Journal of Marketing, Vol. 31, Nr. 5/6, S. 366-382.

Balmer, J. M. T., Dinnie, K. (1999): Corporate identity and corporate communications: the antidote to merger madness, in: Corporate Communications, Bradford, Vol. 4, Nr. 4, S. 182-192.

Balmer, J. M. T., Soenen, G. B. (1999): The Acid Test of Corporate Identity Management, in: Journal of Marketing Management, Vol. 15, Nr. 1-3, S. 69-92.

Balmer, J. M. T. (2001a): From the Pentagon: A New Identity Framework, in: Corporate Reputation Review, Vol. 4, Nr. 1, S. 11-22.

Balmer, J. M. T. (2001b): Corporate Identity, Corporate Branding and Corporate Marketing: seeing through the fog, in: European Journal of Marketing, Vol. 35, Nr. 3/4, S. 248-291.

Balmer, J. M. T., Greyser, S. A. (2002): Managing the Multiple Identities of the Corporation, in: California Management Review, Vol. 44, Nr. 3, S. 72-86.

Balmer, J. M. T., Greyser, S. A. (2003): Revealing the corporation, London.

Balmer, J. M. T. (2005): Values, Promise and Behaviour: The Corporate Branding Triumvirate?, in: Thexis, 22. Jg., Nr. 1, S. 13-17.

Barich, H., Kotler, P. (1991): A framework for marketing image management, in: Sloan Management Review, Vol. 94, Winter 1991, S. 94-104.

Barrow, S., Mosley, R. (2005): The Employer Brand, Chichester.

Bauer, A., et al. (2006a): Moment of truth - Redefining the CEO's Brand Management Agenda, 1. Auflage, Houndmills, Basingstoke, New York.

Bauer, H. H., et al. (2006b): Übereinstimmung von Marken- und Konsumentenpersönlichkeit als Determinante des Kaufverhaltens - Eine Metaanalyse der Selbstkongruenzforschung, in: Zeitschrift für betriebswirtschaftliche Forschung, Bd. 58, Nr. 7, S. 838-863.

Baumgarth, C. (2001): Markenpolitik, 1. Auflage, Wiesbaden.

Becker, B., Gerhart, B. (1996): The impact of human resource management on organizational performance: progress and prospects, in: Academy of Management Journal, Vol. 39, Nr. 4, S. 779-801.

Becker, J. (2001): Einzel-, Familien- und Dachmarken als grundlegende Handlungsoptionen, in: F.-R. Esch (Hrsg.): Moderne Markenführung, 3. Auflage, Wiesbaden, S. 297-316.

Bekmeier-Feuerhahn, S. (1998): Marktorientierte Markenbewertung - Eine konsumenten- und unternehmensorientierte Betrachtung, Forschungsgruppe Konsum und Verhalten, Gabler Edition Wissenschaft, Wiesbaden.

Belz, C. (2005a): Komplexitätsmanagement durch professionelle Markenführung, in: Thexis, 22. Jg., Nr. 1, S. 2-8.

Belz, O. (2005b): Markenkraft von innen, in: Thexis, 22. Jg., Nr. 1, S. 37-39.

Bendapudi, N., Bendapudi, V. (2005): Creating the living brand, in: Harvard Business Review, Vol. 83, Nr. 5, S. 124-132.

Bergstrom, A., et al. (2002): Why internal branding matters: the case of Saab, in: Corporate Reputation Review, Vol. 5, Nr. 2/3, S. 133-142.

Berman, S. L., et al. (1999): Does stakeholder orientation matter? The relationship between stakeholder management models and firm financial performance, in: Academy of Management Journal, Vol. 42, Nr. 5, S. 488-506.

Bhat, S., Reddy, S. K. (1998): Symbolic and functional positioning of brands, in: Journal of Consumer Marketing, Vol. 15, Nr. 2, S. 32-43.

Bickerton, D. (2000): Corporate reputation versus corporate branding: the realist debate, in: Corporate Communications, Vol. 5, Nr. 1, S. 42-48.

Biel, A. L. (2001): Grundlagen zum Markenwertaufbau, in: F.-R. Esch (Hrsg.): Moderne Markenführung, 3. Auflage, Wiesbaden, S. 61-90.

Biele, G., Hunziger, A. (2002): Erfolgsfaktoren und Best Practices im Personalmarketing, Studie der Kienbaum Management Consultants GmbH, Berlin.

Bierwirth, A. (2003): Die Führung der Unternehmensmarke, Frankfurt am Main.

Birkigt, K., Stadler, M. M. (1998): Corporate Identity - Grundlagen, in: K. Birkigt, et al. (Hrsg.): Corporate Identity: Grundlagen, Funktionen, Fallbeispiele, Landsberg/Lech, S. 11-64.

Blackston, M. (2000): Observations: Building brand equity by managing the brand's relationships, in: Journal of Advertising Research, Vol. 40, Nr. 6, S. 101-105.

BLK (2001): Zukunft von Bildung und Arbeit: Perspektiven von Arbeitskräftebedarf und -angebot bis 2015, in: Materialien zur Bildungsplanung und zur Forschungsförderung, Heft 104, Bonn.

Blumenthal, D. (2002): "It's the people, stupid!" Why branding fails to inspire loyalty - and what you can do about it, im Internet unter http://allaboutbranding. com/index.lasso?article=280, Zugriff am 03.01.2005.

Böckenholt, I., Homburg, C. (1990): Ansehen, Karriere oder Sicherheit?, in: ZfB, 60. Jg., Nr. 11, S. 1159-1181.

Bogner, A., et al. (2005): Das Experteninterview. Theorie, Methode, Anwendung, 2. Auflage, Wiesbaden.

Brecht, W., Häusler, J. (2005): Zum Scheitern verurteilt? Organisatorische Aspekte der Markenführung, in: Thexis, 22. Jg., Nr. 1, S. 21-23.

Brockdorff, B., Kernstock, J. (2001): Brand Integration Management - Erfolgreiche Markenführung bei Mergers & Acquisitions, in: Thexis, 18. Jg., Nr. 4, S. 54-60.

Bröckermann, R. (2004): Fesselnde Unternehmen - gefesselte Beschäftigte, in: R. Bröckermann, Pepels, W. (Hrsg.): Personalbindung, Berlin, S. 15-31.

Bromley, D. B. (2001): Relationships between personal and corporate reputation, in: European Journal of Marketing, Vol. 35, Nr. 3/4, S. 316-334.

Brown, A., et al. (2003): Strategic talent retention, in: Strategic HR Review, Vol. 2, Nr. 4, S. 22-27.

Bruhn, M. (1999): Internes Marketing als Forschungsgebiet der Marketingwissenschaft, in: M. Bruhn (Hrsg.): Internes Marketing, 2. Auflage, Wiesbaden, S. 15-44.

Bruhn, M. (2003): Markenpolitik - Ein Überblick zum "State of the Art", in: DBW, Vol. 63, Nr. 2, S. 180-203.

Buchholz, A., Wördemann, W. (2003): Die Köpfe der Kunden erobern, in: Harvard Business Manager, Nr. 3/2003, S. 59-65.

Bühler, J. (2005): Alumni-Netzwerke von Unternehmen, in: Academic Workpower Pages, im Internet unter http://www.aw-u.de/downloads/AWpages_Jun05.pdf, Juni 2005, S. 2-3.

Bühner, R. (1997): Worauf es bei Shareholder Value ankommt, in: Technologie & Management, Vol. 46, Nr. 2, S. 12-15.

Bunk, B. (2003): Corporate Citizenship und Marketing: Wie Synergien erschlossen werden, in: absatzwirtschaft, Nr. 10/2003, S. S. 26-31.

Burmann, C., et al. (2003): Konzeptionelle Grundlagen des identitätsbasierten Markenmanagements, Arbeitspapier Nr. 1 des Lehrstuhls für innovatives Markenmanagement, Universität Bremen, Burmann C. (Hrsg.), Bremen.

Burmann, C. (2004): Marken brauchen Führung, in: marketingjournal, Nr. 9/2004, S. 18-22.

Burmann, C., et al. (2005): Stellenwert und Gegenstand des Markenmanagements, in: H. Meffert, et al. (Hrsg.): Markenmanagement. Identitätsorientierte Markenführung und praktische Umsetzung, Wiesbaden, S. 3-17.

Burmann, C., Zeplin, S. (2005): Building brand commitment: A behavioural approach to internal brand management, in: Journal of Brand Management, Vol. 12, Nr. 4, S. 279-300.

Burn, R. B. (1979): The Self-Concept in Theory, Measurement, Development and Behaviour, London.

C

Cable, D. M., Judge, T. A. (1996): Person-Organization Fit, Job Choice Decisions, and Organizational Entry, in: Organizational Behavior and Human Decision Processes, Vol. 67, Nr. 3, S. 294-311.

Cable, D. M., et al. (2000): The sources and accuracy of job applicants' beliefs about organizational culture, in: Academy of Management Journal, Vol. 43, Nr. 6, S. 1076-1085.

Cable, D. M., Graham, M. E. (2000): The determinants of job seekers' reputation perceptions, in: Journal of Organizational Behavior, Vol. 21, Nr. 8, S. 929-947.

Cable, D. M., Turban, D. B. (2003): The value of organizational reputation in the recruitment context: a brand equity perspective, in: Journal of Applied Social Psychology, Vol. 33, Nr. 11, S. 2244-2266.

Caborn, A. (2001): Pass on the message, in: Employee Benefits, September 2001, S. 11-12.

Carless, S. A. (2005): Person-job fit versus person-organization fit as predictors of organizational attraction and job acceptance intentions: A longitudinal study, in: Journal of Occupational and Organizational Psychology, Vol. 78, Nr. 3, S. 411-429.

Carmeli, A., Freund, A. (2002): The Relationship Between Work and Workplace Attitudes and Perceived External Prestige, in: Corporate Reputation Review, Vol. 5, Nr. 1, S. 51-68.

Chambers, E. G., et al. (1998): The war for talent, in: McKinsey Quarterly, Nr. 3, S. 44-57.

Chatman, J. A. (1991): Matching People and Organizations: Selection and Socialization in Public Accounting Firms, in: Administrative Science Quarterly, Vol. 36, Nr. 3, S. S. 459-484.

Chauvin, K. W., Guthrie, J. P. (1994): Labor Market Reputation and the Value of the Firm, in: Managerial and Decision Economics, Vol. 15, Nr. 6, S. 543-552.

de Chernatony, L., Riley, F. D.-O. (1998): Defining a "brand", in: Journal of Marketing Management, Vol. 14, Nr. 4, S. 417-443.

de Chernatony, L. (1999): Brand Management through narrowing the gap between brand identity and brand reputation, in: Journal of Marketing Management, Vol. 15, Nr. 1-3, S. 157-179.

de Chernatony, L. (2001): A model for strategically building brands, in: Journal of Brand Management, Vol. 9, Nr. 1, S. 32-44.

de Chernatony, L. (2002): Living the corporate brand: brand values and brand enactment, in: Corporate Reputation Review, Vol. 5, Nr. 2/3, S. 114-132.

de Chernatony, L. (2005): Surfacing values tension in corporate brands, in: Thexis, 22. Jg., Nr. 1, S. 18-20.

de Chernatony, L., et al. (2006): Communicating Services Brands' Values internally and externally, in: Service Industries Journal, Vol. 26, Nr. 8, S. 819-836.

Cohen, A. (1993): Organizational commitment and turnover: A meta-analysis, in: Academy of Management Journal, Vol. 36, Nr. 5, S. 1140-1157.

Colyer, E. (2003): Promoting brand allegiance within, im Internet unter http://www.brandchannel.com/start1.asp?id=171, Zugriff am 03.01.2005.

Cornelissen, J. (2000): Corporate image: an audience centred model, in: Corporate Communications, Vol. 5, Nr. 2, S. 119-125.

Cornelissen, J., Harris, P. (2001): The Corporate Identity Metaphor: Perspectives, Problems and Prospects, in: Journal of Marketing Management, Vol. 17, Nr. 1/2, S. 49-71.

Corporate Research Foundation (Hrsg.) (2005): Top Arbeitgeber in Deutschland 2005, Bielefeld.

Court, D. C., et al. (1999): Brand Leverage, in: McKinsey Quarterly, Nr. 2, S. 100-110.

Crosby, L. A., Johnson, S. L. (2003): Watch what I do, in: Marketing Management, Vol. 12, Nr. 6, S. 10-11.

D

DaimlerChrysler AG, "Unsere Positionierung", Unternehmenshomepage, im Internet unter http://career.daimlerchrysler.de/dc/wms/dc/index.php?re_gion=1&ci=33&close=yes&language=1, Zugriff am 11.04.2007.

DaimlerChrysler AG (2007): Commitment to Excellence - Geschäftsbericht 2006, Stuttgart.

Dalby, C. (2004): Developing an employer brand at Thomas Cook, in: Strategic HR Review, Vol. 3, Nr. 5, S. 16-19.

Davidson, H. (1999): Broaden your brandwidth, in: Marketing Business, March 1999, S. 28-29.

Davies, G., Chun, R. (2002): Relations between internal and external dimensions, in: Corporate Reputation Review, Vol. 5, Nr. 2/3, S. 144-158.

Demuth, A. (2000): Das strategische Management der Unternehmensmarke, in: Markenartikel, Nr. 1/2000, S. 14-22.

DeTore, R., Jackson, D. H. (2006): Managing Sepracor's employment brand, in: Strategic HR Review, Vol. 5, Nr. 6, S. 20-23.

Deutsche Bank AG, "Die Art, wie wir handeln", Unternehmenshomepage, im Internet unter http://www.deutsche-bank.de/de/downloads/company/DB_die_art_wie_wir_handeln.pdf, Zugriff am 11.04.2007.

Deutsche Bank AG (2007): Neue Märkte - neue Möglichkeiten: Jahresbericht 2006, Frankfurt a.M.

Deutsche Post World Net, Unternehmenshomepage, im Internet unter: http://www.dpwn.de/dpwn?tab=1&skin=hi&check=yes&lang=de_DE&xmlFile=2006675, Zugriff am 21.01.2007.

Diekmann, A. (1997): Empirische Sozialforschung - Grundlagen, Methoden, Anwendungen, Hamburg.

Dietz, S. (1973): Get more out of your brand management, in: Harvard Business Review, Vol. 51, Nr. 4, S. 127-136.

Dobele, A., et al. (2005): Controlled infection! Spreading the brand message through viral marketing, in: Business Horizons, Vol. 48, Nr. 2, S. 143-149.

Domizlaff, H. (1939): Die Gewinnung des öffentlichen Vertrauens: Ein Lehrbuch der Markentechnik, 1. Auflage, Hamburg.

Domizlaff, H. (1992): Die Gewinnung des öffentlichen Vertrauens: Ein Lehrbuch der Markentechnik, 6. Auflage, Hamburg.

Donaldson, L. (2001): The Contingency Theory of Organizations, Thousand Oaks/London/New Delhi.

Dowling, G. R. (1986): Managing your corporate images, in: Industrial Marketing Management, Vol. 15, Nr. 2, S. 109-115.

Dowling, G. R. (1993): Developing your corporate image into a corporate asset, in: Long Range Planning, Vol. 26, Nr. 2, S. 101-109.

Dowling, G. R. (2006): How good corporate reputations create corporate value, in: Corporate Reputation Review, Vol. 9, Nr. 2, S. 134-143.

Downey, S. M. (1986/1987): The relationship between corporate culture and corporate identity, in: Public Relations Quarterly, S. 7-12.

Dunn, M., Davis, S. (2003): Building brands from the inside, in: Marketing Management, Vol. 12, Nr. 3, S. 32-37.

Dunn, M., Davis, S. (2005): Creating the brand-driven business: A roadmap for the CEO, in: Thexis, 22. Jg., Nr. 1, S. 24-27.

Dutton, J., et al. (1994): Organizational Images and Member Identification, in: Administrative Science Quarterly, Vol. 39, Nr. 2, S. 239-263.

E

E.ON AG, Unternehmenshomepage, Aussagen zur Verantwortung am Arbeitsplatz, im Internet unter http://www.eon.com/en/unternehmen/8621.jsp.

Ebel, B., Hofer, M. B. (2002): Das Unternehmen als Marke, in: Markenartikel, Nr. 3/2002, S. 58-65.

Edmonds, C. P., Rogow, R. (1986): Should human resources be reflected on the balance sheet?, in: FE: The Magazine for Financial Executives, Vol. 2, Nr. 1, S. 42-44.

Edvinsson, L. (2002): Corporate Longitude: What you need to know to navigate the knowledge economy, Upper Saddle River, New Jersey.

Epstein, S. (1993): Entwurf einer integrativen Persönlichkeitstheorie, in: S.-H. Filipp (Hrsg.): Selbstkonzept-Forschung: Probleme, Befunde, Perspektiven, 3. Auflage, Stuttgart, S. S. 15-46.

Esch, F.-R. (2001): Markenpositionierung als Grundlage der Markenführung, in: F.-R. Esch (Hrsg.): Moderne Markenführung, 3. Auflage, Wiesbaden, S. 233-265.

Esch, F.-R., Bräutigam, S. (2001): Corporate Brands versus Product Brands? Zum Management von Markenarchitekturen, in: Thexis, 18. Jg., Nr. 4, S. 27-34.

Esch, F.-R., Wicke, A. (2001): Herausforderungen und Aufgaben des Markenmanagements, in: F.-R. Esch (Hrsg.): Modernes Markenmanagement, 3. Auflage, Wiesbaden, S. 3-55.

Esch, F.-R., Bräutigam, S. (2004): Corporate- und Product Brands in die Markenarchitektur integrieren, in: F.-R. Esch, et al. (Hrsg.): Corporate Brand Management, 3. Auflage, Wiesbaden, S. 129-148.

Esch, F.-R., et al. (2004): Identität einer Corporate Brand erfassen und entwickeln, in: F.-R. Esch, et al. (Hrsg.): Corporate Brand Management, 1. Auflage, Wiesbaden, S. 53-74.

Esch, F.-R., Roth, S. (2004): Mehrmarkensysteme steuern und restrukturieren, in: F.-R. Esch, et al. (Hrsg.): Corporate Brand Management, 1. Auflage, Wiesbaden, S. 149-171.

Esch, F.-R. (2005): Corporate Brands im Unternehmen verankern - werden Corporate Brands wirklich gelebt?, in: Thexis, 22. Jg., Nr. 1, S. 31-34.

F

Festinger, L. (1978): Theorie der kognitiven Dissonanz, Bern, Stuttgart, Wien.

Fiedler, L. (2007): Stakeholderspezifische Wirkung von Corporate Brands: ein Modell zur integrierten Evaluation und Steuerung von Unternehmensmarken, 1. Auflage, Wiesbaden.

Fischer, M., et al. (2002): Markenrelevanz in der Unternehmensführung - Messung, Erklärung und empirische Befunde für B2C-Märkte, MCM/McKinsey Arbeitspapier Nr. 1, Münster.

Fombrun, C., Shanley, M. (1990): What's in a name? Reputation building and corporate strategy, in: Academy of Management Journal, Vol. 33, Nr. 2, S. 233-258.

Fombrun, C. (1996): Reputation: Realising Value from the Corporate Image, Boston, MA.

Fombrun, C., Rindova, V. P. (1998): Repuation management in global 1000 firms: a benchmarking study, in: Corporate Reputation Review, Vol. 1, Nr. 3, S. 205-214.

Fombrun, C. J. (2001): Corporate Reputation - Its Measurement and Management, in: Thexis, 18. Jg., Nr. 4, S. 23-26.

Fopp, L. (1975): Die Bedeutung des Branchenimage für Stellenwahl und Stellenwechsel, Bern u.a.

Ford, G. T., et al. (1990): Consumer scepticism of advertising claims: Testing hypotheses from economics of information, in: Journal of Consumer Research, Vol. 16, Nr. 4, S. 433-441.

Foreman, P., Whetten, D. A. (2002): Member's identification with multiple-identity organizations, in: Organization Science, Vol. 13, Nr. 6, S. 618-635.

Fournier, S. (1998): Consumers and their brands: developing relationship theory in consumer research, in: Journal of Consumer Research, Gainesville, Vol. 24, Nr. 4, S. 343-373.

Franke, N. (2000): Personalmarketing zur Gewinnung von betriebswirtschaftlichem Führungsnachwuchs, in: Marketing ZFP, Vol. 22, Heft 1, S. 75-92.

Freeman, R. E. (1984): Strategic Management: a stakeholder approach, Boston.

Frey, H. P., Haußer, K. (1987): Entwicklungslinien sozialwissenschaftlicher Identitätsforschung, in: H. P. Frey, Haußer, K. (Hrsg.): Identität: Entwicklungen psychologischer und soziologischer Forschung, Stuttgart, S. 3-26.

Furkel, D., Jessl, R. (2006): Begleiter bei der Personalbeschaffung, in: Personalmagazin, 6/2006, S. 64-66.

G

Gardini, M. A. (2001): Menschen machen Marken, in: Markenartikel, Nr. 6/2001, S. 30-45.

Gatewood, R. D., et al. (1993): Corporate image, recruitment image and initial job choice decisions, in: Academy of Management Journal, Vol. 36, Nr. 2, S. 414-427.

Gayeski, D., Gorman, B. (2005): HR's role in developing brand personality, in: Strategic HR Review, Vol. 4, Nr. 3, S. 20-23.

George, W. R., Grönroos, C. (1999): Internes Marketing: Kundenorientierte Mitarbeiter auf allen Unternehmensebenen, in: M. Bruhn (Hrsg.): Internes Marketing, 2. Auflage, Wiesbaden, S. 45-68.

Gilly, M. C., Wolfinbarger, M. (1998): Advertising's internal Audience, in: Journal of Marketing, Vol. 62, Nr. 1, S. 69-88.

Gioia, D. (1998): From individual to organizational identity, in: D. A. Whetten, Godfrey, P. C. (Hrsg.): Identity in Organizations: building theory through conversations, Thousand Oaks, S. 17-32.

Gioia, D., et al. (2000): Organizational Identity, Image and Adaptive Instability, in: Academy of Management Review, Vol. 25, Nr. 1, S. 63-81.

Gmür, M., Klimecki, R. (2001): Personalbindung und Flexibilisierung, in: zfo, Heft 1/2001, S. 28-34.

Gmür, M., et al. (2002): Employer Branding - Schlüsselfunktion im strategischen Personalmarketing, in: Personal, Vol. 54, Nr. 10/2002, S. 12-16.

Goerke, S., Wickel-Kirsch, S. (2002): Internes Marketing für Personalarbeit, Neuwied.

Gofton, K. (2000): Putting staff first in brand evolution, in: Marketing, February 3, 2000, S. 29-30.

Google, Unternehmenshomepage, im Internet unter http://www.google.com/ intl/en/jobs/index.html bzw. http://www.google.com/intl/en/jobs/reasons.html, Zugriff am 13.01.2007.

Gordon, K. T. (2006): Talk is cheap ... in: Entrepreneur, Vol. 34, Nr. 12, S. 97-98.

Gordon, W. (2002): Minding your brand manners, in: Marketing Management, Vol. 11, Nr. 5, S. 18-20.

Gotsi, M., Wilson, A. (2001a): Corporate Reputation Management: "living the brand", in: Management Decision, London, Vol. 39, Nr. 2, S. 99-104.

Gotsi, M., Wilson, A. (2001b): Corporate Reputation: seeking a definition, in: Corporate Communications, Vol. 6, Nr. 1, S. 24-30.

Grant, L. (1998): Happy workers, high returns, in: Fortune, Vol. 137, Nr. 1, S. 81.

Grauel, R. (2007): Mitarbeiter verzweifelt gesucht, in: brandeins, 01/07, S. 14-15.

Grayson, D., Hodges, A. (2004): Corporate Social Opportunity, Sheffield.

Great Place to Work Institute, San Francisco, Unternehmenshomepage: im Internet unter www.greatplacetowork.com, Zugriff am 13.04.2006.

Grobe, E. (2003): Corporate Attractiveness - eine Analyse der Wahrnehmung von Unternehmensmarken aus der Sicht von High Potentials, HHL-Arbeitspapier Nr. 50, Leipzig.

Grout, J. (2002): How to ... recruit excellent people, in: People Management, Vol. 8, Nr. 9, S. 44-45.

Grubb, E. L., Stern, B. L. (1971): Self-concept and significant others, in: Journal of Marketing Research, Vol. 8, Nr. 3, S. S. 382-385.

H

Handy, C. (2003): Wofür arbeiten wir?, in: Harvard Business Manager, Nr. 3/2003, S. 96-107.

Hankinson, P., Hankinson, G. (1999): Managing successful brands: an empirical study which compares the corporate culture of companies managing the world's top 100 brands with those managing outsider brands, in: Journal of Marketing Management, Vol. 15, Nr. 1-3, S. 135-155.

Hanser, P. (2004): Warum sich die Unternehmen selbst im Weg stehen; Interview mit Prof. David A. Aaker, in: absatzwirtschaft, Nr. 7/2004, S. 26-29.

Harrison, J. S., Freeman, R. E. (1999): Stakeholders, social responsibility and performance: empirical evidence and theoretical perspectives, in: Academy of Management Journal, Vol. 42, Nr. 5, S. 479-487.

Hatch, M. J., Schultz, M. (1997): Relations between organizational culture, identity and image, in: European Journal of Marketing, Vol. 31, Nr. 5/6, S. 356-365.

Hatch, M. J., Schultz, M. (2001): Are the Strategic Stars Aligned for Your Corporate Brand?, in: Harvard Business Review, Vol. 79, Nr. 2, S. 128-134.

Heath, A. P., Scott, D. (1998): The self-concept and image congruence hypothesis, in: European Journal of Marketing, Vol. 32, Nr. 11/12, S. 1110-1123.

Heinen, E. (1971): Der entscheidungsorientierte Ansatz der Betriebswirtschafts-lehre, in: ZfB, 41. Jg., Nr. 7, S. 429-444.

Hemsley, S. (1998): Internal affairs, in: Marketing Week, London, Vol. 21, Nr. 5, S. 49-53.

Henning, U., Fink, S. (2006): Accenture - Neue Recruitingwege: Employer Branding als integriertes Marketingtool, Vortrag im Rahmen der Konferenz "HR-Strategien 2010" - Employer Branding und Talent Management, EUROFORUM, 23./24.10.2006, Hamburg, Konferenzdokumentation.

Hermann, S. (2005): Corporate Sustainability Branding, Wiesbaden.

Herriot, P. (2002): Selection and self: Selection as a social process, in: European Journal of Work & Organizational Psychology, Vol. 11, Nr. 4, S. 385-402.

Herrmann, A., et al. (2002): Interne Markenführung - Verankerung der Markenidentität im Mitarbeiterverhalten, in: Journal für Betriebswirtschaft, Heft 5-6/2002, S. 186-205.

Herrmann, N., et al. (2005): Humankapital als Wettbewerbsfaktor - Wie wählen High Potentials ihre Arbeitgeber?, Munich Business School Working Paper 2005-06, München.

Hielscher, H. (2008): Lidl-Führungsnachwuchs auf der Flucht, im Internet unter http://www.wiwo.de/unternehmer-maerkte/lidl-fuehrungsnachwuchs-auf-der-flucht-272605/, Zugriff am 08.07.2008.

Higginbottom, K. (2003): Image conscious, in: People Management, Vol. 9, Nr. 3, S. 44-45.

Highhouse, S., et al. (1999): Assessing company employment image: an example from the fastfood industry, in: Personnel Psychology, Vol. 52, S. 151-172.

Hinzdorf, T., et al. (2003a): Präferenzmatching zur Steuerung des Employer Branding, in: Personal, Jg. 55, Heft 08/2003, S. 18-20.

Hinzdorf, T., et al. (2003b): Employer Branding ist messbar, in: Personalwirtschaft, Heft 7/2003, S. 48-50.

Hogg, M. A., Terry, D. J. (2000): Social Identity and self-categorization processes in organizational contexts, in: Academy of Management Journal, Vol. 25, Nr. 1, S. 121-140.

Hogg, M. K., Michell, P. C. N. (1996): Identity, Self and Consumption: a conceptual framework, in: Journal of Marketing Management, Vol. 12, Nr. 7, S. 629 - 644.

Hogg, M. K., et al. (2000): The impact of self-monitoring on image congruence and product/brand evaluation, in: European Journal of Marketing, Vol. 34, Nr. 5/6, S. 641-666.

Höllmüller, M. (2002): Strategische Akquisition hochqualifizierter Nachwuchskräfte, Wiesbaden.

Holmen, J. (2005): Intellectual Capital Reporting, in: Management Accounting Quarterly, Vol. 6, Nr. 4, S. 1-9.

Hölscher, A., et al. (2003): Der Charakter der Marke, in: Markenartikel, 4/2003, S. 36-43.

Holt, D. B., et al. (2004): How global brands compete, in: Harvard Business Review, Vol. 82, Nr. 9, S. 68-75.

Holtbrügge, D., Rygl, D. (2002): Arbeitgeberimage deutscher Großunternehmen, in: Personal, Jg. 54, 10/2002, S. 18-21.

Huber, F., et al. (2003): Ein Ansatz zur Steuerung der Markenstärke, in: ZfB, 73. Jg., H. 4, S. 345-370.

Hupp, O., Powaga, K. (2004): Using consumer attitudes to value brands: evaluation of the financial value of brands, in: Journal of Advertising Research, Vol. 44, Nr. 3, S. 225-231.

Huselid, M. A. (1995): The impact of human resource management practices on turnover, productivity and corporate financial performance, in: Academy of Management Journal, Vol. 38, Nr. 3, S. 635-672.

I

Ind, N. (1998): An integrated approach to corporate branding, in: Journal of Brand Management, Vol. 5, Nr. 5, S. 323-329.

Ind, N. (2003): Inside out: How employees build value, in: Journal of Brand Management, Vol. 10, Nr. 6, S. 393-402.

J

Jacobs, R. (2003): Turn employees into brand ambassadors, in: Aba Bank Marketing, Vol. 35, Nr. 3, S. 22-26.

Johnson, L. D., et al. (2002): Knowledge, innovation and share value, in: International Journal of Management Reviews, Vol. 4, Nr. 2, S. 101-134.

Jones, R. (2005): Finding sources of brand value: Developing a stakeholder model of brand equity, in: Journal of Brand Management, Vol. 13, Nr. 1, S. 10-32.

Judge, T. A., Bretz Jr., R. D. (1992): Effects of work values on Job Choice Decisions, in: Journal of Applied Psychology, Vol. 77, Nr. 3, S. 261-271.

Judge, T. A., Cable, D. M. (1997): Applicant personality, organizational culture, and organization attraction, in: Personnel Psychology, Vol. 50, Nr. 2, S. 359-394.

K

Kaas, K. P. (1990): Langfristige Werbewirkung und Brand Equity, in: Werbeforschung & Praxis, Vol. 35, Heft 3, S. S. 48-52.

Kapferer, J.-N. (1992): Die Marke - Kapital des Unternehmens, Landsberg/Lech.

Kapferer, J.-N. (1997): Strategic brand management, creating and sustaining brand equity long term, 2. Auflage, London.

Kapferer, J.-N. (2004): The new strategic brand management: creating and sustaining brand equity long term, 3. Auflage, London.

Karle, R. (2005): Gutes Personal wird Mangelware, in: Management - Beruf & Karriere, Sonderbeilage zur Financial Times Deutschland vom 18.03.2005, S. A1.

Kast, B. (2006): Ich fühle, also bin ich, in: ZeitWissen, Nr. 2/2006, S. 10-17.

Kay, J. (2006): Hat Kapital eine Heimat?, in: Think:act, Sonderausgabe Januar 2006, S. 61-62.

Keller, K. L. (1993): Conceptualizing, measuring and managing customer-based brand equity, in: Journal of Marketing, Vol. 57, Nr. 1, S. 1-22.

Keller, K. L. (2001): Editorial: Brand research imperatives, in: Journal of Brand Management, Vol. 9, Nr. 1, S. 4-6.

Keller, K. L. (2003): Strategic Brand Management: Building, Measuring, and Managing Brand Equity, Upper Saddle River.

Kennedy, S. H. (1977): Nurturing corporate images: Total communication or ego trip?, in: European Journal of Marketing, Vol. 11, Nr. 3, S. 120-164.

Kernstock, J., Brekenfeld, A. (2004): Abgekoppelt: Die Marke als Placebo strategischer Entscheidungen, in: absatzwirtschaft, Nr. 10/2004, S. 40-46.

Kernstock, J., et al. (2004): Zugang zum Corporate Brand Management, in: F.-R. Esch, et al. (Hrsg.): Corporate Brand Management, 1. Auflage, Wiesbaden, S. 1-52.

Kernstock, J., et al. (2005): Interview: Interne Markenführung bei Kraft Foods Schweiz AG, in: Thexis, 22. Jg., Nr. 1, S. 10-12.

Kienbaum Management Consultants (2004): Positionierung des HR-Managements in Unternehmen, Berlin.

Kieser, A., Kubicek, H. (1992): Organisation, 3. Auflage, Berlin.

Kieser, A. (2006): Der situative Ansatz, in: A. Kieser, Ebers, M. (Hrsg.): Organisationstheorien, 6. Auflage, Stuttgart, S. 215-245.

King, S. (1991): Brand-building in the 1990s, in: Journal of Consumer Marketing, Vol. 8, Nr. 4, S. 43-52.

Kircher, S. (1997): Corporate Branding - mehr als Namensgebung, in: planung & analyse, Nr. 1/1997, S. 60-61.

Kirchgeorg, M., Lorbeer, A. (2002): Anforderungen von High Potentials an Unternehmen - Eine Analyse auf der Grundlage einer bundesweiten Befragung von High Potentials und Personalentscheidern, HHL-Arbeitspapier Nr. 49, Leipzig.

Kirchgeorg, M. (2005): Lockmittel: Nicht Geld oder Image eines Arbeitgebers zieht High Potentials an, sondern die Aussicht auf einen spannenden Arbeitsalltag im Unternehmen, in: enable - besser wirtschaften, Beilage zur Financial Times Deutschland vom 12.10.2005, S. 18-19.

Kirchgeorg, M., Günther, E. (2006): Employer Brands zur Unternehmens-profilierung im Personalmarkt, HHL-Arbeitspapier Nr. 74, Leipzig.

Kiriakidou, O., Millward, L. J. (2000): Corporate identity: external reality or internal fit?, in: Corporate Communications, Vol. 5, Nr. 1, S. 49-58.

Klein-Bölting, U., Gürntke, K. (2002): Corporate Branding im Zeitalter fundamentaler Unternehmenstransformationen, in: Insights, Mai 2002, S. 6-22.

Köhler, R. (1984): Marketingplanung in Abhängigkeit von Umwelt- und Organisa-tionsmerkmalen, in: J. Mazanek, Scheuch, F. (Hrsg.): Marktorientierte Unter-nehmensführung, Wien, S. 581-602.

König, C. (2001): Vision and Shared Space: How Corporate Branding bonds business and the imagination, in: Thexis, 18. Jg., Nr. 4, S. 35-37.

Kotler, P., et al. (2007): Marketing-Management. Strategien für wertschaffendes Handeln, 12. Auflage, München u.a.

Kotter, J. P., Heskett, J. L. (1992): Corporate Culture and Performance, New York.

Kranz, M. (2004): Die Relevanz der Unternehmensmarke, Frankfurt am Main.

Krauss, N. F. (2002): Strategische Perspektiven des Humanressourcen-Managements, Wiesbaden.

Kriegbaum, C. (2001): Markencontrolling, München.

Kristof, A. L. (1996): Person-Organization Fit: an integrative review of its conceptualizations, measurement, and implications, in: Personnel Psychology, Vol. 49, Nr. 1, S. 1-49.

Kroeber-Riel, W., Weinberg, P. (2003): Konsumentenverhalten, 8. Auflage, München.

Kunde, J. (2000): Corporate Religion, Wiesbaden.

L

Laforet, S., Saunders, J. (1994): Managing Brand Portfolios: How the leaders do it, in: Journal of Advertising Research, Vol. 34, Nr. 5, S. S. 64-76.

Lawler, E. E., et al. (1975): Job Choice and post decision dissonance, in: Organizational Behavior and Human Performance, Vol. 13, Nr. 1, S. 133-145.

Lawrence, R. P., Lorsch, J. W. (1967): Organization and Environment: Managing Differentiation and Integration, Boston.

van Leeuwen, B., et al. (2005): Building Philips' employer brand from the inside out, in: Strategic HR Review, Vol. 4, Nr. 4, S. 16-19.

Leitch, S., Motion, J. (1999): Multiplicity in corporate identity strategy, in: Corporate Communications, Vol. 4, Nr. 4, S. 193-200.

Leonhardt, F. (1999): Winning the war for talent: Integrierte und strategische Nachwuchsentwicklung am Beispiel Lufthansa, in: T. Sattelberger (Hrsg.): Wissenskapitalisten oder Söldner?, Wiesbaden, S. 247-266.

Levering, R. (2004): Creating a great place to work: Why it is important and how it is done, in: Corrections Today Magazine, August 2004, S. 86-88, im Internet zu beziehen unter http://resources.greatplacetowork.com/article/pdf/levering_web.pdf.

Levering, R., Moskowitz, M. (2006): What it takes to be #1, zu finden im Internet unter http://resources.greatplacetowork.com/article/pdf/why_genentech_is_1.pdf, Zugriff am 11.04.2006.

Lieber, B. (1995): Personalimage - Explorative Studien zum Image und zur Attraktivität von Unternehmen als Arbeitgeber, München.

Lieber, R. (2001): Schuhe mit Seele, in: Wirtschaftswoche, Nr. 19, 03.05.2001, S. 63-68.

Lieber, R. B. (1998): Why employees love these companies, in: Fortune, Vol. 137, Nr. 1, S. 72-74.

Lievens, F., Highhouse, S. (2003): The relation of instrumental and symbolic attributes to a company's attractiveness as an employer, in: Personnel Psychology, Vol. 56, Nr. 1, S. 75-102.

L'Oréal Deutschland, Karriereseite der Unternehmenshomepage, im Internet unter http://www.loreal.de/_de/_de/career/career.aspx, Zugriff am 11.02.2007.

L'Oréal Deutschland, Markenportfolio, im Internet unter http://www.loreal.de/_de /_de/index.aspx, Zugriff am 11.04.2007.

L'Oréal Deutschland, Zahlen und Fakten, im Internet unter http://www.loreal.de/ _de/_de/kurzportrat/zahlen/zahlen.aspx, Zugriff am 11.04.2007.

Lufthansa AG, Strategisches Leitbild, im Internet unter http://konzern.lufthansa. com/de/html/ueber_uns/management/strategie/.

M

Machatschke, M. (2002): Vom Zauber der Marke, in: managermagazin, 32. Jg., Nr. 2/2002, S. 54-66.

Machatschke, M. (2006): Imageprofile 2006, in: managermagazin, 36. Jg., Nr. 2/2006, S. 74-83.

Mael, F., Ashforth, B. E. (1992): Alumni and their alma mater: a partial test of the reformulated model of organizational identification, in: Journal of Organizational Behavior, Vol. 13, Nr. 2, S. S. 103-123.

Markwick, N., Fill, C. (1997): Towards a framework for managing corporate identity, in: European Journal of Marketing, Vol. 31, Nr. 5/6, S. 396-409.

Marr, R., Fliaster, A. (2003): Bröckelt das Loyalitätsgefüge in deutschen Unternehmen? Herausforderungen für die künftige Gestaltung des "psychologischen Vertrages" mit Führungskräften, in: M. J. Ringlstetter, et al. (Hrsg.): Perspektiven der strategischen Unternehmensführung, Wiesbaden, S. 277-305.

Martin, A. (1989): Die empirische Forschung in der Betriebswirtschaftslehre, Stuttgart.

McGivern, L. (2005): Inside story, in: Utility Week, Vol. 23, Nr. 1, S. 26-27.

Meffert, H. (1992): Marketingforschung und Käuferverhalten, 2. Auflage, Wiesbaden.

Meffert, H. (2000): Marketing - Grundlagen marktorientierter Unternehmensführung, 9. Auflage, Wiesbaden.

Meffert, H., Bierwirth, A. (2001): Stellenwert und Funktionen der Unternehmensmarke - Erklärungsansätze und Implikationen für das Corporate Branding, in: Thexis, 18. Jg., Nr. 4, S. 5-11.

Meffert, H. (2002): Strategische Optionen der Markenführung, in: H. Meffert, et al. (Hrsg.): Markenmanagement - Grundfragen der identitätsorientierten Markenführung, 1. Auflage, Wiesbaden, S. 135-165.

Meffert, H., Bierwirth, A. (2002): Corporate Branding - Führung der Unternehmensmarke im Spannungsfeld unterschiedlicher Zielgruppen, in: H. Meffert, et al. (Hrsg.): Markenmanagement - Grundfragen der identitätsorientierten Markenführung, 1. Auflage, Wiesbaden, S. 181-200.

Meffert, H., et al. (2002a): Gestaltung der Markenarchitektur als markenstrategische Basisentscheidung, in: H. Meffert, et al. (Hrsg.): Markenmanagement - Grundfragen der identitätsorientierten Markenführung, 1. Auflage, Wiesbaden, S. 167-179.

Meffert, H., Burmann, C. (2002a): Wandel in der Markenführung - vom instrumentellen zum identitätsorientierten Markenverständnis, in: H. Meffert, et al. (Hrsg.): Markenmanagement - Grundfragen der identitätsorientierten Markenführung, 1. Auflage, Wiesbaden, S. 17-33.

Meffert, H., Burmann, C. (2002b): Theoretisches Grundkonzept der identitätsorientierten Markenführung, in: H. Meffert, et al. (Hrsg.): Markenmanagement - Grundfragen der identitätsorientierten Markenführung, 1. Auflage, Wiesbaden, S. 35-72.

Meffert, H., Burmann, C. (2002c): Managementkonzept der identitätsorientierten Markenführung, in: H. Meffert, et al. (Hrsg.): Markenmanagement - Grundfragen der identitätsorientierten Markenführung, 1. Auflage, Wiesbaden, S. 73-97.

Meffert, H., et al. (2002b): Stellenwert und Gegenstand des Markenmanagement, in: H. Meffert, et al. (Hrsg.): Markenmanagement - Grundfragen der identitätsorientierten Markenführung, 1. Auflage, Wiesbaden, S. 3-15.

Meffert, H., Giloth, M. (2002): Aktuelle markt- und unternehmensbezogene Herausforderungen an die Markenführung, in: H. Meffert, et al. (Hrsg.): Markenmanagement - Grundfragen der identitätsorientierten Markenführung, 1. Auflage, Wiesbaden, S. 99-132.

Meffert, H., Perrey, J. (2002): Mehrmarkenstrategien - Identitätsorientierte Führung von Markenportfolios, in: H. Meffert, et al. (Hrsg.): Markenmanagement - Grundfragen der identitätsorientierten Markenführung, Wiesbaden, S. 201-232.

Meffert, H. (2003): Identitätsorientierter Ansatz der Markenführung - eine entscheidungsorientierte Perspektive, Wissenschaftliche Gesellschaft für Marketing und Unternehmensführung e.V., Arbeitspapier Nr. 165, Münster.

Meffert, H., et al. (2008): Marketing - Grundlagen marktorientierter Unternehmensführung, 10. Auflage, Wiesbaden.

Meglino, B. M., et al. (1989): A work values approach to corporate culture: a field test of the value congruence process and its relationship to individual outcomes, in: Journal of Applied Psychology, Vol. 74, Nr. 3, S. 424-432.

Meglino, B. M., et al. (1992): The Measurement of Work Value Congruence: A field study comparison, in: Journal of Management, Vol. 18, Nr. 1, S. 33-43.

Meijs, M. (2002): The Myth of Manageability of Corporate Identity, in: Corporate Reputation Review, Vol. 5, Nr. 1, S. 20-34.

Melewar, T. C., Jenkins, E. (2002): Defining the Corporate Identity Construct, in: Corporate Reputation Review, Vol. 5, Nr. 1, S. 76-90.

Mellerowicz, K. (1963): Markenartikel - die ökonomischen Gesetze ihrer Preisbildung und Preisbindung, München.

Mellor, V. (1999): Delivering brand values through people, in: Strategic Communication Management, Vol. 3, Nr. 2, S. 26-29.

Meyer, J. P., Allen, N. J. (1984): Testing the 'Side-Bet Theory' of Organizational Commitment: Some Methodological Considerations, in: Journal of Applied Psychology, Vol. 69, Nr. 3, S. S. 372-378.

Michlitsch, J. F. (2000): High-performing, loyal employees: the real way to implement strategy, in: Strategy & Leadership, Vol. 28, Nr. 6, S. 28-33.

Mitchell, C. (2002): Selling the brand inside, in: Harvard Business Review, Vol. 80, Nr. 1, S. 99-105.

Mitchell, R. K., et al. (1997): Toward a theory of stakeholder identification and salience: Defining the principle of who and what really counts, in: Academy of Management Review, Vol. 22, Nr. 4, S. 853 - 886.

Mitchell, V. W. (1993): Factors affecting consumer risk reduction: A review of current evidence, in: Management Research News, Vol. 16, Nr. 9/10, S. 6-26.

Moffitt, M.-A. (1994): Collapsing and integrating concepts of "public" and "image" into a new theory, in: Public Relations Review, Vol. 20, Nr. 2, S. 159-170.

Morsing, M., Kristensen, J. (2001): The question of coherency in corporate branding - over time and across stakeholders, in: Journal of Communication Management, Vol. 6, Nr. 1, S. 24-40.

Müller, H. (2006): Ihr fehlt uns, in: managermagazin, 36. Jg., Nr. 7/2006, S. 86-92.

N

Neville, B. A., et al. (2004): Stakeholder salience revisited: toward an actionable tool for the management of stakeholders, in: Academy of Management Proceedings, S. D1-D6.

O

o.V. (2001): Keeping in touch, in: Economist, Vol. 361, Nr. 8250, S. 56.

o.V. (2006a): Neue Ehrlichkeit, in: Karriere, Nr. 1/2006, S. 10.

o.V. (2006b): Deutschlands beste Arbeitgeber, im Internet unter http://www.capital.de/div/100002312.html, Zugriff am 13.04.2006.

o.V. (2006c): Die Lieblingsfirmen der jungen Akademiker, im Internet unter http://www.spiegel.de/unispiegel/jobundberuf/0,1518,431109,00.html, Zugriff am 11.08.2006.

o.V. (2007): Gute Mutter Google, im Internet unter http://www.manager-maga-zin.de/koepfe/artikel/0,2828,458822,00.html, Zugriff am 10.01.2007.

Olfert, K., Steinbuch, P. (2003): Organisation, 13. Auflage, Ludwigshafen.

Olins, W. (1989): Corporate Identity: Making Business Strategy Visible Through Design, London.

O'Reilly III, C. A., et al. (1991): People and organizational culture: a profile comparison approach to assessing person-organization fit, in: Academy of Management Journal, Vol. 34, Nr. 3, S. 487-516.

Osterwalder, A., et al. (2005): Clarifying business models: origins, present, and future of the concept, in: Communications of the Association for Information Systems, Vol. 15, May 2005, S. 1-43.

P

PA Consulting (2002): Employer Brand - The new frontier for productivity and profit, PA Consulting, London, zu beziehen über www.paconsulting.com.

Penrose, E. T. (1997): The theory of the growth of the firm, 3. Auflage, New York.

Pepels, W. (2002): Personalbindung, in: R. Bröckermann, Pepels, W. (Hrsg.): Personalmarketing: Akquisition - Bindung - Freistellung, 1. Auflage, Stuttgart, S. 129-143.

Petkovic, M. (2004): Geschickte Markenpolitik, in: Personal, Heft 04/2004, S. 6-9.

Polomski, S. (2005): Mehr als Marke: Employer Branding, in: B. Gaiser (Hrsg.): Praxisorientierte Markenführung: neue Strategien, innovative Instrumente und aktuelle Fallstudien, 1. Auflage, Wiesbaden, S. 473-490.

Porter, L. W., et al. (1974): Organizational commitment, job satisfaction and turnover among psychiatric technicians, in: Journal of Applied Psychology, Vol. 59, Nr. 5, S. 603-609.

Porter, M. E. (2000): Wettbewerbsvorteile - Spitzenleistungen erreichen und behaupten, 6. Auflage, Frankfurt/Main.

Postman, L., et al. (1948): Personal values as selective factors in perception, in: Journal of abnormal and social psychology, Vol. 43, Nr. 2, S. 142-154.

Powell, G. N. (1991): Applicant reactions to the initial employment interview: exploring theoretical and methodological issues, in: Personnel Psychology, Vol. 44, Nr. 1, S. 67-83.

Powell, G. N., Goulet, L. R. (1996): Recruiters' and applicants' reactions to campus interviews and employment decisions, in: Academy of Management Journal, Vol. 39, Nr. 6, S. 1619-1640.

Pratt, M. G., Foreman, P. (2000): Classifying managerial responses to multiple organizational identities, in: Academy of Management Review, Vol. 25, Nr. 1, S. 18-42.

Publicis Berlin (2005): Employer Branding, Berlin, zu beziehen über www.publicis-berlin.de.

PWC, Financial Times (2004): The World's most respected companies survey 2004, zu beziehen über www.pwcglobal.com, Zugriff am 14.12.2004.

R

Reinberg, A., Hummel, M. (2004): Fachkräftemangel bedroht Wettbewerbsfähigkeit der deutschen Wirtschaft, in: Aus Politik und Zeitgeschichte, Beilage zur Wochenzeitung "Das Parlament", Ausgabe B28, 05. Juli 2004, S. 3-10, erhältlich im Internet unter http://www.bpb.de/files/MTP10H14.pdf.

Riedel, F. (1996): Die Markenwertmessung als Grundlage strategischer Markenführung, Heidelberg.

van Riel, C. B. M. (1995): Principles of Corporate Communication, Hemel-Hempstead.

van Riel, C. B. M., Balmer, J. M. T. (1997): Corporate identity: The concept, its measurement and management, in: European Journal of Marketing, Vol. 31, Nr. 5/6, S. 340-355.

van Riel, C. B. M. (2003): The Management of Corporate Communication, in: J. M. T. Balmer, Greyser, S. A. (Hrsg.): Revealing the Corporation, London, S. 161-170.

Riesenbeck, H., Perrey, J. (2004): Mega-Macht Marke, Frankfurt/Wien.

Roberts, P. W., Dowling, G. R. (2002): Corporate Reputation and sustained superior financial performance, in: Strategic Management Journal, Vol. 23, Nr. 12, S. S. 1077-1093.

Roche, Produktportfolio Pharmadivision, im Internet unter http://www.roche.com/home/products/prod_rx.htm, Zugriff am 11.04.2007.

Roche, Produktportfolio Diagnostikdivision, im Internet unter http://www.roche.com/home/products/prod_diag.htm, Zugriff am 11.04.2007.

Roche (2007): Business Report 2006, Basel.

Rogers, F. (2003): Engaging employees to live the brand, in: Strategic HR Review, Vol. 2, Nr. 6, S. 34-37.

Rokeach, M. (1973): The nature of human values, New York.

Roland Berger Strategy Consultants, Karrierewebsite, im Internet unter http://careers.rolandberger.de/rolandberger/ueber_uns/ueber_uns_kunst_strategie.htm, Zugriff am 11.02.2007.

Roland Berger Strategy Consultants, "Our company profile", im Internet unter http://www.rolandberger.com/company/en/html/figures/23-figures.html, Zugriff am 11.04.2007.

Ross, I. (1971): Self-concept and brand preference, in: Journal of Business, Vol. 44, Nr. 1, S. 38-50.

Rucci, A. J., et al. (1998): The employee-customer-profit chain at Sears, in: Harvard Business Review, Vol. 76, Nr. 1, S. 82-97.

Ruekert, R. W., et al. (1985): The organization of marketing activities: a contingency theory of structure and performance, in: Journal of Marketing, Vol. 49, Winter 1985, S. 13-25.

Rust, H. (2002): Wohin wechseln?, in: managermagazin, 32. Jg., Nr. 3/2002, S. 214-224.

RWE AG, Investition in Innovation und Wachstum - Geschäftsbericht 2006, Essen.

RWE AG, Konzernunternehmen, zu finden im Internet unter http://www.rwe.com/generator.aspx/konzern/konzernstruktur/konzernunternehmen/language=de/id=24672/konzernunternehmen-page.html, Zugriff am 11.04.2007.

RWE AG, Unternehmenswerte, zu finden im Internet unter http://www.rwe.com/generator.aspx/konzern/mitarbeiter-karriere/so-denken-wir/rwe-leitbild/language=de /id=151760/rwe-leitbild.html, Zugriff am 11.04.2007.

Rynes, S. L. (1991): Recruitment, job choice, and post-hire consequences: a call for new research directions, in: M. D. Dunnette, Hough, L. M. (Hrsg.): Handbook of industrial and organizational psychology, 2. Auflage, Palo Alto, CA, S. 399-444.

S

Sattler, H., PWC (2001): Praxis von Markenbewertung und Markenmanagement in deutschen Unternehmen, 2. Auflage, Frankfurt am Main.

Schanz, G. (1988): Methodologie für Betriebswirte, 2. Auflage, Stuttgart.

Schauenberg, B. (1998): Gegenstand und Methoden der Betriebswirtschaftslehre, in: M. Bitz, et al. (Hrsg.): Vahlens Kompendium der Betriebswirtschaftslehre, 4. Auflage, München, S. 3-56.

Schimansky, A. (2003): Schlechte Noten für Markenbewerter, in: marketingjournal, 5/2003, S. 44-49.

Schimansky, A. (2004): Der Wert der Marke - Markenbewertungsverfahren für ein erfolgreiches Markenmanagement, München.

Schmidt, K. (2003): Inclusive Branding, München.

Schneider, B. (1987): The people make the place, in: Personnel Psychology, Vol. 40, Nr. 3, S. 437-453.

Schneider, B., et al. (1995): The ASA framework: An update, in: Personnel Psychology, Vol. 48, Nr.4, S. 747-773.

Schneider, B., et al. (2003): Which comes first: Employee attitudes or organizational, financial and market performance?, in: Journal of Applied Psychology, Vol. 88, Nr. 5, S. 836-851.

Scholz, C. (2000): Personalmanagement, 5. Auflage, München.

Schubert, S., Stehr, C. (2007): Google - Wolken über Wunderland, im Internet unter http://www.karriere.de/psjuka/fn/juka/SH/0/sfn/buildjuka/cn/cn_artikel/bt/1/page1/PAGE_6/page2/PAGE_2149/aktelem/DOCUMENT_2540/oaobjid/22683/index.html, Zugriff am 10.01.2007.

Schultz, M., de Chernatony, L. (2002): The Challenges of Corporate Branding, in: Corporate Reputation Review, Vol. 5, Nr. 2/3, S. 105-112.

Schulz, R. (2004): Personalmanagement als internes Marketing, in: C. Baumgarth (Hrsg.): Marktorientierte Unternehmensführung, 1. Auflage, Frankfurt am Main, S. 301-316.

Schulze, R., et al. (2005): Employer Branding, in: absatzwirtschaft, 1/2005, S. 92-94.

Seiffert, H. (1997): Einführung in die Wissenschaftstheorie - Vierter Band: Wörterbuch der wissenschaftstheoretischen Terminologie, München.

Sertoglu, C., Berkowitch, A. (2002): Cultivating Ex-Employees, in: Harvard Business Review, Vol. 80, Nr. 6, S. 20-21.

Shamir, B. (1991): Meaning, Self and Motivation in Organizations, in: Organization Studies, Vol. 12, Nr. 3, S. 405-424.

Shore, L. M., Martin, H. J. (1989): Job Satisfaction and Organizational Commitment in Relation to Work Performance and Turnover Intentions, in: Human Relations, Vol. 42, Nr. 7, S. 625-638.

Siemens AG, Konzernleitbild, zu finden auf der Unternehmenshomepage im Internet unter http://www.siemens.com/index.jsp?sdc_p=l0o1050364t4umcd10325 53n1050364s7fp#, Zugriff am 13.01.2007.

Siemens Management Consulting, Mission und Werte, zu finden auf der Unternehmenshomepage im Internet unter https://www.smc.siemens.de/de/ueber_uns/mission_und_werte/index.php, Zugriff am 11.02.2007.

Siemens Management Consulting, Arbeitgeberimageanzeige, in: High Potential, Ausgabe Dezember 2006/Januar 2007, S. 007.

Simms, J. (2003): HR or marketing: who gets staff on side?, in: Marketing, 24.07.2003, S. 23-24.

Simon, H. (1984): Die Attraktivität von Großunternehmen beim kaufmännischen Führungsnachwuchs, in: ZfB, 54. Jg., Nr. 4, S. 324-345.

Sirgy, J. M. (1982): Self-concept in Consumer Behavior: a critical review, in: Journal of Consumer Research, Vol. 9, Nr. 3, S. 287-300.

Smidts, A., et al. (2001): The impact of employee communication and perceived external prestige on organizational identification, in: Academy of Management Journal, Vol. 44, Nr. 5, S. 1051-1062.

Staehle, W. H. (1976): Situational approach to management, in: Management International Review, Vol. 16, Nr. 3, S. 59-69.

Statisches Bundesamt (2003a): Im Jahr 2050 wird jeder Dritte in Deutschland 60 Jahre oder älter sein, Pressemitteilung vom 6. Juni 2003, im Internet unter http://www.destatis.de/presse/deutsch/pm2003/p2300022.htm, Zugriff am 09.08.2006.

Statisches Bundesamt (2003b): In the spotlight: Population of Germany today and tomorrow, Wiesbaden.

Stehr, C. (2006): Schluss mit Dumping, in: Karriere, Nr. 5/2006, S. 28-31.

Steinmetz, F. (1997): Erfolgsfaktoren für die Akquisition von Führungsnachwuchskräften, Mainz.

Steurer, R. (2006): Mapping stakeholder theory anew: from the stakeholder theory of the firm to three perspectives on business - society relations, in: Business Strategy & the Environment, Vol. 15, Nr. 1, S. 55-69.

Stippel, P. (1998): Kunde schlägt Shareholder, in: absatzwirtschaft, Nr. 4/1998, S. 14-15.

Stuart, H. (1999): Towards a definite model of the corporate identity management process, in: Corporate Communications, Vol. 4, Nr. 4, S. 200-207.

Stuart, H. (2001): The role of employees in successful corporate branding, in: Thexis, 18. Jg., Nr. 4, S. 48-50.

Stuart, H. (2002): Employee Identification with the Corporate Identity, in: International Studies of Management & Organization, Vol. 32, Nr. 3, S. 28-44.

Stührenberg, L. (2004): Ökonomische Bedeutung des Personalbindungsmanagements für Unternehmen, in: R. Bröckermann, Pepels, W. (Hrsg.): Personalbindung, 1. Auflage, Berlin, S. 33-50.

Suchman, M. C. (1995): Managing legitimacy: strategic and institutional approaches, in: Academy of Management Review, Vol. 20, Nr. 3, S. 571-610.

Süß, M. (1996): Externes Personalmarketing für Unternehmen mit geringer Branchenattraktivität, München.

Sutherland, M. M., et al. (2002): Employer-of-choice branding for knowledge workers, in: South African Journal of Business Management, Vol. 33, Nr. 4, S. S. 13-20.

Sykes, S. (2002): Talent, diversity and growing expectations, in: Journal of Communication Management, Vol. 7, Nr. 1, S. 79-86.

T

Teufer, S. (1999): Die Bedeutung des Arbeitgeberimages bei der Arbeitgeberwahl, Wiesbaden.

The Linde Group, Unternehmenshomepage, Aussagen zur Corporate Responsibility, im Internet unter http://www.linde.com/international/web/linde/like35lindecom.nsf/docbyalias/nav_cr_employee.

Thomson, K., et al. (1999): The Buy-in Benchmark: How Staff Understanding and Commitment Impact Brand and Business Performance, in: Journal of Marketing Management, Vol. 15, Nr. 8, S. 819-835.

Tom, V. R. (1971): The role of personality and organizational images in the recruiting process, in: Organizational Behavior and Human Performance, Vol. 6, S. 573-592.

Trendence Institut für Personalmarketing, Berlin: Unternehmenshomepage, im Internet unter www.trendence.de, Zugriff am 11.04.2006.

Turban, D. B., Dougherty, T. W. (1992): Influences of campus recruiting on applicant attraction to firms, in: Academy of Management Journal, Vol. 35, Nr. 4, S. 739-765.

Turban, D. B., Cable, D. M. (2003): Firm reputation and applicant pool characteristics, in: Journal of Organizational Behavior, Vol. 24, Nr. 6, S. 733-751.

U

Universum Communications, Stockholm: Unternehmenshomepage, im Internet unter www.universumeurope.com, Zugriff am 11.04.2006.

Universum Communications (2005): Employer Branding Global Best Practices 2005, Stockholm.

V

Vallaster, C. (2005): Versprochen ist versprochen, in: Harvard Business Manager, Oktober 2005, S. 110-114.

W

WalkerInformation Inc. (1999): Stakeholder Management Around the World, in: WalkerInformation Global Network Stakeholders (Hrsg.): Measurements, Indianapolis.

Ward, K., Ryals, L. (2001): Latest thinking on attaching a financial value to marketing strategy: Through brands to valuing relationships, in: Journal of Targeting, Measurement and Analysis for Marketing, Vol. 9, Nr. 4, S. 327-340.

Weinberg, P., Diehl, S. (2001): Erlebniswelten für Marken, in: F.-R. Esch (Hrsg.): Moderne Markenführung, 3. Auflage, Wiesbaden, S. 185-207.

Wiedmann, K. P. (2004): Markenführung und Corporate Identity, in: M. Bruhn (Hrsg.): Handbuch Markenführung, 2. Auflage, Wiesbaden, S. 1411-1439.

Wigham, R. (2003): David Hail on internal marketing, in: Personnel Today, 08.04.2003, S. 35.

Wiltinger, K. (1997): Personalmarketing auf Basis von Conjoint-Analysen, in: ZfB, Ergänzungsheft 3, S. 55-79.

Wittke-Kothe, C. (2001): Interne Markenführung: Verankerung der Markenidentität im Mitarbeiterverhalten, 1. Auflage, Wiesbaden.

Witzel, A. (2000): Das problemzentrierte Interview, in: Forum Qualitative Sozialforschung - Online Journal, verfügbar über http://www.qualitative-research.net/fqs-texte/1-00/1-00witzel-d.htm, Januar 2000, Zugriff am 21.07.2006.

Wunderer, R. (1999): Personalmarketing - die Kunst, attraktive und effiziente Arbeitsbedingungen zu analysieren, zu gestalten und zu kommunizieren, in: M. Bruhn (Hrsg.): Internes Marketing, 2. Auflage, Wiesbaden, S. 115-132.

Y

Young, A. (2002): Aligning the FT's employer and consumer brands, in: Strategic HR Review, Vol. 2, Nr. 1, S. 12-16.

Z

Zaugg, R. J. (2002): Mit Profil am Arbeitsmarkt agieren, in: Personalwirtschaft, Nr. 2/2002, S. S. 13-18.

Zeithaml, V. A., et al. (1996): The Behavioral Consequences of Service Quality, in: Journal of Marketing, Vol. 60, Nr. 2, S. 31-46.

Zeplin, S. (2006): Innengerichtetes, identitätsbasiertes Markenmanagement. Entwicklung eines integrierten Erklärungsmodells, Wiesbaden.

Printed in Germany
by Amazon Distribution
GmbH, Leipzig